Bauwelt Fundamente 34

AF003734

Herausgegeben
von Ulrich Conrads

Programmredaktion:
Hansmartin Bruckmann
Ulrich Conrads
Gerhard Fehl
Rolf-Richard Grauhan
Herbert Hübner
Frieder Naschold
Dieter Radicke
Mechthild Schumpp

Beirat:
Gerd Albers
Adolf Arndt
Lucius Burckhardt
Werner Kallmorgen
Julius Posener
Hans Scharoun

Planung und Information

Materialien zur Planungsforschung

Herausgegeben von
Gerhard Fehl
Mark Fester
Nikolaus Kuhnert

Bertelsmann Fachverlag

Die Quellen für die aus anderen Publikationen nachgedruckten Beiträge sowie die Namen der Übersetzer sind jeweils am Schluß des betreffenden Aufsatzes angegeben.

© 1972 Verlagsgruppe Bertelsmann GmbH / Bertelsmann Fachverlag, Gütersloh · 1
Umschlagentwurf von Helmut Lortz
Gesamtherstellung Poeschel & Schulz-Schomburgk, Eschwege
Alle Rechte vorbehalten · Printed in Germany
ISBN 3-570-08634-8

Inhalt

Einleitung 7

Teil I
1. Dilemma: Regelkreis und Gesellschaft

Zur Anwendung der kybernetischen Systemtheorie in den Sozialwissenschaften
Von Ulrich Degen, Jürgen Friedrich, Eberhard Sens, Wolfgang Wagner (Originalbeitrag) 10

Kybernetische Systemtheorie und marxistische Philosophie
Eine Auseinandersetzung mit Georg Klaus
Von Renate Damus (Originalbeitrag) 33

Zur Politik und Ökonomie von Planungssystemen
Von Frieder Naschold (Nachdruck) 69

Teil II
2. Dilemma: Regelkreis und Planung
oder: »Law and Order« in der Planungstheorie 120

Wie ist Planung möglich?
Von C. West Churchman (Nachdruck) 127

Zur Strategie der unkoordinierten kleinen Schritte
(Disjointed Incremenalism)
Von David Braybrooke, Charles E. Lindblom (Nachdruck) 139

Planung der kleinen Schritte und Politik des »Status quo«
Zur systemerhaltenden Funktion von Planungskonzepten
Von Gerhard Kade und Reinhard Hujer (Originalbeitrag) 167

Kybernetik und Wirtschaftsplanung
Von Gerhard Kade, Reinhard Hujer, Dirk Ipsen (Nachdruck) 180

Teil III
3. Dilemma: Regelkreis und Information 222

Zur »gültigen« Messung gesellschaftlicher Tatbestände
Von Amitai Etzioni, Edward W. Lehman (Nachdruck) 224

Sozial-Indikatoren: Illusion oder Möglichkeit
Von Eleanor B. Sheldon, Howard E. Freeman (Nachdruck)   245

Information ist alles ...
Anmerkungen zu staatlich-kommunalen Informations-Verbund-Systemen in der BRD
Von Gerhard Fehl (Originalbeitrag)   264

Namensregister

Einleitung

In der Planungsdiskussion der letzten Jahre hat die Kybernetik – mit vielerlei Präfixen versehen – eine prominente und vielversprechende Position eingenommen und einen weiten Bogen von Anwendungsbereichen überspannt. Dieser Bogen reicht von Georg Klaus' Versuch, den Marxismus kybernetisch zu untermauern, bis hin zur Bemühung, bei der Rationalisierung der öffentlichen Verwaltung in der Bundesrepublik Regelkreisstrukturen nachzuvollziehen. Das legt in der Tat die Annahme nahe, die Kybernetik sei »Brücke der Wissenschaften«, sei ein alles erklärendes Prinzip, und die Information sei der zusammenhaltende Schlußstein. Durch die Einengung des Titels von »Planung und Kybernetik« auf »Planung und Information« wollen wir auf einen speziellen und zur Zeit besonders aktuellen Bereich verweisen, an dem Wissenschaftler, Planer und Politiker gleichermaßen interessiert sind: auf die Informationsverarbeitung in den staatlichen und kommunalen Bürokratien; ein Bereich, der heute zunehmend mit dem Strukturprinzip des Regelkreises in Verbindung gebracht wird. Dabei wird jedoch übersehen, daß der Regelkreis kein erklärendes, sondern bestenfalls ein strukturierendes Schema höchster Abstraktion ist. Wird er gar als handlungsanweisendes Prinzip mißverstanden, dann geht mit seiner Übertragung auf die Gesellschaft im allgemeinen und die Planung im besonderen notwendigerweise ein dreifaches Dilemma einher, das wir zum Gliederungsprinzip unserer Materialsammlung gemacht haben:
1. das Dilemma, daß Regelkreisstrukturen dank ihrer formalen Abstraktheit keine Stütze bei der Entwicklung einer konkreten Gesellschaftstheorie bieten können, geschweige denn diese zu ersetzen vermögen;
2. das Dilemma, daß Regelkreisstrukturen, wie raffiniert sie auch immer gehalten sind, die Ziel- und Wertproblematik aussparen müssen, sobald sie im Bereich gesellschaftlicher – also nicht-technischer – Planung hinzugezogen werden, daß also auch sie die Kernfrage der Planungstheorie »Wie ist Planung eigentlich möglich?« unbeantwortet lassen;
3. das Dilemma mit der Information im Regelkreis, die statistisch-inhaltsleer konzipiert, nur ein formales Schema für etwas, »was Unsicherheit beseitigt«, abgibt; ein formales Konzept, das zum Beispiel für die öffentliche Verwaltung keine Handlungsweisung abgeben kann, das aber – als Folge der Ausklammerung des Gehaltes von In-

formation – suggeriert, Information sei gesellschaftlich neutral und mithin unpolitisch.

In den drei Teilen unserer Materialsammlung haben wir Ansätze zu einer Kritik am heute praktizierten Regelkreisdenken und damit an einer formal orientierten, apologetisch verstandenen Planungstheorie zusammengestellt. Zum Teil ist diese Kritik systemimmanent; wir greifen dabei auf »klassische« Texte zurück, um an ihnen den bereits früher erreichten Stand der Diskussion darzustellen und auf die von der Planungstheorie vorzugsweise ausgelassenen Aspekte zu verweisen; daneben stellen wir die zur Zeit wohl am weitesten entwickelten Ansätze kybernetisierender Planungstheorie, die bereits die Kritik am eigenen Vorgehen umfassen. Von diesen Ansätzen aus wird der Fehlschluß, man könne durch weiteres Raffinement der Regelkreisstrukturen eventuell doch noch zu einer gültigen kybernetisierenden Gesellschafts- und Planungstheorie gelangen, deutlich, und zugleich wird ein Übergang zu einer systemtranszendierenden Kritik geboten, die die kybernetisierenden Theorieansätze in ihrem ahistorischen und idealistisch nach Harmonie strebenden Grundcharakter erkennt. Es eröffnet sich der Weg zu einer realen Planungstheorie, die von der Analyse der historischen gesellschaftlichen Bedingungen auszugehen hat. Unter diesem Gesichtspunkt ist unsere Materialiensammlung dann eher ein Abgesang auf einen historischen und historisch bedingten Diskussionsstand als ein Auftakt zu einer neuen Diskussion – es sei denn, man konzediert, daß die Erkenntnis der Notwendigkeit, eingefahrene Gleise zu verlassen, bereits ein erster Schritt in eine neue Richtung sei; eine Richtung, wie sie seit der Konzipierung dieser Materialiensammlung im Frühjahr 1971 in der Tat auf immer breiterer Front beschritten wird.

Berlin, Juni 1972 G. F. / M. F. / N. K.

Teil I

1. Dilemma: Regelkreis und Gesellschaft

Ist der »Entwurf einer heuristischen Zuordnung der (marxistischen) Philosophie (oder Sozialwissenschaft) und der Kybernetik« eine real einzulösende Möglichkeit oder wieder nur eine »technisch-technokratische Utopie«? (Damus).
Unter diese Frage haben wir die Beiträge von Renate Damus, dem Autorenkollektiv U. Degen, J. Friedrich, E. Sens, W. Wagner und – wenn auch mit anderem Akzent – von Frieder Naschold gestellt. Die »synthetisierende Rolle im Bereich der Wissenschaft«, die der Kybernetik, vor allem der kybernetischen Systemtheorie, als »Brücke zwischen den Wissenschaften« (Wiener) zugeschrieben wurde, soll in den hier ausgewählten Beiträgen von drei Seiten her betrachtet und infrage gestellt werden:
1. als Problem allgemeiner Theoriebildung formuliert, soll die Frage hier heißen: hat die Anwendung der kybernetischen Systemtheorie in den Sozialwissenschaften dazu geführt, deren »Theoriebildung voranzutreiben oder zumindest ›heuristische Hinweise‹ zu geben?« (Degen u. a.) Und hat die von Georg Klaus als »Theorie der dynamischen selbstregulierenden und selbstorganisierenden Systeme« definierte Kybernetik die ihr zugemutete Aufgabe« in vielfältiger Weise zur Bestätigung a) der Kategorien, b) der Methoden, aber auch c) theoretischer Aspekte des Marxismus (zu) dienen und ihn (zu) konkretisieren« (Damus) tatsächlich einlösen können?
2. Weiterhin soll nach den gesellschaftlichen Voraussetzungen dieser Theoriebildung gefragt werden: inwiefern und in welcher Form sie sich als gesellschaftliche Implikate in ihr auffinden lassen, um den »häufig formulierten Vorwurf, die Kybernetik sei eine typisch bürgerliche Wissenschaft« (Degen u. a.), zu klären. In dieser Absicht haben wir die Auseinandersetzung mit Georg Klaus von Renate Damus neben den Beitrag des Autorenkollektivs gestellt, der das Einfließen der gesellschaftlichen Voraussetzungen allgemeiner Theoriebildung, die bei uns durch die kapitalistischen Verhältnisse gesetzt sind, untersucht.
3. Und schließlich schlägt die Frage sich in der Diskussion um Planung nieder, wenn man, wie Frieder Naschold, davon ausgeht, daß die Planungsdiskussion der letzten Jahre vor allem in der BRD eine

»reale (sozioökonomische) Entwicklungstendenz abbildet«, um »die Steuerungskapazität des politischen Systems (das heißt des Staates) den sozialökonomischen Erfordernissen anzupassen.« So gesehen ist Planung dann »als die bisher letzte und damit am weitesten fortgeschrittene politische Problemlösungsstrategie« (Naschold) anzusehen und eine »Untersuchung von Planungs-Systemen (könnte) dann einen wichtigen Beitrag zur Einschätzung der Entwicklungstendenzen gegenwärtiger Gesellschaftsformationen darstellen. Denn sowohl die ›bürgerliche‹ als auch die ›marxistische‹ Gesellschaftstheorie (glaubt) in der gegenwärtigen Gesellschaftsformation kapitalistischer Systeme eine qualitativ neue gesellschaftliche Entwicklungsstufe (sehen zu können), die begrifflich mit Kategorien wie ›post-industrial‹, ›postmodern‹... ›spätkapitalistisch‹ oder ›staatsmonopolistisch‹... zu erfassen versucht wird« (Naschold).

Auf dieser These aufbauend schlägt Naschold eine Gegenüberstellung des handlungstheoretisch-systemtheoretischen Paradigmas mit dem politökonomischen Paradigma vor, um von dort aus eine fruchtbare Richtung der zukünftigen Planungsforschung, so wie sie auch die Herausgeber verstehen würden, aufzeigen zu können: nämlich fort von den die ökonomischen Entwicklungsbedingungen und sozialen Konfliktstrukturen ausklammernden kybernetischen Systemtheorien, denen Naschold nur »heuristische Bedeutung« beimißt, hin zu einer politökonomisch ausgerichteten Planungstheorie der BRD.

Zur Anwendung der kybernetischen Systemtheorie in den Sozialwissenschaften
Von Ulrich Degen, Jürgen Friedrich, Eberhard Sens, Wolfgang Wagner

In den Sozialwissenschaften gibt es sowohl im Mikro- als auch im Makrobereich eine Fülle von unverbunden nebeneinanderstehenden Theorieansätzen. Von vielen Sozialwissenschaftlern wurde mit dem Aufkommen der Kybernetik als selbständiger Wissenschaft nach dem zweiten Weltkrieg an sie die Hoffnung geknüpft, sie besitze die Fähigkeit, einerseits eine Vereinheitlichung, andererseits eine Präzisierung der Sozialwissenschaften zu ermöglichen. Die Zahl der Versuche, die Kybernetik hier anzuwenden, ist inzwischen unübersehbar, wobei die Funktion, die die Kybernetik in diesen Arbeiten erfüllt, oft unklar ist: neben dem Zweck, die Theoriebildung voranzutreiben

oder zumindest »heuristische Hinweise« zu geben, steht die oft rein ideologische und/oder modernistische Verwendung des kybernetischen Instrumentariums.
Ziel dieses Aufsatzes ist es, nach einer kurzen Einführung in die logischen und begrifflichen Probleme der kybernetischen Systemtheorie und einer Analyse ihrer historischen Entwicklung die verschiedenen Bereiche, in denen der Versuch einer Anwendung der kybernetischen Systemtheorie auf die Sozialwissenschaften unternommen wurde, anhand ausgewählter Beispiele zu untersuchen. Der Aufsatz soll Sozialwissenschaftlern, die sich mit der hier angesprochenen Problematik nicht ausführlich beschäftigen können, helfen, diesen »modernen« Zweig ihrer Disziplin kritisch einzuschätzen.
Unsere Untersuchungen beschränken sich auf Arbeiten aus den kapitalistischen Ländern, da uns diese für den hier angesprochenen Leserkreis als besonders relevant erscheinen. Die entsprechende Untersuchung für die sozialistischen Länder steht noch aus. Erst wenn sie vorliegt, wird eine vollständige Klärung des häufig formulierten Vorwurfs, die Kybernetik sei eine typisch bürgerliche Wissenschaft, vorgenommen werden können. Die Diskussion über diese Frage wird bereits am Ende unseres Aufsatzes im wesentlichen auf wissenschaftstheoretischer Ebene aufgenommen.

1. Abgrenzung und Begrifflichkeit der kybernetischen Systemtheorie

1.1. Zusammenhang und Unterscheidung von Kybernetik, Allgemeiner Systemtheorie und kybernetischer Systemtheorie

Die kybernetische Systemtheorie geht im wesentlichen auf zwei Entwicklungen zurück: zum einen auf die von dem Kreis um Norbert Wiener während des zweiten Weltkrieges und kurz danach – ausgehend von den technisch-naturwissenschaftlichen Disziplinen – als selbständige Theorie begründete *Kybernetik*, zum anderen auf die von Ludwig von Bertalanffy in ihren Anfängen bereits in den zwanziger Jahren entwickelte und vom biologischen Holismus herkommende *Allgemeine Systemtheorie*.
William Ross Ashby versuchte dann seit Mitte der fünfziger Jahre diese beiden Ansätze zu verbinden; das Ergebnis war die *kybernetische Systemtheorie*, wie sie im folgenden kurz dargestellt und in ihren sozialwissenschaftlichen Anwendungen kritisiert wird[1].

---

[1] Was die Anwendung des Systemkonzepts angeht, so sind zwei Richtungen zu unterscheiden:

Die kybernetische Systemtheorie geht von informationsverarbeitenden, rückgekoppelten Systemen aus und beschreibt deren dynamisches Verhalten (zeitabhängige Eingang-Ausgang-Relation). Demgegenüber liegt der Allgemeinen Systemtheorie ein Systembegriff zugrunde, bei dem die angeführten einschränkenden Bedingungen der Kybernetik fehlen: »Ein System ist ein Satz von *Objekten* zusammen mit *Beziehungen* zwischen den Objekten und zwischen ihren *Attributen*.«[2] Diese Definition besitzt einen hohen Allgemeinheitsgrad der einerseits eine umfassende Anwendung der Theorie auf die verschiedenen Einzelwissenschaften erlaubt und andererseits relativ leerformelhaft und dadurch unhandlich ist.

Die kybernetische Systemtheorie versucht – als Synthese beider Ansätze – die umfassende Anwendbarkeit der Systemtheorie durch eine stärkere Strukturierung und die Schaffung eines operationalen Begriffsrahmens konkret zu ermöglichen.

1.2. Begriffe und Aufbau der kybernetischen Systemtheorie

Kybernetische Systeme bestehen aus *Elementen* (Variablen) und *Kopplungen* (Relationen) zwischen diesen Elementen, außerdem besitzen sie eine *Zielhierarchie*. (Die Elemente werden etwa unter dem Aspekt der Informationsverarbeitung als Sender, Empfänger und Speicher und die Kopplungen als Informationskanäle bezeichnet.) Bei den Kopplungen unterscheidet man Schleifen (Rückkopplungen) und Linien je nachdem, ob die Ausgangsgröße eines Elements auf den Eingang desselben Elements zurückwirkt oder nicht. Die Kopplungen bilden in ihrer Gesamtheit die *Struktur* des Systems, die von der Zielhierarchie bestimmt wird. Die Elemente besitzen bestimmte Übertra-

---

1. Anwendungen der *kybernetischen Systemtheorie* und ihrer Teilgebiete (zum Beispiel Automatentheorie, Spieltheorie) auf die soziale Wirklichkeit.
2. Die ›klassische‹ *soziologische Systemtheorie*, die in ihren Anfängen an den Beginn der Soziologie selbst zurückreicht (zum Beispiel Comte, Spencer, Pareto), verwendet einen nicht näher explizierten philosophischen Systembegriff. Die soziologische Systemtheorie, deren bekanntester Vertreter in der modernen Soziologie Parsons ist, weist in ihrer Begrifflichkeit und in ihrem Aufbau keinen expliziten Zusammenhang zur kybernetischen Systemtheorie auf.

Der vorliegende Aufsatz beschäftigt sich nur mit Arbeiten, die sich auf den ersten Ansatz beziehen.

[2] Hall, A. D., R. E. Fagen: Definition of System. In: General Systems 1 (1956), S. 18–28; zit. nach: Tjaden, K. H. (Hrsg.): Soziale Systeme. Neuwied/Berlin, 1971, S. 94.

gungsfunktionen (Eingang-Ausgang-Relationen), die ebenfalls von der Zielhierarchie bestimmt werden. Sie beschreiben die Reaktion eines Elements auf einen Eingangsimpuls. In der Praxis werden dazu Differentialgleichungen, Transformationsmatrizen, Graphen usw. verwendet. Wichtige Parameter von Struktur und Funktion sind die Art und Zahl der Kopplungen (Komplexität) und die Vielfalt der Elemente (Kompliziertheit). Die Übertragungsfunktion und die Struktur des Gesamtsystems sind die Determinanten des *Systemverhaltens*. Um die obersten Ziele realisieren zu können, wird das System durch die Umgebung gezwungen, die unteren Ebenen der Zielhierarchie sowie seine Übertragungsfunktion und Struktur ständig zu verändern (Lernprozeß).

Die Unterscheidung von stabilem und instabilem Systemverhalten verweist auf den regelungstheoretischen Aspekt der kybernetischen Systemtheorie. Hierbei wird das System als *Regelstrecke* und das stabilisierende Element als *Regler* bezeichnet; für den durch die Regelung erreichten Wert der Zustandsvariablen der Regelstrecke wird der Begriff der Regelgröße eingeführt. Das Verhalten des Reglers, seine Einwirkungen auf die Regelstrecke, wird bestimmt durch einen extern festgelegten Parameter, die Führungsgröße. Abweichungen der Regelgröße von dem – gemäß Führungsgröße – intendierten Wert werden vom Regler (mit Hilfe einer Meßeinrichtung) registriert. Über ein sogenanntes Stellglied wird dann vom Regler korrigierend auf die Regelstrecke eingewirkt. Dies korrigierende Eingreifen hält so lange an, bis die durch Störungen hervorgerufene Abweichung aufgehoben ist. Die Beziehungen zwischen Regelstrecke und Regler werden als Rückkopplung bezeichnet. Nicht nur die Auswirkungen der Störung auf die Regelstrecke, auch die Korrekturergebnisse werden ständig registriert und sind gegebenenfalls Anlaß zu erneuter Korrektur. Messen und Korrigieren sind also iterative Vorgänge. Mit der Einführung der Rückkopplung wird der Begriff der Zielstrebigkeit eines Systems erklärt: »Das Funktionsprinzip der Rückkopplung stellt ... eine Grundlage für die Verwirklichung zweckmäßiger Vorgänge und Aktionen dar, wobei der Zweck in der Stabilisierung eines Zustandes oder im Erreichen eines Zieles bestehen kann.«[3]

Die bisher betrachtete Art der Rückkopplung – die kompensierende – wird (aufgrund mathematischer Konventionen) als negativ bezeichnet. Daneben gibt es eine positive Rückkopplung, bei der einer Änderung der Regelgröße nicht entgegengewirkt, sondern diese in

---

[3] Kirschenmann, P.: Kybernetik, Information, Widerspiegelung. München/Salzburg, 1969, S. 111 f.

gleicher Richtung verstärkt wird. Das Konzept der positiven Rückkopplung wird bei der Untersuchung von Instabilität (Krisen, Zerstörung des Systems), Wandel und Wachstum wichtig.

Neben der soeben erläuterten auf dem einfachen Rückkopplungsprinzip beruhenden Regelstabilität verfügt die kybernetische Systemtheorie über die Konzepte *Ultrastabilität* und *Multistabilität*. Unter Ultrastabilität versteht man die Eigenschaft eines Systems, die auf eines seiner Subsysteme einwirkenden, aber nicht von diesem kompensierbaren Störungen durch eine Änderung der Zustandswerte verschiedener anderer Subsysteme zu nivellieren und damit das vorher gefährdete Gesamtsystem zu stabilisieren. Die neue Subsystem-Konstellation wird oft mit Hilfe von Suchprozessen (zum Beispiel trial and error) gewonnen. Multistabile Systeme bestehen aus ultrastabilen Teilsystemen, deren Kopplungen untereinander zeitweilig aufhebbar sind. Dabei wird die Störungsbewältigung von einem Teilsystem übernommen, wodurch das Gesamtsystem entlastet wird.

Die *Information*, die in kybernetischen Systemen verarbeitet wird, ist an physikalische Träger gebunden, die sogenannten Signale. Während einem Signal absoluter Charakter zukommt, ist Information relativ: abhängig von der Beschaffenheit des empfangenden Systems wird Information als ein Maß für den Neuigkeitswert von Zeichen (Nachrichten) angesehen.

Die Signalübertragung vom Sender zum Empfänger findet statt in einem Übertragungs-»Kanal«. Damit ist derjenige materielle Zusammenhang gemeint, der in seinen Zuständen und Veränderungen die Signale ausmacht. Um Informationen raum-zeitlich zu übertragen, ist es erforderlich, sie in eine spezielle Form des Signals zu übersetzen: die in Austausch getretenen Systeme haben Informationen zu »codieren« und zu »decodieren«. Die Menge der ausgetauschten Information hängt unter anderem von der Kapazität des Übertragungskanals ab. Der Vorgang des Informationsaustauschs ist grundsätzlich störungsanfällig.

Veränderungen des weiter oben skizzierten einfachen Regelkreisschemas ergeben sich bei unterschiedlicher Verarbeitung von Information. Können etwa Informationen für längere Zeit gespeichert werden, so ist das System in der Lage, Erfahrungen zu machen. Können Informationen nicht nur gespeichert, sondern in einem internen Umgebungsmodell (Außenweltmodell) in verschiedener Weise verknüpft und manipuliert werden, so besteht die Möglichkeit, potentielle Verhaltensweisen zu erwägen und am Modell durchzutesten. Mit einem solchen Modell ist eine wichtige Bedingung für die *Lernfähigkeit* eines Systems erfüllt.

Die erwähnten – nach Art der Regelung und Aufbau des Regelkreises verschiedenen – kybernetischen Systeme werden selten als einzelne, selbständige Systeme aufgefaßt. Zumeist sind mehrere Systeme verkoppelt zu einem größeren *vermaschten System*. Eine wesentliche Unterscheidung bei der Klassifikation von Systemen liegt im Merkmal der *Offenheit* beziehungsweise *Geschlossenheit*. Ein offenes System tauscht fortwährend Materie, Energie und Information mit seiner Umgebung aus und hält sich so in einem Gleichgewichtszustand, dem sogenannten Fließgleichgewicht. Bei offenen Systemen kann neben abnehmender oder konstanter Ordnung auch zunehmende Ordnung angenommen werden, also jede Tendenz zu höherer Heterogenität und Differenziertheit. Die Endzustände sind im Fall von geschlossenen Systemen (etwa bei den Modellen der klassischen Physik) vollständig abhängig von den einmal stattgehabten Anfangszuständen; differierende Anfangsbedingungen führen also auch zu differierenden Endzuständen. Anders beim offenen System: hier können verschiedene Anfangsbedingungen den gleichen Endzustand bewirken, das Fließgleichgewicht ist ›äquifinal‹.

Das nachstehende Bild 1 zeigt den logischen Zusammenhang der oben erläuterten Begriffe auf, wobei die Pfeile näherungsweise die gegenseitige Beeinflussung kennzeichnen.

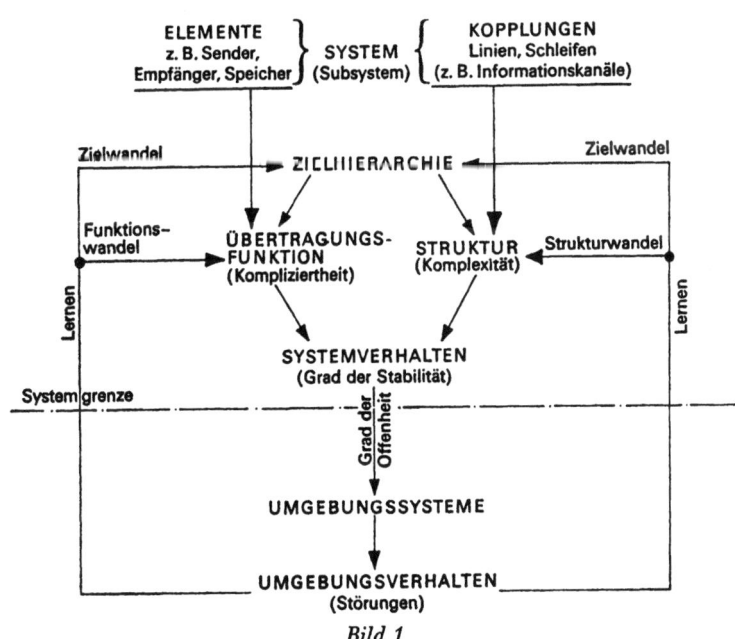

Bild 1

Für die kybernetischen Termini gilt allgemein, daß ihr Gebrauch entscheidend abhängig ist von den die Modellkonstruktion leitenden Gesichtspunkten, so etwa der Festlegung der Systemgrenzen oder der Unterteilung des Systems in Subsysteme. Auch die Stabilität und die Offenheit eines Systems sind keine absoluten Kategorien: Systeme sind mehr oder weniger stabil und dies wiederum nur bezüglich bestimmter Störungsklassen und -bereiche. Ganz offene Systeme gibt es realiter ebensowenig wie ganz geschlossene, so daß es sinnvoll ist, von einem bestimmten Grad der Offenheit zu sprechen.

2. Entwicklung der kybernetischen Systemtheorie

2.1. Geschichtlicher Überblick

Das Erscheinungsjahr des Buches von Wiener über Kybernetik wird im allgemeinen als Geburtsdatum dieser Wissenschaft angesehen, nämlich das Jahr 1948.[4] Tatsächlich wurden in den Jahren 1945–48 zwei weitere Schritte getan, die kybernetisches Denken zu einem wesentlichen Gestaltungsfaktor in Wissenschaft und Technik machten: 1946 war der erste elektronische Digitalrechner fertiggestellt worden und 1948 – im gleichen Jahr wie Wieners Buch – erschien Shannons Aufsatz, der eine Theorie der Messung von Information und Informationsübertragung begründete.[5] Nun erzeugen bekanntlich nicht die Erfindungen den technischen Fortschritt, sondern umgekehrt: die Anforderungen der Produktion erzeugen die Problemlösungsversuche, deren Ergebnisse die Erfindungen sind. So ist das der Kybernetik zugrunde liegende Regelungsprinzip vor 1945 theoretisch und praktisch schon längst etabliert.[6] Es muß also geklärt werden, warum die Kybernetik erst nach dem zweiten Weltkrieg in viele Bereiche der Gesellschaft Eingang fand – von der Industrie bis hin zur Germanistik und Sozialwissenschaft.

---

[4] Wiener, N.: Cybernetics or Control and Communication in the Animal and the Machine. Cambridge, Mass., 1948; dt.: Kybernetik. Regelung und Nachrichtenübertragung in Lebewesen und Maschine. Reinbek, 1968 (rde 294/295).
[5] Shannon, C. E.: A Mathematical Theory of Communication. In: Bell Syst. Techn. J., 27 (1948), S. 379-423 u. 623-656.
[6] Vgl. Chramoi, A. W.: Zur Entwicklungsgeschichte der Kybernetik. In: Schnauß, G. (Hrsg.): Kybernetik und Praxis. Berlin (DDR), 1963.

2.2. Ökonomische Bedingungen für den Einsatz der technischen Kybernetik in der Produktion

Nach der marxistischen Wertlehre ist das Wetteifern um Extraprofit – das heißt schneller, in kürzerer Zeit produzieren können, als gesellschaftlich durchschnittlich notwendig, und dann möglichst viel von der Differenz zwischen individuellem und gesellschaftlichem Wert einstreichen –, ist also die kapitalistische Konkurrenz die Triebkraft, die alle Bereiche der großen Industrie zur ständigen Beschleunigung ihrer Produktion durch neue, schnellere Maschinerie zwingt. Irgendwann ist jedoch eine Grenze erreicht, an der die Arbeiter nicht mehr mithalten können und auch bei höchster Intensifikation (Beschleunigung der Verausgabung) der Arbeit zu langsam sind, um den Produktionsprozeß steuern und kontrollieren zu können. Genau das gleiche Phänomen, die immense Steigerung der Geschwindigkeit, hat in einem anderen Bereich das Problem geschaffen, dessen Lösung die Kybernetik bot: bei der Luftabwehr in England hatte sich die Geschwindigkeit der Flugzeuge derart erhöht, daß die klassischen Methoden der Feuerleitung überholt waren; es bedurfte der Entwicklung eines mechanisch-elektrischen Systems, das zur Ausführung einer komplizierten Rechnung wie zur Vorhersage zukünftiger Ereignisse einzusetzen war.[7] Die Lösung dieses Problems bedeutete für das Kapital, daß die mögliche Beschleunigungsgrenze als Bremse für den Extramehrwert – als Grundlage des Extraprofits – aus der Welt geschafft wäre; entsprechend intensiv mußte das Interesse und die Förderung dieses Forschungsbereichs in der Nachkriegszeit sein. Zusätzlich gesteigert wurde das Interesse der Industrie durch die Aussicht, mit Hilfe ökonomisierter Datenverarbeitungsanlagen einen Teil der toten Kosten in der Verwaltung einsparen zu können.

2.3. Eingang des kybernetischen Instrumentariums in die Sozialwissenschaften

Neben allgemeinen, gesellschaftlich-ideologischen Bedingungen trugen einige mehr dogmengeschichtliche Eigenheiten der Sozialwissenschaften zu der weiten Verbreitung kybernetischer und allgemein systemtheoretischer Ansätze in der wissenschaftlichen Literatur bei: In den vierziger und fünfziger Jahren war eine babylonische Sprachverwirrung in der Soziologie und Politologie ausgebrochen – wohl vor allem unter dem Einfluß der behavioristischen Schule mit ihrem ahistorischen wissenschaftstheoretischen Dogma, Definitionen seien

---

[7] Vgl. Wiener, N.: Kybernetik, a.a.O., S. 24 ff.

logisch gesehen allemal Tautologien und daher willkürlich und undiskutierbar. Man schaue nur einmal einige Jahrgänge der American Political Science Review oder des American Journal of Sociology dieser Zeit durch, und man wird ein heilloses Durcheinander konkurrierender privater Sprachen vorfinden. Diese privaten Sprachwelten von Lasswell, Riesman, Homans, Merton und anderen hatten eine Tendenz, die jeweiligen Theorien gegen Kritik zu immunisieren, und machten eine allgemeine Diskussion in den Sozialwissenschaften beinahe unmöglich.

Dem stand die alte Forderung der logischen Positivisten gegenüber, man müsse eine allen Wissenschaften gemeinsame exakte Sprache entwickeln. Die Entwürfe, die es dazu gibt, etwa der von Russell, waren allerdings viel zu kompliziert, ausdrucksarm und unhandlich, um sich in den Sozialwissenschaften durchsetzen zu können.

In dieser Situation mußten die Kybernetik und die Allgemeine Systemtheorie als willkommene Lösung des Problems erscheinen. Denn sie erhoben den Anspruch, eine allgemeine, formalisierte Theorie über das Verhalten aller überhaupt denkbaren Systeme – also auch gesellschaftlicher Systeme – formulieren und so die Verständigung zwischen den verschiedenen Wissenschaften erleichtern zu können.

Schließlich wurde die Verbreitung systemtheoretischer und spezifisch kybernetischer Ansätze in den Sozialwissenschaften noch dadurch befördert, daß – gegen den Protest der Behavioristen und Neopositivisten – mit Riesman und Parsons erstmals wieder gesamtgesellschaftliche Betrachtungen in den amerikanischen Sozialwissenschaften gewagt wurden, die einen Begriff von Systemzusammenhang entwickeln konnten.

3. Anwendung der kybernetischen Systemtheorie in den Sozialwissenschaften

3.1. Typologie der Anwendungsversuche

Die in der Literatur vorliegenden Anwendungsversuche lassen sich nach zwei Gesichtspunkten gliedern: einmal nach der Integrierung von kybernetischer Systemtheorie und Sozialwissenschaft (Varianten), zum anderen nach dem formalen und inhaltlichen Umfang des im kybernetischen Modell erfaßten Teils der Gesellschaft (Bereiche).
Varianten der Anwendung:
Bei der ersten Variante dient die kybernetische Systemtheorie als *Erklärungsmodell* der sozialen Wirklichkeit. Hierbei ist diese Theorie integraler Bestandteil der soziologischen Theorie; sie liefert die Sprache, in der die theoretischen Aussagen formuliert werden.

Bei der zweiten Variante stellt die kybernetische Systemtheorie in ihrer technischen Realisierung – und zwar in Form von Datenverarbeitungsanlagen – ein *Hilfsmittel* der Sozialwissenschaften dar. Hier ist die Kybernetik nicht Bestandteil der Theorie, sondern Instrument zu ihrer Überprüfung (also Teil der Empirie). Zu dieser Anwendungsart gehören vor allem die Simulationstechnik sowie die Methoden der maschinellen Datenanalyse. Die zweite Variante betrifft die soziologische Theorie nur äußerlich, sie bleibt daher in den folgenden Erörterungen, von wenigen Hinweisen abgesehen, unberücksichtigt.

Bereiche der Anwendung:
Im ersten Bereich bezieht sich die Anwendung der kybernetischen Systemtheorie auf die Gesamtgesellschaft (nationale Gesellschaften, aber auch internationale Beziehungen); man erhält dabei Modelle bestimmter *Aspekte der Gesamtgesellschaft* (vgl. Abschnitt 3.2.), zum Beispiel Regierungssystem der USA, Wählerverhalten in der BRD, Machttheorie.
Im zweiten Bereich bezieht sich die Anwendung der kybernetischen Systemtheorie auf Teile der Gesamtgesellschaft (Organisationen, Gruppen); man erhält dabei Modelle bestimmter *Aspekte gesellschaftlicher Subsysteme* (vgl. Abschnitt 3.3.), zum Beispiel Unternehmensstrukturen, Konformitätsverhalten in Kleingruppen.

3.2 Modelle zur gesamtgesellschaftlichen Analyse

Das Systemkonzept schafft einen Zugang, das Ganze – über die Wirkung seiner Teile hinaus – als Erklärungszusammenhang wieder in die Analyse einzubringen. Diejenigen Beiträge, die sich durch die kybernetische Systemtheorie zu gesamtgesellschaftlichen Entwürfen anregen ließen, begreifen ihre Systemkonstruktionen als Erklärungsmodelle sozialer Wirklichkeit und gesellschaftlicher Ordnungen.
Die in der Methodik der kybernetischen Systemtheorie enthaltenen Möglichkeiten, probabilistische und dynamische Aspekte des Systemverhaltens zu berücksichtigen, kamen darüber hinaus den Erwartungen einer empirisch-analytisch orientierten Wissenschaft durchaus entgegen. Dabei stand die heuristische Fruchtbarkeit der Modellkonstruktionen im Vordergrund. Diese Ausrichtung auf eine Hypothesen stiftende Eigenschaft des neuen Ansatzes hat weitgehend zu einer Vernachlässigung des empirischen Bezugs geführt und so der Neigung zu taxonomischen Gebäuden Vorschub geleistet. Endeten einige dieser Theorieansätze in taxonomischen Varianten, so stagnierten andere oft schon auf der Ebene analogisierender Bildersprachen.
Bei denjenigen Ansätzen, die heuristisch und innovatorisch von einigem Wert sind, kann man, wenn man sie nach dem Aufbau der Ziel-

hierarchie aufgliedert, prinzipiell folgende charakteristische Modelltypen unterscheiden:[8]
Bei einem einfachen Zielmodell wird nur eine Variable zum Maßstab des Systemverhaltens, es handelt sich insofern um ein Maximierungsmodell. Für ein Überlebensmodell, das von der Kompliziertheit der Systeme und dem Ausgleich mehrerer Bedürfnisse mit dem Postulat der Systemerhaltung ausgeht, gilt ebenso wie für ein Systemzielmodell, bei dem vorhandene Ressourcen selbstgesetzten Zielen zugeordnet werden, das Prinzip der Verhaltensoptimierung. Entwürfe, die Steuerungsprozesse, also lineare Kopplungen in den Vordergrund stellen, ähneln – wie beispielsweise Planungsalgorithmen – dem Typus des Zielmodells. Werden Kompliziertheit und Komplexität, Differenzierungs- und Vermaschungseigenschaften von Systemen zu zentralen Gesichtspunkten, so bieten sich Überlebens- / Systemzielmodelle (Optimierungsmodelle) an. Gesamtgesellschaftliche Analysen versuchen deshalb der Mehrdimensionalität in Optimierungsmodellen Rechnung zu tragen. Das einfache Zielmodell ist wegen seiner linearen Struktur zur Untersuchung gesellschaftlicher Prozesse nur wenig geeignet und wird daher im folgenden nicht weiter expliziert. Von den Sozialwissenschaftlern, die mit kybernetisch konstruierten Überlebens- und Systemzielmodellen gesamtgesellschaftliche Analyse beabsichtigen, wird die Kybernetik in den Modellen durchweg nur zur Abbildung der informationellen Kontrolle des Gesamtsystems durch das Kontrollsubsystem oder das Regierungssystem herangezogen. Wir wollen daher diese Ansätze an einem Autor exemplarisch behandeln und lediglich dort auf andere Autoren eingehen, wo für unseren Zusammenhang besonders relevante Abweichungen bestehen.[9]
Da im deutschen Sprachraum die Überlegungen von Karl W. Deutsch

---

[8] Vgl. Naschold, F.: Demokratie u. Komplexität. In: PVS 9 (1968), S. 506 f.
[9] Das Flußmodell von Easton unterlegt den Prozessen im politischen System als Effizienzkriterium die erfolgreiche Selbsterhaltung. Auch Luhmann geht von einem Überlebensmodell aus, indem das Verhältnis System/Umgebung und die Grenzerhaltung des Systems unter dem Blickwinkel von Komplexitätsreduktion und sinnhafter Selektivität thematisiert wird. Dagegen folgt der – teilweise zur zweiten Variante zu rechnende – Ansatz von Forrester durch eine starke Betonung des regelungstheoretischen Bezugsrahmens dem Systemzielmodell. So auch Etzioni, der mit der Selbsterhaltung des Systems Ziele – wie Anhebung des gesamtgesellschaftlichen Aktivitätsniveaus bei gleichzeitiger Konsensussteigerung – verklammert.
(Der Modellansatz von Forrester ist im Vergleich dazu ein analytischer Beitrag zur Modellierung komplexer Sozialsysteme, der verstärkt die Akquisition empirischer Daten in den Vordergrund rückt. Er geht über die

breite Beachtung gefunden haben, wollen wir seinen Modellentwurf zum Gegenstand der exemplarischen Analyse machen. Deutschs Buch »Politische Kybernetik«[10] stellt den ersten größeren Versuch dar, nicht nur Versatzstücke der kybernetischen Systemtheorie zu verarbeiten. Deutsch nennt zwar die gesamte Gesellschaft System, aber als eigentliches kybernetisches System behandelt er nur das Regierungssystem, er benutzt sie also allein zur Untersuchung des Regierungshandelns. Die Systemspanne, das heißt der Bereich, der in der *Systemdefinition* erfaßt wird, umfaßt also gar nicht die gesamte Gesellschaft: die ökonomischen und sozialen Basisbereiche fallen aus der Betrachtung heraus. Wenn aber die Basisbedingungen nicht ausreichend reflektiert werden, scheinen die gegebenen Bedingungen als ewige und naturgegebene durch. Systemerhaltung heißt dann Erhaltung der gegebenen historischen Basisbedingungen. Auch Etzioni verleiht seinem kybernetisch-sozialwissenschaftlichen Ansatz den Anstrich von Legitimationswissenschaft, da er die regelungstheoretisch naheliegende Analyse materieller Bestimmungsfaktoren schon von der Festlegung der Systemspanne her ausklammert, obwohl in seinem Modellentwurf immerhin zwischen regierenden und nicht an der Systemkontrolle beteiligten Subsystemen unterschieden wird.[11] Doch auch bei ihm gehen die Basisbedingungen eben nur in der Form bereits fertig produzierter Ressourcen in das Modell ein[12], und in der Folge dieser Beschränkung auf die Zirkulationssphäre werden die gegebenen historischen Formen des Produktionsprozesses eben als invariant gesetzt. Die Modellentwürfe bilden daher nur noch eine geronnene »idealistische Superstruktur«.
Bei Deutsch werden die *Elemente* des Systems nie explizit definiert, doch kann man aus der Behandlung der Subsysteme rückschließen, daß damit Menschen gemeint sind, die institutionelle Subsysteme bilden. Diese Elemente und Subsysteme sind zu bestimmten Strukturen gekoppelt, nämlich zu Kommunikations-, Kontroll- und Entscheidungssystemen. Damit wird die Intelligenz von Gesellschaften

---

bisher genannten Konzepte insofern hinaus, als er zusätzlich simulationstheoretisch gewonnene Zeit- und Verhaltensdaten einbringt.)
Vgl. Easton, D.: The Political System. New York, 1953; ders.: A Systems Analysis of Political Life. New York, 1965; Luhmann, N.: Soziologische Aufklärung. Aufsätze zur Theorie sozialer Systeme. Köln/Opladen, 1970; Forrester, J. W.: Industrial Dynamics. Cambridge, 1968^5; ders.: Urban Dynamics. Cambridge, 1969; Etzioni, A.: The Active Society. London/New York, 1968.
[10] Deutsch, K. W.: Politische Kybernetik. Freiburg, 1969. Der englische Titel lautet »The Nerves of Government«.
[11] Vgl. Etzioni, A., a.a.O., S. 106.
[12] Vgl. ebenda, S. 380 ff.

zum zentralen Gegenstand. Erkenntnis- und Denkvorgänge sind als stufenweiser Verarbeitungsprozeß erklärt: die neu empfangenen, selektierten Informationen werden in einem Abstraktionsverfahren codiert und mit aus dem Speicher abgerufenen Informationen gegebenenfalls zu neuen Mustern verknüpft, um Handlungen des Systems zu veranlassen und dann erneut in den Speicher überwiesen zu werden. Den Primärnachrichten aus der Umgebung sind systemintern rückgekoppelte sekundäre Nachrichten zugeordnet, durch die das System Bewußtsein von sich selbst erlangt. Die Informationsverarbeitungsvorgänge bergen Fehlermöglichkeiten in sich, besonders an den neuralgischen Punkten, an denen bereits verarbeitete und neu hinzukommende Informationen aufeinandertreffen und Entscheidungen unterliegen. Solche Überlegungen unterstreicht Deutsch durch die seinen Ansatz kennzeichnende Verknüpfung des kybernetisch-informationstheoretischen Konzepts mit einer individualpsychologisch-behavioristischen Lerntheorie.

Um überhaupt langfristig überlebensfähig zu sein, müssen Systeme zu Lernprozessen, internen Neuordnungen, in der Lage sein. Dazu wiederum bedarf es eines fortlaufenden Informationsflusses aus der Umgebung, über die Vergangenheit und über sich selbst. Störungen, interne Fehlbewertungen oder falsches Bewußtsein können Anstoß zu pathologischem Lernen (ein Lernen, das die Möglichkeit zukünftigen Lernens reduziert) sein und damit eine Verminderung der Steuerungsleistung des Systems bewirken. Der optimale Einsatz des Gesamtsystems in bezug auf das Problemlösungsverhalten ist abhängig von der Geschwindigkeit, mit der das System sozial lernt. Pathologisches Lernen kann sich dabei negativ auf die Problemlösungskapazität auswirken. Die Kontrollfähigkeit hängt ab von der Möglichkeit nichtpathologischen Lernens.

Neben dem Lernen sind Wachstum und Integration die Hauptgesichtspunkte, unter denen Deutsch (und in noch ausgeprägterem Maße Etzioni) das Systemverhalten untersucht; einigen Konsequenzen des Wachstums, etwa relativer Autonomie der Teilsysteme, ist in vagem Bezug auf das Gesamtsystem ein Integrationspostulat entgegengestellt: »Wachstum der Macht und des Bewußtseins ihrer Grenzen, Wachstum der Tiefenwirkung des Gedächtnisses und der Aufnahmebereitschaft für neue Informationsbereiche, Wachstum der sozialen, geistigen und gefühlsmäßigen Beweglichkeit und Kreativität, Wachstum der Fähigkeit zu integrativem Verhalten – gleichzeitiges Wachstum in allen diesen Dimensionen ist wohl am besten geeignet, das Überleben eines Systems in der internationalen Politik zu gewährleisten.«[13] Die Gebrauchswertseite der vom Wachstum hervor-

---

[13] Deutsch, K. W., a.a.O., S. 335 f.

gebrachten Potenzen wird hinter den Akkumulationsaspekt zurückgestellt: Wachstum wird um des Wachstums willen angestrebt. So fehlen bei Deutsch, außer dem schmalen Hinweis auf die westliche Wertorientierung, Angaben über die dem Modell zugrunde liegende Population. Der kybernetische Kalkül wird mit Einzelbeispielen versehen, ohne daß damit das Modell an der Wirklichkeit unmittelbar überprüft werden kann. Hinweise auf die notwendige Verknüpfung mit den Parametern Geschichte und materielle Systemreproduktion fehlen: das Modell wird unhistorisch und unökonomisch. Ideologiekritisch darf deshalb unterstellt werden, bei der Betonung von Integration und Wachstum bei Deutsch handele es sich um schlichte Apologetik des Verwertungsinteresses.

Diese Vermutung wird unterstützt durch Deutschs Konzept von Systemumgebung, das heißt dem Bereich, aus dem Störungen kommen: Die von Deutsch beschriebenen Kommunikationskanäle und -kapazitäten werden in der Hauptsache unter dem Aspekt der Bewältigung der das System gefährdenden Störungen behandelt. Inwieweit solche Störungen in seinem Modell zum Lernen beitragen, wird nur unzureichend berücksichtigt.

Deutschs kybernetisches Gesellschaftsmodell wird außerdem in seiner Reichweite durch die relativ beliebige Wahl des Ausgangspunktes seiner als gouvernemental zu bezeichnenden Analyse reduziert. So betrachtet er besonders die beim regelnden Zentrum ankommenden und die von ihm weggehenden »Nervenbahnen«. Die Folgen eines derart regierungszentrierten Modells können darum weitreichend sein, weil bei der Konstruktion von Erklärungsmodellen die Tendenz besteht, das Modell zum Vorbild für die betrachtete gesellschaftliche Wirklichkeit zu verdinglichen und daraus eine gewisse »sachzwangergebene« wie technokratische Praxis abzuleiten.

Wenn der Schwerpunkt des Modells primär bei der Zentralinstanz gesehen wird, besteht die Tendenz, alle Einflüsse der Subsysteme auf das steuernde System als Gefährdung zu interpretieren. Dementsprechend ist eine allzu starke Orientierung an formalisierten Verhaltensweisen zu ihrer Abwehr vorherrschend. Damit könnte eine Ausstattung der Subsysteme mit ausreichender Lernkapazität verhindert werden, was als Folge zum Beispiel Entfremdung kumulieren, Konsensus und Konsensusmobilisierung hinter die Kontrolle zurücktreten lassen könnte.

3.3. Modelle zur Analyse gesellschaftlicher Subsysteme

Wurden im vorigen Abschnitt die kybernetischen Modelle der Gesellschaft als Ganzes untersucht, so sollen im folgenden solche Anwen-

dungen dargestellt und kritisiert werden, die sich auf gesellschaftliche Teilbereiche (Subsysteme) beziehen. Hauptsächlich handelt es sich dabei um die Gebiete Organisationsforschung und Kleingruppenforschung.
Daß die bürgerliche Soziologie gerade im Bereich der Organisationstheorie zahlreiche kybernetische Formalisierungsversuche unternommen hat, ist nicht so sehr auf eine etwaige Strukturadäquanz von Organisationen mit der kybernetischen Systemtheorie zurückzuführen, sondern vielmehr auf die Möglichkeit einer Verwertung dieser Art soziologischen Wissens in der Sphäre der Produktion und Distribution einerseits (Industriebetriebe als Organisationen) und in der Organisation des Staatswesens andererseits (Parteien, Verbände, öffentliche Verwaltung).
Auch die Kleingruppenforschung in ihrer formalisierenden und mathematisierenden Richtung dient, wie an Beispielen weiter unten gezeigt werden wird, im wesentlichen einer Effektivierung der kapitalistischen Produktion (Teamarbeit, Gruppenarbeitssysteme, human relations).

3.3.1. Kybernetisch orientierte Organisationssoziologie

Der Organisationsbegriff wird in der Literatur u. a. durch zwei wesentliche Komponenten bestimmt: einmal durch die Forderung, daß ein explizites Organisationsziel vorhanden sein muß, zum anderen durch die Bedingung, daß dieses Ziel nicht zufällig, sondern gerade durch die Errichtung einer Organisation erreicht werden soll.
Die Bestimmung der Organisationsmerkmale bei Etzioni zeigt deutlich den Zusammenhang zwischen Organisationssoziologie und Kapitalinteresse; die Merkmale lauten:
»1. *Arbeitsteilung, Machtteilung* und *Verantwortungsdelegation.* Es handelt sich dabei nicht um zufällig entstandene oder überlieferte, sondern um bewußt geplante Maßnahmen der Teilung. Sie sollen es ermöglichen, die spezifischen Ziele zu realisieren;
2. die Existenz eines oder mehrerer *Machtzentren,* ...
Diese Machtzentren müssen die geleistete Arbeit der Organisation laufend überprüfen und gegebenenfalls den Arbeitsablauf verbessern, um die gesamte Leistungsfähigkeit zu erhöhen;
3. die *Substitution von Arbeitskräften,* das heißt die Ersetzung schlechter Arbeitskräfte durch bessere. Die Organisation kann den Arbeitseinsatz durch Entlassung, Versetzung und Beförderung der Mitarbeiter verbessern.«[14]

---

[14] Etzioni, A.: Soziologie der Organisationen. München, 1967, S. 12 (Hervorhebung durch die Verf.)

Spätestens beim dritten Merkmal wird deutlich, daß es sich hier um einen Organisationsbegriff handelt, bei dem das Ziel der Unternehmen Priorität gegenüber dem Interesse der Arbeiter hat, der also zum Instrument einer möglichst effektiven Ausnutzung der menschlichen Arbeit zum Zweck der Profitproduktion wird. Damit ist auch das Organisationsziel bereits angegeben: Produktion von Mehrwert und dessen Realisierung. Von hier aus wird auch das erste Merkmal verständlich; denn in der Tat ist die Teilung der Arbeit ein hauptsächlicher Wesenszug der kapitalistischen Produktion (im Gegensatz zu früheren Produktionsweisen). Das zweite Merkmal (Existenz von Machtzentren) und die nachfolgenden Erläuterungen bringen die Tatsache zum Ausdruck, daß die Ausbeutung der Arbeitskraft nur durch ständige Kontrolle gewährleistet werden kann (»geleistete Arbeit laufend überprüfen«) und außerdem bei den gegenwärtigen Produktionsverhältnissen eine fortschreitende Intensivierung der Arbeit unumgänglich ist (»Arbeitsablauf verbessern«).

Neben Ansätzen, die – wie bei Etzioni – durch eine Gleichsetzung von Organisationstheorie mit der Theorie kapitalistisch organisierter Betriebe direkt mit dem Kapitalinteresse verbunden sind, finden sich solche, deren Begriffsrahmen allgemeinere und dadurch oft die realen Verhältnisse verschleiernde Kategorien enthalten. Zu diesem Theorietyp gehören die Ausführungen von March und Simon[15], die auf frühere Arbeiten von Barnard und anderen zurückgehen:

1. Eine Organisation besteht aus einer Anzahl von Personen, den sogenannten *Teilnehmern;*
2. jeder Teilnehmer erhält von der Organisation *Anreize;*
3. jeder Teilnehmer erbringt für die Organisation *Leistungen;*
4. Anreize und Leistungen müssen ein *Gleichgewicht* bilden.

Angesichts der Tatsache, daß auch March und Simon ihre Theorie fast ausschließlich auf Industriebetriebe anwenden, erhält der Begriff des Organisations-Teilnehmers, indem er auf alle Personen des Unternehmens in gleicher Weise angewandt wird, Verschleierungsfunktion: es soll suggeriert werden, daß die Arbeiter und (fungierenden) Kapitalisten gleichermaßen für die von dem Unternehmen gebotenen Anreize adäquate Leistungen erbringen. Dabei wird verschwiegen, daß aus den Leistungen der Arbeiter (notwendige Arbeit + Mehrarbeit) nicht nur der Anreiz für die Arbeiter (Lohn), sondern auch der Anreiz für die Kapitalisten (Profit) bestritten wird.

Störungen treten ein, wenn das Verhältnis von Anreiz und Leistung (Lohn und Verausgabung von Arbeitskraft) in vergleichbaren Nachbarorganisationen günstiger ist und so durch die Abwanderung von

---

[15] Vgl. March, J. G., H. A. Simon: Organizations. New York/London, 1958, besonders S. 83-90.

Arbeitern die Mehrwertproduktion des betroffenen Einzelkapitals gefährdet ist. Mit Hilfe der Kybernetik ist es möglich, Kompensationen der Störung zu konzipieren und durchzusetzen und dadurch das System zu stabilisieren, etwa indem ein wesentlicher Instabilitätsfaktor der Organisation, die horizontale Mobilität der Arbeiter, durch eine möglichst starke, mit Sanktionen belegte Bindung an das Unternehmen abgeschwächt wird (zum Beispiel sofortige Rückzahlung von Vorschüssen und Krediten, Räumung werkseigener Wohnungen).

Die Kybernetik liefert die genaue Bestimmung der Regelgüte und des Kompensationseffekts bestimmter personalpolitischer Maßnahmen sowie der Verzögerungszeit beziehungsweise Totzeit (time lag) zwischen auftretender Störung und ihrer Kompensation, also zwischen dem mobilitätsaktivierenden Ereignis und der zu erreichenden Mobilitätsreduktion. In diesem Zusammenhang diskutieren March und Simon die verschiedenen Möglichkeiten, vor allem des Verhältnisses von Anreiz und Leistung, die die Aufrechterhaltung des von ihnen so bezeichneten *Organisationsgleichgewichts* gewährleisten können, kurz: die eine Stabilisierung des Systems der Mehrwertproduktion im Bereich der Einzelkapitale bewirken.

Eine wesentliche Frage, die sich bei der Anwendung der kybernetischen Systemtheorie in den Sozialwissenschaften ergibt, ist folgende: Ist die kybernetische Systemtheorie in der Lage, außer Stabilität von Systemen auch Wachstumsprozesse, sozialen Wandel, Systemüberwindung und dergleichen zu beschreiben?

Im folgenden wollen wir nun untersuchen, wie die bürgerliche Organisationssoziologie mit Hilfe der kybernetischen Systemtheorie sozialen Wandel zu beschreiben versucht. Als Beispiel dient hier M. L. Cadwalladers Aufsatz »The Cybernetic Analysis of Change in Complex Social Organizations«[16]. Cadwallader verwendet typischerweise einen sehr eingeschränkten Begriff von sozialem Wandel: er beschreibt ihn nicht als Wandel *von* Organisationen, einschließlich deren Ziele, sondern als Wandel *in* Organisationen, wobei die Existenzberechtigung der Organisation und ihrer Ziele nicht hinterfragt wird. Partieller Wandel einzelner Subsysteme wird zum Instrument für eine Stabilisierung des Gesamtsystems. Die kybernetische Systemtheorie bietet einen Ansatz, diese *Stabilität durch Wandel* adäquat zu beschreiben: das Konzept der *Ultrastabilität (Homöostase)*[17]. Es gibt

---

[16] Cadwallader, M. L.: The Cybernetic Analysis of Change in Complex Social Organizations. In: The American Journal of Sociology, 65 (1959), S. 154-157; dt.: Die kybernetische Analyse des Wandels. In: Zapf, W. (Hrsg.): Theorien des sozialen Wandels. Köln/Berlin, 1970, S. 141-146.
[17] Vgl. Abschnitt 1.2.

bei ultrastabilen Organisationen verschiedene Konstellationen der Zustandswerte der Subsysteme, die die Stabilität des Gesamtsystems gewährleisten. Trifft auf ein Subsystem eine Störung, die nach Art oder Größe nicht mehr im kompensierbaren Bereich liegt, so sucht die Gesamtorganisation nach einer anderen Zustandskonstellation, die das gefährdete Subsystem entlastet und dadurch die Organisation stabilisiert.

Wenn etwa durch gewerkschaftliche Lohnforderungen (Störung) das Subsystem »variables Kapital« bezüglich seines Sollwerts gefährdet wird, so bedeutet das gleichzeitig eine Störung des Gesamtsystems »Mehrwertproduktion«, da diese sich gegenseitig bedingen. Handelt es sich nun bei dem Unternehmen um ein ultrastabiles System, so wird es nach einer Zustandskonstellation seiner Subsysteme suchen, die das Gesamtsystem wieder ins Gleichgewicht bringt:

Höhere Löhne werden a) durch höhere Warenpreise oder b) durch Senkung der konstanten Kosten oder c) durch Intensivierung der Arbeit oder d) durch Steigerung der Warenproduktion usw. in den entsprechenden anderen Subsystemen ausgeglichen unter Beibehaltung der Profitmasse. Welche der angegebenen Konstellationen a) bis d) stabil sind, muß im Einzelfall überprüft werden; zum Beispiel ist a) eine instabile, Lohn-Preis-Spirale genannte Subsystemkonstellation.

Cadwallader behandelt in seinem Beitrag die Anwendung der Ultrastabilität auf Organisationen kursorisch; wesentlich ist: er spricht von der Analyse des Organisationswandels, meint aber Verbesserung der Stabilität der Organisation.

Zusammenfassend läßt sich sagen: 1. Die Organisationssoziologie ist – zumindest in ihrer prototypischen amerikanischen Ausprägung, aber auch in Deutschland – im wesentlichen eine Soziologie kapitalistischer Betriebe; 2. die kybernetisch ausgerichtete Organisationskybernetischen Stabilisierungstheorie und vermeidet es, die mit Hilfe des kybernetischen Instrumentariums ebenso erfaßbare Auflösung, Zerstörung oder Überwindung von Organisationssystemen zu untersuchen; 3. auch dort, wo Organisationswandel kybernetisch analysiert wird, hat dies das Ziel, die Stabilität des Gesamtsystems durch einen partiellen Strukturwandel der Subsysteme zu *verbessern*, was dem kybernetischen Konzept der *Ultra*stabilität entspricht.

3.3.2. Kybernetisch orientierte
       Kleingruppenforschung

Aus der Vielzahl der Versuche, die kybernetische Systemtheorie auf die soziologische Gruppentheorie anzuwenden, soll im folgenden ein charakteristisches Beispiel, nämlich Simons »Formal Theory of Inter-

action in Social Groups«[18], analysiert werden. Simon baut seine Theorie im Anschluß an George C. Homans[19] auf vier zeitabhängigen Variablen auf:
1. A: Menge der *Tätigkeit* der Gruppe (»activity«),
2. E: Menge der *von außen auferlegten Tätigkeit* (»external«),
3. I: Grad der *Interaktion* in der Gruppe,
4. F: Grad der *Freundlichkeit* in der Gruppe.

Wie bereits aus der Formulierung der Variablen deutlich wird, erhebt Simon den Anspruch, theoretische Aussagen über soziale Gruppen schlechthin zu machen. Das empirische Material, das er zur Stützung seiner Hypothesen anführt, stammt jedoch ausschließlich aus dem Bereich der Industriesoziologie (Hawthorne-Experimente und andere). Diese Tatsache sowie unsere eigene, weiter unten ausgeführte Untersuchung seines Modells bestärken die Vermutung, daß es sich im wesentlichen um eine Theorie der Arbeitsgruppen in Industriebetrieben handelt. Daher dürfen die verschleiernden Bezeichnungen der ersten beiden Variablen im folgenden ersetzt werden durch: 1. A: von der Gruppe geleistete *Arbeit*, 2. A $_{soll}$: vom Unternehmer *aufgestellte Arbeitsanforderung*. Die Beziehungen zwischen den Variablen werden von Homans in drei zentralen Hypothesen zusammengefaßt und von Simon mit Hilfe von Differentialgleichungen formalisiert. Das folgende kybernetische Regelkreismodell entspricht diesen Hypothesen und Gleichungen und gestattet eine Verdeutlichung des zugrunde liegenden Konzepts (Bild 2).

Zentrales Element des Modells ist Block 1; er stellt die Regelstrecke des Systems, nämlich den Arbeitsprozeß der Gruppe, dar. Ausgangsgröße dieses Elements und gleichzeitig des Gesamtsystems ist die geleistete Arbeit A (Regelgröße). Diese Arbeitsleistung wird gemessne und mit der Arbeitsanforderung des Unternehmers A $_{soll}$ (Sollwert) verglichen; ergibt sich eine Differenz zwischen A und A $_{soll}$, so wird diese über Block 2, das Sanktionssubsystem (Regler), verstärkt und als Motivationskomponente M_2 auf den Eingang des Subsystems Arbeitsprozeß zurückgekoppelt mit der Wirkung, daß die geleistete Arbeit an die Arbeitsanforderung angeglichen wird. Für den Fall A $_{soll}$ - A > 0 (»zu wenig« geleistete Arbeit) wirken als Sanktionsfaktoren zum Beispiel Lohnkürzung oder Kündigung; im Fall A $_{soll}$ - < 0 (»zuviel« geleistete Arbeit) werden statt dessen zum Beispiel die Stückzeiten gekürzt.

---

[18] Simon, H. A.: A Formal Theory of Interaction in Social Groups. Amer. Sociol. Rev., 17 (1952), S. 202-211; gekürzte dt. Übers. in: Mayntz, R. (Hrsg.): Formalisierte Modelle in der Soziologie. Neuwied/Berlin, 1967, S. 55-72.
[19] Homans, G. C.: The Human Group. New York, 1950.

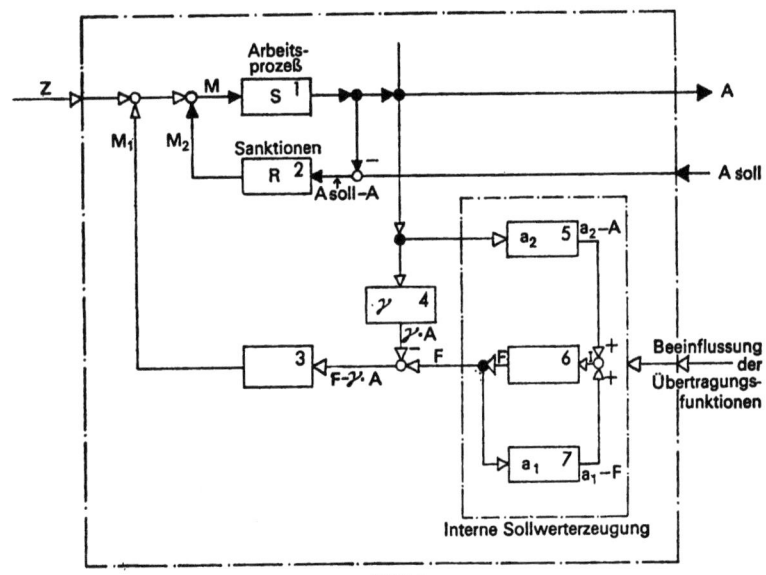

Bild 2

Homans und Simon gehen weiterhin davon aus, daß einer bestimmten Arbeitsleistung A eine bestimmte Freundlichkeit $\gamma \cdot A$ in der Gruppe (»Gruppenklima«) entspricht (Block 4). Besteht zwischen dieser, der Arbeitsleistung entsprechenden, Freundlichkeit $\gamma \cdot A$ und der tatsächlich in der Gruppe herrschenden Freundlichkeit F (interner Sollwert) eine Differenz, so erzeugt diese über Block 3 die Motivationskomponente M_1, die ihrerseits, zusammen mit M_2, auf den Arbeitsprozeß (Block 1) einwirkt mit dem Ergebnis einer Stabilisierung der Arbeitsleistung. Die in der Gruppe herrschende Freundlichkeit wird bewirkt durch die Interaktion zwischen den Gruppenmitgliedern (Block 6). Die Interaktion ihrerseits setzt sich zusammen aus einer Komponente $a_2 \cdot A$, die auf die gemeinsame Arbeit zurückgeht (Block 5), sowie einer zweiten Komponente $a_1 - F$, die durch die Freundlichkeit in der Gruppe verursacht wird (Rückkopplungsschleife über Block 7).[20]

Bei der Analyse des Modells gehen wir wiederum vom Systembegriff

---

[20] Die vorstehend verwendeten Bezeichnungen der Übertragungsfaktoren (γ, a_1, a_2) gehen auf die Originalarbeit zurück; sie wurden beibehalten, um einen Vergleich zu ermöglichen.
Wir können im Rahmen dieser Arbeit keine Kritik an den sozialpsychologischen Hypothesen führen, die dem Ansatz von Homans zugrunde liegen.

aus: als System ist hier die *Arbeitsgruppe unter dem Aspekt der Wert- und Mehrwertproduktion* definiert. Andere Gesichtspunkte, etwa gemeinsame Freizeitgestaltung, liegen außerhalb des so festgelegten Systems, es sei denn, sie betreffen indirekt den Verwertungsprozeß.[21] Die mit dem System in Wechselwirkung stehende Umgebung ist das unter kapitalistischen Produktionsverhältnissen wirtschaftende Unternehmen. Das oberste Ziel des Systems besteht in der Sicherung der Reproduktion der Gruppenmitglieder (durch Verkauf der Arbeitskraft). Es kann bei gegebenem gegenwärtigen Umgebungsverhalten (gesellschaftliche Verhältnisse) nur erreicht werden durch gleichzeitige Verfolgung des Ziels Mehrwertproduktion. Dieses zweite, nicht originäre Ziel ist dem System Arbeitsgruppe im Laufe der historischen Entwicklung vom Feudalismus zum Kapitalismus von der Umgebung oktroyiert worden (Zielwandel, Lernen). Die Struktur des Systems ist, verglichen mit sonstigen sozio-kybernetischen Modellen, relativ komplex: es handelt sich um ein vermaschtes Regelkreisschema mit zwei wesentlichen und einer untergeordneten Rückkopplungsschleife. Der eine Regelkreis, Block 1 und 2 (stark gezeichnet), stellt das »klassische« Modell des Arbeitsprozesses unter kapitalistischen Vorzeichen dar: die vom Kapitalisten gestellte Arbeitsanforderung wird mit Hilfe ökonomischer Sanktionen durchgesetzt. Dieser sich durch einen hohen Grad an Rigidität ebenso wie durch ein beachtliches Konfliktpotential auszeichnende Regelkreis mußte, wohl auch angesichts der zunehmenden Klassenkämpfe, durch ein verfeinertes Rückkopplungs-Subsystem ergänzt und langfristig möglichst ersetzt werden. Vor allem mußte zur Verminderung des Konfliktpotentials versucht werden, die *direkte* externe Sollwerteingabe (Arbeitsanforderung) zugunsten einer systeminternen Sollwerterzeugung abzuschwächen. Die Untersuchungen der Human-relations-Schule lieferten bereits Anfang der dreißiger Jahre das theoretische Rüstzeug zum Aufbau der zweiten Rückkopplungsschleife (Block 3–7). Die auf sozialpsychologischen und gruppendynamischen Hypothesen beruhende interne Sollwerterzeugung (Freundlichkeit) wurde oben näher beschrieben; wichtig ist, daß die Einstellung dieses internen Sollwerts über eine Manipulation der Übertragungsfunktionen der Blöcke 5–7 (Arbeitsplatzgestaltung, allgemeine Arbeitsbedingungen usw.) vom Kapitalisten weit weniger rigide Maßnahmen erfordert als die externe Sollwertvorgabe durch die Arbeitsanforderung.

[21] Daß hier die Gruppe den Rahmen für die Systemdefinition abgibt, und nicht der einzelne Arbeiter, ist ersichtlich aus der Verwendung aggregierter Maße (nicht die Arbeit usw. des einzelnen, sondern die Gesamtarbeit der Gruppe dient als Modellwert). Diese Betrachtung des Arbeitsprozesses als »Gruppenprozeß« entspricht der fortgeschrittenen Entwicklung der Produktivkräfte (hier speziell der Kooperationsformen).

Ergebnis ist, daß durch die Überlagerung des einfachen relativ instabilen Sanktionsregelkreises durch einen komplexen Interaktionsregelkreis die Gesamtstabilität des Systems wesentlich erhöht werden kann. Eine Störung Z, die auf den Arbeitsprozeß einwirkt, etwa ein Streik, kann bei planmäßig erzeugtem positiven Gruppenklima und daraus folgender hoher Arbeitsmotivation leichter »kompensiert«, das heißt hier abgeblockt werden als bei bloßem Einsatz von Sanktionsmitteln.[22]
Insgesamt kann festgestellt werden: 1. Im Gegensatz zu der allgemeinen Formulierung der Variablen bei Homans und Simon läßt sich zeigen, daß das Modell in erster Linie auf *Arbeits*gruppen anwendbar ist. Damit ist auch zugleich das Forschungsinteresse angedeutet, das der untersuchten Arbeit zugrunde liegt; 2. Ziel des Modells ist es, Möglichkeiten zur Verbesserung der Systemstabilität, speziell der Stabilität beziehungsweise des Wachstums der Ausgangsgröße Arbeit (Wert/Mehrwert), anzugeben, wobei der Übergang von ausschließlich externer Sollwertvorgabe zur internen Sollwerterzeugung (mit externer Einflußnahme) von besonderer Bedeutung ist.

3.4. Exkurs: Pseudowissenschaftliche Modelle

Neben den bisher behandelten Anwendungsversuchen gibt es eine Reihe oft als unwissenschaftlich zu bezeichnender Arbeiten, die entweder den kybernetischen Begriffsrahmen älteren Theorieansätzen überstülpen, ohne daß diese dadurch einen Deut an neuem Erkenntniswert dazugewinnen (modernistische Spielart), oder aber die kybernetische Systemtheorie zur Absicherung der ideologisch formierten Gesellschaftsbetrachtung zu mißbrauchen versuchen (vulgär-ideologische Spielart)[23]:
Die Modernisten ersetzen in ihrem Sprachsystem etwa Wechselwirkung durch Rückkopplung, Kommunikation durch Informationsübertragung, Einwirkung durch Störung. Bei dieser Art formaler Begriffsübertragung bleibt die Kybernetik der sozialwissenschaftlichen Theorie äußerlich und hat hier nur noch eine Funktion im Rahmen wissenschaftlichen Imponiergehabes.
Bei der ideologischen Spielart wird das kybernetische Konzept auf die Gesellschaft *übertragen*, mit ihr identifiziert. Die gesellschaftliche Ent-

---

[22] Simon gibt in seiner Arbeit die Stabilitätsbedingungen des Systems in allgemeiner Form an. Da ein Teil der Koeffizienten semantisch nicht belegt ist, erscheint uns eine Interpretation dieser Bedingungen nicht sinnvoll.
[23] Vgl. z. B. Lang, E.: Staat und Kybernetik. Prolegomena zu einer Lehre vom Staat als Regelkreis. Salzburg/München, 1966.

wicklung ist abhängig von den Postulaten, die durch die Kybernetik gesetzt werden: »Vielleicht können wir soweit gehen und sagen, daß die rigorose Planwirtschaft im Stil des Totalitarismus auf lange Sicht die einzig mögliche, oder sagen wir konkurrenz-, also lebensfähige Wirtschaftsform gewesen wäre – solange die leitenden Stellen der Wirtschaft nur über menschliche Intelligenzen verfügten, um die Daten zu verarbeiten. Die Lage hat sich im letzten Jahrzehnt insofern grundsätzlich geändert, als die maschinelle Bearbeitung der wirtschaftlichen Daten jetzt und in Zukunft die Möglichkeit einer krisenlosen Entwicklung der liberalen Wirtschaftssysteme bietet, wie sie bis jetzt nicht gegeben war.«[24]

Diese Betrachtungsweise, die von einer »Kybernetisierung« der Gesellschaft ausgeht, das heißt Beherrschung der Gesellschaft durch kybernetische Systeme, suggeriert die Existenz von Sachzwängen, »Systemnotwendigkeiten«, wodurch die bestehende Klassengesellschaft objektiviert wird.

4. Zusammenfassung

Der vorliegende Aufsatz hatte das Ziel, kybernetische Ansätze in den Sozialwissenschaften exemplarisch zu untersuchen. Dabei war der leitende Gesichtspunkt, die hinter den – für die meisten Sozialwissenschaftler unverständlichen – kybernetischen Begriffen und Kalkülen verborgenen wissenschaftstheoretischen, inhaltlichen und politischen Implikationen freizulegen. Diese Aufgabe kann erleichtert werden, wenn man der Untersuchung folgende Gesichtspunkte zugrunde legt:

1. Klärung der konkreten *Systemdefinition* (Systemgrenzen, Elemente, Kopplungen) und der Definitionskriterien. Einfluß »einseitiger« Festlegungen auf das Ergebnis. Bestimmung der gesellschaftstheoretischen Position, von der die Definition ausgeht;
2. Klärung der konkreten *Umgebungsdefinition*. Bestimmung der Störungsklasse (Auswahlkriterien);
3. Auswahlkriterien bei der Betrachtung des *Systemverhaltens* (Art der Störungsbewältigung; Stellenwert von Stabilität, Wachstum, Lernfähigkeit);
4. *Zielhierarchie* (Kriterien der Zieldefinition, grundsätzlicher/untergeordneter Zielwandel);
5. *Modellaspekt* (Vernachlässigung wesentlicher Eigenschaften des

---

[24] Bertaux, P.: Denkmaschinen und Kybernetik im Kontext der kulturellen Gesamtentwicklung. In: Haseloff, O. W. (Hrsg.): Grundfragen der Kybernetik. Berlin, 1967, S. 54.

Originals im Modell vs. Überfrachtung des Modells mit originalfremden Eigenschaften — zugrunde liegendes Interesse, Folgen; Ontologisierung des Modells).
Die Vorbehalte, die der Anwendung der kybernetischen Systemtheorie in den Sozialwissenschaften gegenüber geäußert werden, gehen meist von einer einseitigen Rezeption der Kybernetik als Regelungs- und Stabilisierungstheorie aus, wodurch für sie Kybernetik zum Instrument einer Verfestigung der gesellschaftlichen Verhältnisse wird. Vernachlässigt wird dabei, daß die kybernetische Systemtheorie über Konzepte von Wachstum, Lernen und grundsätzlichem Wandel verfügt, die zur Beschreibung übergreifender gesellschaftlicher Entwicklungsprozesse verwendet werden können.[25] Diese Tatsache verweist auf den Instrumentcharakter und die damit verbundene »wissenschaftstheoretische Neutralität« der kybernetischen Systemtheorie.
Folglich sind die Argumentationsweisen, die wir an den von uns besprochenen Sozialwissenschaftlern kritisiert haben, nicht etwa darauf zurückzuführen, daß sie die kybernetische Systemtheorie in den Sozialwissenschaften angewandt haben, sondern sie ergeben sich vielmehr aus dem von diesen Autoren nicht genügend reflektierten Zusammenhang zur spezifisch historischen, nämlich hier jeweils kapitalistischen Form der Organisation des gesellschaftlichen Lebensprozesses.

Kybernetische Systemtheorie und marxistische Philosophie
Eine Auseinandersetzung mit Georg Klaus
Von Renate Damus

1.

Im vorliegenden Aufsatz soll die Rezeption der kybernetischen Systemtheorie bei Georg Klaus[1] besonders deshalb zur Diskussion

---

[25] Vgl. Buck, G., J. Friedrich, E. Sens, W. Wagner: Kybernetische Systemtheorie. Ein Instrument zur Analyse revolutionären sozialen Wandels. In: PVS, 11 (1970), Sonderheft 2, Opladen, 1971.

[1] Klaus, Georg: Kybernetik in philosophischer Sicht. 4. Aufl., Berlin-Ost, 1965. Im folgenden zitiert »KphS«.
Klaus, G.: Kybernetik und Erkenntnistheorie. 3. Aufl., Berlin-Ost, 1966. Im folgenden zitiert »KE«.

stehen, weil bei ihm – wie nirgendwo sonst – der Versuch vorliegt, nachzuweisen, daß Marxismus[2] und kybernetische Systemtheorie sich

Klaus, G.: Für und wider die Kybernetik. Eine Betrachtung zum XXII. Parteitag. In: Deutsche Zeitschrift für Philosophie. 1962, H. 5. Im folgenden zitiert »FwK«.
Klaus, G.: Zur Soziologie der »Mensch-Maschine-Symbiose«. Eine kybernetische Betrachtung. In: Deutsche Zeitschrift für Philosophie. 1962, H. 7. Im folgenden zitiert »MMS«.
Klaus, G.: Schematische und schöpferische geistige Arbeit in kybernetischer Sicht. In: Deutsche Zeitschrift für Philosophie. 1961, H. 2/3. Im folgenden zitiert »SchA«.
Klaus, G.: Hegel und die Dialektik in der formalen Logik. In: Deutsche Zeitschrift für Philosophie. 1963, H. 12. Im folgenden zitiert »HDL«.
Klaus, G., G. Schnauß: Kybernetik und sozialistische Leitung. In: Einheit. 1965, H. 2. Im folgenden zitiert »KsL«.
Klaus, G., R. Thiel: Über die Existenz kybernetischer Systeme in der Gesellschaft. In: Deutsche Zeitschrift für Philosophie. 1962, H. 1. Im folgenden zitiert »ESG«.
Klaus, G.: Kybernetik und Gesellschaft. 2. Aufl., Berlin-Ost, 1965. Im folgenden zitiert »KG«.
Klaus, G., H. Schulze: Sinn, Gesetz und Fortschritt in der Geschichte. Berlin-Ost, 1967. Im folgenden zitiert »SGF«.
Klaus, G.: Erkenntnistheoretische Betrachtungen zum Aufsatz von A. A. Ljapunow / A. J. Kitow: »Kybernetik in Technik und Ökonomie«. In: Sowjetwissenschaft. Gesellschaftswissenschaftliche Beiträge. 1962, H. 2.
Klaus, G.: Über die Bedeutung der technischen Logik. In: Deutsche Zeitschrift für Philosophie. 1961, H. 8.
Klaus, G : Das Verhältnis von Kausalität und Theologie in kybernetischer Sicht. In: Deutsche Zeitschrift für Philosophie. 1960, H. 10.
Klaus, G.: Vortrag auf der Kybernetik-Tagung vom 16./17. 10. 62 in Berlin. In: Kybernetik, Wissenschaft, Technik und Wirtschaft in der DDR. Berlin-Ost, 1963. Im folgenden zitiert »KWTW«.
Klaus, G., R. Thiel: Kybernetik – Philosophie – Gesellschaft. In: Einheit. 1961, H. 7.
Klaus, G., R. Thiel: Über zielsuchende Systeme in der Gesellschaft. In: Deutsche Zeitschrift für Philosophie. 1962, H. 1.

[2] Ich verwende hier und im folgenden nach Möglichkeit diesen allgemeiner gehaltenen Ausdruck, da Klaus einesteils positivistisch systematisierend und andererseits ontologisierend trennt in marxistische Philosophie, dialektisch-materialistische Erkenntnistheorie, dialektische Logik, Historischen Materialismus, Dialektischen Materialismus und Politische Ökonomie. Da ich diese am bürgerlichen Wissenschaftsideal uneingestandenermaßen orientierte Wissenschaftssystematik für falsch erachte (vgl. Schmidt, A.: Zum Erkenntnisbegriff der Kritik der politischen Ökonomie. In: Kritik der politischen Ökonomie heute. 100 Jahre »Kapital«. Frankfurt, 1968, S. 30), weil sie dem Gegenstand nicht gerecht wird und ihn verfehlen muß, werde ich allgemein von Marxismus bzw. Marxistischer Theorie sprechen, obwohl Klaus, wie auch P. Ch. Ludz (Parteielite im Wandel. Köln, 1968,

nicht nur nicht widersprechen, sondern sich vielmehr gegenseitig bestätigen und vertiefen. Dabei interessiert Klaus bei der Frage nach dem Verhältnis von Kybernetik und (marxistischer) Philosophie weniger eine Philosophie der Kybernetik der Kybernetik wegen, vielmehr geht seine Intention dahin, den Marxismus, dessen Kategorien und dessen Methode mit Hilfe der Kybernetik, ihrem systemtheoretischen, regeltheoretischen, informationstheoretischen und spieltheoretischen Aspekt zu präzisieren, auszubauen und auf den Höchststand »moderner« Theorie zu heben. Demzufolge soll Kybernetik in letzter Konsequenz als Beweis für die Richtigkeit des Marxismus im Klausschen Verständnis dienen.

Daher irrt H. Frank, wenn er sich bei seiner Analyse des Verhältnisses von Kybernetik und Philosophie um den Nachweis bemüht, daß nicht nur der philosophisch naive Kybernetiker Steinbuch, sondern auch G. Klaus die »Aufhebung der Philosophie durch die Kybernetik proklamiert«[3]. Da Frank vom dialektischen Materialismus keine Ahnung hat, sich auch nicht mit ihm beschäftigen will, andererseits jedoch ebenfalls das Verhältnis von Philosophie und Kybernetik reflektiert, muß er »auf seinen Ruf als Wissenschaftler bedacht«, die Klausschen Überlegungen mit einem formalistischen Trick ad absurdum führen. Dies gelingt ihm scheinbar, indem er einen einzigen Satz von Klaus herausgreift, ihn falsch interpretiert, um sodann mit Hilfe vieler Formeln logisch abzuleiten – jedoch bei falscher Prämisse –, daß der Marxismus bzw. dialektische Materialismus (Klaus zufolge) Konsequenz und nicht Voraussetzung der Kybernetik ist.

Die Kybernetik, die aufgrund der besonderen »Art und Weise des Zusammenwirkens von Regeltheorie, Informationstheorie, Systemtheorie und Spieltheorie«[4] entwickelt wurde und die von Klaus definiert wird als »Theorie der dynamischen selbstregulierenden und selbstorganisierenden Systeme«[5], soll in vielfältiger Weise zur Bestä-

---

S. 308) festgestellt hat, sich mehr an Hegel, Lenin und Engels als an Marx orientiert. Wo es ihm jedoch möglich erscheint (etwa anhand der Reproduktionsschemata, des Wertgesetzes usw.) rekurriert er auf Beispiele aus dem Marxschen »Kapital«.

[3] Frank, H.: Kybernetik und Philosophie. Materialien und Grundriß zu einer Philosophie der Kybernetik. Berlin-West, 1969, S. 13.

[4] Klaus, KphS, S. 22.

[5] Klaus, KphS, S. 12. Auf die Richtigkeit dieser Definition und die Konzeption, die darin zum Ausdruck kommt, soll im weiteren Verlauf der vorliegenden Untersuchung eingegangen werden unter Einbezug der Kritik von V. Stoljarow / K. Kannegießer: Zu einigen philosophischen Fragen der Kybernetik. In: Deutsche Zeitschrift für Philosophie. 1962, H. 5, S. 605 f.) sowie der impliziten Kritik von L. Kolman und H. Luck in ihren Beiträgen auf der Berliner Kybernetik-Tagung 1962. In: KWTW.

tigung a) der Kategorien, b) der Methoden, aber auch c) theoretischer Aspekte des Marxismus dienen und ihn konkretisieren. An dem »Entwurf einer heuristischen Zuordnung von Kategorien aus Philosophie und Kybernetik«[6] interessieren in vorliegendem Zusammenhang aus kybernetischer Sicht insbesondere der Kybernetik- und Informationsbegriff, wohingegen aus marxistischer Sicht innerhalb des systemtheoretischen Aspekts die Kategorien »System«, »objektive Zielstrebigkeit«, »multistabiles System« bzw. »Dialektik von Teil und Ganzem« von Interesse sind, während innerhalb des regeltheoretischen Aspekts besonders die Kategorien »Rückkopplung«, »Wechselwirkung« und »Stabilität« zu beachten sind.

Während es sich bei den genannten Kategorien hauptsächlich darum handelt, sie präziser zu fassen und sie neu zu interpretieren in der Hoffnung, daß sich damit neue Aspekte und Fragestellungen auftun, geht es bei der Reflexion über Methodenfragen um mehr. Es handelt sich darum, die im Marxismus bisher vorherrschende qualitative Betrachtungsweise durch eine quantitative zu ersetzen, um den Marxismus mit Hilfe kybernetischer Methoden zu einer »exakten Wissenschaft« zu machen. An inhaltlichen Aspekten, die mittels der Kybernetik Bestätigung, Interpretation und Weiterentwicklung erfahren, sind der Arbeits- und damit zusammenhängend der Entfremdungsbegriff, die Geschichtsauffassung, die Interpretation von Gesetzmäßigkeiten in der Gesellschaft, die Kritik am Kapitalismus und die Sichtweise des Sozialismus, die Arbeitswerttheorie und das Wertgesetz sowie das Verständnis der Demokratie von Belang. Während die Bestätigung, Präzisierung und Weiterentwicklung der Kategorien und Methoden des Marxismus das Hauptanliegen von Georg Klaus sind, geschieht die theoretische Weiterentwicklung mehr oder weniger bewußt, mehr oder weniger freiwillig. Diese theoretischen Aspekte sind infolgedessen ideologiekritisch aus den Aussagen, die sich mit Organisation, Struktur, Steuerung, Regelung, System usw. beschäftigen, herauszuanalysieren. »Die Philosophie im allgemeinen (gemeint ist die marxistische, R. D.) und der historische Materialismus im besonderen benötigen dringend einen weiteren Ausbau der Methode! Diese Feststellung mag auf den ersten Blick vielleicht verblüffen, und man wird fragen: Wenn schon Weiterentwicklung der Methode, warum nicht auch Weiterentwicklung der Theorie? Natürlich lehrt uns der dialektische Materialismus, daß Theorie und Methode einer Wissenschaft eine Einheit bilden. Aber die Geschichte der Wissenschaft zeigt, daß diese Einheit dialektisch widersprüchlich ist. In jeder Wissenschaft treten zeitweilig kategoriale Fragen wesentlich in den Vordergrund, zu anderen Zeiten aber methodische Fragen. Es

---

[6] Klaus, KWTW, S. 16 f.

ist keinesfalls so, daß sich Theorie und Methode in einer harmonischen Parallelität fortentwickeln.«[7] Dort jeweils, wo Klaus zufolge gewisse Mängel bei Kategorien und Methoden des Marxismus zu verzeichnen sind, vermag die Kybernetik diese zu beseitigen. Sie vermag das deshalb, weil sie – hierin ähnlich der (marxistischen) Philosophie – eine »Brücke zwischen den Wissenschaften« darstellt, weil sie nicht als eine Einzelwissenschaft unter anderen zu bezeichnen ist. Lediglich auf dem Gebiet des Verhältnisses von Mensch und Automat handelt es sich auch bei der Kybernetik um eine Einzelwissenschaft, die der »Hilfe der Philosophie (bedarf), wenn sie nach umfassenden Antworten hinsichtlich des Wechselverhältnisses des Menschen zu den ihn imitierenden Maschinen sucht«[8].

Ansonsten spielt sie eine synthetisierende Rolle im Bereich der Wissenschaften; denn während alle anderen Wissenschaften (nach Klaus) Abbilder der Wirklichkeit, theoretische Interpretation unabhängig davon existierender Objektbereiche sind, befaßt sich die Kybernetik hauptsächlich mit Strukturen, deren Zusammenhang und »Wechselwirkung«. Aufgrund der darin zum Ausdruck kommenden stärkeren Abstraktion, die vor allem auch von der jeweiligen Materie abstrahiert, vermag sie andererseits umfassender als andere Wissenschaften Generalisierungen von weitreichender Gültigkeit vorzunehmen.

Hinzu kommt, wodurch die Kybernetik als dialektisch-materialistisch »par excellence«, ja sogar als kommunistische[9] Wissenschaft charakterisiert werden kann, daß in ihr nicht das Theorem, das das Sein lediglich beschreibt, sondern der Algorithmus, der Anleitungen zum Handeln erteilt, vorherrscht[10]. Insofern rückt die Kybernetik, indem sie Wissen und Handeln verbindet, ja von vornherein als Wissenschaft der Veränderung der Welt entstand, in die Nähe der elften Feuerbachthese.[11] Das Praxisverständnis, das Verständnis vom Menschen als Subjekt der Geschichte, das in einer derartigen Analyse der Kybernetik als Wissenschaft zum Ausdruck gelangt, und das am besten als technisch-technokratische Utopie[12] bezeichnet werden kann, wird weiter unten Gegenstand der Kritik sein. Aus den aufgezeigten programmatischen Äußerungen geht klar die Intention hervor, die Klaus in

---

[7] Klaus, KG, S. VIII.
[8] Klaus, a.a.O , S. XIII.
[9] Vgl. etwa Klaus, KE. S. 404; KWTW, S. 20–25; FwK, S. 593/601; KG, S. 1 f.
[10] Vgl. Klaus, KWTW, S. 20/23; S. 4.
[11] »Die Philosophen haben die Welt nur verschieden interpretiert, es kömmt darauf an sie zu verändern.« Marx, K., MEW 3, S. 7. Vgl. auch den Schluß dieses Aufsatzes.
[12] Vgl. z. B. Klaus, KG, S. 235 f.

»Kybernetik und Gesellschaft« wie folgt formuliert hat: »Gelingt es, ... für ... (die) allgemein kybernetischen Gesetze und Relationen die entsprechenden speziellen Beziehungen im historischen Materialismus aufzufinden, so ist man berechtigt, die allgemeinen kybernetischen Beziehungen isomorph auf die des historischen Materialismus zu übertragen. Im Sinne der Axiomatik der modernen mathematischen Logik gesprochen: Wenn es gelingt, zum kybernetischen Begriffs- und Aussagengefüge ein historisch-materialistisches Modell anzugeben, so übertragen sich die kybernetischen Gesetzmäßigkeiten auf dieses besondere Gebiet, und sie haben dann auch dort künftighin eine kategoriale und methodologische Heimat.«[13]

2.

Bevor ich jedoch auf die umrissene Problematik eingehe, sollen die beiden Begriffe und Definitionen von »Kybernetik« einerseits, »Information« andererseits und die sich damit ergebenden Probleme untersucht werden. W.-D. Narr, der sich in seinem Aufsatz »Systemzwang als neue Kategorie in Wissenschaft und Politik«[14] gegen eine Ontologisierung des Systembegriffs wendet, der darüber hinaus in seinem Buch »Theoriebegriffe und Systemtheorie«[15] auf die Zielpro-

[13] Klaus, KG, S. 9 f. »Historischer Materialismus« ist hier nicht in einem umfassenderen Sinne zu verstehen, sondern den Bereich der Gesellschaft betreffend, soweit dieser nicht durch die politische Ökonomie und empirische Soziologie erfaßt ist. Die Verbindung Dialektischer Materialismus – Kybernetik ist für Klaus ohnehin kein Problem, andererseits für einen Marxisten, der nicht ontologisierend vorgeht, ohne Belang, da seit Marx und mit der verstärkten Herausbildung des Proletariats die Systemphilosophie, ein philosophisches Gedankengebäude, das alle Bereiche menschlichen Seins und der Natur sozusagen aus einem Prinzip erklärt, weitgehend obsolet geworden war und der Gesellschaftskritik zu weichen hatte. Zumindest gibt es seither bezeichnenderweise in der bürgerlichen Philosophie keine positiven Erklärungsversuche umfassender Art und konnte es mit der Etablierung der bürgerlichen Klasse zur herrschenden auch nicht mehr geben. Daß die Marxsche Reduktion auf Gesellschaftskritik wieder rückgängig gemacht wurde und in Anlehnung an Engels, der insoweit noch dem deutschen Idealismus verhaftet war, erneut eine umfassende, alles erklärende Philosophie – basierend auf dem Materiebegriff – in den sozialistischen Ländern entwickelt wurde, kann als Indikator für partiell erneut sich etablierendes Herrschaftsinteresse, das sich zu immunisieren versucht, gewertet werden.
[14] Narr, W.-D.: Systemzwang als neue Kategorie in Wissenschaft und Politik. In: atomzeitalter. 1967, H. 7/8, S. 400–412.
[15] Narr, W.-D.: Theoriebegriffe und Systemtheorie. Stuttgart/Berlin/Köln/Mainz, 1969.

blematik eingeht, übernimmt andererseits unreflektiert die Klaussche Definition dessen, was Kybernetik ist. »Die Kybernetik in ihren Formen als allgemeine Systemtheorie, als Theorie der Regelung, Theorie der Information und Spieltheorie kann mit Klaus/Buhr unter dem Vorbehalt einer Fülle von Modifikationen als ›Wissenschaft von den dynamischen, selbstregulierenden und selbstorganisierenden Systemen‹ umschrieben werden.«[16] In dieser Definition sind jedoch bereits die Ontologisierung des Systembegriffs wie auch die Zielproblematik enthalten. Im Vorwort zur dritten Auflage von »Kybernetik in philosophischer Sicht«[17] erwähnt Klaus auch andere Definitionen der Kybernetik – etwa als Theorie der Algorithmen, der Übertragung, Speicherung und Umwandlung von Informationen, weiterhin als Wissenschaft von der Regelung und Steuerung –, verteidigt jedoch seine Definition als die weitergehende, umfassendste, wodurch Einseitigkeiten vermieden würden. Jedoch geht aus der Klausschen Definition ebenfalls eine einseitige Interpretation hervor. Zwar betont er immer wieder, daß die Kybernetik durch vier Aspekte gekennzeichnet ist, nämlich durch den systemtheoretischen, den regeltheoretischen, den informationstheoretischen und den spieltheoretischen Aspekt, wohingegen aus der Definition die besondere Betonung des systemtheoretischen Aspektes ersichtlich ist, den Klaus für den philosophisch gesehen bedeutsamsten erachtet, auf dem die anderen aufbauen.[18]

---

[16] A. a. O., S. 101. Da Narr nicht bereit ist, in seinem Buch, das für Studenten zur Einführung in »die moderne Theorie« gedacht ist, die Fülle von Modifikationen zu benennen, braucht sein Vorbehalt nicht weiter zur Kenntnis genommen zu werden, da die Klaussche Definition diejenige ist, die er seinen weiteren Ausführungen zugrunde legt. Selbst P. Ch. Ludz scheint gegen diese Definition in seinen ansonsten interessanten Anmerkungen zu den Schriften von G. Klaus nichts einzuwenden zu haben. Vgl. Parteielite..., S. 295-301.
[17] Klaus, KphS, S. 16.
[18] Der Ontologisierungstendenz, die in dem Gebrauch des Systembegriffes zum Ausdruck kommt (z. B. lautet der Titel eines Aufsatzes: Über die Existenz kybernetischer Systeme in der Gesellschaft), scheinen die weiteren Definitionen in KphS (S. 35 und S. 41) zu widersprechen. Klaus schreibt, indem er die Besonderheit der kybernetischen Abstraktion hervorheben will: »Gerade weil die Kybernetik nicht in erster Linie vorhandene Systeme, natürliche oder künstliche, wie sie ihrer Struktur, ihrer Verhaltensweise nach tatsächlich funktionieren und wie sie eben in der Natur schlechthin zeigen, behandelt, sondern weil sie es mit Objekten zu tun hat, die Produkte der Abstraktion sind .. Die Kybernetik ... sucht nicht in erster Linie tatsächliche Analogien zwischen wirklichen Systemen auf, sondern sie befaßt sich mit abstrakten Systemen ... Ihre Begriffe, Relationen und Gesetze sind natürlich aus tatsächlich auftretenden Systemen durch

Um das Besondere der Klausschen Definition in den Griff zu bekommen, seien hier noch einige andere Autoren erwähnt. Oskar Lange, der die Kybernetik als ein wichtiges »Hilfsinstrument« der Politischen Ökonomie ansieht, bezeichnet sie, da »sich die erste Anwendung dieser Bezeichnung auf sich selbst steuernde Maschinen und Einrichtungen bezog, und danach auf sich selbst regulierende biologische Prozesse«, schlicht als »Wissenschaft von der Steuerung und Regelung«[19].

K. Steinbuch, der Definitionen nicht für wichtig hält – weil er nicht sieht, daß sie auf Theorien und Ideologien basieren, wie solche verbergen – definiert nichtsdestotrotz: »Unter ›Kybernetik‹ wird einerseits eine Sammlung bestimmter Denkmodelle (der Regelung, der Nachrichtenübertragung und der Nachrichtenverarbeitung) und andererseits deren Anwendung im technischen und außertechnischen Bereich verstanden.« Und: »Unter Kybernetik wird die Wissenschaft von den informationellen Strukturen im technischen und außertechnischen Bereich verstanden.«[20] In ähnlicher Richtung liegt die Definition von H. Frank: »Die Kybernetik ist die kalkülisierende Theorie und die konstruierende Technik der Nachrichten, der Nachrichtenverarbeitung und der Nachrichtenverarbeitungssysteme.«[21] Und einige Jahre vorher: »Wir verstehen unter Kybernetik die – mathematische Werkzeuge benützende – Erforschung oder technische Beherrschung des Problemkreises der Aufnahme, Verarbeitung und raumzeitlichen Übertragung von Nachrichten innerhalb oder zwischen Systemen, wobei davon abstrahiert wird, ob diese Systeme physikalisch, physio-

---

Abstraktion gewonnen« (a.a.O., S. 33 f.). Aus dieser Erkenntnis, die in Zusammenhang steht mit seiner Ablehnung der Definition von N. Wiener (Kybernetik als die Wissenschaft von der Steuerung, Regelung und Nachrichtenübertragung in Lebewesen und Maschine. Vgl.: Wiener, N.: Kybernetik. Regelung und Nachrichtenübertragung in Lebewesen und Maschine. Hamburg, 1968, S. 32), definiert Klaus an den beiden erwähnten Stellen in gewissem Gegensatz zu seinen anderen Schriften (z. B. FwK, S. 582) die Kybernetik als »die Wissenschaft von den möglichen Verhaltensweisen möglicher Strukturen... dynamischer Strukturen... Die Kybernetik studiert also auch Zusammenhänge, Steuerungsvorgänge, Regelvorgänge, Beziehungen von Strukturen und Funktionen, die bis jetzt nirgends realisiert sind...« (KphS, S. 35). Und »Kybernetik ist die Theorie des Zusammenhangs möglicher dynamischer selbstregulierender Systeme mit ihren Teilsystemen« (a a.O., S. 41).
[19] Lange, O.: Politische Ökonomie (2 Bände). Berlin-Ost, 1969, Band I: Allgemeine Probleme, S. 219.
[20] Steinbuch, K.: Automat und Mensch. Kybernetische Tatsachen und Hypothesen. 3. Aufl., Berlin/Heidelberg/New York, 1965, S. 325.
[21] Frank, H.: Kybernetik und..., S.101.

logisch oder psychologisch zu kennzeichnen sind.«[22] Diese Definition, die gleichlautend im »Lexikon der Kybernetik«[23] zu finden ist, wird von F. Naschold zugrunde gelegt.[24]
Aus all diesen Formulierungen geht hervor, daß je nach Zugehörigkeit zu einem bestimmten Wissenschaftsbereich die genannten Wissenschaftler Begriffe wie Regelung, Kontrolle, Kommunikation oder Information stärker betonen. Aus dieser Unsicherheit zieht H. J. Flechtner den Schluß, eine möglichst umfassende Kennzeichnung anzustreben, dabei geht er – orientiert an G. Klaus – ebenfalls vom Begriff des Systems aus, da man Maschinen, Organismen, Menschen und Gemeinschaften »*auch* als Systeme ansehen« könne[25] »Kybernetik ist die allgemeine, formale Wissenschaft von der Struktur, den Relationen und dem Verhalten dynamischer Systeme.«[26]
Daß die Verwandtschaft und warum diese Verwandtschaft keineswegs so eng ist, wie H. J. Flechtner meint, soll nun näher begründet werden. Klaus spricht von wirklichen Systemen[27], er versucht die Existenz kybernetischer Systeme in der Gesellschaft nachzuweisen, häufig unter Rekurs auf die Marxschen Reproduktionsschemata. Dem Versuch, den »kybernetischen Charakter gesellschaftlicher Systeme« aufzuzeigen, dient vornehmlich die dementsprechende Interpretation des Begriffs der »Rückkopplung«, der mit dem dialektischen Begriff der Wechselwirkung in Verbindung gebracht wird, weiterhin der Begriff der »Zielstrebigkeit«, des »zielsuchenden Systems« usw., der teleologisch interpretiert wird, wobei ein Verständnis geschichtlich-gesellschaftlicher Prozesse zu Tage tritt, das zumindest mit der Marxschen Konzeption nichts gemein hat. Als drittes Begriffspaar im Zusammenhang mit der Ontologisierung des Systembegriffs sind schließlich noch die Begriffe »Notwendigkeit/Zufall« zu nennen. Sie werden Klaus zufolge durch die Tatsache gestützt, daß in der Kybernetik der Begriff der »Wahrscheinlichkeit« statt des Begriffs der »Kausalität« hervorgehoben wird, wodurch der dialektische gegenüber dem mechanischen Materialismus eine Bestätigung erfährt.

---

[22] Frank, H.: Kybernetische Analysen subjektiver Sachverhalte. Quickborn bei Hamburg, 1964, S. 11.
[23] Lexikon der Kybernetik. Hamburg, 1964, S 87.
[24] Naschold, F.: Systemsteuerung. Stuttgart/Berlin/Köln/Mainz, 1969, S. 16. Dieses Buch ist der 2. Band des gemeinsam mit Narr (s. o.) herausgegebenen Werkes »Einführung in die moderne politische Theorie.«
[25] Flechtner, a.a.O., S. 10.
[26] Ebenda. Flechtner betont die Verwandtschaft zur Klaussschen Definition (KphS, S. 41): »Kybernetik ist die Theorie des Zusammenhangs möglicher dynamischer selbstregulierender Systeme mit ihren Teilsystemen.«
[27] Vgl. z. B. KphS, S. 65, 212.

Auf die gegenseitige Zuordnung der Begriffe »Rückkopplung-Wechselwirkung« sowie »Zielstrebigkeit-Teleologie« werde ich weiter unten eingehen, da sie mir sowohl für die kybernetische Systemtheorie als auch den Marxismus wichtig genug erscheinen; auf die dritte von Klaus angeschnittene Problematik hingegen nicht, da sie nur für den von Belang ist, der historischen und dialektischen Materialismus trennt, Dialektik demzufolge auch in anderen Bereichen als dem gesellschaftlichen postuliert, um damit wiederum eine umfassende Systemphilosophie zu begründen.

Bei Klaus hingegen wird, um den Nachweis der Existenz kybernetischer Systeme in der Gesellschaft zu erbringen, das, was Marx im »Kapital« als Kritik formulierte, zur Theorie erhoben, so wenn Klaus davon spricht, daß die »Beziehung von Produktion und Produktionsbedingungen ... eine Tendenz, eine Zielstrebigkeit (begründet), die auf die Erhaltung der vorhandenen Zustände gerichtet ist«[28]. Genauso verhält es sich, wenn Klaus/Thiel versuchen, die Marxsche kritische Beschreibung der Ware-Geld-Beziehungen für ihren Zweck des Nachweises des kybernetischen Charakters ökonomischer Zusammenhänge nutzbar zu machen. Marx geht es darum, den Unterschied von G-W-G-Beziehungen (Geld-Ware-Geld) einerseits und W-G-W-Beziehungen (Ware-Geld-Ware) andererseits herauszukristallisieren, um daran das Spezifische an den Gesellschaftsformationen bzw. bestimmter gesellschaftlicher Teilbereiche aufzuzeigen, deren Ausdruck solche Beziehungen einerseits sind, wie sie andererseits zur Perpetuierung derartiger Formationen beitragen, solange sie – da von den Individuen gesamtgesellschaftlich nicht bewußt gestaltet – als naturgesetzlich angesehen werden. Er schreibt: »Die Wiederholung oder Erneuerung des Verkaufs, um zu kaufen findet, wie dieser Prozeß selbst, Maß und Ziel an einem außer ihm liegenden Endzwecke, der Konsumtion, der Befriedigung bestimmter Bedürfnisse. Im Kauf für den Verkauf dagegen sind Anfang und Ende dasselbe, Geld, Tauschwert, und schon dadurch ist die Bewegung endlos.«[29]

---

[28] Klaus/Thiel, ESG, S. 31. Die Stelle, auf die sich Klaus/Thiel berufen, lautet bei Marx: »... durch den Charakter der Naturalwirtschaft überhaupt ist diese Form ganz geeignet, die Basis stationärer Gesellschaftszustände abzugeben« (Marx, K.: Das Kapital. Kritik der politischen Ökonomie. In: Marx, K. / F. Engels: Werke, Bd. 25. Berlin-Ost, 1968, S. 804).

[29] Marx, K.: Das Kapital. Kritik der politischen Ökonomie. In: Marx, K., F. Engels: Werke, Bd. 23. Berlin-Ost, 1968, S. 166. Wobei bei den Zitaten, soweit sie aus Kapital I und auch aus Kapital II stammen, noch berücksichtigt werden muß, daß es Marx hier darum ging, unter den vielen Faktoren stärker den qualitativen als den quantitativen Aspekt – das Wesen statt der Erscheinung – herauszuschälen, etwa die Wertform und nicht die Wertgröße, die Reproduktionsschemata und weniger die Bedingungen,

Klaus/Thiel kommentieren: »Der Zyklus G-W-G begründet also eine *Tendenz*. Er braucht nur ein einziges Mal in Bewegung gesetzt zu werden, um sich ständig aufs neue zu entzünden. Der Prozeß ist objektiv auf das Ziel gerichtet, sich am Leben zu erhalten. Die Ursache – nämlich der Start des Zyklus – verliert sich nicht in der Wirkung. Die Wirkung besteht vielmehr in einem Neusetzen der Anfangsbedingungen, die Ursache wirkt auf sich selbst zurück, und der Start – einmal gegeben – wird zur Ursache seiner selbst.«[30] Das System setzt sich also, bei einer derartigen Interpretation, durch alle Ereignisse durch, »die Geschichte« wird dann nicht mehr von Menschen gemacht, vielmehr wird sie zum Subjekt und die Menschen zum Objekt.

Diesem aufgezeigten ontologischen Verständnis des Begriffs »System« steht in den weiter oben genannten und von mir herangezogenen Schriften von G. Klaus meines Erachtens lediglich eine Stelle gegenüber, die eine andere Interpretation verzeichnet. Klaus geht hierbei[31] auf die Relativität des Systembegriffs ein, wenn er davon spricht, daß aus der Vielfalt der Gebilde bestimmte ausgewählt und im Abstraktionsprozeß als Elemente eines Systems definiert werden; zusammen mit den ausgewählten Relationen ergeben solche Elemente den Begriff des Systems.[32] Wenige Seiten später wird allerdings bereits ersichtlich, daß die an O. Lange gewonnenen Ausführungen die Analysen nicht tragen. Hier ist die Rede vom kapitalistischen und sozialistischen »System«, die Rezeptoren, Effektoren und Regler haben, aus Elementen, Schaltungen[33] und Teilsystemen bestehen, wobei die letzteren die Möglichkeit besitzen, sich relativ selbständig zu optimieren – zum Beispiel optimiert sich das Teilsystem »Produktivkräfte«, wie es auch im sozialistischen »System« eine »mitregierende Rückkopplung« gibt! Selbst die Problematik von Dogmatismus und Revisionismus kann mittels einer derartigen Vorgehensweise schnell festgestellt

die dazu beitragen, daß sie nicht in der beschriebenen Form zur Geltung gelangen. Das Wesen der kapitalistischen Gesellschaftsformation sollte auf einem hohen Abstraktionsgrad analysiert und beschrieben werden, und damit auch die Gesetzmäßigkeiten, aber gerade nicht im ontologischen, sondern im kritischen Sinne, um klarzumachen, daß dies nur Gesetzmäßigkeiten sind, solange sie von den Individuen als solche, als naturwüchsig angesehen werden.

[30] Klaus / Thiel, ESG, S. 33 f.
[31] Klaus, SGF, S. 220.
[32] Die hier zur Diskussion stehenden Ausführungen sind jedoch – wesentlich stärker als es von Klaus gesagt wird – an O. Lange orientiert. Vgl. dazu Lange, O.: Ganzheit und Entwicklung in kybernetischer Sicht. Berlin, 1966.
[33] Vgl. Klaus, SGF, S. 225 f.

werden: »Ein kybernetisches System, das bei geänderter Außenweltsituation starr an seinem bisherigen Optimalmodell festhält bzw. neue Mittel zu seiner, den neuen Umständen angepaßten besseren Gestaltung nicht benutzt, also nicht zu einem neuen Optimalwert im Hinblick auf neue verbesserte Mittel fortschreitet, ist dogmatisch. Ein kybernetisches System, das den Optimalwert des Modells verläßt, ohne daß die Außenweltsituation oder geänderte Mittel dies notwendig bzw. wünschenswert machen, ist revisionistisch.«[34]
Statt des heuristischen Gebrauchs des Systembegriffs, der wissenschaftlich sinnvoll ist, da »Gesellschaft und Geschichte nicht bloß eine Addition zufälliger Ereignisse darstellen«[35], erfährt der Begriff eine Ontologisierung. Damit verbindet sich ein bestimmtes Verständnis von Gesellschaft, das Ganze wird den Teilen gegenübergestellt, die Teile haben soweit selbständig zu handeln, wie solches Verhalten dem Ganzen zugute kommt. Zwar ist im kybernetisch konstruierten Modell das Ganze mehr als die Summe seiner Teile, insofern als hierbei gerade die Strukturen, die Relationen zwischen den verschiedenen Teilen interessieren, jedoch ist dies nicht in einem hierarchisch-ontologisierenden Sinne zu verstehen. Der Systemgedanke verliert seinen instrumentalen Charakter, er gerinnt zum Organismus, zur Gesellschaft als Organismus. Vom System, vom Ganzen her ergibt sich sodann, was dogmatisch oder revisionistisch ist.[36] Zwar ist es keineswegs so, daß die Teile völlig negiert werden; diese Form von Totalitarismusvorstellung entspricht dem Stand der kybernetischen Systemtheorie in ihrer ontologischen Ausdeutung[37] keineswegs, denn ein System kann nur dann multistabil genannt werden oder sein, wenn die Teilsysteme nicht ständig mit dem Gesamtsystem gekoppelt sind, so daß sie die Probleme, die ihnen auf ihrer Ebene eingeräumt werden, selbst bewältigen können, wodurch das Gesamtsystem voll

---

[34] Klaus, KE, S.259.
[35] Narr, W.-D., Systemzwang..., S. 404.
[36] Hiermit ist lediglich eine Kritik am Klausschen Vorgehen formuliert, keineswegs jedoch – was vielleicht hineininterpretiert werden könnte – schlechthin an der DDR, etwa am demokratischen Zentralismus als Organisationsstruktur. Um daran berechtigte Kritik formulieren zu können, wäre es notwendig, die konkreten historischen Bedingungen und Möglichkeiten für sozialistische Politik in der DDR mitzureflektieren. Umgekehrt ist an Klaus Kritik zu üben, daß er überhaupt den Versuch unternimmt, solch abstrakt-allgemeine und damit ahistorische Definitionen aufzustellen. Vgl. hierzu Damus, R.: Demokratischer Zentralismus im ökonomischen System der DDR. In: Stadtbauwelt, 30. Juni 1971, S. 115 ff.
[37] Die Verwendung der Kybernetik als Instrument steht hingegen hier nicht zur Diskussion.

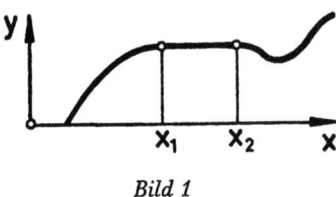

Bild 1

adaptionsfähig ist[38], was gleichzeitig bedeutet, daß es Veränderungen auffangen, also den Status quo erhalten kann (Bild 1). Dergestalt sind die Teilsysteme insoweit relativ autonom – ja sie *müssen* es sogar sein, so daß sie es eigentlich schon nicht mehr sind –, wie es vom übergeordneten Ganzen her für dieses Ganze sinnvoll erscheint. Indem so das Ganze, das System ontologisiert wird, werden die Gesetzmäßigkeiten in der Geschichte hervorgekehrt, wird folgerichtig der Unterschied zwischen Naturwissenschaften und Gesellschaftswissenschaften negiert[39], jedoch nicht im positivistischen Sinne, wie Habermas[40] dies Marx vorwirft, vielmehr im orthodox-dialektischmaterialistischen Sinne. Die Position des Ontologen G. Klaus, der, indem er keinen Unterschied zwischen Natur- und Gesellschaftswissenschaften gelten lassen will, nicht zwischen Gesetzmäßigkeiten in der Gesellschaft und in der Natur differenziert und von daher das System, das Ganze zum Subjekt erhebt, das handelt, sich selbst reguliert und organisiert, steuert oder auch nicht eingreift und den Teilsystemen eine gewisse Autonomie gewährt zwecks Erhaltung des Ganzen kann jedoch nicht mit der Marxschen Kritik der politischen Ökonomie untermauert werden, in der es Marx auch darum geht, aufzuzeigen, daß gesellschaftliche Verhältnisse solange wie ein Naturgesetz wirken, wie sie nicht als historisch geronnen, von Interessen getragen und somit veränderbar durchschaut und bekämpft werden.[41]

[38] Vgl. Klaus, KG, S. 74, 337; KsL, S. 98 f.
[39] Vgl. Klaus, KG, S. 4; vgl. Klaus/Schulze, SGF.
[40] Vgl. Habermas, J.: Erkenntnis und Interesse. Frankfurt, 1968. Vgl. hierzu Damus, R.: Habermas und der »heimliche Positivismus« bei Marx. In: Sozialistische Politik. 1969, H. 4. Bes. S. 33 ff.
[41] Marx, Kapital III, S. 801 f.: »Von allem anderen abgesehen, macht sich dies übrigens von selbst, sobald die beständige Reproduktion der Basis des bestehenden Zustandes, des ihm zugrunde liegenden Verhältnisses, im Lauf der Zeit geregelte und geordnete Form annimmt; und diese Regel und Ordnung ist selbst ein unentbehrliches Moment jeder Produktionsweise, die gesellschaftliche Festigkeit und Unabhängigkeit von bloßem Zufall oder Willkür annehmen soll. Sie ist eben die Form ihrer gesellschaftlichen Befestigung und daher ihrer relativen Emanzipation von bloßer

Aus der Marxschen *Kritik* an der Naturwüchsigkeit macht Klaus demzufolge eine *Theorie* der Selbstbewegung, der gesetzmäßigen Bewegung. Welche Auswirkungen eine solche Interpretation[42], die sich weder mit Kybernetik[43] noch – und das erst recht nicht – mit marxi-

Willkür und bloßem Zufall. Sie erreicht diese Form bei stagnanten Zuständen sowohl des Produktionsprozesses wie der ihm entsprechenden gesellschaftlichen Verhältnisse durch die bloße wiederholte Reproduktion ihrer selbst.«

[42] Diese Interpretation ist keineswegs und immer weniger die gängige in der DDR. Vgl. hierzu: Studieneinführung für die Seminare zum Studium der marxistisch-leninistischen Organisationswissenschaft. 1. Studienjahr. Berlin-Ost, 1969. Hier wird klar der Instrumentcharakter der Kybernetik zum Ausdruck gebracht. In demselben Sinne sind zum Beispiel die Äußerungen von J. Rudolph (KWTW, S. 92) zu bewerten. Rudolph führt aus, daß sich in der Wirtschaft nicht a priori kybernetische Systeme finden lassen. Ökonomische Prozesse seien keine kybernetischen Systeme, vielmehr ermögliche die Kybernetik, ökonomische Prozesse am Modell so nachzubilden, daß kybernetische Beziehungen und Gesetzmäßigkeiten struktureller Art sichtbar werden. Die Betonung des Instrumentcharakters ist die absolut überwiegende Interpretation. Zum anderen gab es neben der soeben erwähnten und der Klaußschen orthodoxen und zugleich technokratischen Interpretation noch eine andere, deren Anliegen es vor allem war, die kybernetische Systemtheorie zur Untermauerung von Forderungen nach stärkerer »Demokratisierung« zu benutzen, wobei auch diese Forderungen einen technokratischen Charakter hatten und implizit bürgerliche Vorstellungen zum Ausdruck brachten.

[43] Wobei hier kurz zu erwähnen ist, daß auch bei anderen Kybernetikern solche Ontologisierungen in Ansätzen anzutreffen sind. Narr ist sowohl in seinem Buch »Theoriebegriffe«, (vgl. bes. S. 104–110 und S. 118–123) als auch in seinem Aufsatz »Sachzwang...« auf diese Problematik eingegangen, wenn er davon spricht, daß der heuristische Sinn des Systemdenkens in Frage gestellt wird, insbesondere durch die Vorrangigkeit des Integrationsaspekts und der damit zusammenhängenden Ganzheits- und Organismusproblematik, weiterhin durch die sich aus der Systemdefinition und der homöostatischen Hypothese ergebenden Zielproblematik, die das Überleben der Art als absolutes Ziel eines Systems konstatiert, bevor überhaupt zum Beispiel eine bestimmte Gesellschaft oder bestimmte gesellschaftliche Bereiche unter dem Systemaspekt analysiert werden. Hiermit im Zusammenhang ist auf die Fragwürdigkeit der Analogie zwischen maschinellen und biologischen »Systemen« einerseits und sozialen Gebilden andererseits hinzuweisen. »Außerdem werden alle sozialen und politischen Systeme (Narr sollte in seiner Kritik besser auf diesen Begriff verzichten) gleich behandelt. Damit ist der ausschließlich heuristische Charakter in Frage gestellt, da das analoge Verfahren auf einen rückwärts einheitlichen Logos schließen läßt, der in keiner Hypothese mehr zur Diskussion steht« (Theoriebegriffe..., S. 122). Trotz des Rekurrierens auf die Kritik von Narr handelt es sich dabei nicht um eine Identifikation, da Narr seine

stischer Theorie rechtfertigen läßt, auf die gesellschaftswissenschaftlichen Vorstellungen hat, wird weiter unten noch zu zeigen sein. Hier geht es darum, aufzuzeigen, was in der Definition dessen, was Klaus unter Kybernetik versteht, enthalten ist. Die hier zur Diskussion stehende Klaussche Intention wird weiterhin an dem Begriff der Zielstrebigkeit ersichtlich; Zielstrebigkeit bedeutet die Fähigkeit eines Systems, mit Hilfe der Rückkopplung gegenüber störenden Einflüssen das innere Milieu aufrechtzuerhalten[44], wobei jedoch zielstrebiges keineswegs mit bewußtem Verhalten gleichgesetzt werden dürfe.[45] Nun soll keineswegs bestritten werden, daß zielstrebiges Verhalten mehr oder weniger bewußt sich vollziehen kann, dabei läßt sich an eingelernte Algorithmen denken oder gar an unbewußte Reaktionen, auf die Steinbuch eingeht, wenn er davon spricht, daß das Bewußtsein völlig überfordert wäre, sollte jegliche menschliche Reaktion bewußt geschehen.

Etwas anderes ist es, Selbstbewegung und Zielstrebigkeit als den Dingen immanent zu betrachten. »Stabile gesellschaftliche Gruppen ... sind ... zielstrebig, das heißt sie sind in der Lage, gegenüber äußeren störenden Einflüssen ihr inneres Milieu aufrechtzuerhalten und immer wieder zu einem bestimmten optimalen Zustand zurückzukehren, sich immer wieder der optimalen Folgeregelung anzugleichen. Dieses Zielstreben ist immanent, es existiert objektiv, unabhängig vom Willen und von den Zielen der einzelnen Mitglieder der Gruppe. Es setzt sich mitunter selbst gegen den Willen der einzelnen Mitglieder dieser Gruppe durch. Ein Maximum an Wirksamkeit jedoch erreicht ein dynamisches selbstregulierendes System im Bereich der Gesellschaft dann, wenn dieses immanente Zielstreben mit der bewußten Zielsetzung einzelner Mitglieder dieser Gruppe und des gesamten Kollektivs zusammenfällt ... Das bewußte Anstreben der im Sinne der Kybernetik objektiv angelegten Ziele der dynamischen selbstregulierenden Gesellschaftssysteme ist implizit in der Formulierung ›Freiheit

Kritik besonders in dem vorstehend genannten Aufsatz, aber auch in seinem Buch gegen die kybernetische Systemtheorie allgemein wendet, statt sich auf einzelne Theoretiker in der Kritik zu konzentrieren. Denn daß die kybernetische Systemtheorie nicht als solche der Ontologisierung usw. unterliegt, zeigt meines Erachtens auch das Buch von F. Naschold: Organisation und Demokratie, Untersuchung zum Demokratisierungspotential in komplexen Systemen, Stuttgart/Berlin/Köln/Mainz, 1969. Damit kommt Naschold zumindest das Verdienst zu, aufzuweisen, in welche Richtung ein kritischer Gebrauch der kybernetischen Systemtheorie sich auch für einen »bürgerlichen« Wissenschaftler als möglich erweist.

[44] Vgl. Klaus, KG, S. 47.
[45] Vgl. Klaus/Thiel, ESG, S. 24. Klaus/Thiel kritisieren hier die Kritiker Blochs, die Zielstrebigkeit bezw. Finalität mit Bewußtheit verbinden.

ist Einsicht in die Notwendigkeit‹ enthalten... (Wenn nicht) muß sich dann immer die objektive Zielstrebigkeit... durchsetzen.«[46] Diese ontologisierende Interpretation von Zielstrebigkeit, der nicht (wie bei »westlichen« Theoretikern zum Teil der Fall) schlicht das »Überleben«[47], sondern ein vulgäres Verständnis des Verhältnisses von Produktivkräften und Produktionsverhältnissen[48] zugrunde liegt, setzt die Konstatierung gewisser historischer Gesetzmäßigkeiten mit objektiver Zielstrebigkeit gleich – damit werden die Produktivkräfte zu einer Heilsgarantie.[49]

Bei ihrer Beweisführung über die Existenz kybernetischer Systeme in der Gesellschaft gehen Klaus und Thiel ganz besonders auf den Begriff der Zielstrebigkeit ein. Zielstrebigkeit soll einmal in gesellschaftlichen »Systemen« und zum anderen in kybernetischen Systemen nachgewiesen werden, um so zu dem Schluß zu kommen, daß kybernetische Systeme in der Gesellschaft existieren, während sich logisch daraus nur ableiten ließe, daß gesellschaftliche Verhältnisse unter diesem Aspekt systemtheoretisch betrachtet werden können. Wenn Zielstrebigkeit die Eigenschaft bestimmter materieller Systeme ist, »auf äußere Einwirkungen so zu reagieren, daß der stabile Zustand immer wieder erreicht wird, und zwar nicht vermöge irgendeiner immateriellen Kraft..., sondern vermöge der inneren Selbstbewegung des Systems«[50], dann kommt es bei der Beweisführung entscheidend auf den Begriff der Rückkopplung an.

Zum Beweis dient in extenso das Marxsche »Kapital«, anhand dessen Klaus/Thiel Rückkopplungen untersuchen; dabei wird der Begriff der Rückkopplung mit dem der Wechselwirkung gleichgesetzt, was meines Erachtens falsch ist, da der kybernetische Begriff der Rückkopplung sich auf informationelle[51] Prozesse bezieht, wohingegen der

---

[46] Klaus, KG, S. 48.
[47] »Überleben« allerdings nicht in dem Sinne, wie Narr zu interpretieren scheint, wenn er meint, die Existenz würde dabei zur Essenz erhoben, denn es muß ja berücksichtigt werden, daß diese so betonte Existenz dauernd Veränderungen erfahren muß, um Existenz zu sein. Bei Steinbuchs Maxime des »Überlebens der Art« wird dies sehr schön deutlich, wenn er gegen Schluß seines Buches die Bedeutung der Kybernetik für die kapitalistische »Marktwirtschaft« bzw. die kapitalistische Gesellschaftsordnung überhaupt hervorhebt. Der Begriff ist demzufolge keineswegs von vornherein ahistorisch und asoziologisch.
[48] Vgl. Damus, Habermas u.a., S. 41 f.
[49] Vgl. den Fortschrittsbegriff in SGF, insbes. S. 224-244.
[50] Klaus/Thiel, ESG, S. 23.
[51] Auf den verschwommenen Gebrauch des Informationsbegriffs wird anschließend an die Erörterungen über das Verhältnis von Rückkopplung und Wechselwirkung eingegangen.

Begriff der Wechselwirkung umfassender ist.⁵² Der Begriff der Rückkopplung kann sinnvollerweise nur auf solche Prozesse bezogen werden, bei denen es sich um Rückmeldungen oder Rückinformationen einer Regelstrecke an einem Regler handelt, der aufgrund dieser Rückmeldungen neue Informationen aussendet, aufgrund derer Störfaktoren beseitigt oder immunisiert werden sollen, das heißt der Regler wirkt aufgrund der Rückmeldungen korrigierend auf das weitere Verhalten des Systems ein.»Das Verhalten eines Systems wird auf sein Ergebnis hin geprüft und der Erfolg oder Mißerfolg dieses Ergebnisses bestimmt das zukünftige Verhalten des Systems. Das nennt die Kybernetik *Rückkopplung.*«⁵³

Es ist nun nicht so, daß Klaus diese Form der Rückkopplung im Zusammenhang mit dem regeltheoretischen Aspekt überhaupt nicht kennt; er geht zum Beispiel auf sie bei der Behandlung des Reafferenz-Prinzips von Anochin oder des Wischnewski-Modells⁵⁴ ein. Da jedoch, wie Klaus selbst betont, der systemtheoretische Aspekt für ihn der entscheidende ist und er dabei den Systembegriff so weit faßt, daß der Analogiebegriff zu einer bildhaften Metapher degeneriert, erfährt auch der Begriff der Rückkopplung eine derartige Ausweitung, daß sich mit ihm nicht mehr arbeiten läßt. »Es leuchtet... ein, daß die Kategorie der Rückkopplung, des ›Feed-back‹, eine enge Beziehung zur allgemeinen philosophischen Kategorie der Wechselwirkung hat. Die lineare Kausalität erscheint hier als Spezialfall der Wechselwirkung. Lineare Kausalität liegt gewissermaßen vor, wenn die Rückkopplung nahezu null ist. Diese Tatsache ist bedeutungsvoll. Lineare Kausalität kann also als ein Spezialfall der Wechselwirkung, der Rückkopplung aufgefaßt werden, nicht aber umgekehrt... Es gibt streng genommen nur Prozesse mit ›Feed-back‹, mit Wechselwirkung. Alle Systeme im Universum sind ›Feed-back-Systeme‹... Man könnte die Kybernetik deshalb mit einer gewissen Berechtigung auch als eine spezielle Theorie der Wechselwirkungen bezeichnen.«⁵⁵ Damit wird aber der Begriff der Information, auf dem die Regelung und mit ihr der Begriff der Rückkopplung basiert, negiert, falls Klaus nicht annimmt, daß es sich überall um informationelle Prozesse handelt.

In ihrem Aufsatz »Über die Existenz kybernetischer Systeme in der Gesellschaft«, wo ja der Nachweis des Vorhandenseins von Zielstrebigkeit und damit engstens zusammenhängend von »Rückkopplung

---

⁵² Dieselbe Ansicht vertritt L. Kolmann (KWTW, S. 50), vgl. auch Ludz, Parteielite..., S. 303. Vgl. weiterhin Stoljarow, V., K. H. Kannegießer: Zu einigen philosophischen..., bes. S. 604-606.
⁵³ Stoljarow/Kannegießer, Zu einigen... S. 604.
⁵⁴ Vgl. Klaus, KE.
⁵⁵ Klaus, KphS, S. 99 f.

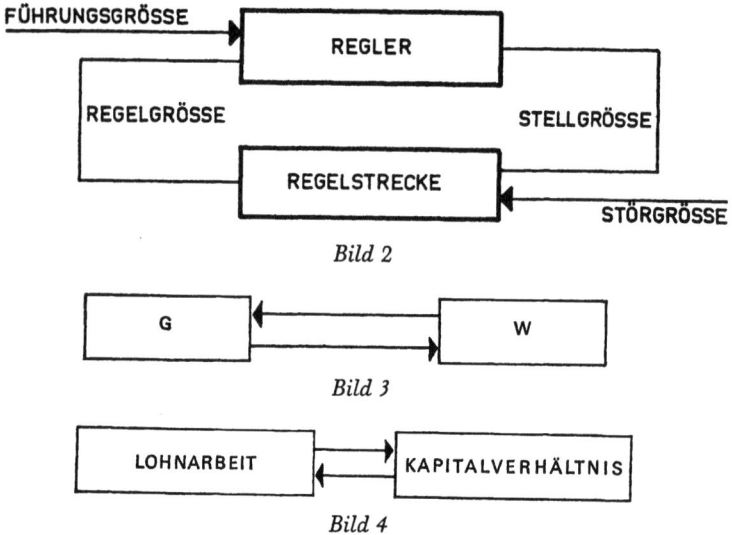

Bild 2

Bild 3

Bild 4

gleich Wechselwirkung« in gesellschaftlichen und kybernetischen »Systemen« und damit folglich die Aufgabenstellung des Themas nachgewiesen werden soll, führen Klaus/Thiel bei der Zusammenfassung ein Schema auf (Bild 2), das zwar dem Rückkopplungsbegriff entspricht, nicht jedoch den Schemata, die sie aus dem Marxschen »Kapital« herauslesen[56], bei denen es sich im Höchstfall um Wechselwirkungen handelt[57] [58].

Hier fehlt der regeltheoretische wie auch der informationelle Aspekt; darüber hinaus ist bei den Ware-Geld-Beziehungen (Bild 3) nicht einmal geklärt, was Wechselwirkung heißt. Auch das Verhältnis von Lohnarbeit und Kapital (Bild 4) – der Begriff »Kapitalverhältnis« ist mißverständlich, wenn nicht gar falsch – kann signifikanter als durch eine solch banale Wechselwirkung analysiert werden, wenn

---

[56] Klaus/Thiel, ESG, S. 48.
[57] A.a.O., S. 33. Mit diesem Schema soll der Prozeß des Kaufs, um zu verkaufen (G-W-G), erklärt werden, der der kapitalistischen Gesellschaftsordnung zugrunde liegt, im Gegensatz zu dem Prozeß W-G-W, dem Prozeß des Verkaufs, um zu kaufen, der sein »Maß und Ziel an einem außer ihm liegenden Endzwecke, der Konsumtion, der Befriedigung bestimmter Bedürfnisse« (Kapital I, S.166) findet – einmal dominiert die Kapitalverwertung, zum anderen die Bedürfnisbefriedigung.
[58] Klaus/Thiel, ESG, S. 37. Das Minuszeichen bedeutet, daß das ›System‹ »sich durch alle Ereignisse« durchsetzt, was für Klaus/Thiel gleichbedeutend mit negativer Rückkopplung ist.

herausgeschält wird, daß der Arbeiter im Produktionsprozeß zugleich immer die ihn beherrschenden Verhältnisse mitreproduziert. Die »Isomorphie von ökonomischen und kybernetischen Systemen« wurde somit nicht bewiesen.[59]

3.

In Anbetracht der Tatsache, daß Klaus Rückkopplung mit Wechselwirkung gleichsetzt, es sich bei der Rückkopplung jedoch um informationelle Prozesse handelt, während mit dem Begriff der Wechselwirkung auch andere erfaßt werden, stellt sich die Frage, ob die Klaussche für Untersuchungen nicht brauchbare Ausweitung des Begriffs daran liegt, daß er unter dem Begriff der »Information« etwas anderes versteht als üblicherweise darunter gefaßt wird (wobei »üblicherweise« nicht mit »eindeutig« gleichgesetzt werden kann).
H. Frank[60] unterscheidet zwischen Nachricht und Information. Information ist demnach eine skalare Größe, die einer Nachricht zukommt, »aber außer von der Nachricht selbst auch noch vom Empfänger und von der Situation abhängig ist, in der sich dieser befindet. Als ›Situation‹ kann dabei der Zustand des Empfängers beim Warten auf eine Nachricht... (man spricht allgemein von einem ›Ereignis‹)

---

[59] Zur Veranschaulichung der Intention von Klaus sei die Zusammenfassung seiner Untersuchungen von ökonomischen Zusammenhängen, die als System aufgezeigt werden sollten, ausführlich wiedergegeben, da eine indirekte Wiedergabe die Problematik bereits rationalisiert: »Es handelt sich um dialektische Widersprüche. Jedes System ist eine Einheit von Gegensätzen, die miteinander in Wechselwirkung stehen... Durch die Wechselwirkung, das heißt durch die Hin- und Rückwirkung der einzelnen Pole, besteht eine Beziehung jedes Pols auf sich selbst. Die Daseinsweise der Systeme besteht in der ständigen gegenseitigen Beziehung der Pole aufeinander und auf sich selbst und ist daher Selbstbewegung... Durch die Rückbeziehung jedes Pols auf sich selbst wird eine Tendenz, eine Zielstrebigkeit begründet. Die Zielstrebigkeit existiert objektiv; sie hat mit *bewußter* Zielsetzung nichts zu tun. Die Zielstrebigkeit wird durch die Wechselwirkung garantiert... Die Ziele sind also durch die materielle Existenz der Systeme selbst gesetzt... Die Tendenz besteht dann gerade darin, daß sich die Notwendigkeit, die durch die konkrete Einheit der Gegensätze gegeben ist, durch die Zufälle hindurch durchsetzt, die Abweichungen beseitigt und die Fortdauer des Systems garantiert.« (ESG, S. 47 f.)
[60] Frank, H.: Kybernetische Grundlagen der Pädagogik. Eine Einführung in die Pädagogistik für Analytiker, Planer und Techniker des didaktischen Informationsumsatzes in der Industriegesellschaft. 2. Aufl., Baden-Baden/Stuttgart/Berlin/Köln/Mainz, 1969 (2Bde.).

... bezeichnet werden. Erwartet ein Empfänger in einer bestimmten Situation eine ganz bestimmte Nachricht mit *Sicherheit*, also mit 100%iger Wahrscheinlichkeit ... dann ist die eintreffende Nachricht für ihn informationslos ... Eine völlig informationslose Nachricht ändert den Zustand des Empfängers nicht«[61]. Die Information ist demzufolge als ein »Maß der Unvorhersehbarkeit« von Nachrichten ... anzusehen.[62] Den Begriff »Nachricht« verwendet Frank dann, wenn nicht festgelegt werden soll, ob vom Signal (= Zeichenträger), vom Zeichen oder von beiden gemeinsam gesprochen wird, wobei als Zeichen das bezeichnet wird, »was einer Klasse äquivalenter Zeichenträger gemeinsam ist, also die Invariante dieser Klasse«[63].
Steinbuch definiert Signale als »physikalische Tatbestände, welche der Übertragung oder Speicherung von Nachrichten dienen können«[64]. Den Begriff der Nachricht erläutert er folgendermaßen: »Nachrichten sind weder materiell noch energetisch verständlich. Wenn wir Nachrichten *subjektiv* beobachten, dann sind es Vorgänge, die wir entweder einem anderen ... mitteilen oder von einem anderen empfangen ... Das Wesen der Nachricht ist, daß durch sie Empfänger zur Auswahl eines bestimmten Verhaltens ... veranlaßt werden. *Objektiv* beobachtet sind Nachrichten Klassenkennzeichen äquivalenter Signale, welche Empfänger zu bestimmtem Verhalten veranlassen. Das Wesen der Nachricht ist nur unter Bezugnahme auf den Nachrichtenempfänger ... verständlich.«[65] Steinbuch kennt im Gegensatz zu Frank keinen Unterschied zwischen Nachricht und Information.[66] Er hält die »Suche nach den metaphysischen Hintergründen« dessen, was Information ist, für wenig sinnvoll, auch über die Materie und Energie ließe sich ja nicht sagen, *was* sie sind.[67]
Im »Wörterbuch der Kybernetik«[68] findet sich zum Begriff der Information folgende Definition: »... *im Sinne der Wahrscheinlichkeitstheorie* Maßgröße für die Ungewißheit des Eintretens von Ereignissen ... Die Information in diesem Sinne ... ist um so größer, je größer die Unbestimmtheit vor dem betreffenden Ereignis war ...«[69]. Demgegenüber wird der Begriff der Nachricht als Spezifikation angesehen, wenn es sich um Informationen im »Prozeß der zwischen-

---

[61] Frank, Kybernetische Grundlagen ..., S. 88 f.
[62] A.a.O., S. 89.
[63] A.a.O., S. 68.
[64] Steinbuch, Automat ..., S. 34.
[65] Ebenda.
[66] Vgl. a.a.O., S. 275.
[67] Vgl. a.a.O., S. 382.
[68] Klaus, G., (Hrsg.): Wörterbuch der Kybernetik. Frankfurt/Hamburg, 1969 (2 Bde.), Bd. 1., S. 269.
[69] Klaus, Wörterbuch ..., S. 269.

menschlichen Kommunikation« handelt.[70] Die philosophische Problematik wird kaum gestreift, wohingegen die Informationstheorie ausführlich behandelt wird.
Im Gegensatz hierzu betont G. Klaus vornehmlich den semantischen Aspekt, wobei er jedoch neben anderen Unklarheiten nicht sauber zwischen syntaktischem und semantischem Aspekt trennt. »Eine Information ist ... eine Einheit aus einer Semantik und einem physikalischen Träger. Physikalische Träger, die geeignet sind, sich mit einem Sinn, einer Bedeutung, einer Semantik zu einer Nachricht oder einer Information zu verbinden, nennen wir Signale ... Signale sind mögliche Träger von Informationen!«[71] Sie sind keine Träger für Informationen für ein System, das kein internes Modell der Außenwelt besitzt. Hinzu kommt, daß das interne Modell der Außenwelt nicht nur von den Signalen abhängt, vielmehr wird es auch durch das System und seine Eigenheiten der Informationsaufnahme, Verarbeitung, Verknüpfung und Speicherung bestimmt. Das System, das Informationen aufnimmt, nimmt folglich nicht einfach Signale auf, sondern interpretierte Signale. »Aus dem Gesagten ergibt sich, daß der Begriff des Signals absolut ist, während der der Information relativ ist, nämlich relativ bezogen«[72] auf das innere Modell der Außenwelt. Dem relativen Charakter der Informationen, den Klaus auch in Anlehnung an Kant als relatives Apriori charakterisiert, stellt er den absoluten Informationsbegriff von Shannon gegenüber, der davon absehe, daß sich nur im Zusammenhang mit informationsverarbeitenden Systemen, also von Systemen mit innerem Modell der Außenwelt, von Information sprechen läßt[73].
Daraus ergeben sich für Klaus unterschiedliche Konsequenzen. Zum einen behauptet er, daß es im menschlichen Bereich, in welchem er das innere Modell fälschlicherweise mit dem Bewußtsein gleichsetzt, keine Informationen ohne Bewußtsein gibt. An anderer Stelle geht er jedoch selbst darauf ein, daß nicht alle Informationen bis in das Bewußtsein dringen und auch nicht dringen können, da, wie Steinbuch ausführt, das Bewußtsein total überfordert, menschliches Reagieren weitgehend lahmgelegt würde, wenn alle Reaktionen auf die Außenwelt sich bewußt vollziehen müßten. Diese Konsequenz würde auch insofern nicht einleuchten, als Klaus ja auch andere Systeme mit innerem Modell der Außenwelt kennt, er dort folglich bereit ist, von Information zu sprechen, so daß es nicht einsichtig ist, warum beim

---

[70] Vgl. Klaus, Wörterbuch ..., Bd. 1, S. 276, Bd. 2, S. 437.
[71] Klaus, KphS, S. 136 f.
[72] Klaus, KphS, S. 349, vgl. Klaus, KE, S. 223–225.
[73] Der Shannonsche Informationsbegriff ermöglicht anhand der Formel $H = \Sigma p \operatorname{ld} \frac{1}{p}$ den mittleren Informationsgehalt von 100 Buchstaben zu errechnen.

Menschen allein das Bewußtsein Information verarbeitet. Zu dieser Aussage steht auch die weitere in Widerspruch, daß die Information, wenn sie erst einmal geschaffen ist, eine selbständige Existenz gewinnt.[74] Diese Ungereimtheiten ergeben sich dadurch, daß es Klaus nicht gelingt, seine ontologische und erkenntnistheoretische Betrachtungsweise miteinander zu vereinbaren.[75] Der Ontologiker und orthodox-dialektische Materialist ist gezwungen, den neu aufgekommenen Begriff der Information mit dem Sachverhalt, den er bezeichnet, in »die Grundfrage«, nämlich die Frage nach dem Verhältnis von Materie und Bewußtsein einzubeziehen, Information nicht als ein Drittes gelten zu lassen; während der Erkenntnistheoretiker Klaus, um die Frage des Verhältnisses von Bewußtsein und gesellschaftlichem Sein zu klären, den Begriff stark relativiert, bisweilen auch subjektiviert und sich gegen die Shannonsche Vorgehensweise wendet. Im Zuge der Subjektivierung ist es zu sehen, wenn Klaus an manchen Stellen den Begriff der »Information« nur mit dem menschlichen Bewußtsein zusammenbringt, seine Bedingung, daß von Information nur bei Systemen mit innerem Modell der Außenwelt gesprochen werden kann, folglich weiterhin einengt[76], was sich ande-

---

[74] Vgl. KphS, S. 140 und 145.
[75] Vgl. Ludz, Parteielite..., S. 304.
[76] Die Problematik des Informationsbegriffs bei Klaus findet sich auch in Ansätzen bei Stoljarow/Kannegießer (Zu einigen...) und W. Thimm (Zum Verhältnis von Bewußtsein und Information. In: Deutsche Zeitschrift für Philosophie. 1963, H. 7). Stoljarow/Kannegießer begehen bei ihrer Interpretation den Fehler, die eine Seite der Klausschen Äußerungen zu verabsolutieren, wenn sie betonen, daß die Klaussche Definition der Information als »Ganzes aus einem physikalischen Träger und einer Semantik« anthropomorph sei und zum andern dem normalen Sprachgebrauch im Gegensatz zum Informationsbegriff der Informationstheorie im Sinne der Wahrscheinlichkeitstheorie zugehöre. Nun ist es naheliegend, diese Definition ausschließlich mit dem menschlichen Bewußtsein in Zusammenhang zu bringen, andererseits spricht Klaus ja auch bei Systemen mit innerem Modell der Außenwelt von Information. Zu denken wäre hierbei an seine Ausführungen über das Wischnewski-Modell und über die Steinbuchsche Lernmatrix, wo es ja ebenfalls um Bedeutungen geht. In umgekehrter Richtung verläuft die Kritik von W. Thimm, dessen Informationsbegriff sich vom alltäglichen durch nichts unterscheidet. Er wendet sich nicht gegen die Erweiterung des Informationsbegriffs bei Klaus, vielmehr nur gegen die strikte Einhaltung dieser Position. Die von Stoljarow einseitig als anthropomorph interpretierte Position von Klaus wird von Thimm verteidigt, wenn er davon spricht, daß Maschinen keine Informationen verarbeiten und man überhaupt bei der Informationstheorie besser von einer Signaltheorie sprechen sollte (vgl. Zum Verhältnis..., S. 855). Er kritisiert deshalb an Klaus dessen Feststellung, daß Information – einmal entstanden – unabhängig vom Bewußtsein existieren kann

rerseits nicht vereinbaren läßt mit seinen technisch (technokratisch)-utopischen Vorstellungen, von denen weiter unten noch die Rede sein wird.[77] So wird Klaus seinem eigenen Anspruch nicht gerecht, der in der Auseinandersetzung mit H. Ley zum Ausdruck kommt, wo er auf den verschiedenen Gebrauch des Begriffs verweist und betont, daß der Begriff der Information im ausschließlichen Zusammenhang mit dem Bewußtsein einen geringeren Abstraktionsgrad verzeichnet als wenn etwa von der Übertragung von Information zwischen Mensch und Maschine die Rede ist[78]. Auch liegt der oben erwähnten Definition von Information als »Einheit aus einer Semantik und einem physikalischen Träger«, soweit sie außermenschliche Bereiche oder Prozesse im Menschen, die nicht direkt über das Bewußtsein gehen, einschließt[79], ein höherer Abstraktionsgrad zugrunde.

4.

Bei dem bisher Gesagten ging es darum, die Verschwommenheit der Rezeption und Weiterentwicklung bestimmter Begriffe der kybernetischen Systemtheorie aufzuzeigen, wobei die Ursache in der orthodox

und wirft ihm eine Verwechslung von Information und Signal vor. Er kritisiert, daß Klaus nicht nur dann von Nachricht spricht, wenn sie auf das individuelle oder gesellschaftliche Bewußtsein der Menschen bezogen ist, sondern auch wenn sie einen psychischen Effekt erzeugt, wobei »Nachricht« mit »Information« bei Klaus synonym ist, somit anders verwandt wird als im Wörterbuch der Kybernetik, was mit der erweiterten Definition von Information zusammenhängt. Dieser Interpretation stände entgegen, daß die Semantik nach Klaus subjektiv sei, während Klaus doch an anderen Stellen, wie gezeigt wurde, davon spricht, daß die semantische Information relativ, nicht subjektiv ist.

[77] Vgl. Klaus, KE, S. 321.
[78] Klaus, FwK, S. 598 f.
[79] Noch verschwommener wird die willkürliche Betonung des syntaktischen Informationsaspektes zum einen, die des semantischen zum andern, wenn Klaus (vgl. KG, S. 110 ff.) dem Informationsbegriff, wie er durch die Shannonsche Formel der Kybernetik zugrunde liegt, »eine gewisse Berechtigung« nicht abspricht, andererseits aber meint, daß eine beliebige Folge von Signalen, worum es sich bei dem Shannonschen Informationsbegriff handelt, erst der Möglichkeit nach als Information zu bezeichnen ist, Information hingegen erst vorliegt in bezug auf ein System mit innerem Modell der Außenwelt. Eine solche Auffassung ist jedoch einseitig und wird von Klaus selbst widerlegt, wenn er davon spricht, daß Information, einmal entstanden, weiterhin besteht und nicht von ihrer Aufnahme und Verarbeitung durch Systeme mit innerem Modell der Außenwelt, also von lernenden Systemen – seien es Menschen oder Maschinen – abhängig ist.

dialektisch-materialistischen Position, in der philosophisch seit Marx überholten »Grundfrage« nach dem Verhältnis von Materie und Bewußtsein, in der Ontologisierung, die sich mit den erkenntnistheoretischen Implikationen von Klaus gerade auch beim Informationsbegriff nicht verbindet, zu suchen war. Die weiteren Ausführungen sollen sich mit der Anwendung der kybernetischen Systemtheorie im gesellschaftlichen Bereich beschäftigen, um zu sehen, inwieweit sie zu einem vertieften marxistischen Verständnis der bestehenden kapitalistischen Gesellschaftsformation beiträgt oder wieweit sie dieses Verständnis verhindert.

Dabei soll vor allem danach gefragt werden, welche Auswirkungen die Problematik von schematischer und geistiger Arbeit im Zusammenhang mit der von Klaus konstatierten Mensch-Maschine-Symbiose auf die marxistische Kritik an abstrakter oder entfremdeter Arbeit hat. Weiterhin soll danach gefragt werden, welche Relevanz die steuerungs- und regelungstheoretischen Erkenntnisse, angewandt auf die kapitalistische Gesellschaftsformation, haben. Diese Fragestellung ergibt sich aus dem Klaus'schen Anspruch, daß die Kybernetik als solche die Richtigkeit marxistischer Theorie bestätige. Erweist sich die Klaussche Behauptung als nicht stichhaltig, wie etwa an dem Begriff der Rückkopplung aufgezeigt wurde, ist damit weder etwas über die mangelnde Bedeutung marxistischer Kritik ausgesagt noch darüber, daß Kybernetik in den Gesellschaftswissenschaften nicht doch ein brauchbares Instrument sein könnte. Man sollte sie jedoch »philosophisch« nicht so aufbereiten, daß sie untauglich zur Analyse wird und schon gar nicht mit dem Ergebnis, daß durch eine solche Rezeption marxistische Theorie mit ihren wissenschaftlich-kritisch-philosophischen Aspekten einerseits orthodox, andererseits technokratisch neutralisiert wird.

Um das Verhältnis von Mensch und Maschine, wobei hier unter Maschinen nur solche zur Diskussion stehen, die man schon als kybernetische Apparaturen bezeichnet hat, also solche, die Informationen aufnehmen, speichern, verarbeiten, verknüpfen, zu diskutieren, bedarf es Klaus zufolge der Philosophie besonders deshalb, weil hier die Kybernetik selbst nur eine Einzelwissenschaft ist, während ihr ansonsten eine weitergehende Bedeutung zukommt[80]. So erweisen sich die Begriffe von Arbeit und Entfremdung bei Klaus als aufs engste verzahnt, was bereits die Vermutung nahelegt, daß die benannten Probleme sehr stark ihres gesellschaftlichen Charakters entkleidet werden, den sie bei Marx dadurch gewonnen hatten, daß Marx die Entfremdungsproblematik als eine der warenproduzierenden, auf der Wertform basierenden Gesellschaftsordnungen analysierte.

---

[80] Klaus, KG, S. XIII.

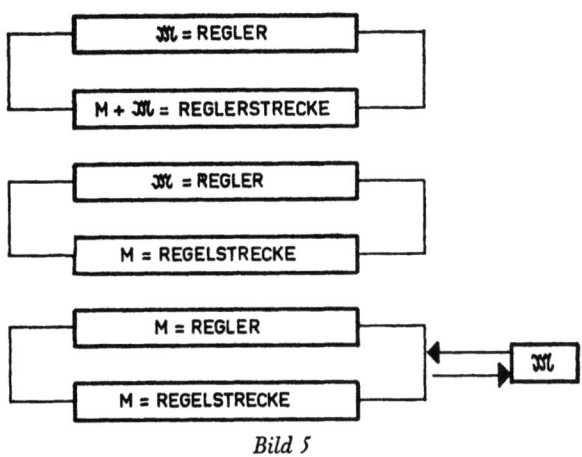

Bild 5

Klaus meint, daß, während die bisherigen Maschinen und die mit ihnen verbundene Mechanisierung mit zur Unterdrückung des Arbeiters am Arbeitsplatz beitrugen, die kybernetischen Maschinen und die mit ihnen verbundene Automatisierung eine befreiende Wirkung mit sich bringen. Während heute die Automaten noch im wesentlichen Zeitraffer darstellen, werden die zukünftigen Automaten weitere Vorzüge haben, werden zum Beispiel nicht mehr dem Menschen angepaßt sein, so daß sie frei von seinen Unzulänglichkeiten sein werden.[81] »Sie werden darüber hinaus auf weiten Strecken vermittels der von ihnen selbsttätig durchgeführten Optimierung ihrer Prozesse die maschinelle Verkörperung von Naturprinzipien darstellen, die die Menschen im einzelnen gar nicht zu kennen brauchen. Das heißt, die Maschinen werden im Prozeß ihrer Optimierung, ihrer Eigenschaft als lernende Systeme nicht nur neue selbsttätige Wege zur Erreichung ihnen gesetzter menschlicher Ziele finden, sondern dabei auch neue Naturgesetzmäßigkeiten zu Tage fördern.«[82]

Die Darstellung der verschiedenen Entwicklungsphasen des Verhältnisses zwischen Mensch und Maschine hin zur Mensch-Maschine-Symbiose (Bild 5)[83] zeigt auf, wie Mensch und Maschine – »gewissermaßen eine Einheit« bildend – zielgerichtete Tätigkeiten verrichten. Später zieht sich der Mensch aus der Regelstrecke, noch später aus dem Regler zurück. Abbildung 5 zeigt den Menschen zwar noch

---

[81] Klaus, MMS.
[82] Klaus, MMS, S. 887. Vgl. auch Klaus, KG, wo der Artikel fast identisch ebenfalls zu finden ist.
[83] Klaus, KE, S. 68. Auch zu finden in Klaus, MMS, S. 888.

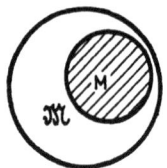 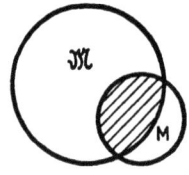 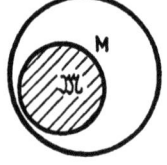

𝔐 = MENSCH
M = MASCHINE

Bild 6 *Bild 7* *Bild 8*

immer in »Wechselwirkung« mit dem System – jedoch von außerhalb. Seine Funktion besteht dann beispielsweise darin, Sollwerte einzustellen, ihm verbleibt also die Ebene der Ziele und Motive.
Was nach Klaus an Aufgaben von der Maschine übernommen werden kann, was dem Menschen verbleibt und wie diese Entwicklung zu beurteilen ist, bedarf hier noch weiterer Veranschaulichung:[84] zuerst (Bild 6) hat die Maschine nur einen Teilbetrag des Informationsgehaltes des Menschen zur Verfügung. Die weitere Entwicklung (Bild 7) führt dazu, daß es »Zustände der Wirklichkeit gibt, die zwar der Mensch, aber nicht die Maschine abbilden kann«[85] und umgekehrt. Im ersten Fall dient der Einsatz der Maschine zur Erleichterung der Arbeit der Menschen, im zweiten kann sie Arbeiten verrichten, die der Mensch nicht kann. Der erste Fall beschreibt die Vergangenheit, der zweite betrifft die heutige Situation und der dritte (Bild 8) signalisiert die Zukunft, insofern als »die Maschine alle Zustände der Menschen repräsentiert, aber nicht umgekehrt... Wird ... das höchste Niveau der menschlichen Intelligenz als Ausgangsinformation in einen ›Intelligenzverstärker‹ gegeben, dann entstehen Maschinen, die ein umfassendes Abbild bestimmter Aspekte der Wirklichkeit – eben der Aspekte, die ontologische Äquivalente logischer Beziehungen sind – geben können«. Damit wird ausgesagt, daß dort, wo es um die »rein logische Problematik« geht, der Mensch auf die Dauer nicht mithalten kann. Seine Bedeutung bleibt in vorliegendem Zusammenhang dadurch gewahrt, daß die Umwelt keine »rein logische«[87] ist, vielmehr die Dialektik eine Rolle spielt.
Die Ergänzung von Mensch und Maschine, die Mensch-Maschine-

[84] Klaus, MMS, S. 891.
[85] A. a. O., S. 892.
[86] A.a.O., S. 892 f.
[87] Auf die Problematik der hier zugrunde liegenden Ontologie soll nicht weiter eingegangen werden, da sie von der hier vertretenen Position aus nur dann von Interesse ist, wenn gesellschaftliche Aussagen damit gekoppelt werden, was im vorliegenden Fall nicht unbedingt gegeben ist.

Symbiose sieht dementsprechend so aus, daß die Maschine für alle formal-logischen Vorgänge zuständig ist, während dem Menschen die dialektische Logik vorbehalten bleibt.[88] Mit anderen Worten: die Maschine verrichtet die schematische und der Mensch die schöpferische Arbeit. Klaus räumt jedoch an mehreren Stellen ein, daß auch die Maschinen nicht auf formal-logische Aspekte beschränkt sind. Zwar ist die Heuristik wesentlich dem Menschen eigen, aber sie kommt auch partiell den Maschinen zu, da auch sie zu gedanklichen Assoziationen in der Lage sind.[89] Klaus wendet sich gegen Carnap und andere, die von »schöpferischen Fähigkeiten«, »intuitiven Faktoren« sprechen, welche eine Rolle beim *Auffinden* von Gesetzen spielen, die im nachhinein sich formal-logisch nachvollziehen lassen; wie der Forscher allerdings darauf kam, ist ein Problem, denn die Regeln, die ihm zur Verfügung stehen, sagen zwar, welche Schritte erlaubt und welche nicht erlaubt sind, eine Problemlösung bieten sie von vornherein nicht.[90] Klaus wirft Carnap Metaphysik vor, denn für ihn handelt es sich nicht um intuitive Faktoren wie Glück, Scharfsinn usw., sondern für ihn ist hier der Ort der Dialektik. Näher wird dies nirgendwo erklärt, auch nicht in der »Modernen Logik«[91]. Dialektik wird dort konstatiert, wo Klaus keine weiteren Erklärungen abgeben kann; sein unberechtigter Vorwurf gegen Carnap, er betreibe Metaphysik, fällt auf Klaus verstärkt zurück, denn während Carnap einen (noch?) bestehenden Mangel an Wissen über bestimmte Vorgänge einräumt, löst Klaus das Problem überhaupt nicht, obwohl er vorgibt, dies zu tun[92]. Wenn auch die Maschine partiell nach heuristischen Prinzipien arbeiten kann, bleibt die Frage, welche Aspekte zu nennen wären, die bei informationellen Prozessen allein den Menschen eignen. Klaus betont, daß ein wichtiger Unterschied darin bestehe, daß die Maschinen sich nicht selbst ihre Prinzipien zur Arbeit geben können. Es können natürlich wiederum Maschinen kon-

---

[88] Vgl. Klaus, HDL; weiterhin Klaus, SchA, S. 170–180; außerdem Klaus, KE, S. 67–69, 128, 130, 306–306, 324–332, 364 f.; ebenfalls Klaus, KphS, S. 175 f., 193, 440 f., 450.
[89] Vgl. Klaus, SchA, S. 172.
[90] Vgl. Klaus, HDL, S. 1500 f.
[91] Klaus, G.: Moderne Logik. Abriß der formalen Logik. Berlin-Ost, 1967.
[92] In KE (vgl. S. 119, 328) sind jedoch Passagen zu finden, die der bei Klaus ansonsten gängigen Interpretation »formale Logik – schematische Arbeit – Maschine« einerseits, »dialektische Logik – schöpferische Arbeit – Mensch« andererseits widersprechen. Hier räumt er als Vorzug wie Nachteil die Rolle des »Gefühls«, des »Unterbewußtseins« ein. »Alle möglichen Gefühlsmomente, Impulse, die aus dem Unterbewußtsein kommen usw., können sich in im Gang befindliche logische Denkprozesse einschalten und sie befruchten oder auch sehr empfindlich stören« (S.328).

struiert werden, die Programme ausarbeiten usw., an der Spitze bleibt demnach immer der Mensch.[93] Gerade das Arbeiten aber in der nächsthöheren Stufe macht primär das Schöpferische aus. Auf keinen Fall aber will Klaus, der ansonsten mit Analogien nicht gerade vorsichtig umgeht, auf maschinelle Prozesse den Ausdruck »Denken« angewandt wissen, denn Analogie dürfe nicht in Identität umgewandelt werden. »Zwei Systeme, S_1 und S_2, können
1. auf Grund ihrer verschiedenen Wirksamkeit die gleichen Resultate erzielen;
2. die gleichen Resultate auf Grund gleicher Verhaltensweise erzielen;
3. die gleichen Resultate auf Grund gleicher Verhaltensweise erzielen, die Resultat der gleichen Struktur ist;
4. die gleichen Resultate auf der Grundlage der gleichen Verhaltensweise, der gleichen Struktur und einer Gleichartigkeit des Materials, aus dem diese Struktur aufgebaut ist, erzielen.«[94]
Da nun die Maschinen nicht aus »hochkomplizierten Eiweißen« bestehen, können sie gemäß Klaus auch nicht denken![95]
Klaus führt hier Bedingungen in die kybernetische Betrachtungsweise ein, die in dieser keine Rolle spielen, denn der Stoff, aus dem etwas besteht, ist uninteressant, es kommt lediglich darauf an, Übereinstimmung in Strukturen und Funktionen zu erzielen. Gerade von daher hat die Kybernetik als »Brücke zwischen den Wissenschaften« ihre besondere Rolle, die ihr Klaus wie kaum ein anderer zugesteht, wenn er hervorhebt, daß die Kybernetik keine Einzelwissenschaft wie andere sei. Wieso kann folglich die Maschine erst »denken«, wenn sie aus hochkomplizierten Eiweißen besteht, obwohl sie dasselbe und noch mehr erreichen kann als der Mensch? Hier kommt wieder einmal der Ontologe G. Klaus zum Vorschein. Mit diesen weltanschaulich-orthodoxen Aussagen gehen andererseits höchst technokratische Hand in Hand, so daß P. Ch. Ludz direkt von einer technischen Utopie, von einer Philosophie der Produktivität sprechen kann.[96] Mit der Entwicklung kybernetischer Maschinen wird gemäß Klaus der Mensch, indem er neben den Produktionsprozeß treten kann, Herr dieses Produktionsprozesses; dahin führt die objektive Tendenz, die Zielstrebigkeit des Prozesses. Dieser Herr des Produktionsprozesses kann nur der »freie Mensch der kommunistischen Gesellschaftsordnung«[97] sein, da die technische Entwicklung im Kapitalismus zu großen Widersprüchen führen müsse. »Die Rolle der Herren des Produk-

[93] Vgl. Klaus, SchA, S. 173; KphS, S. 440 f., 450.
[94] Klaus, KphS, S. 172.
[95] A.a.O., S. 175.
[96] Vgl. Ludz, Parteielite..., S. 122, 282.
[97] Klaus, MMS, S. 896.

tionsprozesses ist dort nicht durch die technischen Notwendigkeiten, sondern gesellschaftlich festgelegt«[98], woraus zu schließen ist, daß sie im Kommunismus durch technische Notwendigkeiten fixiert wird; der Vorwurf in bezug auf die neue Kategorie des Sachzwangs, den W. D. Narr im Zusammenhang mit der kybernetischen Systemtheorie erhob, ist hier voll gerechtfertigt. »Die Alternative lautet: entweder wird der bisherige Produzent mehr und mehr aus dem Produktionsprozeß und in qualitativ tieferstehende Arbeiten gedrängt, womit gleichzeitig ein großer Teil des Marktes für die Waren verschwindet, die in diesem modernen Produktionsprozeß erzeugt werden – und das würde eine Krisensituation bedeuten, die alle früheren derartigen Situationen weit in den Schatten stellen müßte –, oder der parasitäre Kapitalist wird enteignet und verschwindet aus der Geschichte. Das Nebeneinanderstellen dieser beiden Möglichkeiten hat nur theoretischen Charakter. Realität kann nur die zweite dieser beiden Möglichkeiten werden. Diese Einsicht ist so alt wie der Marxismus. Sie erfährt durch die kybernetische Betrachtungsweise des Verhältnisses von Mensch und Maschine lediglich eine neue zusätzliche Bestätigung.«[98] Abgesehen davon, daß die Probleme, die mit der technischen Entwicklung zusammenhängen, den Kapitalismus in seiner heutigen Form zu transzendieren scheinen, garantiert die Tatsache, daß die Möglichkeiten der Produktivkräfte – zu deren Entwicklung gerade das Kapital gezwungen ist – nicht mit der kapitalistischen Gesellschaftsordnung in ihrer heutigen Form in Einklang zu bringen sind, nicht die Entwicklung zu einer kommunistischen Gesellschaftsordnung hin; die Produktivkräfte würden – wie erwähnt – sonst zu einer Heilsgarantie.

Das einzige, was sich bestimmt sagen läßt, ist, daß sich aufgrund der technischen Entwicklung ganz andere Möglichkeiten von Formen menschlichen Zusammenlebens ergeben könnten. Während im Sozialismus, bedingt durch das gesellschaftliche Eigentum an den Produktionsmitteln, die gesellschaftliche Entfremdung (Klaus zufolge) bereits aufgehoben ist, gibt es aufgrund des mangelhaften Entwicklungsstandes der Produktivkräfte eine Entfremdung technischer Art, wobei aufgrund der Aufhebung der gesellschaftlichen Entfremdung zumindest die technische Entfremdung sich nicht weiter vertiefen kann, ja sich rückläufig entwickelt, da die objektiven Gesetzmäßigkeiten eine fortschreitende Eliminierung des subjektiven Faktors aus dem Produktionsprozeß erfordern, wozu die sozialistische Gesellschaft den Rahmen gibt, während die kapitalistische Gesellschaftsklasse nur

---

[98] Klaus, MMS, S. 896 f. An manchen Stellen kommt bei Klaus zum Ausdruck, daß diese Entwicklung sich nicht mechanisch vollziehen kann, im ganzen überwiegen jedoch seine technisch-utopischen Vorstellungen.

solche Formen der kybernetischen Symbiose von Mensch und Maschine duldet, die nicht die Ausübung ihrer Herrschaft gefährden. Dieser Sichtweise widerspricht nicht die Tatsache, daß die kapitalistischen Gesellschaften heute noch entwickeltere »Industrieländer« verkörpern als die sozialistischen; nach Klaus ist das Kriterium für den fortschrittlichen Charakter einer Gesellschaftsformation darin zu sehen, welche Möglichkeiten die Produktionsverhältnisse den Produktivkräften bieten[99]; kybernetisch betrachtet bedeutet dies, daß ein System dann einem anderen überlegen ist, wenn es einerseits zuverlässigere Elemente und Teilsysteme besitzt oder andererseits diese Elemente usw. zweckmäßiger geschaltet sind. »Zweckmäßig« meint hierbei eine solche Struktur, die den Fortschritt mit einem Minimum an Aufwand realisiert. Demokratie wird demzufolge zu einer Luxusangelegenheit[100]. Klaus meint nun, daß die »kapitalistischen kybernetischen Systeme« zwar den »sozialistischen kybernetischen Systemen« im Augenblick an Effektivität mancher Systemelemente (etwa bei den Produktivkräften) überlegen seien, wohingegen die Schaltung und große Bereiche der Elemente der sozialistischen Gesellschaften der entsprechenden Schaltung und den entsprechenden Elementen der kapitalistischen Gesellschaft *prinzipiell* überlegen sind. Prinzipiell heißt nicht unbedingt aktuell, sondern verweist auf die größeren im System vorhandenen Entwicklungsmöglichkeiten der Produktivkräfte, was stimmt, wenn man an die ganz anderen Möglichkeiten – etwa an die der Planung frei von Profitgier – denkt.

Dennoch begeht Klaus hier meines Erachtens Fehler, wenn er das dialektische Verhältnis von Produktivkräften und Produktionsverhältnissen, das Marx anhand der Analyse der kapitalistischen Gesellschaft gewonnen hatte und aufgrund bestimmter Erwägungen auf vorkapitalistische Gesellschaften anwandte, anwenden konnte, da die Menschen nicht bewußt ihre Geschichte in diesen Gesellschaftsformationen gestalten, vielmehr nur im Einzelfall und im Einzelinteresse bewußt handeln. Auf den Sozialismus kann dieses Verhältnis dann dem Anspruch nach nicht übertragen werden, auch nicht in dem Sinne, daß bewußtes Handeln bedeutet, daß die Entwicklung der Produktivkräfte gesamtgesellschaftlich zur absoluten Norm erhoben wird, was bei Klaus mit seinen technischen Notwendigkeiten, seinem Verständnis von Zweckmäßigkeit und auch bei seinen technisch-utopischen Vorstellungen der Fall ist. Wenn aber Produktivkräfte nur Mittel zu gesellschaftlich festgesetzten Zwecken sind, dann läßt sich auch Entfremdung im Sozialismus nicht allein an ihnen festmachen.

---

[99] Vgl. Klaus, SGF, S. 224 ff.
[100] Vgl. dagegen Naschold, Organisation..., der diese Problematik zumindest besser reflektiert als der Marxist Klaus.

Bezogen auf empirische Verhältnisse wäre eine sozialistische Gesellschaft demnach zu beurteilen nach der Diskrepanz zwischen objektiv noch unumgänglicher und nicht notwendiger Entfremdung. Damit zusammenhängend muß gesehen werden, daß im Sozialismus Entfremdung (abgesehen von ihrem bei Klaus zu findenden technischen Aspekt) nicht schon mit der juristischen Fixierung von Eigentumsrechten beseitigt ist. Vielmehr ist die Beseitigung des Privateigentums an Produktionsmitteln erst die – wenn auch wichtige – Voraussetzung dazu, das, was marxistisch unter Entfremdung zu verstehen ist, zu beseitigen, somit die spezifische Form bürgerlicher Arbeitsteilung. Klaus reflektiert nicht mehr die Problematik der Verdinglichung im Arbeitsprozeß, die Problematik des Zur-Ware-Werdens der Arbeit[101], also durchaus auch der »schöpferischen«. P. Ludz stellt daher zu Recht fest, daß der Klaussche Entfremdungsbegriff mehr auf dem von Hegels »Phänomenologie« basiert[102]. Vor allem ist P. Ludz recht zu geben, wenn er konstatiert, daß die vorgenommene Aufsplitterung der Entfremdung in politische, ökonomische, ideologische und religiöse – in dem von Klaus mitherausgegebenen »Wörterbuch der Philosophie« – in derartiger Formalisierung den Entfremdungsbegriff seiner revolutionären Kraft beraubt, den er bei Marx hatte. In den Pariser Manuskripten hat Marx »Arbeit«[103] noch ausschließlich als Selbsterzeugungs- und Selbstverwirklichungsakt des Menschen betont, der

1. durch die bewußte Vergegenständlichung seiner Individualität,
2. durch das Bewußtsein, die Bedürfnisse anderer durch den Gebrauch seines Produktes zu befriedigen,
3. durch die Vermittlung zwischen einem anderen Menschen und der Gesellschaft, und
4. durch seine Entäußerung
die Lebensgrundlage anderer schafft, sich in der Arbeit folglich als Mensch erfährt[104].

Anders formuliert, wird die Entfremdung in der Arbeit durch folgende Aspekte bezeichnet:

---

[101] Hiermit soll keine platte Theorie der Übergangsperiode vom Kapitalismus zum Sozialismus mit dem ausschließlichen Kriterium des Vorhandenseins bzw. Nicht-Vorhandenseins von W-G-Beziehungen entwickelt werden. Die Einschränkung der Wirkungen des Wertgesetzes, etwa im Produktions- oder Arbeitsprozeß in sozialistischen Gesellschaften, wäre hier zu berücksichtigen. Vgl. Damus, Demokratischer Zentralismus..., a.a.O.
[102] Vgl. Ludz, Parteielite..., a.a.O., S. 287.
[103] Vgl. Markovic, M.: Entfremdung und Selbstverwaltung. In: Folgen einer Theorie, Essays über »Das Kapital« von Karl Marx. Frankfurt, 1967, S.178 ff.
[104] Vgl. MEGA I, 3, S. 546.

1. Entfremdung vom Produkt der eigenen Tätigkeit, das darüber hinaus Gewalt über den Produzierenden erlangt,
2. Entfremdung von der Tätigkeit selbst, da der Mensch zum Anhängsel der Maschine wird,
3. damit aber auch Entfremdung vom eigenen menschlichen Wesen und
4. Entfremdung von anderen Menschen, da erst im Austausch der Produkte die Menschen aufeinander bezogen sind, nicht jedoch bereits in der Produktionssphäre, in der die Bedürfnisse der anderen mitreflektiert würden.

Im »Kapital« hingegen geht Marx auch auf die Notwendigkeit der Übernahme bestimmter Arbeiten ein; er hebt hervor, daß die Arbeit bis zu einem gewissen Grad immer ein »Reich der Notwendigkeit« sei. Statt von entfremdeter spricht Marx nun von abstrakter Arbeit[105], er analysiert die kapitalistische Warenproduktion, in der nicht der Gebrauchswert, vielmehr im Selbstverwertungsprozeß des Kapitals der Tauschwert, nicht die konkrete, sondern die abstrakt qualitätslose Arbeit das Entscheidende ist. Diese Analysen treffen in ihrem wesentlichen Gehalt – bei Unterschieden, die zu analysieren hier nicht der Ort ist – auf jegliche warenproduzierende Gesellschaft zu. »Gebrauchsgegenstände werden überhaupt nur Waren, weil sie Produkte voneinander unabhängig betriebener Privatarbeiten sind. Der Komplex dieser Privatarbeiten bildet die gesellschaftliche Gesamtarbeit. Da die Produzenten erst in gesellschaftlichen Kontakt treten durch den Austausch ihrer Arbeitsprodukte, erscheinen auch die spezifischen Charaktere ihrer Privatarbeiten erst innerhalb ihres Austausches. Oder die Privatarbeiten betätigen sich in der Tat erst als Glieder der gesellschaftlichen Gesamtarbeit durch die Beziehungen, in die Austausch die Arbeitsprodukte und vermittels derselben die Produzenten versetzt. Den letzteren erscheinen daher die gesellschaftlichen Beziehungen ihrer Privatarbeiten als das, was sie sind, also nicht als unmittelbar gesellschaftliche Verhältnisse der Personen in ihren Arbeiten selbst, sondern vielmehr als sachliche Verhältnisse der Personen und gesellschaftliche Verhältnisse der Sachen.«[106]

Im Gegensatz zu dieser Untersuchung mutet die Klaussche Analyse flach an, bedingt durch die Übertragung des Verhältnisses von Produktivkräften und Produktionsverhältnissen und damit des Verhältnisses von Politik und Ökonomie auf die sozialistische Gesellschaftsformation sowie durch das Festmachen des Entfremdungs- und Ar-

---

[105] Vgl. Marx, K.: Werke, Ergänzungsband, 1. Teil, S. 574. Hier findet man bereits beide Begriffe synonym verwandt.
[106] Kapital I, S. 87. Wobei hier die Rolle gesamtgesellschaftlicher Planung mitreflektiert werden müßte.

beitsbegriffs an der juristischen Fixierung von Eigentumsrechten; von daher ergibt sich seine technische Utopie, seine Vorstellung von der Aufhebung der Entfremdung durch die Mensch-Maschine-Symbiose mit zwingender Konsequenz.
Trotz dieses Fazits – negativ von marxistisch orientiertem Erkenntnisinteresse aus – soll noch auf die Klausschen Erörterungen eingegangen werden, die sich mit Regelung und Steuerung und in diesem Zusammenhang mit der kapitalistischen Gesellschaftsordnung befassen, um zu sehen, inwieweit bei Klaus die Anwendung der Kybernetik für die marxistische Theorie nutzbar gemacht werden kann, was ja das leitende Interesse dieser Untersuchung darstellt.
Im Vorwort zu »Kybernetik und Gesellschaft« schreibt Klaus, daß die Kybernetik nicht historisch überholten Gesellschaftsordnungen einen neuen geschichtlichen Inhalt vermitteln könne, daß sie also im Kapitalismus nur in gewissen Grenzen angewandt werden kann. Die Kybernetik könne auf der Grundlage des kapitalistischen Systems keine Möglichkeiten aufzeigen, die aus dem »System« erwachsenen Mängel zu beseitigen. Nun hat ja niemand behauptet, daß dies die Funktion allein kybernetisch orientierter Analysen sein solle oder könne; Klaus vermengt immer wieder die sich aus der kybernetischen Systemtheorie ergebende formale Fragestellung mit materialer Kritik an der kapitalistischen Gesellschaftsordnung. Die Frage, die zu stellen wäre, lautet doch vielmehr: Kann das »kapitalistische System« so organisiert und strukturiert werden, daß Mängel nicht in einer Form zum Ausbruch kommen, daß dadurch die Herrschaftsstrukturen ernsthaft in Gefahr sind?
Umgekehrt ist Klaus zwar nicht recht zu geben, wenn er die Kybernetik als eine »kommunistische Wissenschaft« bezeichnet, jedoch scheint eine Wissenschaft, zu deren zentralen Begriffen der der Organisation zählt, besser in einer sozialistischen Gesellschaftsordnung wirksam werden zu können, der, da nicht beherrscht von egoistischen Interessen der Einzelkapitale, in den verschiedensten Bereichen ganz andere Möglichkeiten der bewußten gesellschaftlichen Planung zur Verfügung stehen – und zwar dann, wenn Planung nicht als »systemindifferenter Leistungsmechanismus« unter dem ausschließlichen Kriterium der Effizienz angesehen, vielmehr als wichtigstes »Strukturprinzip« der sozialistischen Gesellschaftsformation[107] erkannt wird, während im Kapitalismus zum Beispiel eine gesamtwirtschaftliche Planung aufgrund der Autonomie der einzelnen Kapitale nur bedingt möglich ist.
Als Vorstufe hierzu kann das Klaussche Verfahren, die Kategorien des

---

[107] Vgl. Altvater, E.: Sozialistische Planung und demokratische Selbstverwaltung. Vortrag Anfang Dez. 1969 in Berlin–West, Manuskript.

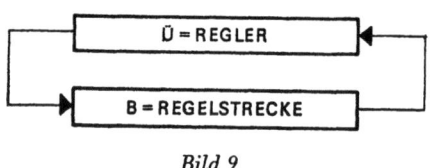

Bild 9

Historischen Materialismus und der Kritik der politischen Ökonomie einer kybernetischen Betrachtungsweise zu unterziehen, durchaus dazu dienen, neue Frage- und Problemstellungen, Bestätigung oder Revision bisher erworbener Erkenntnisse zu initiieren. Klaus teilt das »kybernetische System Gesellschaft«[108] in zwei hauptsächliche Bestandteile ein, nämlich in Basis und Überbau. Zwar zitiert er an anderer Stelle zustimmend Engels, der davon sprach, daß die ökonomischen Verhältnisse in letzter Instanz bei der ansonsten gegebenen Wechselwirkung bestimmend sind, wie er auch andererseits an vielen Stellen seiner Schriften immer wieder als Kriterium im Sozialismus optimales Verhalten erwähnt (wobei »optimal« bedeutet, daß die technisch-ökonomischen Gesetzmäßigkeiten strengstens beachtet werden); dennoch ist Klaus zufolge im Gesamtsystem der Überbau »Regler« und die Basis »Regelstrecke« (Bild 9). Das Schema scheint Klaus zufolge sowohl auf die kapitalistische als auch auf die sozialistische Gesellschaftsordnung zuzutreffen. Es macht weiterhin klar, daß es sich nicht um eine Wechselwirkung, vielmehr um Rückkopplung handelt, wodurch der Überbau zur letzten Instanz wird.[109] Nun behauptet Klaus, daß in der Klassengesellschaft der Staat als Teil des Überbaus, folglich als Regler zu sehen ist[110]; er hat die Aufgabe, die Produktionsverhältnisse zu sichern. »Seine Aufgabe ist es, die Funk-

---

[108] Vgl. weiter oben die Kritik an dieser ontologisierenden Vorgehensweise.

[109] Es soll noch einmal darauf hingewiesen werden, daß es hier um die Beurteilung des Klausschen Selbstverständnisses einer Verbindung von Kybernetik und Marxismus geht. Der oberflächliche Gebrauch solcher Begriffe wie Produktivkräfte, Produktionsverhältnisse, Basis, Überbau usw. kann daher nicht dem Verfasser dieses Aufsatzes angelastet werden, wie es sich auch nicht nur darum handelt, die eigene Position an die Klausschen Erörterungen heranzutragen. Vielmehr hat Klaus selbst den Maßstab gesetzt.

[110] Vgl. hingegen Müller, W., Ch. Neusüß: Die Sozialstaatsillusion und der Widerspruch von Lohnarbeit und Kapital. In: Sozialistische Politik, 1970, H. 6/7. Die beschränkte Rolle des Staates in der spätkapitalistischen Gesellschaft wird hier meines Erachtens präzise analysiert. Die Klaussche Position verkörpert die gängige Vorgehensweise in der DDR-Literatur, die bereits im Ausdruck »staatsmonopolistischer Kapitalismus« sichtbar wird.

tion der Teilsysteme im Interesse der Stabilität des Gesamtsystems während einer bestimmten Periode der Klassenherrschaft in einer der jeweiligen Organisation der Gesellschaft entsprechenden Weise zu beschränken.«[111] Da Klaus sowohl das Kapital als auch die Lohnarbeit als solche Teilsysteme ansieht, konnte der Eindruck entstehen, als ob der Staat das Teilsystem »Kapital« wirklich beschränken könnte, statt zu sehen, daß der Staat immer nur soweit Funktionen ausüben kann, als ihm dieses Recht von der herrschenden Klasse eingeräumt wird, denn die Geschichte des Kapitalismus beweist, daß der Staat immer so stark war, wie die herrschende Klasse es für notwendig erachtete[112].

Neben diesem ersten Schema, das die Einteilung eines gesellschaftlichen »Systems« und in der weiteren Spezifizierung der Rolle des Staates des kapitalistischen »Systems« in zwei Hauptbestandteile – nämlich Basis und Überbau – kennt, verzeichnet Klaus weitere »Systeme«, so das ökonomische, das demzufolge ein Teilsystem ist. Nach Meinung von Klaus zeigt das folgende Schema den wesentlichen Gehalt des Marxschen Kapitals auf (Bild 10).

Lohnarbeit und Kapital bilden demnach die zwei Hauptbestandteile des »ökonomischen kybernetischen Systems«. Rückkopplung findet statt vermittels des ständigen Warenflusses von L nach K und umgekehrt, »wobei K zur Aufrechterhaltung seiner Stabilität... der spezifischen Ware von L, der Ware Arbeitskraft, und L der von K produzierten Waren (!!), einer bestimmten Menge an Lebensmitteln

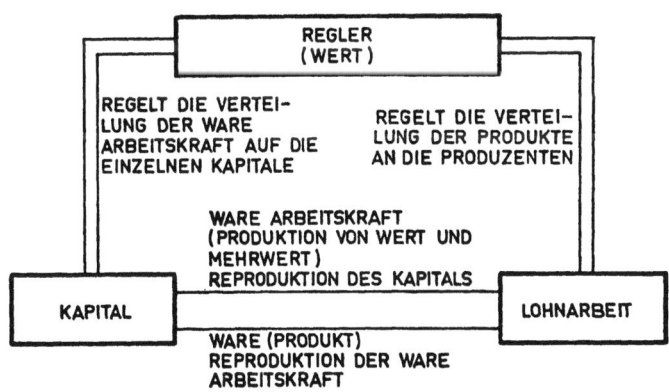

Bild 10

---

[111] Klaus, KG, S. 35.
[112] Vgl. Neumann, F.: Demokratischer und autoritärer Staat. Frankfurt, 1967.

bedarf, um als ökonomisches Teilsystem seinerseits einen stabilen Zustand beibehalten und sich als Lohnarbeit reproduzieren zu können«[113].

Abgesehen davon, daß L natürlich nicht die von K produzierte Ware braucht, da, von den Arbeitern selbst produziert, der Verkauf der Ware Arbeitskraft gerade deshalb notwendig ist, weil im Verlauf der ursprünglichen Akkumulation die Trennung von Arbeitsmitteln und Arbeitsvermögen vollzogen wurde[114], liegt der entscheidende Fehler der Klausschen kybernetischen Interpretation des »Kapital« und damit der kapitalistischen Gesellschaftsformation darin begründet, daß er positivistisch in verschiedene »Systeme« einteilt. Wie schon bei der Entfremdungsproblematik wird hier wiederum durch eine derartige Betrachtungsweise die Marxsche Kritik neutralisiert. Einmal ist der Staat der Regler, das andere Mal im ökonomischen System das Wertgesetz; damit fällt die Relevanz der Marxschen Kritik der politischen Ökonomie, die darin bestand, die Bewegungen des Kapitals als sich selbst verwertenden Wert aufzuzeigen und die nichts mit dem ontologisierenden Wirken des Wertgesetzes bei Klaus gemein hat. Wie Entfremdung nicht aufteilbar ist in politische, ökonomische, religiöse und ideologische, da sie nicht ihre Wurzel in einer abstrakt-juristischen Fixierung von Eigentum an Produktionsmitteln hat, so kann man auch nicht die kapitalistische Gesellschaftsformation in politisch-gesellschaftliche, ökonomische Teilsysteme aufteilen, sollen die gesellschaftlichen Implikationen von Warenproduktion und Wertgesetz, die Marx im »Kapital« aufgezeigt hat, gegenüber der abstrakt-ökonomischen Sichtweise zum Tragen kommen.

Soweit Klaussche Aussagen hier zur Diskussion standen, scheint das Fazit gerechtfertigt zu sein, daß ihm die Präzisierung und Vervollständigung marxistischer Kategorien mit Hilfe der Kybernetischen Systemtheorie nicht gelungen ist, sei es, weil er die kybernetischen Begriffe so anwendet, daß das Spezifische an ihnen verlorengeht (so daß sich auch nicht mehr mit ihnen arbeiten läßt), sei es, daß er eine vulgärmarxistische oder unmarxistische Interpretation etwa des Arbeits- und Entfremdungsbegriffs wie auch überhaupt der Marxschen Kritik der politischen Ökonomie gibt. Die »moderne Darstellung des Historischen Materialismus«[115] ist Klaus zweifelsohne nicht gelungen. Wenig modern, sondern äußerst flach mutet es an, wenn Klaus konstatiert, daß, da bei der Kybernetik eine »Vorherrschaft des Algorithmus« gegenüber dem Theorem zu verzeichnen ist – wobei das Theorem beschreibt, während der Algorithmus eine Anleitung zum

---

[113] A.a.O., S. 39.
[114] Vgl. Marx, Grundrisse..., S. 365.
[115] Vgl. Klaus, KG, S. 13.

Handeln verkörpere –, die Kybernetik in die Nähe der Feuerbach-Thesen rücke. Klaus zufolge entstand die Kybernetik von vornherein als eine Wissenschaft des Handelns, als eine Wissenschaft zur Veränderung der Welt. Wie die elfte Feuerbachthese, so habe sich auch die Kybernetik eine Synthese von Wissen und Handeln zum »Leitspruch« gemacht[116]. Der Marxsche Praxisbegriff degeneriert in der Klausschen Interpretation zu einem technischen Verfügbarmachen. Zwar spricht auch Flechtner[117] davon, daß man der Kybernetik den Charakter einer Wissenschaft abgesprochen und sie als Technik charakterisiert habe, weil sie nicht nur Erkenntnisse erstrebe, sondern auf Veränderung tendiere – so daß die elfte Feuerbachthese in Zusammenhang mit jeglicher Technik gebracht werden könnte –, doch wird anhand der Frankschen Analysen ganz klar, was es mit diesem Auf-Veränderung-orientiert-sein auf sich hat: »Zweckmäßiger Einsatz verfügbarer Mittel zur Erreichung vorgegebener Ziele; der Akt der Zielsetzung selbst gehört dabei nicht zur Technik, sondern hat ihr... vorauszugehen[118].« Im »Begriff« der Praxis ist diese Trennung negiert, im Klausschen Begriff von Handeln dagegen der der Praxis.

Zur Politik und Ökonomie von Planungssystemen
Von Frieder Naschold

Die intensive wie die extensive Planungsdiskussion der letzten Jahre, nicht nur in der BRD, sondern in fast allen kapitalistischen wie vor allem auch sozialistischen Ländern, ist nicht einfach, wie es zuweilen geschieht, als vorübergehende Modeerscheinung abzutun, die am besten in Diffusionstheorien wegerklärt werden kann. Sie bildet vielmehr die in diesen Ländern zu beobachtende reale Entwicklungstendenz ab, die Steuerungskapazität des »politischen Systems« (des »Staates«) den sich verändernden sozioökonomischen Erfordernissen anzupassen. Planung muß dann als die bisher letzte und damit auch am weitesten fortgeschrittene politische Problemlösungsstrategie dieser Gesellschaften angesehen werden. In der BRD kann diese These an den sich auf allen territorialen Ebenen ausbreitenden Planungs-

---
[116] Vgl. Klaus, KWTW, S. 20, KG, S. 4.
[117] Vgl. Flechtner, Grundbegriffe..., S. 10.
[118] Frank, Kybernetische..., S. 11.

systemen illustriert werden: so etwa auf der Bundesebene in der Entwicklung der Ressort-Fachplanungen, der mehrjährigen Finanzplanung, der längerfristigen Aufgabenplanung und der längerfristigen Bedarfsschätzung. Lange Zeit bestand in der bundesrepublikanischen wissenschaftlichen Diskussion eine beträchtliche Diskrepanz zwischen realer Planungspraxis und dem wissenschaftlichen Entwicklungsstand der theoretisch-empirischen Planungsforschung. In der Zwischenzeit ist dieser Entwicklungsrückstand jedoch weitgehend überwunden, wenn nicht sogar umgekehrt geworden, indem die Planungstheorie der Planungspraxis vorauseilt[1], auch wenn zugegeben werden muß, daß die Planungstheorie noch weit von einem »gesicherten Wissensfeld«[2] entfernt ist. Die besonderen Merkmale der gegenwärtigen wissenschaftlichen Planungsdiskussion sind jedoch vor allem in den folgenden drei Ausprägungen zu sehen: Zum einen bestehen die gegenwärtigen Planungstheorien gehobener Komplexität immer aus einer Vielzahl interdisziplinärer Ansätze, ein vor der Planungspraxis sich notwendig ergebender Umstand, der die ganze Problematik der Integration der einzelnen sozialwissenschaftlichen Disziplinen aufwirft. Zum zweiten liegt bei den gegenwärtigen Planungstheorien in der Regel eine besonders enge, wenn auch unterschiedlich ausgestaltete Wechselbeziehung zur Planungspraxis vor, ein sich aus den gesellschaftlichen und wissenschaftlichen Entwicklungstendenzen ergebender Umstand, der eine erneute intensive Reflexion der Beziehung von Theorie und Praxis erfordert. Zum dritten liegen der gegenwärtigen Planungsdiskussion zwei grundlegende Paradigmata zugrunde – das handlungs- oder entscheidungstheoretische Paradigma einerseits und das polit-ökonomische Paradigma andererseits[3] –, die mit ihren unterschiedlichen erkenntnisleitenden Interessen und wissenschaftlichen und politischen Gemeinden in starker Konkurrenz, wenn nicht gar in Widerspruch zueinander stehen. Die vorliegende Untersuchung geht zunächst von einer Reihe neuerer, empirisch-theoretischer Analysen über Planungssysteme, vor allem in der BRD, aber auch den USA, der DDR und auch Frankreich, aus.[4] Dabei soll der Entstehungszu-

[1] Vgl. Ronge/Schmieg, Politische Planung in Theorie und Praxis. München, 1971. Insbes. Einleitung, Hirsch/Leibfried: Materialien zur Wissenschafts- und Bildungspolitik. Frankfurt, 1971.
[2] Dazu näher Ronge/Schmieg (a.a.O.), ohne allerdings einen Maßstab zur Beurteilung des Entwicklungsstandes wissenschaftlicher Disziplin zu explizieren.
[3] Vgl. dazu Fester, M.: Vorstudien zu einer Theorie kommunikativer Planung. In: arch+ 12, 1970.
[4] An eigenen Untersuchungen liegen abgeschlossen vor: Naschold/Seuster Väth/ Zipfel: Untersuchung zur mehrjährigen Finanzplanung des Bundes im Hinblick auf die Reform von Planungs- und Entscheidungsprozessen im

sammenhang, die immanente Entwicklungslogik, die intendierten und unbeabsichtigten Folgewirkungen, Ablauf- und Aufbauorganisationen der Planungssysteme mit deren jeweiligen »Bedienungs- und Zustandskonstellationen« (S. Beer) kurz aufgezeigt werden. Die zentrale Problemstellung dieses Referates liegt jedoch nicht in der rein deskriptiven Darstellung der Planungssysteme, sondern in den folgenden beiden Fragestellungen:

1. Treffen die oben skizzierten Feststellungen zur wissenschaftlichen Planungsdiskussion zu, dann kann das empirisch erhobene und sekundäranalytisch ausgewertete Material zum Test der beiden konkurrierenden Paradigmata verwandt werden. Ein derartiger Test kann aus verschiedenen Gründen zwar nicht zu einer unbezweifelbaren Evidenz, zur Falsifikation eines der beiden Paradigmata führen[5], er vermag jedoch zu relativ stringenten Plausibilitätseinschätzungen ihrer theoretischen und strategischen Erklärungskraft und des Grades ihrer empirischen Bewährung führen.

2. Bildet Planung, wie oben argumentiert wurde, in der Tat die am weitesten fortgeschrittene politische Problemlösungsstrategie gegenwärtiger politischer Systeme, dann kann die Untersuchung von Planungssystemen einen wichtigen Beitrag zur Einschätzung der Entwicklungstendenzen gegenwärtiger Gesellschaftsformationen darstellen. Denn sowohl die »bürgerliche« als auch die »marxistische« Gesellschaftstheorie sieht in der gegenwärtigen Gesellschaftsformation kapitalistischer Systeme eine qualitativ neue gesellschaftliche Entwicklungsstufe, die begrifflich mit Kategorien wie »*post-industrial*«,

Bereich der Bundesregierung, Zwischenbericht Oktober 1970, 211 S., Endbericht August 1971, 246 S. Zwischenergebnisse liegen vor aus: Esser/Naschold: Untersuchung zum Neuen Ökonomischen system der DDR, Arbeitspapier Konstanz August 1971; sowie aus einem Projekt über »Institutionelle Bedingungen von Partizipation und Autonomie an Gesamtschulen«, das der Verfasser zusammen mit zwei Sozialwissenschaftlern und fünf Lehrern von Berliner Gesamtschulen im Auftrag des Deutschen Bildungsrates durchführt; sowie aus einem Projekt über langfristige Gesundheitsplanung, das der Verfasser mit einem interdisziplinären Team am Institut für Höhere Studien und Wissenschaftliche Forschung in Wien durchführt. Für die aus diesen Kollektivprojekten hier gezogenen Schlußfolgerungen ist jedoch allein der Verfasser verantwortlich zu machen. Hinzu kommen eigene Untersuchungen zum amerikanischen PPB-System sowie die anschwellende Literatur zur Planungspraxis besonders in der BRD, die sekundäranalytisch ausgewertet wurde. Vgl. besonders die Untersuchungen von Häusermann, Mayntz, Scharpf, Schulz, zur Wiesch, Wettmann und anderen.

[5] Vgl. dazu insbesondere Toulmin (1969) sowie Offe (Manuskript 1971), der jedoch die Beweisfähigkeit derartiger Tests überschätzt. Eine kurze Diskussion der anstehenden Problematik findet sich in Naschold: Dynamik des Wählerverhaltens. Stuttgart, 1971.

»post-modern«, »technotronic society« einerseits oder »spätkapitalistisch« »staatsmonopolistischer Kapitalismus« andererseits zu erfassen versucht wird.[6]
Die Analyse von Planungssystemen sollte somit in der Lage sein, einen Beitrag zur treffsicheren Einschätzung dieser unterschiedlich beurteilten Gesellschaftsformation abzugeben. Der Argumentationsgang ist in zwei Teile zerlegt: Im ersten Teil wird auf der Basis des empirischen Materials[7] ein Plausibilitätstest der konkurrierenden Paradigmata versucht; im zweiten Teil des Referats soll auf der Grundlage der analytischen Planungspraxis und ihrer theoretischen Abbildungen eine grobe Einschätzung der gegenwärtigen Gesellschaftsformation vorgenommen werden.

1. Zur Planungspraxis und Planungstheorie in kapitalistischen Gesellschaften

1.1. Formale Problemdimensionen einer Planungstheorie

Da die empirisch ermittelten Beobachtungsdaten über Planungssysteme sich als solche erst im Zusammenhang mit einem kategorialtheoretischen Bezugsrahmen konstituieren, da es »reine« empirische Daten nicht gibt, sondern erkenntnistheoretisch eher von einer gewissen »Theorie-Autonomie« ausgegangen werden kann[8], müssen dem angestrebten Plausibilitätstest drei Zwischenschritte vorangestellt werden:
1. eine mehr formale Dimensionierung der von einer Planungstheorie zu behandelnden Problembereiche;
2. eine theoretisch abgesicherte, diskriminierende Typologie der relevanten Planungstheorien und ihrer Paradigmata;
3. eine kurze Präsentation empirisch-theoretischer Befunde von Analysen politischer Planungsprozesse, insbesondere der mehrjährigen Finanzplanung.
Die Dimensionierung der von einer Planungstheorie abzuhandelnden Problembereiche zielt auf eine erst grobe, qualitative Modellierung derjenigen Systemelemente und ihrer Wechselbeziehungen ab,

---

[6] Vgl. unter anderen Bell, D., A. Etzioni sowie Offe (Manuskript 1971).
[7] Die beiden Berichte zur Finanzplanung dürften in der Regel auf Anfrage bei der Projektgruppe Regierungs- und Verwaltungsreform erhältlich sein. Die Untersuchungen zum Planungssystem der DDR und zur Bildungsplanung in der BRD werden im Laufe des nächsten Jahres veröffentlicht.
[8] Vgl. dazu Zelenjy, Feyerabend und andere.

die aus dem globalen gesellschaftlichen Interdependenzzusammenhang für die angehende Fragestellung ausgewählt werden müssen.⁹ Die jeweils zugrunde liegenden materialen Prämissen sollen hingegen erst bei der Entwicklung der Typologie von Planungssystemen expliziert werden.
Zentraler Ansatzpunkt der Dimensionierung der für Planungssysteme relevanten Problembereiche bildet die Abgrenzung des politischen Systems (Staates) zum gesellschaftlichen System (soziales und ökonomisches System) über die Bestimmung der Staatsfunktionen (der subjektiv intendierten oder auch objektiv sich einstellenden Folgeentwicklungen staatlicher Aktivitäten) innerhalb einer bestimmten Zeiteinheit (einer zeitlich abgrenzbaren Gesellschaftsformation).¹⁰
Innerhalb des gesellschaftlichen Systems ist weiterhin zwischen dem ökonomischen System und seinen Entwicklungsmäßigkeiten und dem sozialen System mit seinen je spezifischen Konflikts- und Konsensstrukturen zu unterscheiden. Beim politischen System ist hinsichtlich einer Analyse von Planungssystemen zwischen den politischen Formationsprozessen (Parteien, Verbände, Wahlen usw.) und dem Regierungssystem (Regierung und Verwaltung) zu unterscheiden. Die Dynamik des Gesamtsystems (Totalität) ergibt sich aus der Interaktion der einzelnen Teilsysteme mit ihren je spezifischen Gesetzmäßigkeiten, wobei natürlich materiale Annahmen hinsichtlich der Merkmale aller Teilsysteme (Bestimmung der Funktionstypen, ihrer Koeffizienten und wechselseitigen Vermaschung) zu treffen sind.
Planungstheorien müssen hinsichtlich dieser Systemelemente jeweils im Hinblick auf drei Dimensionen von Planungssystemen untersucht werden: ihrem Entstehungs- und Entwicklungszusammenhang (genetische Dimension), ihrer Ablauf- und Aufbauorganisation (strukturelle Dimension), ihrem Wirkungszusammenhang (funktionale Dimension). Die interne logische Struktur dieser zwölf Problembereiche ist ihrerseits wiederum jeweils nach drei Dimensionen zu analysieren: einem analytischen Konzeptualisierungsproblem (jede Problemdimension ist im Hinblick auf ihre Bedingungskonstellation, ihre Zustandskonstellation – bei gering komplexen Systemen: »Ziele« – ihre Handlungsparameter zu untersuchen), einem strategischen Steuerungsproblem (durch die Variation von Handlungsparametern soll

---

⁹ Vgl. dazu Beer, S., W. Churchman, F. Forrester und andere.
¹⁰ Von einem konsistenten Sprachspiel wird in dieser Abhandlung bewußt Abstand genommen, was sicherlich die Kritik eines Begriffseklektizismus einbringt. Dagegen ist jedoch einzuwenden, daß es 1. in keinem der Paradigmata ein »gesichertes« Begriffssystem mit weitgehendem sozialen Konsens gibt und daß 2. eine solche Kritik meist stark in der Nähe eines Begriffsrealismus anzusiedeln ist.

eine gegebene Bedingungskonstellation in eine erwünschte Zustandskonstellation transformiert werden), einem theoretischen Einschätzungsproblem (wie hoch ist die Steuerungskapazität von Planungssystemen, mit welchen inhaltlichen Folgewirkungen für welche realen Problembereiche?).
Im nachfolgenden Abschnitt sollen nun die verschiedenen Planungstheorien und ihre Paradigmata anhand ihrer materiellen Prämissen (Hypothesen, empirische Befunde und anderes) bezüglich des hier entwickelten Dimensionentableaus (s. Bild 1) typologisiert werden.

1.2. Zu einer Typologie von Planungstheorien

Zunächst muß eine theoretisch abgesicherte und diskriminierende Typologie[11] der relevanten Planungstheorie, bezogen auf kapitalistische Gesellschaftsformationen, erarbeitet werden, die dann später einem Plausibilitätstest unterworfen werden soll. Im ersten Schritt der Analyse sollen zunächst die den verschiedenen Planungstheorien zugrunde liegenden Paradigmata zusammen mit der jeweiligen Bestimmung der Staatsfunktionen entwickelt werden. Die auf der Basis der beiden konkurrierenden Paradigmata entwickelte Typologie von Planungstheorien soll sodann in einem zweiten Schritt bezüglich ihrer jeweiligen Merkmalsausprägungen im Hinblick auf das Dimensionstableau kurz dargestellt werden. Auch hier müssen die Darlegungen auf thesenartige Aussagen beschränkt werden, wobei jeweils die Untersuchungen einiger weniger Autoren als repräsentativ für jedes Prowickelten Dimensionentableaus (s. Bild 1) typologisiert werden.

---

[11] Jede Typologie besitzt erkenntnistheoretisch zwingend ein mehr oder weniger großes Ausmaß an Unschärfe und Beliebigkeit. Dies ist darauf zurückzuführen, daß es zum einen keinen absoluten Fixpunkt zum Aufbau von Typologien, sondern immer eine beträchtliche Vielzahl oft gleichwertiger Ansätze gibt. Zum anderen besteht bei jeder komplexen Typologie die Gefahr, daß sich die ausgewählten Kriterien und Dimensionen nicht jeweils voll decken. Auch die hier entwickelten Planungstheorien können diesen Gegebenheiten nicht entgehen. Die eher thesenhaft anhand des formalen Dimensionentableaus entwickelten Profile von Planungstheorien erscheinen jedoch bei aller Unschärfe in einzelnen Untervarianten genügend trennscharf, d. h. es liegt eine »Klumpung« der zentralen Dimensionen vor, so daß auf der Basis dieser Typologie eine Plausibilitätstest mit hinreichender Validität vorgenommen werden kann.

Bild 1. Tableau der für Planungstheorien relevanten Problemdimensionen

		Entstehungs- u. Entwicklungs- zusammenhang (genetische Dimension)	Ablauf- und Aufbau- organisation (strukturelle Dimension)	Wirkungszusammen- hang (funktionale Dimension)
Bedingungskon- stellation Zustandskonstellation Handlungsparameter				
Problemdimensionen von Planungssystemen				
Umwelt	ökonomische Entwicklungs- tendenzen			
	Struktur sozi- aler Konflikte			
System	Politische Formations- prozesse			
	Regierung und Verwaltung			
Beziehung inner- halb und zwischen den Teilsystemen				

1.2.1. *Paradigmata von Planungstheorien*

Das den verschiedenen Planungstheorien jeweils zugrunde liegende Paradigma[12] kann als zusammengesetzt gesehen werden aus dem jeweils grundlegenden theoretisch-methodischen Ansatz, den erkenntnisleitenden Interessen sowie dem generellen Bezugsrahmen der materiellen Theoriebildung. Gemäß dieser Kriterien lassen sich in der Planungsdiskussion eindeutig zwei Typen/Profile von Planungstheorien angeben.

Der eine Typus geht von einem handlungs- und entscheidungstheoretischen Ansatz aus[13]: Grundeinheiten der Analyse sind die intendierten Handlungen/Entscheidungen von Systemelementen (Individuen, Gruppen usw.), die dann nach ihren Folgewirkungen wie ihren Determinanten analysiert werden. Dieser theoretisch-methodische Ansatz verbindet sich mit dem Bezugsrahmen einer materialen Theorie gesellschaftlicher Differenzierung[14], wonach die gesellschaftliche Entwicklung durch zunehmende Komplexität und Kompliziertheit, durch die stetige Ausdifferenzierung relativ autonomer Subsysteme und generell durch eine vergleichsweise hohe Kontingenz gekennzeichnet ist. Das erkenntnisleitende Interesse von Planungstheorien innerhalb dieses Paradigmas liegt sodann folgerichtig in der Aufrechterhaltung oder Ausweitung gesellschaftlicher Ausdifferenzierungen und ihrer adäquaten Vermaschung – in Steuerungsproblemen also, die primär vom politischen System zu leisten sind. Die Reformintention reicht somit in der Regel bis zur Mängelbehebung innerhalb bestehender Systemstrukturen, denen eine Basisoptimalität zugeschrieben wird.

Der zweite, klar unterscheidbare Typus von Planungstheorien setzt bei einem polit-ökonomischen Ansatz an: Handlungen/Entscheidungen von Systemelementen sind primär Resultat der Strukturbedingungen der gegenwärtigen Gesellschaftsformation; die historisch herausgebildeten ökonomischen Entwicklungstendenzen und sozialen Konfliktstrukturen sind die entscheidenden Determinanten individueller Handlungs- und Interaktionsbezüge[15]. Der materielle

---

[12] Auf die kritische Diskussion zum Konzept des Paradigmas zwischen Kuhn, Feyerabend, Lakatos und anderen kann hier nicht näher eingegangen werden.
[13] Vgl. unter anderen Fester, U., a.a.O.
[14] Vgl. dazu die Literatur von Spencer über Parsons bis hin zu Luhmann.
[15] Dabei soll nicht verkannt und bei der Typologisierung beachtet werden, daß auch vom entscheidungstheoretischen Ansatz ausgehend »gesamtgesellschaftliche Systemstrukturanalysen« entwickelt worden sind. (Vgl. auch Beer, Forrester). Deren zentraler Mangel liegt jedoch einmal in der historischen Invarianz der grundlegenden Systemstrukturen, zum anderen in den

Bezugsrahmen dieses theoretisch-methodischen Ansatzes bildet die Kapitalismusanalyse mit ihren verschiedenen Ausprägungen. Das erkenntnisleitende Interesse von Planungstheorien innerhalb dieses Paradigmas zielt auf deren Kritik und über diese auf eine Transformation der Systemstrukturen ab.

1.2.2. Zur Bestimmung der Staatsfunktionen im jeweiligen Paradigma

Die Bestimmung der je spezifischen Funktion des Staates war nicht nur Angelpunkt bei der formalen Dimensionierung von relevanten Problembereichen für eine Planungstheorie, sondern ist von ebenso zentraler Bedeutung für die materiale Analyse von Planungssystemen. Auch bei der Funktionsbestimmung des Staates lassen sich bei den vorliegenden Planungstheorien eindeutig zwei Typen herausarbeiten, die genau mit den beiden eben entwickelten Paradigmata korrelieren.

Innerhalb des handlungs- und entscheidungstheoretischen Paradigmas mit seinem spezifisch erkenntnisleitenden Interesse und mit seiner Theorie der sozialen Differenzierung wird generell die Rolle des politischen Systems in seiner Ausgleichs- und Balancierungsfunktion der relativ autonomen Subsysteme gesehen, die je nach zeitlich gegebener Systemstruktur unterschiedliche Steuerkapazität haben können. Diese allgemeine Funktionsbestimmung kann in zahlreiche Komponenten (Teilfunktionen) zerlegt werden, so etwa in die beiden Teilfunktionen der Systemintegration und »damage control«.

Demgegenüber besteht innerhalb des polit-ökonomischen Paradigmas die wesentliche Funktion des Staates in der Sicherstellung zentraler Kapitalverwertungsbedingungen, was eine Politik der allgemeinen Systemstabilisierung zu deren Abstützung mit einschließt. Als die wichtigsten Komponenten dieser Staatsfunktionen lassen sich seine repressive, ideologische und staatsregulierende Funktion ausmachen[16].

---

meist unreflektierten und problematischen materiellen Annahmen. Daß im »systems dynamics approach« mit »causal modelling« jedoch möglicherweise äußerst furchtbare methodologische Komponenten auch für polit-ökonomische Analysen liegen, sollte vor genauer Inkenntnisnahme dieser Studien nicht vorschnell durch den allzu leicht erhobenen Technokratievorwurf übersehen werden. Als typisches Beispiel für diese Tendenz vgl. Hirsch/Leibfried, a.a.O.

[16] Daß hier schon leichte Unschärfen in der Typologie eintreten, sei nur am Rande vermerkt. Zur entscheidungstheoretischen Bestimmung der Staatsfunktionen vgl. unter anderen Deutsch, Luhmann. Zur polit-ökonomischen Ausrichtung vgl. unter anderen Miliband, Poulantzas.

Da bis zu diesem Schritt in der Analyse eine hohe Homogenität innerhalb der beiden Typen von Planungstheorien und eine hohe Diskrepanz zwischen ihnen besteht, soll jetzt die auf die Fragestellung der Arbeit zugeschnittene Typologie vor Planungstheorien kurz skizziert werden (Abb. 2):

Innerhalb des handlungs- und entscheidungsorientierten Paradigmas können theoretisch nach der Reichweite der jeweils explizit in die Analyse einbezogenen Dimensionen vier Typen von Planungstheorien unterschieden werden:

1. Planungstheorien als Planungstechniken[17], die letztlich auf dem »Maschinen- und Befehlsmodell«[18] sozialer Systeme basieren. Planung wird hier weitgehend mit angewandter Planungstechnik identifiziert, wobei sich interessanterweise die als am wichtigsten erachteten Planungstechniken wie Systemanalyse, Relevanz-, Delphi-Verfahren, Morphologie mit den Ergebnissen der DDR-Forschung decken[19]. Das dieser Planungstheorie zugrunde liegende materielle Mängelmodell des politischen Prozesses liegt darin, daß dessen zentrale Schwachstellen in der mangelnden Anwendung analytischer Techniken gesehen werden.

2. Planungstheorien als Management-Theorien[20] sehen die Hauptschwächen politischer Strukturen und Prozesse in der mangelnden Leitung des Top-Managements, das nur unzulänglich Ziele der Organisation und die darauf abgestimmten Motivationsbildungen der Organisationsmitglieder zu entwickeln vermag. Moderne Managementsysteme, wie etwa die Konzeption des *management by objectives and participation* mit integrierten Informations- und Kontrollsystemen, sollen diese Schwachstellen zu mildern, wenn nicht gar zu beseitigen helfen.

3. Mikro- bzw. makroökonomisch orientierte Planungstheorien basieren jeweils auf primär ökonomischen Rationalitätskalkülen, d. h. irgendwelchen Varianten der gegebenenfalls auch empirisch fundierten Wohlfahrtsökonomie. Der gemeinsame Ansatz dieser Planungstheorien liegt darin, daß den politischen Prozessen weitgehend ökonomische Rationalitätskalküle abgehen und diese deshalb durch

---

[17] Vgl. etwa den Ansatz des ZBZ in seinen verschiedenen Arbeiten sowie aus der amerikanischen Diskussion vor allem und zuletzt Enthoven/Smith: How much is enough? Shaping the defense program, 1961-1969. New York, 1971.
[18] Siehe dazu Naschold: Systemsteuerung. Stuttgart, 1971.
[19] Vgl. Esser: Gesellschaftsplanung in der DDR. In: Esser/Naschold/Väth (Hrsg.): Gesellschaftsplanung in kapitalistischen und sozialistischen Systemen. Gütersloh, 1972.
[20] Vgl. dazu insbesondere Wild, J.: Managementtheorien (1972, in Druck).

deren Einbau rationalisiert werden können. Beschränken sich die mikroökonomischen Planungstheorien wie insbesondere das amerikanische PPB-System von vornherein auf sub-optimale Rationalisierungskalküle[21], so versuchen makroökonomisch ausgerichtete Planungstheorien vorrangig, die strategischen Makrostrukturen langfristig zu rationalisieren, um dann retrograd die Mikrostrukturen zu optimieren[22].

4. Die Theorien der »Planung als politischer Prozeß« (Cohen, Scharpf)[23] setzen bei den beiden Prämissen an, daß politische Rationalitätskalküle über alle anderen Arten von Rationalisierungen dominieren[24] und daß als Ausgangspunkt aller Planungssysteme die spezifischen Gesetzmäßigkeiten der pluralistischen Prozeß- und Verteilungspolitik anzusehen sind[25]. Planung ist dann ein notwendiges, wenn auch nur beschränkt einsetzbares politisches Rationalsierungsinstrument.

Innerhalb des polit-ökonomischen Paradigmas läßt sich zumindest eine ebenso große Breite von Planungstheorien im Rahmen der Funktionsbestimmung des Staates ausmachen[26]. Zur Vereinfachung der Analysen werden die Ansätze auf zwei grundlegende Theorievarianten reduziert, wie sie in der Theorie des staatsmonopolistischen Kapitalismus und einer »differenziert-marxistischen Agenturtheorie« (Esser) zum Ausdruck kommen. Beiden Theorietypen ist gemeinsam, daß die immanenten Gesetzmäßigkeiten kapitalistischer Kapitalverwertungsprozesse das organisierende Zentrum auch der sozialen und politischen Bereiche bilden und daß aus dem Kapitalverwertungsprozeß selbst heraus permanent dysfunktionale Folgeprobleme entstehen, die in der gegenwärtigen Gesellschaftsformation notwendigerweise auf kollektive staatliche Planung zur Sicherstellung particller Verwertungsinteressen und genereller Systemstabilisierungsinteressen angewiesen sind. Planung ist dann nicht – wie beim handlungstheo-

---

[21] Vgl. die Ausarbeitungen bei den Untersuchungen zur mehrjährigen Finanzplanung 1970–71.
[22] Vgl. insbesondere Jochimsen, R.: Überlegungen zur mittel- und längerfristigen Aufgabenplanung und deren Einfluß auf die Vorbereitung der Haushaltsentscheidungen. Manuskript, 1971.
[23] Vgl. besonders Cohen, St.: Modern capitalist planning. Cambridge, 1969; Scharp, F. W.: »Planung als politischer Prozesse«. In: Die Verwaltung, 1971; Schultze, Ch.: The politics and economics of public spending. Washington, 1970.
[24] Siehe Diesing, T.: Reason in Society. Urbana 1962, S. 198 ff.
[25] Vgl. dazu insbesondere die Arbeiten von Lindblom, Wildavsky und Crecine.
[26] Ein Beitrag zur Rekonstruktion der marxistischen Staatstheorie wird von J. Esser im Rahmen eines Dissertationsprojektes bearbeitet.

retischen Paradigma – das Ergebnis autonomer Lernprozesse des politischen Systems zur Steigerung seiner Steuerungskapazität im Hinblick auf die Balancierung relativ autonomer Subsysteme. Beim politökonomischen Paradigma stellt Planung vielmehr den exogen bedingten Versuch der politischen Zentralagenturen dar, die selbstzerstörerischen Wirkungen des Kapitalverwertungsprozesses und seiner Nebenfolgen im sozialen System aufzufangen und zu kompensieren.

2. Typologie von Planungstheorien

Handlungs-/entscheidungstheoretisch ausgerichtetes Paradigma
1. Planungstheorie als Planungstechnik
2. Planungstheorie als Managementtheorie
3. Planungstheorien als mikro- oder makroökonomische Optimierungsprozesse
4. Theorien der »Planung als politischer Prozeß«

Polit-ökonomisches Paradigma
1. Planung als staatliche Dauerregulierung im staatsmonopolistischen Kapitalismus
2. Planung als Krisenmanagement im Spätkapitalismus

Hinsichtlich der spezifischen Merkmalsprägungen der handlungs- und entscheidungstheoretisch orientierten Planungstheorien können anhand des Dimensionentableaus folgende zentrale Aussagen gemacht werden, die dabei schlagwortartig zusammengefaßt werden müssen: Generell gehen diese Planungstheorien – wie schon vermerkt – von einer relativen Autonomie der einzelnen Teilsysteme der Gesellschaft aus. Insbesondere wird das politische System als relativ autonome Steuerungsinstanz angesehen. Die materialen Bestimmungen setzen für die Systemumwelt das Konzept der »*mixed economy*« einerseits und die Konzeption eines sozialen Pluralismus in seiner Verbindung von Schichtungs- und Disparitätentheorie andererseits an. Die politischen Formationsprozesse werden als pluralistische Prozeß- und Verteilungspolitiken angesehen mit den offenen Schwachstellen der mangelnden Artikulations-, Organisations- und Sanktionsfähigkeit und/ oder nicht repräsentierter Gruppen. Regierung und Verwaltung werden in der Regel als verselbständigte, vergleichsweise neutrale Zentralinstanzen konzeptualisiert, deren formale Steuerungskapazität jedoch unterschiedlich, je nach dem Grad ihrer Verflechtung mit dem politischen Formationsprozeß, eingeschätzt wird. Diese Divergenzen tungs- und Koordinations-, Organisations- und Managementproblem werden deutlich etwa an Schicks Konzept einer »Systempolitik« und Cohens Konzeption einer »Planung als politischer Prozeß«: Während bei Schicks Analyse eine hohe Steuerungskapazität unterstellt wird, setzen Autoren wie Cohen und Scharpf mehr auf die planmäßige politische Krisennützung[27].

Die Entstehung von Planungssystemen (die genetische Dimension) wird innerhalb dieses Paradigmas in der Regel damit zu erklären versucht, daß im Zuge der Ausdifferenzierung der Gesellschaft bei gegebener Kontingenz und Autonomie des Gesamtsystems und seiner Teilsysteme die systematische Komplexität und Kompliziertheit exponential ansteigen und nur noch durch Planung – im Sinne der Verbesserung der Informationsverarbeitung – und Koordinationsprozesse von Regierung und Verwaltung aufgefangen werden kann. Die Weiterentwicklung der Planungssysteme wird primär mit lern- und diffusionstheoretischen Annahmen konzeptualisiert.

Hinsichtlich der strukturellen Dimension, also der Aufbau- und Ablauforganisation von Planungssystemen, ist im Zusammenhang der hier angelegten Fragestellung vor allem der Umstand von Bedeutung, daß Planung primär als regierungsorganisationsinternes Problem angesehen wird[28], Planung also primär ein »*intelligence amplifier*« (Ashby) von Regierung und Verwaltung darstellt.

Die inhaltliche Einschätzung der Steuerungskapazität staatlicher Planungssysteme – die funktionale Dimension – führt in der Regel zu dem Ergebnis oder geht von der impliziten Prämisse aus, daß
1. im Sinne einer Niveaupolitik durch Globalsteuerung ökonomische Konjunktur- und Wachstumsprozesse hinreichend kontrolliert werden können (Konzept der »*new economics*«),
2. gesellschaftliche Strukturpolitik relativ ablösbar ist von den ökonomischen Prozessen und primär von den pluralistischen Formationsprozessen und von Planungssystemen bestimmt wird und
3. auf dieser Basis über Sozialpolitik auf dem Wege einer Ressourcenumverteilung ein »Wohlfahrtsstaat« aufgebaut werden kann oder schon in seinen wichtigsten Grundstrukturen entwickelt ist.

Als zentrales offenes Problem verbleibt das Bemühen einer an langfristigen und generellen Entscheidungsprämissen ausgerichteten retrograden Steuerung isolierter Ressortplanung und punktueller Eingriffspolitiken. Durch einen entsprechenden Aufbau eines langfristigen Aufgabenplanungssystems, das primär als Informationsverarbei-

---

[27] Das hier zugrunde liegende Konzept orientiert sich meist an den Analysen zum Krisenzyklus von M. Crozier.
[28] Vgl. dazu näher die Untersuchungen von Mayntz/Scharpf, Wettmann und Naschold und anderen.

konzeptualisiert wird, versucht man jedoch, diese Probleme planungstheoretisch wie planungspraktisch »in den Griff« zu bekommen. Die im Rahmen dieser Planungstheorien entwickelten Reformstrategien zur Implementierung und Weiterentwicklung der Planungssysteme liegen im Spannungsbereich der »Systemanalysen der ersten und zweiten Generation« (Rittel). Vor allem der Reformstrategie bei Planungstheorien als Planungstechnik liegt eine konsistente Verbindung von »Maschinen- und Befehlsmodell« zugrunde: im Auftrag des Politikers wird von Systemanalytikern das Design eines Planungssystems entwickelt, das dann mit entsprechenden politischen Korrekturen durch ein Diktum der Hierarchiespitze umgesetzt wird. Demgegenüber liegt den drei anderen Planungstheorien eine Reformstrategie zugrunde, die sich aus den folgenden zentralen Elementen zusammensetzt: progressive Politiker und »*professionalized reformers*« (Moynihan) als Träger der Reform, Implementierung des Planungssystems durch eine »Reform von oben«, die jedoch durch einen »*mutual persuasion process*« (Churchman) zwischen Politikern und Systemanalytikern einerseits und zwischen diesen und den Betroffenen andererseits abgestützt und effektiviert werden soll.

Planungstheorien innerhalb des polit-ökonomischen Paradigmas gehen demgegenüber von dem zentralen Befund aus, daß in der gegenwärtigen Gesellschaftsformation die Bedingungen und Folgewirkungen der ökonomischen Kapitalverwertungsinteressen zwar nicht die ausschließlich determinierenden, jedoch die zentral dominierenden Faktoren darstellen und somit auch das politische System in letzter Instanz immer Agentur dieser ökonomischen Entwicklungsdynamik ist. Kritische Einschätzungsdivergenzen ergeben sich insgesamt darin, wie weit die ökonomische Distributions- und Zirkulationssphäre von der Produktionssphäre verselbständigt werden kann. Wird diese Frage bejaht, so ergeben sich beträchtliche Konsequenzen für die Konzeptualisierung sozialer Konfliktstrukturen und für die Einschätzung der Rolle des Staates.[29] Da in der jüngsten Diskussion auf breiter Front von dieser Annahme abgegangen wird, sollen die diesbezüglichen Planungstheorien nicht weiter verfolgt werden. Geht man vom Befund einer engen Wechselwirkung von Produktion einerseits und Zirkulations-, Distributions- und Konsumtionssphäre andererseits aus, so ergeben sich als weitere kritische Probleme einer Planungstheorie die Fragen nach dem Grad der Verschmelzung und Interessenidentität von Staat und Wirtschaft, nach dem Ausmaß und den Bedingungen, wie weit der Staat nicht nur »ideeller«, sondern auch

---

[29] So etwa bei Huffschmid und früheren Arbeiten von Hirsch und Offe. Vgl. zu diesen »revisionistischen« Theorien generell Esser, a.a.O.

»materieller Gesamtkapitalist«, wie weit er als »Gesamtbetrieb« zu konzeptualisieren ist. Die Beantwortung dieses Problemkomplexes hängt primär von folgenden Einschätzungen ab: wie weit bestehen innerhalb und zwischen den Kapitalblöcken subjektiv nicht aufhebbare Konflikte; wie weit bilden sich diese Konflikte im Staatsapparat ab – so etwa in den Anforderungsstrategien der Ressorts bei der Aufstellung von Haushalts- und Finanzplanung, bei ihrer Mitarbeit oder Blockade regierungspolitischer längerfristiger Aufgabenplanung und dergleichen; wie ist der gegenwärtige Stand der Klassenkämpfe, wie stark ist die Arbeiterbewegung; sind in der gegenwärtigen historischen Etappe offensive oder defensive Strategien erforderlich usw. Während bei diesen Fragen die Theorie des staatsmonopolistischen Kapitalismus primär auf eine enge und wenig konfliktsträchtige Verbindung von Staatsapparat und Monopolen gegenüber einer breiten antimonopolistischen Front abhebt und somit diesem Machtkartell eine beträchtliche Steuerungsfähigkeit zuschreibt, gehen die Planungstheorien der »differenziert-marxistischen Agenturtheorie« vom Befund hoher Konfliktsträchtigkeit innerhalb und zwischen den Kapitalblöcken wie Bürokraten aus, wodurch auch die Steuerungskapazität des Staates relativ gering und mehr im Sinne eines permanenten Krisenmanagements von begrenzten Erfolgschancen eingeschätzt wird.

So ergeben sich fast zwangsläufig auch unterschiedliche Beurteilungen hinsichtlich der Entstehung und Entwicklung staatlicher Planungssysteme (der genetischen Dimension). Während nach der Planungstheorie des staatsmonopolistischen Kapitalismus die Entstehung von Planungssystemen der zielstrebigen Politik des ökonomisch-politischen Machtkartells zugeschrieben wird und der Weiterentwicklung des Planungssystems relativ hohe Chancen eingeräumt werden, wird nach der differenziert-marxistischen Agenturtheorie die Entstehung von Planungssystemen als die exogen hervorgerufene, reaktive Anpassung des Staatsapparates an die ökonomischen Verwertungs- und sozialen Stabilisierungsbedürfnisse gesehen und die Weiterentwicklung von Planungssystemen oder etwa der Aufbau eines regierungspolitischen Aufgabenplanungssystems) sehr restriktiv beurteilt, da das hohe apparatsinterne wie -externe Konfliktniveau derartigen Systemrationalisierungen entgegensteht und ihnen enge Grenzen setzt.

Bezüglich der Ablauf- und Aufbaustruktur von Planungssystemen (der strukturellen Dimension) werden von beiden Planungstheorien innerhalb des polit-ökonomischen Paradigmas neben den apparatsinternen Zentralisierungstendenzen primär die apparatsexternen Bereiche thematisiert: den organisationsinternen Zentralisierungsbestrebungen entsprechen nach dieser Interpretation die staatlichen Bemühungen, die Formierung und reelle Subsumtion der politischen

Willensbildungsprozesse als notwendiges Korrelat regierungsinterner Planungssysteme voranzutreiben. Die Diskrepanz der beiden Planungstheorien liegt in der divergierenden Einschätzung der Erfolgsaussichten dieser Bemühungen. Auch hinsichtlich des Wirkungszusammenhangs von Planungssystemen (der funktionalen Dimension) liegen folgerichtig erhebliche Divergenzen vor. Schätzte die Planungstheorie des staatsmonopolistischen Kapitalismus die planerische Steuerungskapazität etwa hinsichtlich der Wirtschaftssteuerung relativ hoch ein und sieht in ihr auch bei einer entsprechenden Stärke der antimonopolistischen Kräfte gewisse Erfolgschancen zur Durchsetzung inhaltlicher Forderungen der »demokratischen Kräfte«, so kommt die differenziert-marxistische Agenturtheorie fast zu gegenteiligen Schlußfolgerungen: die planerische Steuerungskapazität bleibt weit hinter den Anforderungen einer krisenvermeidenden Konjunktur- und Wachstumspolitik zurück; die enge Koppelung von Produktion und Distribution-Zirkulation verhindert andererseits staatliche Sozialpolitik im Sinne echter Ressourcenumverteilung. Beträchtliche Divergenzen hinsichtlich möglicher Transformationsstrategien liegen auf der Basis dieser unterschiedlichen Einschätzung ebenfalls vor: zielt die Theorie des staatsmonopolistischen Kapitalismus primär auf eine graduelle Transformation der bestehenden ökonomischen und politischen Strukturen und damit auf eine »friedliche Revolution von oben« über eine »nur-parlamentarische« Strategie ab, so setzen die strategischen Überlegungen der differenziert-marxistischen Agenturtheorie bei der traditionellen Problematik von Reform und Revolution an, die auf die gegenwärtig vorliegenden Konfliktslagen zugeschnitten wird.

Die hier in kaum zu verantwortender Kürze skizzierten Paradigmata und Merkmalsausprägungen der einzelnen Planungstheorien sollen nun im folgenden Abschnitt um die Präsentation einiger empirisch-theoretischer Befunde aus Analysen von Planungsprozessen vor allem in der BRD ergänzt werden, um die Basis für den angestrebten Plausibilitätstest der unterschiedlichen Planungstheorien und ihrer Paradigmata herzustellen.

1.3. Empirisch-theoretische Ergebnisse von Untersuchungen zur Planungspraxis in der BRD

Das Vorgehen in diesem Abschnitt gliedert sich in zwei Teile. Zunächst werden einige deskriptive und theoretische Befunde vor allem der »Untersuchung zur mehrjährigen Finanzplanung des Bundes im Hinblick auf die Reform von Planungs- und Entscheidungsprozessen

im Bereich der Bundesregierung«[30] in vornehmlich deskriptiver und auch stark verkürzter Absicht zusammengestellt. Dann wird thesenhaft auf einige kritische Einwände gegenüber den entwickelten Planungsanalysen eingegangen.
Der formale Aufbau des Zwischenberichtes – er diente vorwiegend der Ausarbeitung theoretischer Grundfragen – besteht aus zwei Teilen:

In Teil A, »Zur theoretischen Analyse der Finanzplanung«, werden der Reihe nach abgehandelt:
1. methodologische Probleme der Erklärung von Finanzplanungsprozessen (etwa die Kontroverse Forrester versus Pool und andere),
2. Finanzplanung im Einstellungsfeld der Akteure,
3. ein gesamtgesellschaftliches Strukturmodell zur Erklärung von Finanzplanungsprozessen, das konzeptuell aus einer Verbindung »*systems dynamics – approach*« (Forrester) und dem Modell der restriktiven Bedingungen« (Kirchheimer) besteht,
4. Modellüberlegungen zu einem Regierungs-Planungssystem innerhalb des gesamtgesellschaftlichen Strukturrahmens, bei dem nach der Diskussion unterschiedlicher Konzeptionen der Integration von Ressortfachplanungen, Ressourcenplanung, Aufgabenplanung ein »komplementär-integriertes Zweistrang-Modell« eines Regierungsplanungssystems entwickelt wird,
5. Entwicklung einer allgemeinen Reformperspektive, bei der als halbwegs realistische Reformkonzeption die Zustandskonstellation eines »distributiven« Planungssystems, einer »aufgabenorientierten Finanzplanung« aufgezeigt wird.

In Teil B »Dimensionen einer aufgabenorientierten Finanzplanung«, werden der Reihe nach abgehandelt:
1. methodologische Probleme des Reformmodells einer aufgabenorientierten Finanzplanung, das heißt die analytische Aufschlüsselung der Reformdimension in Bedingungs- und Zustandskonstellationen und Handlungsparameter,
2. die Konzeption einer an den realen Entscheidungsprozessen orientierten Aufgabenplanung als Alternativmodell zum gegenwärtig angestrebten Aufgabenplanungssystem,
3. Bedingungen, Handlungsparameter und Folgewirkungen des Reformmodells einer aufgabenorientierten Finanzplanung, wobei eine Reihe von Handlungsparametern herausgearbeitet und auf ihre Möglichkeiten und Grenzen hin untersucht werden,
4. eine detailliertere und standardisierte Analyse einzelner Reformelemente einer aufgabenorientierten Finanzplanung,

[30] Vgl. Naschold, a.a.O.

5. abschließende Reformperspektiven, wobei vor allem Probleme der Implementierung des Reformmodells diskutiert werden.

Im folgenden sollen einige der empirisch-theoretischen Befunde kurz zusammengestellt werden, wobei zunächst die subjektiven Einschätzungen der Akteure, sodann die mehrjährige Finanzplanung und Aufgabenplanung im theoretischen Bezugsrahmen der Autoren nach dem Schema Bedingungskonstellation – Zustandskonstellation – Handlungsparameter behandelt werden.

Die unbedingt erforderliche Analyse der subjektiven Einschätzungen der politisch-administrativen Akteure bedeutet dabei nicht eine Übernahme dieser Realitätseinschätzungen, sondern vielmehr die Berücksichtigung dieser Einstellungen als Ausschnitt der politischen Realität, die bei der Entwicklung von Planungssystemen einbezogen werden muß. Die Untersuchung dieser Einschätzung erbrachte unter anderem die folgenden Ergebnisse: fast ohne Ausnahme wird anerkannt, daß Finanzplanung als System einer »verbesserten öffentlichen Buchhaltung« eine erhöhte langfristige Transparenz der Einnahmen- und Ausgabenentwicklung bringt, überplanmäßige und außerplanmäßige Ausgaben reduziert, die spezifischen finanziellen Folgewirkungen einzelner Maßnahmen in vielen Fällen aufzuzeigen vermag und dadurch zumindest mittelfristige fiskalische Engpässe frühzeitig erkennen läßt. Kritisch-skeptische Einstellungen zur Finanzplanung sind teilweise in sich selbst nicht konsistent und oft von nur punktueller Art. So lassen sich etwa Einwände aus der Perspektive einer Aufgabenplanung wie die, daß die Finanzplanung nur ein technisches Planungsverfahren, ein Transformationsschema sei, andererseits bei ihr eine Überbetonung makroökonomischer Indikatoren vorliege, nur schwer miteinander in Einklang bringen. Und auch die Kritik aus der Perspektive der Ressortplanung an der »Willkürlichkeit« der Plafondierungen ist in dieser Weise kaum aufrechtzuerhalten, da – wie später noch aufgezeigt wird – die vom PPB-System stammende Forderung, daß Programme die Ausgaben zu determinieren haben, nicht aufrechterhalten werden kann. Derartige Unstimmigkeiten lassen den Hinweis zu, daß die beobachteten Einstellungen nicht auf einer in sich geschlossenen und konsistenten Gegenposition beruhen. In der Regel liegt der Diskussion über die Finanzplanung ein bestimmtes Erklärungsmodell der Finanzplanungsprozesse zugrunde: die wichtigsten Bestimmungsebenen der Finanzplanung werden wesentlich in den individuellen Problemlösungsstrategien der verschiedenen Akteure gesehen; Finanzplanung wird tendenziell auf ein Informationsverarbeitungs- und Aushandlungsproblem von Akteuren im Kontext eines autonomen, arbeitsteilig-hierarchisch organisierten Regierungssystems projiziert.

Dieses akteurorientierte Autonomiemodell als Erklärungsform der Finanzplanung gerät in der Regel in die Gefahr zweier kurzschlüssiger Einschätzungen: fast generell wird der Aktionsspielraum politischen Verhaltens sehr groß und damit das Erwartungsniveau an die Steuerungsfähigkeit von Planungssystemen sehr hoch eingeschätzt; die im Budgetprozeß zu beobachtenden Fortschreibungstendenzen werden den direkten Folgewirkungen der Finanzplanung, besonders von seiten der Aufgabenplanung, zugeschrieben. Dabei wird übersehen, daß diese Fortschreibungstendenzen, das heißt das Besitzstandsdenken der Ressorts und ihrer Klientelen, in allen vergleichbaren Systemen oder ohne Finanzplanung in mehr oder weniger gleichem Maße zu beobachten ist und somit auf tieferliegende Faktoren des politischen und ökonomischen Systems zurückgeführt werden muß. Das vorherrschende Erklärungsmodell tendiert somit dazu, überspannte Erwartungen im Planungssystem zu wecken sowie gleichzeitig auch kritische Ansatzpunkte einer Reform zu verfehlen.

Im Rahmen des gesamtgesellschaftlichen Strukturmodells sind es insbesondere zwei partiell isolierbare Komplexe von Bedingungsfaktoren, die die Steuerungskapazität von Budget- und Finanzplanung determinieren und limitieren:

Der eine zentrale Bedingungsfaktor liegt in der hohen Eigendynamik ökonomischer Wachstums- und Konjunkturprozesse, die zu einer ständigen Gefährdung des Staatsanteils am Bruttosozialprodukt und zu erheblichen Schwankungen der staatlichen Leistungserbringung führen, so daß staatliche Ausgaben/Aufgaben hinsichtlich ihres Volumens vorwiegend von diesen autonomen ökonomischen Entwicklungsprozessen anstatt von regierungspolitischen und aufgabenorientierten Entscheidungen gesteuert werden.

Der zweite zentrale Bedingungsfaktor dieser Mängellagen ist in der spezifischen Dynamik dieser Ressortpolitiken und ihrer Klienteln hinsichtlich ihrer Mehrbedarfsanforderungen und Besitzstandswahrung zu sehen. Diese führen tendenziell zu einer ressourcenmäßigen Inflexibilität und einer aufgabenpolitischen Suboptimierung, so daß staatliche Aufgaben/Ausgaben hinsichtlich ihrer Struktur in hohem Maße von isolierten Ressortstrategien anstatt von regierungspolitischen und mit aufgabenorientierten Entscheidungen gesteuert werden.

Die zentralen Mängellagen (negativ bewertete Zustandskonstellationen) des Budgetierungsprozesses sind in ihrer Erscheinungsform primär zu sehen in:
– einer zeitlich zu kurzfristigen und prospektiv ausgerichteten Perspektive,
– dem sachlichen und strukturbedingten Übergewicht der mikro- und teilweise auch makroökonomischen Erfordernisse gegenüber programmatisch-aufgabenpolitischen Entscheidungsprämissen,
– dem politisch-administrativen Übergewicht von Aushandlungspro-

zessen einerseits, die von der Referatsebene ausgehen und primär bilateral orientiert sind, und der zu geringen Steuerungskapazität regierungspolitischer Zielvorhaben andererseits.

Hinsichtlich der allgemeinen Ausrichtung einer Reformstrategie (anzustrebende Zustandskonstellation) können auf der Basis der Analyse folgende Aussagen gemacht werden:

1. Das spezifisch mikroökonomische (fiskalische) Steuerungspotential des Budgetierungsprozesses ist weitgehend ausgeschöpft und läßt nur mehr geringe Steuerungsmöglichkeiten offen. Deshalb können so wichtige Entscheidungsbereiche wie etwa ressort-übergreifende Querschnittsprobleme, konzeptionelle Kürzungen, Erhöhung der Flexibilität innerhalb der Ausgabenseite, Schaffung einer allgemeinen Planungsreserve über Problematisierungsaktionen durch eine rein fiskalische Steuerung des Budgetprozesses nur mehr bedingt kontrolliert werden.
2. Eine zentrale Verbesserungsmöglichkeit des Budgetprozesses liegt in seiner verstärkten Abstützung durch eine Aufgabenplanung, deren aufgabenpolitische Impulse entweder direkt über das Bundeskanzleramt in Verbindung mit dem BMWF oder vermittelt über die Ressortpolitiken in den Budgetierungsprozeß einzupassen sind.
3. Eine derartige aufgabenpolitische Abstützung des Budgetierungsprozesses ist jedoch erst dann zu erreichen, wenn einerseits der Interressort-Willensbildungsprozeß in spezifischer Weise stärker durchgebildet ist und andererseits eine frühzeitige gesteigerte Einwirkung der politischen Führung in den Budgetprozeß ermöglicht wird.
4. Eine notwendige Voraussetzung der gesamten Reformstrategie liegt in einer stärkeren makroökonomischen Absicherung der Ausgaben- und Einnahmeseite von Haushalts- und Finanzplanung.

Für eine Reformstrategie des Budgetprozesses können sodann drei Entwicklungsstufen angegeben werden:

1. Verbesserung des jährlichen Budgetprozesses vor allem durch eine Steigerung der mikroökonomisch-fiskalischen Steuerungselemente: mehrjährige Finanzplanung kann auf dieser Entwicklungsstufe vornehmlich zu einer verstärkten mikro- und makroökonomischen Kontrollorientierung des nach wie vor dominanten jährlichen Budgetprozesses beitragen.
2. Weitergehende Verbesserung des jährlichen Budgetprozesses durch eine verstärkte Einpassung aufgabenplanerischer und makroökonomischer Orientierungen: der jährliche Budgetprozeß wird dann in gewissem Ausmaß von den generellen finanz- und aufgabenplanerischen Entscheidungsprämissen einer aufgabenorientierten Finanzplanung gesteuert.
3. Umfassende Entwicklung einer Längerfristigen Aufgabenplanung

verbunden mit hoher ökonomischer Steuerungskapazität, aus der in stufenweiser Verdichtung Finanzplan und Haushalt in Form eines Programmbudgets abgeleitet werden: der jährliche Budgetierungsprozeß stellt dann nur noch die rechnerische Transformation längerfristiger Programmplanung dar.

Während die erste Entwicklungsstufe dieser Reformstrategie in ihren angestrebten Folgewirkungen zu niedrig angesetzt ist und somit erhebliche Absorptionseffekte zu erwarten sind, erscheint die dritte Entwicklungsstufe bei der gegebenen und absehbaren Bedingungskonstellation weitgehend illusorisch. Die zweite Entwicklungsstufe dieser Reformstrategie, die Konzeption einer aufgabenorientierten Finanzplanung, ist hingegen sowohl tendenziell realisierbar wie auch in den intendierten Folgewirkungen anzustrebendes Reformziel dieses Budgetierungsprozesses: der jährliche Budgetierungsprozeß bleibt nach wie vor ein zentraler Entscheidungsprozeß im Regierungssystem, wird jedoch in verstärktem Maße von einer aufgabenplanerisch und makroökonomisch abgestützten Finanzplanung gesteuert.

Zur Erreichung dieser angestrebten Zustandskonstellation der Finanzplanung können für eine realistische Reformstrategie nur diejenigen Elemente der Bedingungskonstellation (Kontrollvariable, Handlungsparameter) herangezogen werden, die in politisch ausgestaltbaren Unbestimmtheitszonen und in politisch änderbaren Strukturbereichen liegen. Diese haben jedoch zwei Kriterien zu erfüllen: sie müssen als Handlungsparameter ein erkennbares Ausmaß politischer Steuerbarkeit erreichen; sie müssen bei ihrer Veränderung eine deutlich erkennbare Folgewirkung in Hinblick auf die angestrebte Zustandskonstellation einer aufgabenorientierten Finanzplanung hervorbringen. Bei der Bestimmung der wichtigsten Handlungsparameter des Budgetprozesses kann von der empirisch abgesicherten Beobachtung ausgegangen werden, daß zwar Wechselwirkungen zwischen der Bestimmung von Haushaltsvolumen und Struktur bestehen, daß jedoch Budgetierung als ein relativ separierbarer mehrstufiger und hierarchischer Entscheidungsprozeß strukturiert ist, bei dem Volumen und Struktur überwiegend sequenzhaft festgelegt werden. Eine stärkere politische Makrosteuerung des Haushaltsvolumens, präzise ausgedrückt: eine Verminderung seiner ökonomischen Aussteuerung, hat auf die gesamtwirtschaftlichen Konjunktur- und Wachstumsprozesse einzuwirken, insbesondere mit der dreifachen Zielsetzung:
– stärkere politische Beeinflussung der langfristigen Entwicklung des allgemeinen Ressourcenrahmens mit dem Ziel der Sicherung und Steigerung des quantitativen ökonomischen Wachstums bei sich verstärkender qualitativer Ausrichtung;
– stärkere politische Beeinflussung der mittelfristig disponiblen Ressourcen mit dem Ziel der Behauptung und Steigerung des Staatsan-

teils am Bruttosozialprodukt – was auf eine stärkere Bestimmung des mittelfristigen Einnahmenvolumens weniger durch ökonomische Konjunktur- und Wachstumsprozesse als vielmehr durch die regierungspolitisch mittelfristig für erforderlich gehaltenen Ausgaben hinausläuft;
– stärkere politische Beeinflussung der kurzfristig variierbaren Ressourcen mit dem Ziel der Verstetigung der politisch für erforderlich gehaltenen Ausgaben durch ihre verminderte Konjunkturabhängigkeit, was auf ein generelles – wenn auch realistischerweise relatives Umrüsten der fiskalischen Konjunkturpolitik von der Ausgaben- auf die Einnahmenseite hinausläuft.

Zwar bleibt auch dann der politische Gestaltungsspielraum im Rahmen der gesellschaftlichen Strukturbedingungen relativ gering, doch gelingt auch nur eine kleine Variation der Bestimmungsfaktoren der allgemeinen Ressourcenentwicklung, so können für Volumen von Haushalts- und Finanzplan ganz erhebliche Effekte erreicht werden.

Auch wenn bei der Bestimmung des Volumens von Haushalts- und Finanzplan eine verstärkte Absicherung gegenüber ökonomischen Konjunktur- und Wachstumsprozessen und eine stärkere aufgabenorientierte Abstimmung der staatlichen Einnahmen mit den politisch angestrebten Ausgaben erreicht werden kann, so können doch die Wirkungen dieser Makrosteuerung konterkariert werden durch die Eigendynamik der Ressortanforderungen, die sich aus der arbeitsteiligen Organisation der Ressorts und strukturell aus dem Einfluß der in die Ressortpolitiken einwirkenden Machtzentren eines respektiven politischen Pluralismus und aus der Internalisierung oder Antizipierung partieller Kapitalverwertungsinteressen und allgemeiner Systemstabilisierungsinteressen ergeben:
– ihr quantitatives Ausmaß kann so beträchtlich sein, daß selbst bei harter fiskalischer Gegensteuerung Schwellenwerte im Haushaltsvolumen überschritten werden, die die Intention der Makrosteuerungsprozesse aufhebt;
– die qualitative Struktur des Haushalts kann so erstarrt sein, daß die der gegebenen Haushaltsstruktur zugrunde liegenden Entscheidungsprämissen sich fast ausschließlich an überkommenen und verzerrten Bedürfnisstrukturen ausrichten;
– die qualitative Struktur von Haushalts- und Finanzplanung kann in so hohem Maße durch die Suboptimierungstendenzen der Ressortanforderungen geprägt sein, daß aufgabenpolitische Entscheidungsprämissen höherer zeitlicher, sachlicher und sozialer Komplexität sich nicht in der Haushaltsstruktur abbilden können.

Analog der Problematik einer überwiegend quantitativ ausgerichteten Wachstumspolitik können somit auch die die Struktur von Haushalt und Finanzplanung bestimmenden Mikro-Steuerungen vom *spending-service*-Klischee geprägt sein, das heißt von der sich als trügerisch erweisenden Annahme, daß die Erhöhung eines bestehenden Haushaltstitels oder der Einführung neuer Haushaltungssätze zu einer entsprechenden Leistungssteigerung des Staates führen muß. Gravierende Veränderungen in den Allokationsprioritäten können jedoch kaum über ein derartiges Planungssystem selbst, sondern überwiegend nur von »externen Schocks« bewirkt werden. Ein derartiges Planungssystem ermöglicht jedoch eine strukturell größere Offenheit und Responsivität, ein Umstand, der zugleich auf die Ambivalenz derartiger Reformstrategien hinweist.

Zum besseren Verständnis dieser nur in ihren groben Umrissen skizzierten Reformkonzeption politischer Planungssysteme sollen abschließend, als »Nachtragshaushalt«, noch drei erklärende Aussagen gemacht werden:

1. Im Unterschied zur vorherrschenden Planungstheorie wird Planung verstanden als hierarchisch strukturiertes, mehrdimensional programmiertes Interaktionsmuster, so daß Planung prinzipiell nicht nur als eine Phase innerhalb einer Handlungssequenz, sondern als die Gesamtsequenz verstanden wird. Dadurch wird zum Beispiel die künstliche Trennung von Planung und Entscheidung weitgehend hinfällig.[31]

2. Für differenziertere Analysen von Planungsprozessen ist eine theoretisch und empirisch abgestützte Klassifikation von Planungssystemen erforderlich. In den Analysen zur Finanzplanung wurde im Anschluß und Modifizierung von Befunden der *policy*-Forschung[32] eine Typologie von Planungssystemen entwickelt, die hier in weiterentwickelter Form dargestellt werden soll. Als Klassifikationskriterien wurden auf der Basis der vorausgegangenen Analyse gewählt:
- die Ansatzhöhe der politischen Entscheidungsprämissen eines Planungssystems;
- das Ausmaß der Rückkoppelung (Einbeziehung, Verschmelzung) administrativer Planung mit »administrationsexternen« Gruppierungen.

Nach dem ersten Kriterium kann zwischen drei Typen von Planungssystemen unterschieden werden:
- Regulative Planungssysteme, bei denen anstehende Entscheidungskomplexe als vorwiegend organisatorisch-technische Probleme defi-

---

[31] Vgl. Naschold und andere: Zwischenbericht, Textziffer 326; sowie Ronge/Schmieg, a.a.O., S. 16 ff.
[32] Vgl. besonders Th. Lowi und allgemein Rakoff/Schaefer: Politics, Policy and political Science. In: Politics and Society, 1970.
(Die Fußnoten 33-35 gehören zu einem Exkurs der Originalveröffentlichung, der aus Raumgründen hier nicht abgedruckt ist).

niert werden, sind überwiegend administrationsintern ausgerichtet und streben eine Verbesserung der internen Informationsverarbeitungs- und Koordinierungsprozesse an. Externe Effekte sind von einem derartigen Planungssystem nur in einem geringen Maße zu erwarten und zielen auf organisatorisch-technische Problemlösungen bestehender Mängel ab. Bei regulativen Planungssystemen kann jedoch durchaus der gegenteilige Effekt eintreten, nämlich eine Verengung und Erstarrung des administrationsinternen Kommunikationsprozesses sowie der frühzeitige Ausschluß alternativer Handlungsmöglichkeiten.

– Distributive Planungssysteme, bei denen anstehende Entscheidungskomplexe als administrativ-politische Verteilungsprobleme innerhalb gegebener Strukturen definiert werden, zielen primär auf einen erweiterten Spielraum und erhöhte Flexibilität für die Umschichtung von Ressourcen und auf echte, wenn auch systembegrenzte Alternativbildungen bei der Ressourcenallokation ab. Distributive Planungssysteme (wie etwa eine aufgabenorientierte Finanzplanung) erhöhen dadurch systematisch das Konfliktpotential der auf Konsensus angelegten pluralistischen Verteilungsprozesse, wodurch einerseits die Einflußmöglichkeiten gesellschaftlicher Kräfte gesteigert werden können, andererseits gerade dadurch die Tendenz besteht, distributive Probleme wieder »regulativ« zurückzudefinieren.

– Redistributive Planungssysteme spielen vor allem in der Aktivierung bestehender Nicht-Entscheidungsbereiche und in der Transformation bestehender Systemstrukturen eine Rolle. Einem solchen Planungs-System kommt bei gegebener Bedingungskonstellation eigentlich nur heuristischer Wert zu.

Diesem Klassifikations- und Planungssystem entspricht nach dem zweiten Kriterium ein je spezifisches Ausmaß von Rückkoppelungsmustern. So sind regulative Planungssysteme vorwiegend administrationsintern ausgerichtet, bei gezielter und systematischer Hinzuziehung administrativ-politisch selektierter »Experten« von Verbänden und Wissenschaft (Planung als »*fixed-target policy model*«). Demgegenüber erfordern distributive Planungssysteme eine wesentlich höhere gesellschaftliche Rückkoppelung der anderen administrativen Planungen und führen somit tendenziell auch zu relativ offenen politischen Konflikt- und Konsensprozessen, zumindest zwischen den etablierten Verbänden (Planung als »sektoraler gesellschaftlicher Formierungsprozeß«). Die mögliche Tendenz einer Autonomisierung distributiver Motivations- und Entscheidungsprämissenbildung wird durch deren Institutionalisierung aufgefangen (vgl. Konzertierte Aktion, Sozialpolitische Gesprächsrunde, Wissenschafts- und Bildungsrat, Finanzplanungsrat usw.) Bei redistributiven Planungssystemen ist gleichsam eine gesamtgesellschaftliche Rückkoppelung administrativer Planungen erforderlich, eine Bedingung, die in letzter Konsequenz zu einer »planenden Gesellschaft« (Tenbruck), einer »*active society*« (Etzioni) führt.

3. Die im Bericht zur mehrjährigen Finanzplanung des Bundes entwickelte Konzeption einer aufgabenorientierten, distributiven Finanzplanung ist reformstrategisch zunächst an der früher erwähnten Konzeption der »Reform von oben«, der »*professionalized reformers*« und des »*mutual persuasion process*« orientiert. Das materiale Reformziel liegt in der Ermöglichung eines Budgetierungsprozesses, der, auf der Ausgabenseite verstetigt, innerhalb der Aufgabenseite flexibel die Chancen partieller politischer Gestaltbarkeit erhöht. Diese Konzeption kann jedoch nur die eine Komponente der intendierten Reformstrategie beinhalten, denn die Chancen partieller politischer Gestaltbarkeit produzieren bei weitgehender Konstanz aller anderen Faktoren in der Regel nur die schon bestehenden und zeitlich verändernden Allokationsprioritäten wider. Die Zahl der Komponenten der Reformstrategie liegt somit in den politischen Anforderungsstrategien autonomisierter gesellschaftlicher Gruppen, die durch Gegenmachtbildung den potentiellen politischen Gestaltungsspielraum der Ressourcenallokation erst zu realisieren versuchen, das heißt darauf abzielen, graduelle Änderungen der Allokationsprioritäten machtmäßig zu erkämpfen. Die Grenzen einer derartigen reformistischen Strategie sind – bei globaler Betrachtung – offenkundig:
Zum einen ist das Ausmaß distributiver Allokationseffekte gemäß der bisherigen Analyse eine Funktion des Grades der Wechselwirkung von Produktions- und Distributionssphäre einerseits und der politischen Kräfteverhältnisse andererseits. Darüber hinaus können Planungssysteme letztlich immer nur so »rationale und konsistente« Steuerungseffekte bewirken, wie das Ausmaß der »Rationalität und Konsistenz« der ihnen zugrunde liegenden Systembedingungen.
Zum anderen soll beachtet werden, daß in der gegenwärtigen Phase der bundesrepublikanischen Wirtschaftsentwicklung eine derartige Reformstrategie keinerlei Ausschließlichkeitsanspruch erhebt, ein trotz aller objektiven Grenzen nicht zu unterschätzendes Reformpotential enthalten kann, dessen materielle Einschätzung hinsichtlich seiner Vor- und Nachteile auf dem Hintergrund eines Opportunitätsvergleichs zu alternativen Transformationsstrategien – und nicht auf der Basis ungeklärter, impliziter Kriterien – vorgenommen werden solle.

1.4. Versuch eines Plausibilitätstests der konkurrierenden Paradigmata und Planungstheorien

Bei der Testanordnung sind insbesondere die folgenden Überlegungen anzustellen: Das eine zentrale Problem eines Plausibilitätstests liegt in der methodischen Schwierigkeit, daß mit empirisch ermittelten Daten auf der Basis eines Paradigmas andere empirische Befunde im Rahmen eines anderen oder zumindest eines abweichenden Paradigmas überprüft werden sollen. Zum anderen kann bei einem derartigen Vorgehen natürlich weder das eine Paradigma falsifiziert noch ein anderes verifiziert werden. Es kann sich somit wirklich nur um mehr oder weniger stringente empirisch und theoretisch fundierte Plausibilitätsüberlegungen handeln. Der eigentliche Plausibilitätstest besteht dann aus zwei Stufen: Von der erkenntnistheoretisch zwingenden Annahme ausgehend, daß bei jeder der behandelten Planungstheorien alle Dimensionen des skizzierten Tableaus zumindest implizit in die Analyse eingehen, werden zunächst die jeweiligen Planungstheorien mit ihren zugrunde liegenden Paradigmata daraufhin untersucht, welche Dimensionen systematisch außerhalb der Analyse, das heißt implizit bleiben. Sodann werden die wichtigsten materialen Bestimmungen der einzelnen Dimensionen der konkurrierenden Paradigmata auf der Basis der bisherigen empirischen und theoretischen Befunde zu Planungssystemen hinsichtlich ihrer theoretischen Validität und ihrer empirischen Bewährtheit überprüft. Gerade bei diesem zweiten Testschritt muß sich die Analyse wieder notgedrungen auf eine kurze Untersuchung weniger ausgewählter Indikatoren beschränken.

1.4.1. *Plausibilitätstests der Planungstheorien im handlungs- und entscheidungstheoretischen Paradigma*

Überprüft man die Planungstheorien des handlungstheoretischen Paradigmas hinsichtlich ihrer Analyseintensität bei einzelnen Problemdimensionen, so kommt man zu folgendem Ergebnis:
1. Auffällig ist der systematische Analyseverzicht dieser Planungstheorien hinsichtlich der Umwelt des im politischen System verankerten Planungssystems. Zentrale Problembereiche wie ökonomische Entwicklungstendenzen und soziale Konfliktstrukturen sind in der Regel prinzipiell theoretische und empirische Leerstellen in diesen Planungstheorien. Folgewirkungen aus diesen Bereichen für Planungssysteme werden in der Regel nur durch deren mehr oder weniger vermittelte und verzerrte Abbildungen in den politischen Formationsprozeß bzw. im Regierungssystem, allenfalls noch als punktuelle, exogenisierte »Schocks« für das politische System erfaßt. Dieser Ana-

lyseverzicht ist jedoch nur unter zwei Voraussetzungen gerechtfertigt: entweder muß eine weitgehende Kontrolle der Umwelt durch das politische System vorliegen, oder die »Umwelt« hat keinerlei signifikante Einwirkung auf das Planungssystem und kann deshalb vernachlässigt werden. Da keine der beiden Annahmen jedoch von den Vertretern dieses Paradigmas geteilt wird, ist die theoretisch-empirische Leerstelle in diesen Planungstheorien wissenschaftlich nicht zu legitimieren.

2. Der Entstehungs- und Wirkungszusammenhang von Planungssystemen wird zwar in den fortgeschrittenen Planungstheorien dieses Paradigmas explizit thematisiert, jedoch meistens relativ kurz und oberflächlich abgehandelt.[36] So wird der Entstehungszusammenhang von Planungssystemen auf die sich ausweitende Diskrepanz von Umweltkomplexität und -kompliziertheit gegenüber der eigenen Varietät des politischen Systems reduziert und somit von seiner spezifischen historischen Dimension, dem Begreifen der gegenwärtigen Gesellschaftsformation mit ihren spezifischen Planungsbedürfnissen als einer historischen Entwicklungsstufe, abstrahiert. Und beim Wirkungszusammenhang von Planungssystemen werden meist bestimmte Folgewirkungen deduziert oder einfach angenommen, während eingehendere Output-Outcome-Impact-Analysen von Planungssystemen mit validen Indikatoren praktisch fehlen.

3. Folgerichtig liegt somit der Schwerpunkt dieser Planungstheorien auf der strukturellen Dimension, der Beschreibung von Problemkomplexität, Wahrnehmungsstruktur und Ablauf- und Aufbauorganisation von Planungssystemen, auf die hier nicht näher eingegangen werden soll.

Insgesamt gesehen, bestehen somit in dem entscheidungstheoretischen Paradigma von Planungstheorien erhebliche theoretisch-empirische Ungleichgewichte, spezifische Über- und Unterbelichtungen, vor allem jedoch ein systematischer wissenschaftlicher »*non-decision-making process*«, ein systematischer Analyseverzicht, der nach wissenschaftlichem Standort kaum zu legitimieren ist.[37]

Im zweiten Schritt des Plausibilitätstests können nun einige wenige zentrale materiale Aussagen kurz überprüft werden, die entweder als Hypothesen oder als empirische Befunde der Planungstheorien des handlungstheoretischen Paradigmas ausgewiesen werden. Dabei werden bewußt nur dem Paradigma immanente Beurteilungskriterien

---

[36] Die *Output-Outcome-Impact*-Forschung hat bisher noch wenig brauchbare Ergebnisse erzielt. Allerdings sind hier bei stringenter Analyse interessante Resultate zu erwarten.

[37] Gleichgültig, von welcher erkenntnistheoretischen Position ausgegangen wird.

wie theoretische Validität, empirischer Bewährungsgrad, strategische Fruchtbarkeit herangezogen. Planungssysteme im Rahmen des entscheidungstheoretischen Paradigmas sind auf eine Stabilisierung der Umwelt angewiesen, so etwa bei der Finanzplanung auf eine gewisse Verstetigung der Einnahmen-Ausgaben-Entwicklung. Wie oben dargelegt wurde, werden insbesondere die ökonomischen Entwicklungstendenzen aus den Planungstheorien systematisch ausgeklammert. Demgegenüber können empirische Analysen der mehrjährigen Finanzplanung in der BRD, insbesondere aber eine detaillierte Analyse der französischen *planification*, aufzeigen, daß alle bisherigen staatlichen Planungen in hohem Maße eine Funktion der je spezifischen ökonomischen Konjunktur- und Wachstumsprozesse darstellen und nicht eine umgekehrte Kausalbeziehung vorliegt.[38] Die Planungstheorien des handlungstheoretischen Paradigmas blenden somit nicht nur systematisch zentrale Problembereiche aus der Analyse aus; ihre impliziten materialen Annahmen/Befunde hinsichtlich dieser Problembereiche sind zudem theoretisch wie empirisch äußerst problematisch und führen allzuleicht zu folgenschweren strategischen Fehleinschätzungen (so bei der Aufgabenplanung).

Durch die Ausklammerung der ökonomischen und sozialen Systemstrukturen werden die internationalen Verhaltensweisen individueller oder gruppenhafter Akteure zu den elementaristischen Grundeinheiten dieses Paradigmas. Zentral für diese Planungstheorien wird deshalb die Analyse der politischen Formationsprozesse als wichtige Determinante staatlicher Planungssysteme. In dieser Problemdimension liegen zahlreiche und gut ausgearbeitete Analysen zum sozialen und politischen Pluralismus und den Gesetzmäßigkeiten pluralistischer Prozesse und Verteilungspolitiken vor. Diese sollen kurz am Beispiel der Theorie des Inkrementalismus im Budgetprozeß theoretisch und empirisch überprüft werden.[39] Diese Theorie erfaßt zweifellos vorzüglich wichtige Determinationsbereiche des Budgetprozesses, die bei jeder Analyse zu beachten sind. Allerdings lassen sich bei dieser Theorie ganz erhebliche theoretische und empirische Mängel nachweisen: Zum einen werden aus der Budgetuntersuchung bei Crecine das »*Capital-Budget*«, bei Wildavsky das »*Defense-Department*« aus der Analyse ausgeklammert; weiterhin werden »politische Strukturbrüche« wie »Wahlen, ökonomische Krisen, Kriege« (Crecine) als »*political shocks*« für das ansonsten stabile politische System interpretiert und somit exogenisiert; überdies beziehen sich diese Analysen auf

---

[38] Vgl. Naschold und andere, a.a.O., sowie vor allem Cohen, a.a.O.
[39] Vgl. dazu besonders die empirischen Analysen von Wildavsky, Crecine (1969, 1970, 1971 Manuskript), Jackson (1971 Manuskript).

relativ kurze Zeitreihen, was material auf eine relative Konstanz des gesellschaftlichen Strukturrahmens, also letztlich eine ahistorische und partielle Betrachtungsweise hinausläuft. Folgerichtig kommen dann derartige Analysen zu dem Ergebnis, daß der Budgetprozeß in der Regel inkremental verläuft, seine wichtigsten Determinanten im sozialen System administrativer Rollenerwartungen liegen, die wichtigsten Anstöße für den Budgetprozeß innerhalb des Regierungssystems entstehen. Gerade dieses Ergebnis – die Dominanz autonomer »*Withinputs*« gegenüber den »*Inputs*« – hat die Pluralismustheoretiker zunächst überrascht, wird jetzt jedoch als die gleichsam invarianten politischen Prozeßformen angesehen.[40] Umgekehrt kann jedoch aufgezeigt werden, daß diese politische Prozeßform genau den Merkmalen der Problemdefinierung regulativer Planungssysteme entspricht und somit einen spezifischen Ausdruck einer bestimmten historischen Zustands- und Bedingungskonstellation der gegenwärtigen Gesellschaftsformation darstellt.[41] So ist insgesamt bei diesem wichtigen Bestandteil entscheidungstheoretisch ausgerichteter Planungstheorien sowohl die theoretische Validität wie auch der empirische Bewährungsgrad relativ gering einzuschätzen, ein Umstand, der weitgehend darauf zurückgeführt werden kann, daß durch die systematische Ausklammerung der sozio-ökonomischen Strukturdeterminanten mit den pluralistischen Prozeß- und Verteilungspolitiken nur die politischen Erscheinungsformen erfaßt werden und somit der gesamte Forschungsansatz verzerrt und verkürzt ist.

Ein zentrales Bemühen in der Planungspraxis fast aller kapitalistischer Staaten liegt gegenwärtig in dem Versuch, eine längerfristige strategische Aufgabenplanung zu entwickeln, aus der dann retrograd in stufenweiser Verdichtung Programme entwickelt und aus diesen der mehrjährige Finanzplan und das Einjahresbudget abgeleitet werden sollen.[42] Gegen einer derartige Konstruktion einer Aufgabenplanung sind schon im Rahmen des handlungstheoretischen Paradigmas von der Theorie der Planung als politischer Prozeß gewichtige Bedenken vorgetragen worden.[43] Noch gravierender erscheint jedoch der folgende Einwand[44]: diese Konzeption der Aufgabenplanung beruht in ihrer Interpretation budgetärer Funktionen auf der in der marxistischen Wirtschaftstheorie sozialistischer Gesellschaften entwik-

---

[40] Vgl. zu diesem Punkt die Diskussion seit dem Buch von Bauer, Pool, Dexter (1963) bis hin zu Crecine (1971).
[41] Naschold: Zwischenbericht.
[42] Vgl. hierzu insbesondere Jochimsen, a.a.O., sowie auf mikroökonomischer Ebene die Literatur zum amerikanischen PPBS.
[43] Vgl. besonders Scharpf, a.a.O., 1971
[44] Siehe Naschold und andere, a.a.O., 1971, S. 53 ff.

kelten Voraussetzung, daß der politischen Steuerung und den materiellen Beziehungen des Reproduktionsprozesses »das Primat gegenüber den wertmäßigen und den daraus abzuleitenden Finanzbeziehungen zukommt«. Diese selbst für das gegenwärtige Planungssystem der DDR nur bedingt zutreffende Annahme kann jedoch kaum auf »marktwirtschaftliche« Systeme übertragen werden:
— in marktwirtschaftlichen Systemen greift der Staat in der Regel nicht direkt in die Produktionssphäre ein, sondern versucht auf diese indirekt mittels monetärer Ressourcensteuerung einzuwirken;
— Einnahmen und Ausgaben des Staates sind in hohem Ausmaße mit dem Marktgeschehen über finanzielle Ströme verflochten und von ihm abhängig;
— die Nicht-Neutralität des Geldes, das heißt die Möglichkeit der Manipulation rein monetärer Größen, führt im marktwirtschaftlichen System zu Impulswirkungen auf Volumen und Struktur materieller Güterströme.
Im Unterschied zum planwirtschaftlichen System kommt deshalb im marktwirtschaftlichen System den monetären Ressourcen ein erhebliches Eigengewicht und eine beträchtliche Eigendynamik zu. Die Finanzbeziehungen erhalten somit, funktionell gesehen, eine erhebliche Eigenständigkeit, so daß schon aus diesen Gründen Budgetierung nicht einfach aus der Realplanung abgeleitet werden kann. Die Schwächen des entscheidungstheoretischen Paradigmas führen somit in der Regel bei der strategischen Ausrichtung der Entwicklung vom Planungssystem zu erheblichen Fehleinschätzungen.
Hinsichtlich der Folgewirkungen von Planungssystemen gehen die Planungstheorien des entscheidungstheoretischen Paradigmas fast durchwegs von der Hypothese oder dem »empirischen« Befund aus, daß die politischen Entscheidungsprozesse zu einer erheblichen Wohlfahrtssteigerung der breiten Bevölkerung geführt haben und daß über den Aufbau von Planungssystemen der Sozialstaat abgesichert und planmäßig ausgebaut werden soll und kann. Überprüft man diese materiale These, so ist zunächst darauf hinzuweisen, daß die diesbezügliche *Output-Outcome-Impact*-Forschung meist mit invaliden Indikatoren arbeitet (so etwa Pro-Kopf-Einkommen als Wohlstandsindikator usw.). Doch auch wenn die Validität der verwendeten Indikatoren unterstellt wird, führen die bisherigen empirischen Ergebnisse eher zu gegenteiligen Aussagen.[45] Eine zusammenfassende Beurteilung der Planungstheorie des handlungstheoretischen Paradigmas erbringt somit auf der Basis dieses — relativ kruden und notgedrungen stark verkürzten — Plausibilitätstests folgende Ergebnisse:
1. Die Planungstheorien des handlungstheoretischen Paradigmas un-

---

[45] Vgl. zum Gesamtkomplex Offe/Narr, a.a.O., 1971 (in Druck).

terliegen in der Regel einer ganz beträchtlichen Überschätzung der (formalen) Steuerungskapazität und der inhaltlichen Folgewirkung staatlicher Planungssysteme.

2. Diese Fehleinschätzung ist primär auf den systematischen Analyseverzicht dieser Theorien hinsichtlich der sozio-ökonomischen Entwicklungstendenzen kapitalistischer Gesellschaften und der mit daraus resultierenden geringen theoretischen Validität zahlreicher zentraler Konzepte, dem relativ geringen empirischen Bewährungsgrad wichtiger Hypothesen und problematischer strategischer Einschätzungen zurückzuführen.

3. Als Konsequenz dieses Plausibilitätstests bieten sich die Alternativen an, entweder das handlungstheoretische Paradigma und zahlreiche Einzelkomponenten der Planungstheorie systematisch zu erweitern, zu modifizieren oder aber gänzlich von diesem Paradigma abzugehen. Da nach Einschätzung des Autors eine immanente Reform dieser Paradigmas im angedeuteten Sinn kaum möglich erscheint, ohne seine Grundprämissen selbst zu sprengen, erscheint die zweite Alternative, allein immanent wissenschaftslogisch gesehen, die konsequente Schlußfolgerung aus der Mängelanalyse dieses Paradigmas zu sein.

4. Die These vom Zusammenbruch des handlungstheoretischen Paradigmas bedeutet jedoch nicht automatisch, wie zuweilen postuliert wird, die bisherigen theoretischen und empirischen Befunde der Planungstheorien dieses Paradigmas zu verwerfen. Dem Autor erscheinen hingegen zahlreiche Ergebnisse derartiger Untersuchungen von Planungssystemen von so erheblicher theoretischer wie empirischer Bedeutung, daß keine Analyse von Planung in kapitalistischen Gesellschaften diese Befunde übergehen kann, sondern diese voll zu rezipieren und sie durch Umgewichtung und Uminterpretation in den Kontext anderer Paradigmen einzuführen hat. Die hierbei auftretenden theoretisch-methodischen Probleme bedürften jedoch noch näherer Erklärung.[46]

1.4.2. *Plausibilitätstests der Planungstheorien im polit-ökonomischen Paradigma*

Überprüft man im ersten Untersuchungsschritt die Planungstheorien des polit-ökonomischen Paradigmas hinsichtlich ihrer Analyseintensität in den einzelnen Problemdimensionen – ein Test, der noch verkürzter ausfällt, da Elemente dieser Planungstheorien in Teil 2 wie-

---

[46] Vgl. dazu unter anderem die Kontroverse zwischen Miliband und Poulantzas.

der aufgenommen und weitergeführt werden –, so ergibt sich folgender formaler Befund:
– im Unterschied zu den Planungstheorien des handlungstheoretischen Paradigmas sind hier alle Problemdimensionen explizit in die Analyse einbezogen worden, wenn auch mit unterschiedlicher Extensität und Intensität;
– der Schwerpunkt dieser Planungstheorien liegt zweifellos einerseits auf den Analysen der »Umwelt« und ihrer determinierenden und limitierenden Einwirkung auf das politische System sowie andererseits auf der genetischen und funktionalen Dimension von Planungssystemen.

Das politische System selbst und die strukturellen Dimensionen von Planungssystemen wurden bisher nur sehr begrenzt von diesen Planungstheorien abgehandelt. Dieser Umstand ist nicht zuletzt darauf zurückzuführen, daß innerhalb des polit-ökonomischen Paradigmas Planungstheorien im Sinne des handlungstheoretischen Paradigmas gar nicht entwickelt wurden, weil Planungssysteme nur als integraler Bestandteil der Funktion des Staates im »Spätkapitalismus« angesehen werden.

Die unterschiedliche Analysekapazität und -intensität ist jedoch nur bedingt auf arbeitsteilige oder zeitökonomische Begründungszusammenhänge zurückzuführen. Ein wesentlicher Bestimmungsfaktor liegt in den (oft problematischen) Prämissen über die Wechselwirkungen von Basis und Überbau, die gegenwärtig häufig in die Richtung ökonomistischer Interpretationen mit Tendenzen eines ökonomisch-strukturellen »Super-Determinismus«[47] führen. So notwendig einerseits eine weiterführende Rekonstruktion der politischen Ökonomie erscheint, so unerläßlich ist gleichsam, als Gegengewicht – gleichzeitig aus theoretischen und strategischen Gründen – die weiterführende Rekonstruktion der Staatstheorie simultan voranzutreiben.[48] Der zweite Schritt des Plausibilitätstests muß sich auch hier wieder in

---

[47] So etwa Milibands Kritik an Poulantzas; ähnliche Einwände sind meines Erachtens insbesondere gegen die Analyse von Müller/Neusüß und andere vorzubringen. Analysen dieser Art unterliegen in der Regel folgenden kurzschlüssigen Argumentationsmustern: 1. Im Anschluß an Zeleny, Reichelt usw. können häufig die *»fallacy of simple location«* oder die *»fallacy of misplaced concreteness«* (Whitehead) nachgewiesen werden; 2. durch Unterbelichtung longitudinaler und komerativer Aspekte wird häufig fast eine strukturalistische Entwicklungsmechanik unterstellt (vgl. F. Hiss, Diplomarbeit. FU Berlin, Dez. 1971).
[48] Vgl. dazu Esser, a.a.O., sowie A. Stone und I. Rotbus (beide in Monthly Review 1971). Siehe auch die theoretisch wie methodologisch interessante Kontroverse zur Validität der neoklassischen Wachstumstheorie zwischen Riese und von Weizsäcker, in: Kyklos 1970/71.

noch verstärktem Maße auf eine thesenhafte Überprüfung einzelner zentraler Aussagenkomplexe der Planungstheorien im polit-ökonomischen Paradigma beschränken.
Die empirisch-theoretischen Untersuchungen zur mehrjährigen Finanzplanung des Bundes, zur französischen *planification* usw. führten zu Ergebnissen, die durch ihre Übereinstimmung zumindest auf der deskriptiven Ebene ein vergleichsweise hohes Maß an empirischer Bewährung besitzen:
Die hohe Eigendynamik ökonomischer Konjunktur- und Wachstumsprozesse mit ihrem fast alle sozialen und politischen Bereiche determinierenden Folgewirkungen schlagen immer wieder direkt und unvermittelt auf staatliche Planungssysteme durch, die auf Verstetigung angewiesen sind (so etwa bei der mehrjährigen Finanzplanung auf die Volumina der Haushaltsansätze und in noch stärkerem Maße bei der französischen *planification*); eine ähnliche Eigendynamik – mit als Folge der ökonomischen Entwicklungstendenzen – ist in über politische Formationsprozesse vermittelter Form bei den Anforderungsstrategien der Ressorts und ihrer Klientelen hinsichtlich der Struktur des Finanzplanes der *planification* festzustellen; auch die simultanen Tendenzen von Zersplitterung wie Zentralisierung der Ressortfachplanungen, die Unmöglichkeit einer redistributiven Aufgabenplanung und die enormen Schwierigkeiten etwa einer aufgabenorientierten Finanzplanung sind nur in relativ geringem Ausmaß unvermittelt auf die notwendige Arbeitsteilung und selektive Perzeption administrativer Organisationen oder auch die Gesetzmäßigkeiten pluralistischer Prozeß- und Verteilungspolitiken zurückzuführen.[49]
All diese übereinstimmenden empirischen Befunde scheinen nur im Rahmen eines polit-ökonomischen Paradigmas hinreichend erklärbar zu sein. Das Zugrundelegen des polit-ökonomischen Paradigmas kann natürlich nicht automatisch die »richtige« Planungstheorie in kapitalistischen Gesellschaftsformationen erbringen. Wie früher schon aufgezeigt wurde, liegen zwischen den verschiedenen Planungstheorien des polit-ökonomischen Paradigmas ganz erhebliche Divergenzen vor, so insbesondere hinsichtlich der folgenden zentralen Problembereiche:

- der Beziehung von Produktions- und Distributionssphäre,
- der Struktur sozialer Konflikte,
- der Verflechtung von politischer Elite und Kapitalblöcken,
- der Verselbständigung des Staates,

---

[49] So insbesondere Scharpf und Schultze.

– der Möglichkeiten und Grenzen staatlicher Stabilisierung der ökonomischen Eigendynamik und organisierten Kompromißbildung in den politischen Formationsprozessen,
– den zweckmäßigerweise einzuschlagenden Strategien.[50]
Aufgrund des vorliegenden empirischen Materials, das auf der Basis einer anderen Fragestellung, nämlich primär im Rahmen eines handlungstheoretischen Paradigmas, gewonnen wurde und deshalb für eine einigermaßen stringente Beurteilung der gegebenen Divergenzen nicht ausreicht, müssen sich die nachfolgenden Ausführungen auf zwar empirisch-theoretisch abgestützte, aber doch mehr illustrative Bemerkungen beschränken.

So erscheint die These der engen Wechselwirkung von Produktions- und Distributionssphäre hinreichend empirisch und theoretisch abgesichert. Völlig offen ist jedoch die einigermaßen genaue Einschätzung des spezifischen Ausmaßes dieser Wechselwirkung. Da diese Frage von entscheidender Bedeutung für alle anderen Problembereiche ist, genügt also nicht das Feststellen einer funktionalen Abhängigkeit. Erforderlich ist gegenwärtig vor allem die möglichst genaue Spezifikation dieses Abhängigkeitskoeffizienten. Ein ähnlicher Befund ergibt sich bei der Überprüfung der Analysen zur Struktur sozialer Konflikte – einer Diskussion, die in der BRD vor allem seit 1969 im Anschluß an Brandt und andere sowie die Untersuchung von Kern/Schumann geführt wird. Auch hier genügt nicht die These von der nach wie vor bestehenden objektiven Lage der Arbeiterschaft, um das Ausmaß mobilisierbarer Erwartungen abzuschätzen.

Aufgrund der eben genannten Thesen dringt in der gegenwärtigen Diskussion staatlicher Regulierung und staatlicher Planungssysteme immer stärker die Einschätzung einer ökonomischen Überdeterminierung staatlicher Aktivitäten und damit die Konzeptualisierung kapitalistischer Gesellschaftsformationen als »*closed systems*« (Stone, Balbus) vor: staatliche Planungen sind zwar vielfach vermittelt, aber letztlich doch voll determiniert von den ökonomischen Kapitalverwertungsbedingungen; staatliche Planungssysteme weisen praktisch kaum Verselbständigungstendenzen auf; die Steuerungskapazität staatlicher Interventionen ist zwar erforderlich, jedoch äußerst begrenzt, und der Aufbau staatlicher Planungssysteme hat entweder

---

[50] Auf einzelne Literaturangaben neben der schon genannten muß hier verzichtet werden. Siehe jedoch insbesondere die Diskussion der letzten Jahre in den einschlägigen Zeitschriften. Bei der nachstehenden, analytisch-isolierend vorgehenden Analyse müssen die zentralen entwicklungsdynamischen Tendenzen wie Monopolisierung und tendenziell fallende Profitrate immer beobachtet werden, auch wenn diese Arbeit hier nicht geleistet werden kann.

nur symbolische Stabilisierungsfunktion oder führt allenfalls zu einem verbesserten Krisenmanagement. Eine derartige Globaleinschätzung staatlicher Planungssysteme und ihrer Determinanten erscheint jedoch auf der Basis des empirischtheoretischen Befundes von Planungsprozessen sowohl theoretisch einseitig wie auch empirisch zu wenig abgestützt. Vielmehr legen diese Befunde nicht unwesentliche Modifikationen dieser Einschätzung nahe. So muß zunächst auf die enormen selbstadaptiven Mechanismen des gegenwärtigen Gesellschaftssystems hingewiesen werden, dem es immer wieder gelingt, Konflikte zu unterdrücken, zu zerstückeln, zu verschieben, begrenzt aufzufangen und zu kompensieren.[51] Zudem muß umgekehrt auf nicht unbeträchtliche Kontingenz und Unbestimmtheiten innerhalb des Systems hingewiesen werden: die theoretischen Konzepte der Kapitalverwertung, Profitmaximierung, der Entwicklungslogik des Kapitals usw. sind in der Regel nicht so präzise inhaltlich bestimmbar, wie es die vorherrschenden Theorien suggerieren.[52] Die erheblichen Konflikte, die in vielen Untersuchungen nachweisbar sind, sowohl innerhalb als auch zwischen einzelnen Kapitalfraktionen, und die sich in vermittelter Form auch in den staatlichen Zentralagenturen feststellen lassen, ergeben in der Regel keine eindeutigen Problemlösungen. Dadurch gewinnen die Fragen nach der personellen und sozialisationsbedingten Verflechtung von Staat und Wirtschaft, nach den teilweise kompensierenden Folgewirkungen politischer Gegenmachtbildungen doch wieder an theoretischer und strategischer Bedeutung: denn durch eine größere Verselbständigung des Staates, basierend auf den diskutierten Unbestimmtheiten und politischen Gegenmachtbildungen, können staatliche Planungssysteme, wie etwa eine aufgabenorientierte Finanzplanung, sowohl in ihrer formalen Steuerungskapazität über reines Krisenmanagement hinaus gesteigert als auch in ihren inhaltlichen Folgewirkungen modifiziert werden, auch wenn letztlich die doch relativ präzise bestimmbaren Systemgrenzen selbst durch derartige Planungssysteme nicht überschritten werden können.[53]

Eine zusammenfassende Beurteilung der Planungstheorien des polit-

---

[51] Vgl. insbesondere Offe (1971, Manuskript).
[52] Vgl. dazu die Analysen von Churchman (1961), Bauer und anderen (1963), die, wenn auch von »bürgerlichen« Sozialwissenschaftlern geschrieben, nicht übergangen werden können.
[53] Ein wichtiges Nebenziel der Untersuchung zur mehrjährigen Finanzplanung bestand gerade in der möglichst präzisen Bestimmung dieser Grenzen. Auf wichtige Einzelaspekte innerhalb der Theorie der Planungstheorien politökonomischen Paradigmas kann hier nicht weiter eingegangen werden; vgl. etwa Naschold und andere, a.a.O., 1971.

ökonomischen Paradigmas erbringt somit auf der Basis dieses Plausibilitätstests folgende Ergebnisse:
1. Die Planungstheorien des polit-ökonomischen Paradigmas erfassen, wenn auch mit unterschiedlicher Gewichtung, alle relevanten Problemdimensionen einer Planungstheorie.
2. Konfrontiert mit dem empirisch-theoretischen Befund von Planungen innerhalb der BRD und Frankreich scheint das polit-ökonomische Paradigma beträchtlich höhere theoretische Erklärungskraft, empirische Bewährung sowie strategische Fruchtbarkeit zu besitzen.
3. Innerhalb der Planungstheorien des polit-ökonomischen Paradigmas bestehen jedoch ganz erhebliche Divergenzen, die bisher nur teilweise aufhebbar erscheinen.
4. Die generelle Einschätzung der Steuerungskapazität von Planungssystemen führt bei der gegenwärtig dominierenden Planungstheorie zur Bestimmung von Planung als Krisenmanagement oder Krisenvermeidungsstrategie. Diese Einschätzung scheint die ökonomischen und systemstabilisierenden Politiken wie vor allem auch die Einwirkungsmöglichkeiten organisierter Gegenmachtpolitiken aufgrund primärer strukturell-deduktiver Systemanalysen zu gering anzusetzen.
5. Die Weiterentwicklung von Planungstheorien des polit-ökonomischen Paradigmas sollte insbesondere auf theoretische Konzepte höherer Validität bei deren gleichzeitiger Operationalisierung und anschließende empirische Überprüfungen sowie auf eine verstärkte Inkorporierung der theoretischen und empirischen Ergebnisse der Planungstheorien des handlungstheoretischen Paradigmas ausgerichtet sein.

2. Planungssysteme als Indikator für die Einschätzung der gegenwärtigen Gesellschaftsformation

Wenn Planung, wie eingangs argumentiert wurde, in der Tat die am weitesten fortgeschrittene Problemlösungsstrategie gegenwärtiger politischer Systeme darstellt, dann können die empirisch-theoretischen Ergebnisse der Untersuchungen von Planungsprozessen einen wichtigen Beitrag zur Einschätzung der Entwicklungstendenzen gegenwärtiger Gesellschaftsformationen darstellen.[54]

---

[54] Hier kann es sich nur um eine grobe Skizze zur Einschätzung gegenwärtiger Gesellschaftsformationen handeln.

2.1. Dominierende Einschätzungen der gegenwärtigen Gesellschaftsformation

In sozialwissenschaftlichen Untersuchungen der unterschiedlichsten Ausrichtungen besteht weitgehender Konsens, daß der gegenwärtigen Gesellschaftsformation kapitalistischer Systeme eine qualitativ neue gesellschaftliche Entwicklungsstufe zugeschrieben werden muß. Divergenzen und Widersprüche erheblichen Ausmaßes liegen jedoch bei den Beschreibungen, Erklärungen und Einschätzungen dieser neuen Entwicklungsstufe vor. So liegt der Begründungszusammenhang für die obige These im Rahmen handlungstheoretischer und formal-systemtheoretischer Paradigmata etwa in der folgenden Argumentation: dominantes Merkmal der gegenwärtigen Gesellschaften bildet die rapide technologische Entwicklung, die zu einer »*technological technotronic society*« führt[55]. Diese Entwicklung bietet die Möglichkeit zu einer gewaltigen Ausdehnung der Steuerungskapazität politischer Systeme, die in diesen Untersuchungen charakterisiert werden als »*cybernetic technocratic, new industrial, welfare state*«[56]. Die gegenwärtige Gesellschaftsformation wird somit als »*post-modern, post-industrial society*« gekennzeichnet. Die Kritik an diesen Analysen hat sich vornehmlich zu richten auf:
– die Eindimensionalität dieser Theorien, die schon fast klassischen Einfaktorentheorien gleichkommen;
– die Exogenisierung des technischen Fortschritts als autonome Entwicklungstendenz (analog der Mehrzahl der ökonomischen Wachstumstheorien);
– die ökonomischen und politischen Leerstellen und Unspezifiziertheiten der Gesellschaftsanalysen.
Insgesamt muß somit die Fruchtbarkeit der Untersuchungen innerhalb dieses Paradigmas theoretisch, empirisch wie strategisch relativ gering eingeschätzt werden.

Im Rahmen des polit-ökonomischen Paradigmas erfaßt der Begründungszusammenhang von Untersuchungen der gegenwärtigen Gesellschaftsformation in etwa die folgende Argumentationskette: Die immanente gesetzmäßige Entwicklung kapitalistischer Systeme führt generell zu wachsenden Kapitalverwertungsschwierigkeiten und Systemstabilisierungsproblemen – eine Konzeption, die auf eine Endogenisierung dieser Tendenzen hinausläuft. Diese zunehmenden partiellen und systemischen Probleme erfordern eine erhebliche Ausweitung punktueller wie genereller Staatsinterventionen zu einer

---

[55] Vgl. Bell, Deutsch, Etzioni, Aaron.
[56] Siehe dazu noch Galbraith und die Analysen bei Offe/Narr. Zur Kritik vgl. besonders die Rezension von Cook in American Journal of Sociology.

permanenten Staatsregulierung der ökonomischen und sozialen Krisen. Diese in ihrer Quantität wie vor allem in ihrer Qualität neuen Staatsaufgaben führen zu einer Verstärkung administrationsinterner Konflikte, die entweder durch politisch-administrative Zentralisierung oder Formierung oder auch eine verstärkte Segmentierung und »Privatisierung« zu einer verstärkten Verschmelzung von Staat und Wirtschaft, zu einer »Desintegration« der staatlichen Administration beiträgt. Somit werden im Grunde nur die ökonomischen und sozialen Konflikte in den Staatsapparat hineingetragen – was auch eine einfache Problemverschiebung bedeutet, mit der Konsequenz, daß die staatlichen Planungssysteme in der Regel nicht über ein mehr oder weniger erfolgreiches Krisenmanagement, Krisenvermeidung, Krisennutzung hinauskommen.[57]

Die Kritik an diesen Theorien richtet sich zunächst auf die Problematik einzelner theoretischer Konzepte, wie etwa der »Privatisierung« und »Segmentierung« der staatlichen Verwaltung, gegen Theoreme also, die aus einem gänzlich anderen Bezugsrahmen unvermittelt polit-ökonomischen Analysen inkorporiert werden[58]. Der prinzipielle Einwand gegen diese Analysen läuft darauf hinaus, daß sie, theoretisch zu kurz gegriffen, nur Teilaspekte der gegenwärtigen Gesellschaftsformation und speziell des politischen Systems erfassen können. Denn bei der generellen Einschätzung der gegenwärtigen Gesellschaft besonders in ihrer politischen Dimension wird in der Regel die augenblicklich bestehende Formation als entwicklungslogisch notwendige Endphase kapitalistischer Gesellschaftsformationen angesehen, statt auch noch diese Zustandskonstellation als spezifische historische Phase/Etappe zu betrachten.[59] Aus dieser genetischen und analytisch verkürzten Einschätzung resultieren eine Reihe problematischer und folgenschwerer Beurteilungen wichtiger Elemente und Tendenzen des gegenwärtigen oder des sich abzeichnenden Gesellschaftssystems, auf die später noch kurz eingegangen werden soll.

2.2. Versuch einer allgemeinen Modifikation und Erweiterung der Theorien zur gegenwärtigen Gesellschaftsformation

Die nachfolgenden Ausführungen stellen den Versuch dar, die gegenwärtigen Entwicklungstendenzen vor allem des politischen Systems

---

[57] Vgl. unter anderen Müller/Neusüß, Hirsch/Leibfried.
[58] Vgl. im Anschluß an die Untersuchungen von Reagan, Hacker, Lowi, McDonnell die diesbezüglichen Ausführungen etwa bei Hirsch und Altvater.
[59] So prägnant bei Offe, a.a.O.

in kapitalistischen Gesellschaften, gestützt auf die empirischen und theoretischen Befunde von Planungsuntersuchungen, durch die Weiterführung der vorliegenden Untersuchungen theoretisch, empirisch wie strategisch treffsicher einzuschätzen. Die drei zentralen allgemeinen Thesen der folgenden Analyse lauten:

1. Das dominante Merkmal politischer Systeme der gegenwärtigen kapitalistischen Gesellschaftsformation liegt in der zunehmenden Vergesellschaftung der politischen Steuerungsprozesse (politischen »Arbeitsprozesse«) durch eine vornehmlich politisch-administrativ initiierte und kontrollierte Ausweitung politischer Partizipation (oft bei simultaner »Dezentralisierung«/»Autonomisierung«) und damit einer Freisetzung bisher ungenutzter Ressourcen/Leistungsenergien bei gleichzeitiger Funktionalisierung und Instrumentalisierung (Subsumtion) dieser neuen politischen »Produktivkraft« Partizipation unter die für die Partizipanten nicht-authentischen Zwecke zur Sicherstellung zentraler ökonomischer und systematischer Stabilisierungsinteressen.

2. Entwicklungslogisch gesehen bildet diese Art der Vergesellschaftung politischer Steuerungsprozesse die theoretisch letztmögliche Form der Steigerung politischer Steuerungskapazität innerhalb dieser Gesellschaftsformation, so daß weitere Entwicklungen nur zusätzliche Ausweitungen und Ausdifferenzierungen dieser generellen Grundtendenz darstellen können.

3. Das zentrale Folgeproblem dieser Entwicklung für das gegenwärtige politische System liegt in der strukturbedingten grundlegenden Ambivalenz, aus ökonomischen und systematischen Notwendigkeiten heraus auf eine Steigerung der Partizipation im Sinne der Vergesellschaftung politischer Steuerungsprozesse abzuzielen, eine Intention, die jedoch zu gegenteiligen Folgewirkungen führen kann, wenn die Steigerung der Partizipation nicht mehr kontrolliert werden kann und sich kumulierende Autonomisierungsprozesse herausbilden.

Im folgenden soll eine erste kurze Illustrierung dieser Thesen gegeben werden, einmal auf Makroebene anhand der historischen Entwicklung der Staatsfunktion als Folge sozioökonomischer Entwicklungstendenzen, zum anderen auf Mikroebene anhand der immanenten Eigendynamik und Entwicklungslogik staatlicher Planungssysteme.

Strukturell-funktionale Analysen zur Entwicklung der Staatsaufgaben des letzten Jahrhunderts bei den sich ändernden sozioökonomischen Strukturen haben in der Regel zwei Phasen dieser Entwicklungstendenzen aufgezeigt: so etwa die Phase eines punktuellen, dirigistischen administrativen Interventionismus, der aufgrund seiner begrenzten Leistungsfähigkeit zu einer permanenten, systematischen und wissenschaftlich fundierten staatlichen Regelungspolitik nach

dem Muster der »Reform von oben« und des »*professionalized reformer*« abgewichtet wurde.[60] Die Grenzen der Steuerungskapazität dieses staatlichen Funktionskomplexes sind erst in der letzten Zeit besonders deutlich geworden:
- sinkende Effektivität des monetären Kalküls über ein Preissystem;
- relativ enge und nur begrenzt zu steigernde Kapazität staatlicher Agenturen bei der Informationsverarbeitung und Wertberücksichtigung;
- lediglich begrenzte Effektivierung durch Einbeziehung der Wissenschaft, da diese nur sehr unzulängliche analytische Substitute für politische Prozesse der gesellschaftlichen Wertschätzungen und Entscheidungsrationalisierungen zu liefern vermag.

All diese vielfältigen Tendenzen kumulieren in der Krise fast des gesamten staatlichen Institutionengefüges und führen zu einer erheblichen permanenten Diskrepanz zwischen exogenen Problemanforderungen und staatlichen Problembewältigungsmöglichkeiten. So verbleibt als zentrales Potential der Kapazitätsausweitung des politischen Systems nur noch die Steigerung seiner Eigenvarietät durch die Aktivierung und Mobilisierung der Produktivkraft politischer Partizipation. Der Notwendigkeit dieser Aktivierungstendenz entspricht jedoch andererseits die entgegengesetzte Notwendigkeit ihrer Funktionalisierung und Instrumentalisierung für vorgegebene Zwecke. Das dominante Merkmal politischer Systeme und ihrer Funktionen in der gegenwärtigen Gesellschaftsformation liegt somit darin, daß staatliche *Outputs* und *Impacts* tendenziell immer mehr das Produkt einer funktional begrenzten politischen Partizipation der Gesamtgesellschaft werden, was eine Vergesellschaftung der Politik bei Subsumtion ihrer Folgewirkungen und durch systembedingte Rationalitäts- und Zielkriterien beinhaltet[61]. Diese Tendenz darf jedoch nicht verwechselt werden

1. mit der liberalen »Freisetzung von Leistungsenergien« zu Beginn des 19. Jahrhunderts oder mit der Verschränkung von Staat und Gesellschaft Ende des 19. Jahrhunderts,[62]

[60] Vgl. Hirsch, a.a.O., 1970.
[61] Die für die hier entwickelte These zentrale Argumentation der politischen Partizipation als »Produktivkraft« bedarf natürlich der eingehenden Begründung. Diese kann zweckmäßigerweise im Zusammenhang mit einer Analyse zunehmender reeller Subsumtion und wachsender Vermittlung der Mehrwertbildung bei Konzepten wie der »sozialen Kooperation« und anderen als »Produktivkraft« ansetzen (vgl. Marx, Karl: Resultate des unmittelbaren Produktionsprozesses. Frankfurt, 1969). Der Verfasser verdankt diesen Hinweis Herrn Rudolf Hickel.
[62] Vgl. Preuß: Nachträge zu einer Theorie des Rechtsstaates. In: Kritische Justiz, 1971.

2. mit den deskriptiv-normativen Konzeptionen einer »*active society*«, einer »sozialkybernetisch organisierten Gesellschaft«, einer »*participation crisis*«; alles relativ eindimensionale Konzepte, die allenfalls den ersten Aspekt der Vergesellschaftung der Politik erfassen und damit die dynamische Widersprüchlichkeit dieser Tendenzen verfehlen.[63] Dieser gesellschaftspolitischen Tendenz auf Makro-Ebene entsprechen in der Mikro-Betrachtungsweise die immanente Eigendynamik und die spezifische Entwicklungslogik staatlicher Planungssysteme als der am weitesten fortgeschrittenen Problemlösungsstrategie des politischen Systems: die analytische Variationsbreite von Planungssystemen hinsichtlich ihrer Steuerungskapazität war schon früher aufgezeigt worden. Der empirisch-theoretische Befund, etwa über die mehrjährige Finanzplanung und längerfristige Aufgabenplanung bei Extrapolation (in fast allen vergleichbaren Ländern) fest bestehender Tendenzen, zeigt folgendes (grob strukturiertes) Zeitverhalten von Planungssystemen: Grenzen der zeitlichen, sachlichen und sozialen Steuerungskapazität des Einjahresbudgets; deshalb Aufbau einer mehrjährigen Finanzplanung; diese bedarf für ihre Effektivierung wiederum der programmatischen Abstützung durch ein Aufgabenplanungssystem; dessen *Outputs* und *Impacts* sind ihrerseits nur valide und effektiv bei weitgehender politischer Partizipation und Dezentralisierung der Planungsprozesse; diese müssen ihrerseits jedoch in der Anwendung materialer gesellschaftlicher Nutzenrechnungen und hinsichtlich möglicher Autonomisierungen staatlich kontrolliert und limitiert sein, um nicht autonomisierte Gegensteuerungseffekte hervorzurufen. Prinzipiell ähnliche immanente Entwicklungstendenzen und Merkmale von Planungssystemen, wenn auch nach Konfliktbereichen funktional und regional differenziert und bei unterschiedlichem Entwicklungsstand, können zum Beispiel anhand der Bildungsplanung in der BRD, dem »Kampf gegen die Armut« in den USA, der Entwicklung der französischen *planification* und vielen anderen nachgewiesen und in ihrer Widersprüchlichkeit aufgezeigt werden: »Partizipation ist essentiell für effektive Planung und gleichzeitig eine der zentralen Bedingungen ihres Scheitern in der gegenwärtigen Gesellschaftsstruktur (Frankreichs)« (Cohen).

2.3. Differenzierungen der allgemeinen Tendenzzusagen hinsichtlich der verschiedenen Merkmalsausprägungen von Planungssystemen der gegenwärtigen Gesellschaftsformation

Ausgangspunkt der bisherigen theoretisch-empirischen Analyse war die polit-ökonomische und nicht die handlungstheoretische Bestim-

---

[63] Vgl. Etzioni, Wüstneck, Verba.

mung der Staatsfunktionen gegenwärtiger kapitalistischer Gesellschaftsformationen, der strukturellen Diskrepanz von Problemanforderungen und begrenzter Steuerungskapazität des traditionellen politischen Institutionengefüges, der Entwicklung von Planungssystemen als höchstentwickelter Problemlösungsstrategie und der notwendigen, wenn auch widersprüchlichen, Einsetzung der neuen Produktivkraft »politische Partizipation« zur Steigerung der Eigenvarietät des politischen Systems. Diese, am Indikator der Entwicklung von Planungssystemen aufgezeigten, noch recht allgemeinen Tendenzaussagen zu Funktions- und Strukturveränderungen politischer Systeme in kapitalistischen Gesellschaften sollen in diesem Abschnitt hinsichtlich einiger weniger, aber zentraler Problemdimensionen differenziert und jeweils, zumindest im Ansatz, an konkreten Beispielen aus unterschiedlichen gesellschaftlichen Konfliktsbereichen illustriert werden.

2.3.1. Funktionen von Partizipationen für staatliche Regulierungsprozesse

In der politischen und wissenschaftlichen Diskussion wird politische Partizipation in der Regel entweder als Mittel zur Manipulierung von Massenloyalitäten angesehen oder in entgegengesetzter Interpretation als zentrales Element der allgemeinen gesellschaftlichen Demokratisierungsprozesse. Bei der Einschätzung der gegenwärtigen Gesellschaftsformation in der hier angedeuteten Perspektive kann politische Partizipation jedoch – simultan oder sequentiell – eine Vielzahl unterschiedlicher Funktionen mit unterschiedlichem Grad ihrer Durchbildungen enthalten:
– Partizipation als Voraussetzung bürgerlicher Selbsthilfeorganisationen zur Entlastung der staatlichen Verwaltungen (vgl. die erste Phase der antiautoritären Kinderläden);
– Partizipation als administratives Frühwarnsystem für die rechtzeitige Entdeckung möglicher »Störungen« (vgl. spontane Proteste der Bevölkerung in Neubaugebieten);
– Partizipation als Bestandteil der *»Symbolic Uses of Politics«* (Edelmann) zur Erzeugung von Massenloyalität und generalisierter Unterstützung (vgl. die realen Folgewirkungen der üblichen Anhörungs- und Mitwirkungsverfahren, etwa im Städtebauförderungsgesetz);
– Partizipation zur Effizienzsteigerung ökonomisch-gesellschaftlicher Kalküle durch validere Informationen und treffsichere Wertberücksichtigungen (vgl. die mangelnde Substituierbarkeit von Partizipation durch empirisch-analytische Bewertungsverfahren);
– Partizipation als Mittel zur individuellen wie kollektiven Identitätsfindung, Selbstorganisierbarkeit usw. als Vorbedingung einer

Teilnahme an der pluralistischen Verteilungspolitik (vgl. die Konzeption der »*Citizen Action Groups*« beim »Kampf gegen die Armut«[64]). Politische Planpartizipation bildet somit bei erfolgreicher administrativer Limitierung und Kontrolle ein multifunktionales Steuerinstrument, das in vielerlei Hinsicht mit unterschiedlichen Erfolgsaussichten als wichtiges Element neuartiger staatlicher Problemlösungsstrategien eingesetzt werden kann und somit objektiv die Eigenvarietät des politischen Systems ausweitet.[65]

2.3.2. Unterschiedliche Entwicklungsstufen politischer Partizipation

Den unterschiedlichen Funktionen für staatliche Steuerungsprozesse entsprechen unterschiedliche Entwicklungsstufen, Arten und Intensitäten politischer Partizipation:
– Minimalbestand politischer Partizipation als »*Sounding Board*«-Reaktion im Sinne eines *Stimulus-Respons*-Modells;
– politische Partizipation als adaptive Internalisierungstätigkeit externer Zwecksetzungen;
– politische Partizipation als aktive, wenn auch instrumentalisierte und limitierte Mitarbeit zur Effektivierung staatlicher Information zu Arbeitungs- und Wertberücksichtigungsprozessen gemäß vorgegebener Ziele.
Derartige Klassifikationen können relativ beliebig ausgeweitet werden.[66] Von zentraler theoretischer Bedeutung ist es deshalb, objektive Merkmale der Gesellschaftsformationen auszumachen, die valide Kriterien zur Bildung derartiger Typologien enthalten, vor allem aber jedoch zum Aufzeigen der dominanten Wechselwirkungen zwischen objektiven Problemanforderungen, staatlichen Regulierungsprozessen und Arten-Ausmaß politischer Partizipation.

2.3.3. Differenzierung staatlicher Regulierungssysteme nach spezifischen Systemerfordernissen

Eines der wichtigsten und weitgehend ungeklärten Probleme von Planungstheorien und Planungspraxis ist die Frage nach den objektiven

---

[64] Vgl. Krause: Function of a bureaucratic ideology, Citizen Participation. In: Social Forces, 1968.
[65] Wichtig erscheint der noch näher zu begründende Hinweis, daß politische Partizipation nicht nur aus »Legitimitätsgründen«, sondern wesentlich auch aus »Effizienzgründen« aktiviert wird, auch wenn beide Aspekte oft zusammenfallen können.
[66] Vgl. etwa Arnsteins »8 Step Ladder of Citizen Participation«. In: AIP Journal, 1968.

und subjektiven Voraussetzungen und Merkmalen planbarer und nichtplanbarer Bereiche – ein Problem, das für die Einschätzung der Entwicklungstendenzen der Gesellschaftsformationen von zentraler Bedeutung ist. Die Analyse dieser Frage muß sich allerdings auf zwei Aspekte beschränken:
1. Eine analytische Aufgliederung planungsrelevanter Problembereiche hat bei einem polit-ökonomischen Paradigma – entgegen einem handlungstheoretischen oder entscheidungstheoretischen Ansatz mit Kontingenz-Annahme – von den trotz subjektiver Verzerrungen bestehenden objektiven Anforderungen auszugehen, die sich aus den Prozessen zunehmender Kapitalverwertungs- und Systemstabilisierungsschwierigkeiten ergeben. Zum dominierenden Selektionskriterium wird somit die jeweilige Zentralität des politischen Problembereiches zu den grundlegenden systemischen Bedingungskonstellationen, die zeitlich und dem situationsbedingten Dringlichkeitsgrad nach jedoch variieren können. Eine Typologie derartiger Problembereiche, zugeschnitten auf die zugrunde liegende Fragestellung, kann zu einer überschaubaren und theoretisch-empirisch in etwa plausiblen Aufgliederung in drei Komplexe von Problemanforderungen unterschiedlicher Zentralitätsgrade führen:
– Problembereiche der Produktionssphäre im weiteren Sinne,
– Problembereiche der staatlichen Infrastrukturpolitik,
– Problembereiche der materiellen und motivationalen Reproduktion der Arbeitskraft.[67]
2. Der zweite zentrale (und wenigstens zu benennende) Aspekt wirft die Fragen auf, ob – und wenn ja wie weit und in welcher Form – die Wechselwirkungen zwischen diesen Problembereichen, den unterschiedlichen staatlichen Funktionen, staatlichen Planungssystemen sowie der Notwendigkeit, der Art, des Ausmaßes und der Entwicklungsstufe politischer Aktivierung bestehen und wie sich diese Wechselwirkungen tendenziell entfalten. Diese Problematik ist, soweit bekannt, noch nicht auf breiter Front in Angriff genommen worden, so daß hier nur thesenhaft und eher phänomenologisch einige Hinweise zur Beziehung von Planungsbereich – staatliche Regulierung – Partizipation als Varietätssteigerung gegeben werden können:
– Im weitergefaßten Bereich der Produktion konnten bisher eine Reihe eindeutiger und notwendiger Wechselwirkungen zwischen diesen drei Faktoren festgestellt werden; so etwa in Cohens Nachweis der Notwendigkeit einer Einkommenspolitik für das französische Planungssystem, wozu jedoch als notwendige Voraussetzung die Mitentscheidung der Gewerkschaften bei der Setzung der zentralen Ent-

---

[67] Bei Ronge, a.a.O., werden bei staatlichen Planungen zwei Arten unterschieden: wirtschaftliche Globalsteuerung und Infrastrukturpolitik.

scheidungsprämissen in den zentralen Plänen anzusehen ist.[68] Ähnlich eindeutige und notwendige Wechselwirkungen liegen im Bereich des Managements[69], während bei der Arbeitermitbestimmung und ihrer instrumentalisierten Zielsetzung noch keine eindeutigen Befunde vorliegen[70].

– Im Bereich staatlicher Infrastrukturpolitik können relativ eindeutige Beziehungen der drei Faktorenkomplexe vor allem im Bereich der Bildungsplanung[71], auf dem Sektor der generellen Anforderungen an Leistungsfähigkeit, Ablauf- und Aufbauorganisation staatlicher wie privater Organisationen[72], bei Stadtentwicklungsplanungen usw. nachgewiesen werden. Der empirische Befund äußerst geringer Beziehungen, etwa bei Landesentwicklungsplanungen[73], ist entweder auf die regulative Problemdefinierung als administrativer Immunisierungsstrategie oder auf administrative Verhaltensweisen der »vorpartizipatorischen Planungsphase« zurückzuführen.

– Im Bereich der materiellen und motivationalen Reproduktion der Arbeitskraft können die einschlägigen Analysen zunächst nachweisen, daß das traditionelle staatliche Regulierungsmodell des »Wohlfahrtsstaates«, des *welfare paternalism*«, »*welfare colonialism*« den neuartigen Bedürfnislagen nicht mehr gerecht werden kann[74]. Sodann kann anhand zahlreicher Fallstudien die systematische Notwendigkeit einer limitierten und funktionalisierten Aktivierung und Mobilisierung, etwa beim »Kampf gegen die Armut«[75] oder im Gesundheitssektor vor allem auf dem Gebiet der Sozialmedizin und Sozialpsychiatrie sowie generell der präventiven Medizin, nachgewiesen werden[76].

Systematische Analysen im Rahmen der hier skizzierten Einschätzungen neuer staatlicher Regulierungssysteme stehen jedoch noch aus.

---

[68] Vgl. Cohen, a.a.O.
[69] Wild, a.a.O., sowie verschiedene Beiträge in: Harvard Business Review.
[70] Vgl. die diesbezüglich widersprüchlichen Ergebnisse bei: Biedenkopf, Kern/Schumann, Deppe und anderen.
[71] Vgl. Wollmann: Citizen participation. Cambridge, 1971, Manuskript, sowie interne Arbeitspapiere des Projektes über Partizipation und Autonomisierung im Bildungsbereich.
[72] Vgl. unter anderem die Arbeiten von Dennis, Burisch (unveröffentlichtes Manuskript 1971).
[73] Vgl. etwa Dennis: People and Planing, sowie Häußermann/Schultz, Zur Wiesch (unveröffentlichtes Manuskript 1971).
[74] Vgl. dazu generell Offe/Narr, a.a.O., sowie Narr/Naschold III.
[75] Siehe die Analysen von Wollmann, 1971, mit Literaturangaben.
[76] Vgl. Naschold, a.a.O., 1967; WWJ-Studien: Die Gesundheitssicherung in der BRD, 1971.

2.3.4. Folgeprobleme bei der Aktivierung der Produktivkraft ›politische Partizipation‹

Die grundlegende Problematik dieser neuen staatlichen Regulierungssysteme liegt in der begrenzten Steuerbarkeit der neuen Produktivkraft »Partizipation«, im Unsicherheitsfaktor menschlicher Bedürfnis- und Motivationsbildung. So besteht immer die Gefahr, daß sich die limitierte und instrumentalisierte Mobilisierung und Aktivierung den administrativ-politischen Kontrollmechanismen entziehen, Autonomisierungsprozesse ansetzen und sich verselbständigen und sich zu organisierten und sanktionsfähigen »Störfaktoren« für die staatlichen Regulierungsprozesse entwickeln, die sich auf einen bestimmten Schwellenwert der Politisierung zu Gegenmachtbildungen ausweiten können. Das politische System steht somit bei seinen Regulierungsstrategien stets vor dem Dilemma, daß es zur effektiven planvollen Steuerung prinzipiell, wenn auch sektoral verschieden, auf die Aktivierung und Partizipation der Betroffenen mit unterschiedlichem Intensitätsgrad angewiesen ist und deshalb zumindest partiell deren Bedürfnislagen entsprechen muß.[77] Andererseits bestehen starke Systemzwänge der Subsumtion dieser Mobilisierungen unter die strukturell bedingten Zwecksetzungen, die die sektoralen Schwellenwerte von politischer Partizipation und Autonomisierungstendenzen bestimmen. Diese systemische Ambivalenz der neuen staatlichen Regulierungsmuster bildet sich auf Mikroebene in oft intensiven Rollenkonflikten ab: bei den Gewerkschaften in Problembereichen wie der Einkommenspolitik und Mitbestimmung; bei Lehrern zwischen den Bedürfnissen der Schüler und den Anforderungen der Schulverwaltungen (und Elternschaft); bei Sozialarbeitern zwischen den Motivationen und Interessen der »Fürsorglinge« und den Erwartungen der Sozialbehörden. Am Beispiel des »Kampfes gegen die Armut« mit seinem traditionellen »Serviceaspekt« und dem innovativen »*community action aspect*« lassen sich Notwendigkeit, Bedingungen und Folgeprobleme der tendenziellen Vergesellschaftung politischer Steuerungsprozesse in ihren makro- und mikroskopischen Dimensionen auf der Basis zahlreicher theoretischer und empirisch gut fundierter Analysen deutlich nachweisen.[78]

---

[77] Vgl. unter anderen Altvater/Neusüß: Bürokratische Herrschaft und gesellschaftliche Emanzipation. In: Neue Kritik, 1969.
[78] Einen guten Überblick bietet zuletzt Wollmann, a.a.O.

2.3.5. Administrativ-politische Kontrollstrategien und korrespondierende Gegenstrategien

Aus den bisherigen skizzenhaften Ausführungen über die dominanten Trends staatlicher Planungs- und Regulierungs- wie Steuerungssysteme läßt sich schon bei heutigem Stand sektoraler Planungssysteme und im jeweils korrespondierenden Grad der meist noch vergleichsweise geringen Vergesellschaftungstendenzen politischer Steuerung erkennen, daß die Frage nach der Struktur, Funktion und Durchführung politischer Planungen zum geringsten Ausmaß ein planungstechnisches oder Management- oder ein mikro- oder makroökonomisches Optimierungsproblem oder auch noch zentral eine Frage pluralistischer Konflikts- und Konsensprozesse ist. Vielmehr wirft die zunehmende Notwendigkeit der Vergesellschaftung politischer Steuerungsprozesse über die Aktivierung politischer Partizipation und der notwendigen Ermöglichung von partiellen Autonomisierungen letztlich die Frage nach der grundlegenden Legitimierung der zugrunde liegenden Macht- und Interessenstrukturen auf. Zur regulativen Umdefinierung dieser Systemfrage, zur Anhebung des Schwellenwertes der Autonomisierung zunächst in instrumenteller Absicht aktivierter Bedürfnisartikulationen und Mitwirkungen werden politisch-administrativ eine Reihe von Auffassungsstrategien eingesetzt, die bei entgegengesetzter Intention tendenziell freigesetzte politische Aktivitätspotentiale wieder zu reduzieren oder zumindest unterhalb kritischer Schwellenwerte zu halten versuchen. Als derartige Restabilisierungsstrategien sind insbesondere drei Strategien anzusehen:
1. Individualisierung, Segmentierung, Atomisierung der Interessen- und Bedürfnisstrukturen zur Verhinderung solidarischer und kollektiver Artikulierungen, Organisierungen und Politisierungen. Besonders prägnante Beispiele dieser Strategie finden sich in der Frage betrieblicher Mitbestimmung (Aufteilung der Wählerschaft, Minoritätenschutz, Privilegierung[79]), in der Bildungspolitik, etwa beim Festhalten individueller Leistungsstandards, und erst recht bei der technischen Verfeinerung gezielter, eindimensionaler Lernzielkontrollen[80], in der materiellen Reproduktionssphäre in den entpolitisierenden, parzellierenden Verunsicherungsstrategien »wohlfahrtsstaatlicher so-

---

[79] Siehe etwa die jüngste Diskussion zur Novellierung des Betriebsverfassungsgesetzes.
[80] Vgl. Zwischenergebnisse des Projektes zur Planung und Autonomisierung im Bildungssystem. Im »Strukturplan des Dt. Bildungsrates« (1969) ist das Dilemma auf die ganze Widersprüchlichkeit kontrollierter limitierter Aktivierung bei gleichzeitiger nicht-authentischer Subsumtion präzise abgebildet.

zialstaatlicher Leistungserbringungen«[81] (vgl. Hospitalisierung, Kriminalisierung, Infantilisierung).

2. »Redressierung« einmal mobilisierter Aktivitätspotentiale durch Erhöhung der Restriktionen des politischen Marktzuganges, durch Stabilisierung und Förderung der unpolitisch gelassenen oder nicht politisierten Gesellschaftsbereiche usw.[82]

3. Latente oder manifeste Gewalt, Machtausübung durch enge Definierung, direkt repressive Aktionen, Kriminalisierung und Hospitalisierung sozial und politisch »abweichender Verhaltensweisen«[83].

Diesen administrativ-politischen Kontrollstrategien sind jedoch in der Regel Grenzen gesetzt, die allerdings sektoral beträchtliche Unterschiede aufweisen. Diese Grenzen sind einmal bedingt durch die begrenzte Kontrollkapazität staatlicher Agenturen, wesentlich jedoch durch korrespondierende Gegenstrategien unterschiedlichster Art und Intensität: Diese Gegenstrategien reichen von so aktivistischen Strategien wie spontanen Streiks über bewußte Leistungsverweigerungen – also Partizipationsreduktionen – von individuellen Schülern oder ganzen Gruppen, vor allem bei den »modernen Gesamtschulen«, bis hin zu den verschiedenen Formen harmonistischer Eskapismen oder – als funktionalem Äquivalent – bewußten Abweichungen von »normalen« Verhaltensstandards zur Kriminalisierung.[84] Wie weit diese Gegenstrategien bewußt entwickelt, von individuellen auf kollektive solidarische Basen umgesetzt werden können, wie groß die Chancen autonomisierter Organisations- und Sanktionsfähigkeit sind, wie weit die primär psychologisch oder ökonomisch definierten Konfliktstrukturen in politische Konfliktstrategien transformiert werden können, ist eine offene Frage, die sich jedoch mit zunehmender Vergesellschaftung politischer Steuerungsprozesse immer dringlicher stellt.[85]

---

[81] Vgl. Anm. 74.
[82] Vgl. hierzu insbesondere Offe: Manuskript 1971.
[83] Vgl. dazu unter anderen Dentler, R.: Major American Social Problems. Chicago, 1967; Lerman, P.: Delinquency and Social Policy. New York, 1970.
[84] Nähere und weiterführende Literaturhinweise zu den jeweiligen Problembereichen und den korrespondierenden administrativen Kontroll- und autonomisierten Gegenstrategien finden sich in den Anmerkungen zu den spezifischen Problembereichen.
[85] Auf die breite Literatur zu diesen strategischen Problemen und den jeweils korrespondierenden theoretischen Erklärungs- und Begründungszusammenhang kann hier nicht näher eingegangen werden. Besondere Beachtung verdienen in diesem Zusammenhang Studien zu den »kritischen Schwellenwerten«.

2.3.6. Globale Einschätzungen der gesamtgesellschaftlichen Entwicklungstendenzen einer zunehmenden Vergesellschaftung der politischen Steuerungsprozesse

Das eben angeschnittene strategische Problem
1. der immanenten Widersprüchlichkeit staatlicher Planungssysteme,
2. des Antagonismus, administrativer Kontroll- und autonomisierter Gegenstrategien beim Vorliegen eines sekularen Trends notwendigerweise steigender Vergesellschaftung der Politik über die Aktivierung latenter politischer Partizipationspotentiale erfordert abschließend eine grobe Gesamteinschätzung der widersprüchlichen Entwicklungstendenzen im politischen und natürlich vor allem im ökonomischen und sozialen System der gegenwärtigen kapitalistischen Gesellschaftsformation. Obwohl eine derartige Einschätzung äußerst schwierig ist aufgrund der sektoralen wie regional unterschiedlichen Entwicklungstendenzen der Vergesellschaftung der Politik und kein einheitliches Bild ergibt, seien auf der Basis der Analysen Cohens zur Beziehung von Einkommenspolitik und staatlicher Planung zunächst einmal die relevanten idealtypischen Entwicklungstendenzen aufgezeigt:[86]
1. Die eine Entwicklungstendenz kann zu einer Redressierung der aktivierten Partizipationspotentiale und zur stärkeren Durchbildung der autoritär-repressiven Staatsfunktionen führen – eine Tendenz, die allerdings im Widerspruch zur objektiven Tendenz der notwendigen Vergesellschaftung politischer Steuerungsprozesse und der technokratischen Schwierigkeit der Rückbildung teilweise freigesetzter und autonomisierter Partizipationspotentiale steht.
2. Die entgegengesetzte Entwicklungstendenz besteht in der Durchbrechung administrativ-politischer Kontroll- und Limitierungsstrategien, der Überschreitung systemischer Schwellenwerte und damit der politisch initiierten Überwindung dominierender Kapitalverwertungsbedingungen und spezifischer Systemstabilisierungsimperative.[87]
3. Eine dritte Entwicklungstendenz kann im Versuch einer gesamtgesellschaftlichen Pazifizierungsstrategie liegen, die in der Regel eine Verbindung von Erhaltung bestehender ökonomischer und politischer Machtstrukturen und kompensatorischer Strategien mit ihren segmentierenden und pazifizierenden individualisierenden Folgewirkungen darstellt, Folgewirkungen traditioneller Wohlfahrtsstaats- und Sozialstaatspolitik, in der regulativen Behandlung von Problemen

---

[86] Vgl. neben Cohen auch noch Wollmann, Altvater/Neusüß und andere.
[87] Vgl. dazu besonders die Arbeiten von Gorz, Mandel und generell die einschlägige Strategiediskussion besonders in Italien und Frankreich. Als gegenläufiges Beispiel sei auf die gegenwärtige und absehbare Bedingungs- und Zustandkonstellation des politischen Systems Österreichs hingewiesen.

wie Mitbestimmung und Vermögensbildung oder in der verstärkten Entwicklung spezifischer Kollektivglieder.
Weitgehender Konsens bei der Einschätzung der gegenwärtigen Gesellschaftsformation dürfte hinsichtlich der strukturellen Ambivalenz und beträchtlichen Labilität, der scheinbaren Multistabilität tendenzieller Vergesellschaftung politischer Steuerungssysteme und deren ihnen zugrunde liegenden ökonomischen und sozialen Strukturbedingungen bestehen. Im Rahmen der absehbaren Bedingungskonstellationen der gegenwärtigen Gesellschaftsformation erscheint zudem die dritte Entwicklungsvariante einer »sozialdemokratischen Pazifizierungsstrategie« bei permanenter Ausbalancierung der labilen, gegenläufigen Strukturentwicklungen als die wahrscheinlichste Entwicklungstendenz, die zweite Entwicklungsvariante absehbar illusorisch, die erste Variante jedoch als reale Gefahr gesamtgesellschaftlicher Regression.

3. Abschließende Überlegungen

Die eingangs des 2. Teiles aufgestellten drei Hypothesen zur Charakterisierung der dominanten Entwicklungstendenzen und Merkmale politischer Systeme der gegenwärtigen kapitalistischen Gesellschaftsformation konnten im Verlauf der Analyse (aus exogenen Gründen) nur explizit differenziert, kommentiert und illustriert werden. Eine systematische Erarbeitung dieser Problemstellung scheint somit dringend erforderlich. Unterstellt man jedoch einmal ein beträchtliches Ausmaß theoretischer Validität, empirischen Bewährungsgrades und strategischer Fruchtbarkeit dieses Befundes, so kommt man zu nicht unbeträchtlichen Um- und Neuinterpretierungen gegenwärtiger Entwicklungstendenzen und deren theoretischer Abbildung:
1. Die Aktivierungs- und Partizipationspotentiale können auf keinen Fall gleichsam als Nachholbedarf der Ausweitung partizipatorischer Grundrechte interpretiert werden[88].
2. Die Diskussion zur Einschätzung der systemstabilisierenden Steuerungskapazität des Staates muß erweitert werden, um die Einschätzung von Möglichkeiten und Grenzen bei der Aktivierung der neuen Produktivkraft »politische Partizipation«, sei es im Sinne zunehmender Multistabilität des Systems oder einer gesteigerten Möglichkeit des Umschlagens und der Autonomisierung dieser Partizipationspotentiale, zu erleichtern.
3. Die Thesen der »Privatisierung«, »Segmentierung« und »Desintegration« der staatlichen Agenturen scheinen in der hier entwickelten Perspektive nur partielle Veränderungen politisch-administrativer Er-

---

[88] So etwa bei Habermas und Etzioni.

scheinungsform zu erfassen, unter anderem deswegen, weil sie von dem kategorialen Bezugssystem Staat-Gesellschaft des liberalen Paradigmas ausgehen. Die dominante Entwicklungstendenz der gegenwärtigen Gesellschaftsformation, die zunehmende Vergesellschaftung der Politik, die steigende Notwendigkeit der Aktivierung zusätzlicher Leistungsenergien zur Erhöhung der Eigenvarietät staatlicher Agenturen und die darin liegende immanente Ambivalenz und Widersprüchlichkeit kann mit diesen theoretischen Konzepten nicht adäquat erfaßt werden.

4. Trifft die hier entwickelte Globaleinschätzung auch nur annähernd zu, dann ergeben sich nicht unbeträchtliche Konsequenzen für die strategische Diskussion: denn in der objektiven Tendenz nimmt die Möglichkeit einer stärkeren Verselbständigung des Staates und gleichzeitig auch der objektiv und subjektiv fundierten potentiellen Bedürfnisbereiche als Ausgangspunkt von Gegenmachtbildungen in der »demokratischen Phase« politischer Konfliktprozesse zu. Diese Tendenzen können zwar von sich aus nicht die Strukturgesetzmäßigkeiten der gegebenen Gesellschaftsformation durchbrechen, jedoch bestehende Unbestimmtheiten besser ausnutzen und günstige Ausgangsbasen für kommende Konfliktprozesse schaffen.

5. Ganz spezifisch muß dann aber auch die dominierende Konzeption von staatlichen Planungssystemen als Krisenmanagement revidiert und ausgeweitet werden. Staatliche Planungssysteme mit aktivierten Partizipationspotentialen beinhalten zwar stets die grundlegende Ambivalenz derartiger Steuerungsprozesse, ihre Regelungskapazität wird jedoch im Sinne einer »labilen Multistabilität« verstärkt.

6. Ein zentrales Merkmal gegenwärtiger staatlicher Planungssysteme liegt somit in der Gleichzeitigkeit ihrer Notwendigkeit und tendenziellen Unmöglichkeit, ihrer tendenziellen Ambivalenz:
– Planungssysteme erzeugen tendenziell mehr informationelle Komplexität und Kompliziertheit, als sie reduzieren können;
– Planungssysteme führen tendenziell zu intensiveren Konflikten, als politisch »durchzustehen« ist;
– Planungssysteme erfordern tendenziell politische Partizipation, die sich jedoch gegenläufig autonomisieren kann.

Doch alle diese mehr als Fragen formulierten Thesen erfordern eine extensive wie intensive und vor allem gründlichere Diskussion, als sie hier unter den gegebenen, nicht kontrollierbaren »Umweltbedingungen« möglich war.

Nachdruck mit freundlicher Genehmigung des Westdeutschen Verlages aus: Politische Vierteljahresschrift, 2/1972.

Teil II

2. Dilemma: Regelkreis und Planung oder: »Law and Order« in der Planungstheorie

Dieser Teil unseres Readers soll Aufschluß geben über die von Kade/ Hujer/Ipsen im Resümee ihres Aufsatzes »Wirtschaftskybernetik – Eine Zwischenbilanz« offengelassene Frage: nämlich »ob (mit der kybernetischen Modellierung) das herrschaftsstabilisierende Interpretationsschema der traditionellen Wirtschaftstheorie endgültig verlassen ist oder ob nicht andere Gefahren lauern, auf die man frühzeitig aufmerksam machen sollte, bevor sich ein methodisches Prinzip auf höherer Ebene verfestigt und eine sublimere Form von Apologetik sich einspielt«[1]. Wir wollen in der Darstellung des Ansatzes von Kade/ Hujer/Ipsen so verfahren, daß wir zuerst die Hypothese beschreiben, der der von ihnen entwickelte Planungsbegriff zu genügen hat, um daran unsere Kritik anzuschließen. Um die Modifikationen, die die Autoren in einem späteren, hier abgedruckten Aufsatz: »Planung der kleinen Schritte . . .« vorgenommen haben, mitberücksichtigen zu können, soll die Kritik als Diskussion mit den in diesem Aufsatz gezogenen Schlußfolgerungen erfolgen.

Zur Illustration greifen wir drei Planungsbegriffe heraus, um zu begründen, daß die Argumentation der genannten Autoren typisch ist für den allgemein hier vorgestellten Ansatz einer »Systemorientierung der Planungstheorie«[2]:

1. Niklas Luhmann definiert Planung im Kontext eines System-Umwelt-Ansatzes, wo die allseitige Aufgabe »Reduktion von Umweltkomplexität (definiert als ›unbegrenzte Möglichkeiten‹)« lautet, das heißt als »entscheidungsmäßige Selektion« aus unbegrenzten Möglichkeiten.

2. Frieder Naschold definiert Planung im Kontext eines sozial-kybernetisch umformulierten System-Umwelt-Ansatzes als »das Handeln eines Systems, das durch Rückkopplungsprozesse einerseits auf

---

[1] Kade, G., Reinhard Hujer, Dirk Ipsen: Wirtschaftskybernetik; eine Zwischenbilanz. In: Schenk, K. H. (Hrsg.): Systemanalyse in den Wirtschafts- und Sozialwissenschaften. Berlin, 1969 (Duncker und Humblot), S. 39.
[2] Kade, G., Reinhard Hujer, Dirk Ipsen: Kybernetik und Wirtschaftsplanung; hier S. 201.

Grund einer gewissen Umweltautonomie sich *zielstrebig* zu verhalten sucht, andererseits aus den rückgekoppelten Interaktionen mit der Umwelt zu *lernen* bemüht ist. Die technizistische Formel von der Einführung von Planung bedeutet dann den Versuch der Steigerung der Informationsverarbeitungskapazität durch eine mehr oder weniger weitreichende Informations-Transformation des Systems...«[3].

3. Kade/Hujer/Ipsen gewinnen aus der Kritik an der »entscheidungslogisch begründeten, von mathematischen Kalkülen geprägten Planungsstrategie« ihren spezifischen Begriff von Planung, den sie wie folgt definieren: »Planung darf nicht logisch-instrumentell, sondern muß als Prozeß begriffen werden. Planung in diesem Sinne bedeutet eine ständige Revision alternativer Strategien aufgrund der Ergebnisse, die ihrerseits von einer oder mehreren Umweltvariablen beeinflußt sind«[4].

Die »Revision in der Auswahl alternativer Strategien« wird von den Autoren »zum einen durch einen *Anpassungsprozeß* beschrieben, der sich in der Suche nach geeigneten Aktivitäten im Hinblick auf ein bestimmtes *Ziel* äußert, zum anderen durch einen *Lernprozeß* charakterisiert, der eine Korrektur der Ziele beinhaltet. Beide Prozesse bedingen sich gegenseitig. Eine Zielkorrektur kann sich nur an einer Überprüfung der Handlungsmöglichkeiten orientieren, eine Selektion der Aktivitäten muß auf der Grundlage einer empirisch verifizierbaren Zielsetzung erfolgen«[5].

Der letztgenannte Definitionsversuch steht vor dem Hintergrund des »allgemeinen kybernetischen Ansatzes der Systemuntersuchung«[6]. Diese »Systemorientierung einer Planungstheorie« soll ermöglichen, daß, entsprechend der mit der »grundlegenden These« gesetzten Aufgabe, »die Struktur des wirtschaftspolitischen Planungsprozesses von der Struktur des Systems, auf das sich der Planungsvorgang bezieht, abhängt«[7]. Die Autoren erwarten davon, den Mangel vorliegender Planungsmodelle – Optimierungs- und Konsistenzmodelle – zu vermeiden, nämlich, daß sich schon mit der Konstruktionsbedingung des Planungsmodells »die Verbindung zwischen der Struktur des Systems, auf das sich der planende Eingriff richtet, und der Struktur des Eingriffs selbst« verloren geht[8]. Und dementsprechend eine »Politik des

---

[3] Naschold, F.: Anpassungsplanung oder politische Gestaltungsplanung. In: Steffani, W. (Hrsg.): Parlamentarismus ohne Transparenz. Opladen, 1971, S. 77.
[4] Kade u.a.: Wirtschaftskybernetik, a.a.O., S. 32.
[5] Ebd., S. 34 ff.
[6] Kade u. a.: Kybernetik..., a.a.O., S. 200.
[7] Ebd., S. 200.
[8] Ebd., S. 201.

Als-ob« zur Konsequenz wird, die bezüglich der Konstruktionsbedingung von Optimierungs- und Konsistenzmodellen vom Tinbergen Typ entweder im Sinne »der Normvorstellung eines optimalen Systems« oder im Sinne »der Vorstellung einer passiven Umwelt und einer voraussehbar reagierenden Steuerstrecke als Objekt der Planung« zu erfolgen hat[9]. So sehen sie schließlich in einem »systemorientierten Planungsansatz« die Möglichkeit in greifbare Nähe gerückt, »daß mit ihm die Verbindung zwischen Theorie und Politik erneut gewonnen« sei, das heißt »daß Planung in offenen, dynamischen Systemen ... die Transformation einer Theorie (ist), die die Funktionsfähigkeit derartiger Systeme durch die Struktur der in ihnen vollzogenen Regelungsprozesse erklärt«[10].

Die übermäßigen Erwartungen, die die Autoren Kade/Hujer/Ipsen an eine »Systemorientierung einer Planungstheorie« knüpfen, hängen unseres Erachtens von der Erfüllung einer einzigen, aber entscheidenden, Prämisse ab. Nämlich, wenn sie voraussetzen, daß die »Funktionsweise sozio-technischer Systeme« darin besteht, Systeme zu unterstellen, die über Regelungsstrukturen verfügen, so ist daran die Frage anzuschließen: muß, um einer »Systemorientierung« zu genügen, die mit der Theorie unterstellte »Funktionsweise« dieser Systeme auch realiter dem untersuchten Planungsprozeß – um die Abhängigkeitsbedingung zwischen Planstruktur und Problemkomplexität zu erfüllen – als Eigenschaft zukommen oder nicht?

Aber sehen wir zu, ehe wir auf die Frage eingehen, welchen Begriff von Gesellschaft die Autoren mit dem »Konzept einer dynamischen Planungstheorie« verbinden. Um den Stellenwert des Organisationsproblems in einer dynamisch verstandenen Planungstheorie abzuschätzen, ist es notwendig, an zwei Voraussetzungen kurz zu erinnern:

1. Unter der Annahme offener, dynamischer Systeme erscheint, wenn wir von der Struktur eines Entscheidungsprozesses absehen und eine Mehrzahl von Entscheidungsinstanzen betrachten, das Ergebnis eines Entscheidungsprozesses einer Instanz als Störgröße des Entscheidungsprozesses anderer Instanzen. (Entscheidungsabhängige Komponente der exogenen Umweltfaktoren, die als Störgrößen zusammengefaßt werden.)

2. Unter der Annahme, daß die Motivationsstruktur von Entscheidungseinheiten als »institutionalisierte Lern- und Anpassungsprozesse« gesehen werden, können Konfliktsituationen, die »zum einen (aus) individuellen Konflikten bezüglich des Zielspektrums und Aktivitätsraumes«[11] und »zum anderen (aus) Konflikten zwischen In-

---

[9] Ebd., S. 201.
[10] Ebd., S. 204.
[11] Kade u.a.: Wirtschaftskybernetik, a.a.O., S. 36.

dividualentscheidungen«[12] resultieren, durch Konsensbildungsprozesse aufgelöst werden. Unter Organisation ist somit »ein vermaschtes System von Programm- und Zielkorrekturprozessen zu verstehen«; unter ihrem Gegenstand: »komplexe Gesamtheiten«[13].

Zusammengefaßt läßt sich sagen, daß, wenn ein Begriff von Gesellschaft mit dem Konzept einer dynamischen Planungstheorie zu verbinden ist, er im Begriff der »komplexen Gesamtheiten« zu suchen ist. Dieser Gesellschaftsbegriff wäre dann konsequent auf die Beziehung zwischen Gesamtheiten und ihren Teilen reduziert, das heißt ausschließlich auf eine formale Dimension bezogen. Die Erklärungsreichweite, die mit einer »Systemorientierung« der Planungstheorie erreicht wäre, würde dann davon abhängen, ob sie auf »Einheiten« organisatorischen, gesamtgesellschaftlichen oder supranationalen Ausmaßes bezogen wird; sie wäre im gleichen Maße unbegrenzt wie allgemein; ihr gesellschaftlicher Erklärungswert wäre trivial.

Unseres Erachtens führt das Konzept einer »dynamischen Planungstheorie« einen Lösungsvorschlag in die Planungsdiskussion ein, der die Aufgabe, die Abhängigkeitsbedingung zwischen Planstruktur und Problemkomplexität zu erfüllen, nur auf eine widersprüchliche Weise einlösen kann. Die Autoren versuchen einerseits »Planung« unter dem Gesichtspunkt einer »prozessualen Betrachtungsweise« zu sehen, wenn sie ihr Augenmerk auf den Planungsprozeß als »Transformationsprozeß und dessen Strukturierung in den Mittelpunkt (ihrer Diskussion) ... stell(en)«[14]; folgerichtig arbeiten sie gegenüber den entscheidungslogisch begründeten Planungsstrategien seinen Transformationscharakter heraus, legen ihr Hauptgewicht auf seine Eigenschaften, lernfähig und anpassungsfähig zu sein. Auf dieser Stufe der Argumentation, wo es darum geht, die formalen Eigenschaften der Planung als Prozeß herauszuarbeiten, sehen wir die eingangs gestellte Aufgabe als gelöst an. Offen bleibt nur, ob der geäußerte Reifizierungsverdacht sich bestätigt.

Andererseits müssen die Autoren mit dem Konzept einer dynamischen Planungstheorie einen hohen Abstraktionsgrad in Kauf nehmen, wie wir es anhand des implizierten »Gesellschaftsbegriffs« aufzuweisen versucht haben. »Gesellschaft« als »komplexe Gesamtheiten« gesehen, deren Bewegungsgesetze dadurch erklärt werden, daß das »Grundprinzip der Ultrastabilität auf das Gesamtsystem anzuwenden« sei, um in diesem Zusammenhang dann von »ultrastabilen Systemen«[15] sprechen zu können, kann als hinreichender Beweis da-

---

[12] Ebd., S. 36.
[13] Kade u. a.: Kybernetik..., a.a.O., S. 216.
[14] Ebd., S. 214.
[15] Ebd., S. 216.

für angesehen werden, daß die Autoren gezwungen sind, der »Gesellschaft« alle jene Eigenschaften zuzuschreiben, die vom Analyseansatz her betrachtet dessen konstitutive Merkmale ausmachen. Wir mußten uns für den implizierten Gesellschaftsbegriff der Autoren so intensiv interessieren, um den vermuteten Reifizierungsverdacht überprüfen zu können. Hätte er sich bestätigt – was unseres Erachtens zutrifft –, dann wäre das Konzept einer »dynamischen Planungstheorie« im Hinblick auf ihre Brauchbarkeit für eine Realanalyse der Gesellschaft zu verwerfen. Gegenüber dieser Einschätzung haben wir aber bereits früher die Absicht der Autoren favorisiert, Planung unter dem Gesichtspunkt einer »prozessualen Betrachtungsweise« sehen zu wollen, also ihren Prozeßcharakter herauszustellen. Welche Einschätzung ist nun vorzuziehen? Sollte man beide vorziehen? Oder drückt sich in den widersprüchlichen Einschätzungen nur das Dilemma aus, Planung unter dem Gesichtspunkt verschiedener Betrachtungsweisen sehen zu wollen? Um dieses Dilemma zu klären, gehen wir auf den Aufsatz »Planung der kleinen Schritte ...« ein, in welchem die Autoren angesichts der Position des »Disjointed Incrementalism« von Braybrooke/Lindblom ihre frühere Einstellung revidieren und bezüglich der Möglichkeiten kybernetischer Modellierung oder der »Systemorientierung einer Planungstheorie« zu neuen Schlüssen kommen.

Mit dem Konzept einer dynamischen Planungstheorie wird es, folgt man den Autoren, möglich werden, das Problem der Zielfindung durch »Prozesse der Zielfindung« anzugehen. Erinnern wir uns daran, daß eine der wesentlichen Schwierigkeiten entscheidungslogisch begründeter Planungsstrategien darin bestand, eine Vielzahl von Präferenzfunktionen berücksichtigen zu müssen, so wird der euphorische Charakter ihrer Argumentation hier verständlich, wenn sie diese Schwierigkeiten durch »Prozesse der Zielfindung« zu lösen glauben; genauer: durch Einbau zweier hintereinander geschalteter Anpassungsprozesse, nämlich den Prozeß der Revision der wirtschaftspolitischen Programme und den Prozeß der Korrektur der Zielgrößen. In ihrem Beitrag »Planung der kleinen Schritte ...« bemerken die Autoren dann allerdings selbstkritisch zu ihrem Lösungsvorschlag:
1. Die »Kybernetik (kann) zwar die Zielproblematik formal (ver)deutlich(en), kann sie jedoch nicht lösen, da sie trotz des Einbaus von Zielkorrekturprozessen ihre Kriterien für die Zielauswahl ... exogen setzen ... muß«[16].
Die Betonung des Prozeßcharakters der Planung als »Planungspro-

---

[16] Kade, G., Reinhard Hujer: Planung der kleinen Schritte und Politik des Status quo – zur systemerhaltenden Funktion von Planungskonzepten. S. 177.

zeß« und der Zielfindung als »Prozeß der Zielfindung«, die durch die Vorlage einer dynamischen Planungstheorie erfolgt, darf also nicht darüber hinwegtäuschen, daß auch mit diesem Ansatz die Kriterien für die Zielauswahl nur von außen in das System eingeführt werden können. Der vorgegebene Zusammenhang zwischen Planstruktur und Problemkomplexität kann also nicht aufrechterhalten werden. Trotzdem glauben wir, daß mit dem Ansatz »Planung als Prozeß« die Perspektive gewiesen ist, den Problemhorizont des Planungsbewußtseins zu erweitern, selbst wenn der postulierte Zusammenhang nur hypothetisch unterstellt werden kann. In dieser widersprüchlichen Praktik kybernetischer Modellierung ist zum einen ihr »heuristischer Wert« zu sehen, wie zum anderen aber auch die Bedingung dafür, daß — wird die eingeschränkte Erklärungsform und -weite nicht explizit berücksichtigt — alles, was von den Autoren gegen die entscheidungslogischen Planungsmodelle an Argumenten ins Feld geführt wurde, jetzt »nur auf einer höheren Ebene verfestigt«, als »eine sublimere Form der Apologetik«[17] gegen eine dynamische Planungstheorie zurückschlagen kann; sei es der Politikbegriff als »Politik des Als-ob«, sei es der Rationalitätsbegriff als ein notwendig an einem »technokratischen Bias« zu orientierender.

2. Damit eine Planungsstrategie »mehr (als) eine generalisierende Deskription« sei, fordern Kade/Hujer weiter, kann die gesellschaftliche Relevanz von Zielfindungsprozessen nicht mehr allein geklärt werden durch die Frage »Wie ist Planung möglich?« (Churchman) — eine Frage, auf die Churchman in unserer Materialiensammlung eine vielleicht nicht ganz befriedigende Antwort gibt — sondern sie muß noch ergänzt werden um die historische Frage »Wie kam es zur Planung?«[18].

Fazit: Wenn wir den heuristischen Wert einer »systematischen« Erklärung hervorkehren, dann unterstellen wir zum einen, daß die Systemanalyse einen, obzwar »generalisierenden«, aber trotzdem möglichen Interpretationsvorschlag zur Erklärung sozialer Prozesse darstellt, der an die Bedingung geknüpft ist, daß ihr Instrumentcharakter gewahrt bleibt, daß also Reifizierung (Ontologisierung) ausgeschlossen wird. Zum anderen grenzen wir ihre mögliche Erklärungsweite ein; Kade/Hujer tun dies ebenfalls, wenn sie darauf verweisen, daß die Bestimmung der gesellschaftlichen Relevanz von Zielfindungsprozessen an die Beantwortung zweier Fragen geknüpft ist oder sie voraussetzt. So können wir schlußfolgern, daß wir die mangelnde

---

[17] Kade u.a.: Wirtschaftskybernetik, a.a.O., S. 39.
[18] Kade u. a.: Planung der kleinen Schritte... a.a.O., S. 178; vgl. hierzu auch Ronge, Volker, Günter Schmieg: Politische Planung in Theorie und Praxis, München, 1971, S. 138.

realtheoretische Brauchbarkeit einer Systemanalyse kritisieren, zugleich aber ihren heuristischen Wert hervorheben.
Wir schließen uns dabei der Einschätzung von Peter Gäng an, der ausführt, daß kybernetische Methoden den Vorzug haben, »formale Zusammenhänge... auch vor vollständiger inhaltlicher Klärung greifen (zu) können«[19], in diesem Vorzug würden wir ihren möglichen heuristischen Wert erkennen. Gleichzeitig wird zu begreifen sein, daß nicht unbesehen Erklärungsform und -reichweite kybernetischer Modellierung auf die Analyse gesellschaftlicher Prozesse »anzuwenden« ist, und auf der Basis der Erkenntnis kybernetischer »Gesetzmäßigkeiten« postuliert wird, daß die gesellschaftliche Entwicklung zur »postmodernen Gesellschaft« (Etzioni) verläuft. Vor diesen oder ähnlichen Entwürfen ist eine Abgrenzung zu finden und zu erkennen, daß gesellschaftliche Zusammenhänge nicht im gleichen Maß »vor (ihrer) vollständigen inhaltlichen Klärung (zu) greifen sind (wie) formale«, sondern, daß, »was sonst durchaus Vorteil kybernetischer Methoden sein kann,... hier bei einer Theorie, die politisches Handeln zur Folge hat, zum Nachteil (gerät)«[20].
So gesehen läßt sich sagen, daß die in der Überschrift postulierte Tendenz – »Law and Order« in der Planungstheorie – sich in all denjenigen Theorien ausdrückt, die von der soziologischen Systemtheorie Luhmannscher Provenienz bis hin zur Sozialkybernetik Etzionischer Prägnanz, in denen diese unkritische Rezeption der Kybernetik sich ausdrückt, reicht. Wir finden sie überall dort vor, wo ihr instrumentaler Charakter in Vergessenheit geraten ist und wo also nicht Abschied genommen wird von der »ersten Generation« kybernetisch inspirierter Erwartungen über gesellschaftliche Zukünfte.

N. K.

---

[19] Gäng, Peter: Funktion und Nutzen der Anwendung kybernetischer, informationstheoretischer und verwandter Methoden in der Planungstheorie (Manuskript, 1972).
[20] Ebd., S. 12

Wie ist Planung möglich?
Von C. West Churchman

Es wird in diesem Beitrag vorausgesetzt, daß »Operations Researcher«[1] tatsächlich Pläne für Handlungsabläufe erarbeiten, und daß diese für »besser« gehalten werden als andere. Des weiteren wird davon ausgegangen, daß der empfohlene Plan auf Grund von Resultaten vergleichsweise höheren Wertes gerechtfertigt werden kann; dieser höhere Wert mag in monetären Größen gemessen oder anhand anderer »Präferenzskalen« ausgedrückt werden. Ziel unserer Überlegung ist nicht die Frage, wie man einen Plan, der Ergebnisse von hohem Wert zeigt, vertreten kann, sondern, wie die Wahl der Wertskala selbst zu rechtfertigen ist.
Für dieses Problem stehen drei Positionen zur Auswahl: 1. die den Zwecksetzungen zugrunde liegenden Werte sind nicht in erster Linie Sorge der Operations Researcher, sondern sie gehören zu den »Gegebenheiten« des Problems; 2. die entsprechenden Werte sind Sache des Operations Researchers, der sie durch Einschätzung der wirklichen Zielpräferenzen des Klienten erhält, und 3. die entsprechenden Werte sind Sache der Operations Researcher, aber sie sind nicht allein durch einen Klienten oder irgendeine spezifische Gruppe von Individuen bedingt.
Die Implikationen dieses Beitrages tangieren direkt den Handlungsrahmen des Operations Researchers: soll die Bewertung der Ergebnisse, welche der Klient sich ausbedingt, noch Gegenstand des Operations Research (OR) sein, das heißt, reicht es aus, wenn der Klient sich über die Definition der Zwecke im klaren ist? Oder, anders ausgedrückt: ist OR bei der Zuordnung von Werten selbst mit im Spiel, und wenn ja, liegt dem irgendwelche Forschung zugrunde?
Ich will zu Beginn einige Seiten in der Geschichte zurückblättern. Als Immanuel Kant seine erste »Kritik« abfaßte, schrieb er eine Einleitung, welche die fundamentale Fragestellung seines eigenen Werkes aufwarf: »Wie sind synthetische Apriori-Aussagen möglich?« Dies war eine in mancherlei Hinsicht recht befremdliche Frage. Der rationalistische Standpunkt vertritt dazu die Auffassung, daß es Dinge gibt, die wir Menschen, unabhängig von irgendwelchen Erfahrungsdaten, wissen (zum Beispiel »es gibt Gott«). Demzufolge ist dieses Wissen apriorisch und zugleich auch »synthetisch«, weil es mehr be-

---

[1] Da der Begriff »operations-researcher« im Deutschen durch »Unternehmensforscher« oder »Unternehmensplaner« nur unzureichend wiedergegeben werden kann, soll hier der englische Terminus beibehalten werden (d.Ü.).

sagt als die bloße Tautologie »A ist A«. Also wäre die Antwort an Kant, daß synthetische Apriori-Aussagen qua Existenz möglich sind; Existenz impliziert Möglichkeit.
Vom streng empirischen Standpunkt aus kann nichts (außer Tautologien) ohne empirische Evidenz begründet werden. Folglich gibt es keine synthetischen Apriori-Aussagen. Also wird Kants Frage nach ihrer Möglichkeit verneint.
Kant verfolgte jedoch mit dieser Fragestellung eine ernst zu nehmende Absicht, welche auch für die vorliegende Diskussion zentralen Stellenwert hat. Mancher ist noch immer der Ansicht, daß er diese Frage besser nicht hätte stellen sollen und daß er sich damit nicht gerade von seiner besten Seite gezeigt habe. Aber für Kant war es die entscheidende Frage der Erkenntnistheorie.

1. Operations Research und ethische Fragen

Was hat das alles überhaupt mit Operations Research zu tun? Etwas das nicht direkt auf der Hand liegt, wohl aber bedeutsam für die Zukunft des OR ist. Es könnte ja einer die Frage aufwerfen: »Wie kann man Behauptungen ethischer Natur treffen?« Oder: »Wie ist es möglich, Aussagen darüber zu machen, was der Fall sein *sollte*, im Gegensatz zu dem, was behaupteterweise der Fall *ist?*« Man würde dieselben Antworten zu hören bekommen wie Kant. Die erste Gruppe würde sagen: »Was ist denn damit gemeint, ob Behauptungen ethischer Natur möglich sind? Natürlich sind sie es, eben weil wir sie machen. Ihre Möglichkeit folgt aus ihrer Faktizität!« Und die andere Gruppe würde sagen: »Ob etwas ist oder nicht, muß durch Versuche geklärt werden.« Aber es ist nicht möglich, etwas daraufhin zu überprüfen, ob es sein sollte oder nicht. Folglich können Behauptungen ethischer Natur nicht verifiziert werden. Und wenn sie nicht überprüft werden können, dann sind sie bedeutungslos. Also sind sie nicht »möglich«, falls ich diesen Terminus richtig verstehe.
Nun, Kant dachte, er könne aufzeigen, wie synthetische Apriori-Behauptungen möglich sind, sogar für Empiriker (er hat es nicht so dargestellt, aber für den momentanen Zweck sind die Details unbedeutend). Möglicherweise hätte er den Spieß umgedreht und sich an den Empiriker mit der Frage gewandt: »Wie ist Erfahrung möglich?« Von dieser Frage wäre jeder Empiriker aufs gröblichste beleidigt und würde schlichtweg antworten, »daß jeder seine Sinnesempfindungen wohl kennt und was denn mehr als Beweis für die Möglichkeit von Erfahrung zu verlangen sei«. Dies bedeutet aber, daß der empirische Standpunkt denselben Dogmatismus wie der rationalistische vertreten kann (und oft vertritt).

Kants Argumentation lautet, daß Erfahrung nicht einfach so »gemacht« wird. Unsere Daten kommen nicht aus heiterem Himmel. Erfahrungen werden nicht auf einem unbeschriebenen Blatt fixiert; diese Fixierung wird selbst rigide reguliert. Synthetische Apriori-Aussagen sind möglich, da ohne sie Erfahrung unmöglich wäre. Seit Kants Zeiten hat sein Argument natürlich Modifikationen erfahren. Wir sind im Operations Research mehr an Forschungsdaten als an persönlichen Empfindungen interessiert. Wir gebrauchen die Termini »synthetisch« und »apriori« nicht, stattdessen gehen wir davon aus (oder sollten es tun), daß man ohne einen konzeptionellen Rahmen nicht einmal Daten sammeln kann. Wir meinen nicht, wie Kant es offensichtlich tat, daß es ein bestimmtes Apriori gibt, sondern wir gehen davon aus, daß sich der konzeptionelle Rahmen je nach Problem ändert. Aber zumindest einige von uns sind sich darin einig, daß jeder Problemtyp, analog Kants Begriff des »Apriori«, seinen »besten« oder »richtigen« konzeptionellen Rahmen hat. Dieser »beste« konzeptionelle Rahmen ist gemeinhin nicht bekannt, wir hoffen aber, daß Wissenschaft, vermittelt über größere Erfahrungen, sich dieser richtigen Konzeption für unterschiedliche Situationen immer mehr nähern könne.
So viel zu Kant. Inwieweit ist dies nun für das andere Problem, wie ethische Fragen und Postulate möglich sind, relevant? Ich möchte bei einer direkten Analogie verbleiben. Das Kantsche Argument für synthetische Apriori-Aussagen beinhaltet für mich, daß mit ihrer Möglichkeit gleichzeitig auch die Möglichkeit von Erfahrung verneint wird. Dazu parallel: sind ethische Behauptungen nicht möglich, dann ist auch Planung nicht möglich.
Bewegt man sich auf der Ebene von Klischees und Platitüden, so hat man eine Antwort schnell parat. Sie lautet: »Sie haben es versäumt, eine Unterscheidung zu treffen zwischen in gewisser Weise absoluten ethischen Sollaussagen und Planung, welche ja nur konstatiert, daß zur Erreichung eines bestimmten Zwecks eine Folge von Handlungen nötig ist.« Nichts dergleichen habe ich getan. Wenn ich der Meinung wäre, daß ethische Behauptungen lediglich durch Zwecke bedingt seien, und dann erklärt hätte, daß Planung ohne sie nicht möglich sei, dann hätte ich nur eine triviale Tautologie aufgestellt.

2. Ist Ethik in der Planung möglich?

Ethik soll sinngemäß verstanden werden als Aussage darüber, was in unbeschränkter Weise sein sollte. Meine Behauptung, daß ohne Ethik keine Planung möglich sei, ist ernst gemeint. Sollte es zutreffen, daß ich mit dieser Auffassung recht habe, dann ist dies für OR von Bedeutung, da es bei der Erstellung von Plänen mitwirkt; und ich befürchte, daß OR die ethischen Probleme für gewöhnlich anderen überläßt, etwa der »Spitze des Hauses«, oder den Top-Managern selbst. Diese mögen ja, sogar wenn sie in Beratungen sitzen, standhafte Männer sein, aber sie neigen dazu, ihr Urteil über ethische Fragen und Planung reichlich unbestimmt zu belassen. Sie halten nichts von gesellschaftlicher oder staatlicher Wirtschaftsplanung, aber sie planen in beträchtlichem Umfang für ihre eigenen Unternehmen. Nur der Dollar zählt, sagen sie, aber sie verweigern ihr Engagement einem todsicheren neuen Produkt, wenn es der »Politik« ihres Unternehmens zuwiderläuft. Und falls man einige ihrer Äußerungen, nämlich daß Nettoprofit (was immer dies bedeuten mag) ihr letzendliches Ziel sei, tatsächlich für bare Münze nimmt, dann sollte man daraus die Konsequenzen ziehen. Denn wie könnte die Gesellschaft es tolerieren, ja sogar unterstützen, daß es Gruppen gibt, welche anstatt der Befriedigung von Bedürfnissen nur den Profit maximieren wollen? Aber ist so etwas denn Sache des OR? Angenommen, wir definieren OR als die Verwendung von wissenschaftlichen Methoden zur Entscheidungshilfe für ausführende Organe. Bedeutet dies, daß OR jeden, egal wie übel seine Absichten sind, unterstützt?

Damit dies deutlicher wird, will ich die Frage formalisieren. Es soll von folgendem konzeptionellen Planungsschema ausgegangen werden, welches als allgemeines, jegliche Planung erfassendes zu betrachten ist:

Pläne — Wahl möglicher Verhaltensweisen (es muß mindestens zwei geben, da sonst nicht von Planung gesprochen werden kann).

Ziele — mögliche Planergebnisse, beschreibbar als Aspekte eines Umweltzustands, welcher erst nach der Planauswahl eintritt.

Effizienz — jede Plan-Ziel-Kombination hat einen realen Wert (e_{ij}), welcher die Effektivität des i-ten Plans für das j-te Ziel angibt. (Dies Maß ist von Umweltdaten genauso abhängig wie von den Plänen und Zielen; es kann ein Wahrscheinlichkeitsfaktor sein oder es beschreibt die Differenz zwischen dem tatsächlichen Endwert und dem vom System erreichbaren Maximum. Unser hauptsächliches Interesse hier gilt nicht diesem Maß.)

Werte — jedem Ziel ist ein Maß V_j zugeordnet, der »Wert« des Ziels.

Totale Effizienz — die totale Effizienz eines Plans beschreibt eine Funktion der e_{ij} und V_j aller möglichen Pläne. (Welcher Art diese Funktion ist, ist hier nicht von Interesse.)

Wir können jetzt darstellen, was mit dem Satz »Planung ist möglich« gemeint war. Planung ist dann möglich, wen die e_{ij} und V_j geschätzt werden können. Methoden zur Schätzung der e_{ij} und V_j sind für Planung (und daher auch für OR) eine notwendige Bedingung. Nehmen wir zur Illustration das Lagerhaltungsproblem in einem geschlossenen System, wo Umsätze und Terminpläne bekannt sind. Jeder Plan kann durch die Menge, welche zu bestimmten Zeitpunkten in einer Periode gelagert wurde, dargestellt werden. Ergebnis kann dann eine Reihe von Zielen sein, welche
1. in der durchschnittlich gelagerten Materialmenge für eine Periode oder 2. im durchschnittlichen Materialmangel ausdrückbar sind.
Der Wert jedes Ziels kann nun anhand der Opportunitätskosten gemessen werden. Bei einem deterministischen System, wo Umsätze als nicht veränderlich bekannt sind, hat jeder Plan ein determiniertes Ergebnis (das heißt die Wahrscheinlichkeit »eins« für ein bestimmtes Ergebnis von jedem Typ und die Wahrscheinlichkeit »null« für alle anderen.) In diesem einfachen Fall entspricht die Effektivität des Plans zugleich dem Geldwert des Ergebnisses. Beschreibt das System dagegen einen stochastischen Prozeß, dann haben die Pläne für eine Reihe von Ergebnissen Wahrscheinlichkeitswerte zwischen »null« und »eins« und die Effektivität eines Plans ist meßbar durch, sagen wir, die Summe des Geldwerts der Ergebnisse multipliziert mit den Wahrscheinlichkeitswerten.
Nichts davon bietet neue philosophische Probleme. Charles Peirce und John Dewey haben sehr früh bereits an Ziel-Mittel-Schemata gearbeitet, obwohl Dewey nie an deren Formalisierungsmöglichkeiten glaubte. Auch ein beträchtlicher Teil der früheren Arbeit Jeremy Benthams war derartigen Schemata auf halbformalisierter Grundlage gewidmet.

3. Die Messung des Wertes V_j

Es stellt sich jetzt das Problem, wie die Werte V_j gemessen werden sollen; ein Problem ethischer Natur, obwohl ich darauf hinweisen sollte, daß einige moderne Ethiker behaupten würden, diese Formulierung habe nichts mit ethischen Problemen zu tun. Sie könnten darauf bestehen, daß Werte nicht auf ein Ziel-Mittel-Schema zu beziehen sind, oder daß sie nicht meßbar sind und dergleichen mehr. Aber dieser Aufsatz wendet sich nicht an moderne Ethiker im allgemeinen, sondern nur an jene, deren Interesse vornehmlich der Planung gilt. Welche Positionen man in dieser Streitfrage einnehmen kann, will ich jetzt darlegen. Ihre Benennung scheint mir mit bestimmten historischen Schulen der Ethik zu korrespondieren, allerdings habe ich wenig Interesse daran, diese Parallelität ernsthaft zu verteidigen. Zu diesem Zweck will ich zwei Vorschläge bezüglich der Werte V_j machen, welche als Grundlage zur Klassifizierung einzelner Haltungen dienen sollen.

Vorschlag 1: Um die V_j zu erhalten, ist keine Forschung notwendig. Das heißt die V_j sind alles andere als empirische Messungen; ihre Bestimmung bedarf weder systematisierter Daten, noch sind sie den üblichen Meßfehlern unterworfen.

Vorschlag 2: Hinreichende Bedingung zur Messung der V_j sind Meßwerte bestimmter Eigenschaften spezifischer Individuen oder Gruppen.

Bezüglich dieser zwei Vorschläge gibt es drei mögliche Positionen (beiden Vorschlägen gemeinsam zuzustimmen, scheint mir ein Widerspruch):

3.1. Position A akzeptiert Vorschlag 1 und lehnt Vorschlag 2 ab. In Abhängigkeit davon, wie die Messungen der V_j auf nichtempirischem Wege gewonnen werden, ändert sich diese Position. So würden einige argumentieren, daß die Wissenschaft von der Planung unabhängig von der Genesis der V_j betrieben werden kann, da die V_j einfach gegebene Bedingungen des Problems darstellen. Dies scheint Walds Auffassung in der »Theorie statistischer Entscheidungsfunktionen« zu sein. Wald benützt eine »Gewichtungsfunktion« als Bewertungsgrundlage dafür, wie schwerwiegend eine falsche Entscheidung sich auswirkt. Er sieht das »allgemeine« Problem der Statistik darin, daß sie, bei gegebener Gewichtungsfunktion, sich mit dem Problem der Selektion in gewisser Weise befassen muß. Falls er sich vorgestellt hat, daß diese Gewichtungsfunktion anhand von Daten geschätzt werden könnte, dann käme er allerdings nicht um das allgemeine Problem der Statistik herum, da unweigerlich die Frage nach der Genauigkeit der Gewichtungsfunktion auftauchen würde. Anders ausgedrückt, für Wald ist beim Selektionsproblem die Auswahl einer angemessenen Gewichtungsfunktion nicht mit inbegriffen. Daher folgere ich, daß Wald annimmt, die Gewichtungsfunktion könne selbst nicht durch Messungen gewonnen werden. Ähnliches läßt sich für den Typus der Spieltheorie sagen, welcher die Strategien und Züge nicht zur Neueinschätzung des Wertes des Spiels für die Spieler verwendet; die Werte sind »Gegebenheiten« des Problems.

Wald und ihm nahestehende Spieltheoretiker mögen um der Konstruktion eines mathematischen Modells willen die bedingte Gegebenheit der V_j akzeptieren (obwohl Wald sich wahrscheinlich in diesem Fall der Aussage über die Allgemeingültigkeit seiner Theorie enthalten hätte). Möglicherweise meinen sie, daß die V_j schließlich doch anhand von Messungen gewonnen werden.

Eine andere, streng philosophische Auffassung würde behaupten, daß die V_j immer willkürlichen Charakter tragen und gewissermaßen Konventionen der Zeit und des Ortes sind. Dieses Pochen auf Konventionalität verweist gewöhnlich auf den willkürlichen Charakter der Entscheidung über die V_j für eine Gesellschaft oder Kultur, wobei letztere Einschränkung keine notwendige ist. Das hervorstechende Kennzeichen des »Konventionalismus« liegt darin, daß jeglicher absolute Vergleich von Plänen ausgeschlossen wird; er ist das Rückgrat eines »kulturellen Relativismus«, welcher einen Mordplan wie einen Wohltätigkeitsplan gleichermaßen toleriert, ausgehend davon, daß die Wertsetzungen einer Kultur nicht mit denen einer anderen identisch sein müssen, und daß irgendwelche übergeordneten Werte nicht auffindbar sind.

»Intuitivismus« ist eine Variante dieser Position. Er faßt die V_j als absolute, aber durch Daten nicht verifizierbare Werte auf. Insbesondere ein Resultat wie »Mord« hat, unabhängig von jeglichen feststellbaren Konsequenzen, einen niedrigen Wert V_j. Bekanntermaßen besitzt man diese Wertsetzung eben intuitiv und kein Beweis könnte jemals diese intuitive Überzeugung, welche wir haben oder haben sollten, erschüttern. In ähnlicher Weise kann die Beurteilung der V_j rückgeführt werden auf die Enthüllungen eines höheren Wesens, welches sich zum Beispiel eines solchen Mediums wie der zehn Gebote bedient. »Intuitivisten« bleibt nichts übrig, als die wacklige Begründung der vorhergesagten Ewigkeit menschlichen Glaubens und Meinens zu akzeptieren (der unbekümmerte Spott über die intuitiv erfaßten Grundsätze unserer Väter und Ahnen ist pervers). Ein Grund mehr, weswegen irgendein gefühlsmäßig befriedigendes, moralisches Axiom mir eine zu schwache Grundlage zur Wahl der V_j für betriebliche und staatliche Planung zu sein scheint. Niemand weiß, wieviele Operations Researcher unter diese erste Kategorie fallen. Ich habe viele von ihnen (mich selbst eingeschlossen) sagen hören: »Welches ist Ihr Problem? Sagen Sie uns, was Sie erreichen wollen und wir werden unseren Forschungsapparat in Bewegung setzen, um den Weg dazu ausfindig zu machen (hoffentlich!). Aber wenn Sie die Problemstellung nicht verdeutlichen können und vor allem, wenn Sie noch nicht wissen, was Sie eigentlich wollen, dann können wir Ihnen auch nicht helfen.« Eine derartige Aussage oder auch der Versuch, anhand von Vorbesprechungen explizite Zielformulierungen zu erhalten, läßt sich zumindest in dieser Hinsicht der ersten Position zuordnen: die V_j sollen, wenn auch unter Zeitverlust, »gegebene Größen« sein.

3.2. Position B lehnt Vorschlag 1 ab (das heißt, sie behauptet, daß empirische Daten zur Bestimmung der V_j notwendig sind) und billigt

Vorschlag 2 (sie stimmt dem zu, daß die V_j Meßwerte bestimmter Eigenheiten von Individuen oder Gruppen sind).
Diese Position gliedert sich in verschiedene Einstellungen, wenn es darum geht, wessen Eigenheiten wie gemessen werden sollen. So ist es »egoistischer Hedonismus«, wenn die V_j als Präferenzen von Gruppen, Gesellschaften, Kulturen usw. betrachtet werden. »Introspektivismus« vertritt die Auffassung, daß die V_j lediglich anhand der verbalen Antworten der beteiligten Individuen zu messen sind, während »Behaviorismus« meint, daß auch andere Typen individueller Handlungen zur Messung der V_j dienen können.
Das Hauptargument der Unterscheidung von egoistischen und universellem Hedonismus kursiert heutzutage noch in etwas unterschiedlicher Gestalt gegenüber den Darlegungen zu Hobbes Zeiten. Früher war es die Frage, ob ein Plan uneingeschränkt in Form der Präferenzen eines einzigen Individuums bewertbar ist oder ob eine Gruppe von Individuen dafür maßgeblich ist. Der egoistische Hedonismus geht für gewöhnlich von einem psychologischen Determinismus aus: Menschen handeln immer nach ihren eigenen, errechneten Präferenzen. Heute findet der Streit auf der Ebene statt, ob wir sinnvoll nur für Individuen oder Körperschaften planen können oder auch für die Gesellschaft als Ganzes. Diese Form von egoistischem Hedonismus – namentlich die Meinung, daß gesellschaftliche Planung Totalitarismus impliziert oder dazu führen könnte – findet ihre Begründung eher in einer gesellschaftlichen als in einer psychologischen Theorie. Von daher wird gesellschaftliche Planung ausgeschlossen, denn sie würde sich für die Gesellschaft ganz ohne Folgen als Übel erweisen.
Wie unterscheidet sich diese zweite Position von der ersten? Nun, wenn man die V_j als gegeben betrachtet, dann plagt keinen sein Gewissen wegen möglicher Meßfehler, das heißt, der Forscher rechnet einfach nicht damit, daß die gegebenen Größen der V_j falsch sein könnten. Vertritt man aber diese zweite Position ernsthaft, so versucht man mit Beobachtungen und Besprechungen die Zwecksetzungen seines Klienten richtig zu erfassen und nimmt außerdem eine explizite Methode zur Überprüfung und Revidierung dieser Einschätzung in sein Forschungsverfahren mit auf. Es ist dieser Punkt, welcher den großen Unterschied in der Praxis des OR ausmacht. Man mag ruhig der Meinung sein, die V_j sollten gemessen werden; ignoriert man dabei aber in der Praxis die Schätzfehler, das Kernproblem aller Messungen, dann vertritt man die erste und nicht die zweite Auffassung.
Viele Forscher, die sich Position B zu eigen gemacht haben, sehen die einzig gangbare Lösung des Problems falscher Bewertung darin, daß die Manager selbst Teil des Forschungsteams werden.

3.3. Position C lehnt beide Vorschläge ab. Sie vertritt den Standpunkt, daß die V_j Maßstäbe sind, aber nicht Maßstäbe irgendwelcher Personen oder Gruppen. Dies ist ein etwas ungewöhnlicher Standpunkt und bedarf der weiteren Ausführung. Normalerweise wird in der Geistesgeschichte und in den zeitgenössischen Schriften zwischen einer uneingeschränkten ethischen Betrachtungsweise und der Objektivität von Wissenschaft betont differenziert. Diese Position jedoch versucht, beide Konzeptionen aufrechtzuerhalten: die V_j sind nicht durch bestimmte Gruppen oder sogar Gesellschaften bestimmt und doch wissenschaftlich meßbar. Wie ist dies möglich?

4. Werte und die Rolle der Wissenschaft

So fremd diese These auch oberflächlich anmuten mag, ist sie doch so grundsätzlich, daß viele Wissenschaftler nicht einmal bemerken, daß sie ihr verschrieben sind. Denn es liegt wohl auf der Hand, daß Wissenschaft selbst bestimmte Zwecke verfolgt, nennt man sie nun Prognose, Deskription oder Optimierung. Und kein Wissenschaftler, der auch nur ein bißchen darüber nachdenkt, würde zu behaupten wagen, daß die Wissenschaft seiner Zeit ihre Aufgabe in irgendeiner Weise erfüllt habe. Unser Zeitalter unterscheidet sich darin, daß Wissenschaftler die Vergangenheit mit Überheblichkeit und die Gegenwart mit Selbstzufriedenheit betrachten, um keinen Deut von anderen Zeiten. Aber die Einsichtigen unter ihnen wissen genau, daß die Errungenschaften dieser Epoche zu den historischen Merkwürdigkeiten der nächsten werden. Relativiert ein solcher einsichtiger Wissenschaftler nun sein ganzes Bestreben, führt er es nur zurück auf bestimmte Attitüden seiner Zeit? Wir wollen es nicht hoffen. Nehmen wir die Geschichte der Wissenschaft doch für das, was sie ist: jede Zeit liefert eine bessere und tiefere Einsicht in die Funktionsweise der Natur. Der wahre Wert von Wissenschaft liegt in ihren letztendlichen Zielen begründet – ein Ideal, das kein Wissenschaftler jemals voll bestimmen oder würdigen könnte: eine vollkommene Prognose, eine vollkommene Deskription und eine Optimierung ohne jedes »Sub«. Solch wahrer Wert wissenschaftlichen Handelns läßt sich nicht auf Zielsetzungen einzelner Gelehrter oder von Gruppen von Gelehrten zurückführen. Es ist ein Wert, der nur unter Befragung der Geschichte der Wissenschaften und ihrer prognostizierten Zukunft bestimmt werden kann. Doch sollte der gebildete Wissenschaftler darauf beharren, daß diese Idealvorstellung von Wissenschaft, welche den Maßstab zur Bewertung von Forschung definiert, selbst wissenschaftlich erfaßt wird. Dies bedeutet, daß jede Zeit, wenn sie ihre Errungenschaften genauso kennt wie ihre Mängel, auch versucht, eine

Einschätzung dessen zu gewinnen, was Wissenschaft als historisches Ganzes zu vollbringen trachtet. Somit ist der wahre Wert von Wissenschaft, und damit auch die V_j der Zwecksetzungen zeitgebundener Wissenschaft, ständig Gegenstand der Überprüfung und kann niemals völlig durch Individuen, Gruppen oder Gesellschaften vorgegeben werden. Also widerspricht Position C Position A in der Betonung von Maßstäben für die Richtung von Interessen gegenüber den bloßen Interessen selbst.
Und wie wird diese Einschätzung gewonnen? Sicherlich durch die Geschichte der Wissenschaft, welche klarmachen sollte, woher wir kamen und wohin wir gehen. Menschliches Bemühen in seiner Gesamtheit unterscheidet sich nicht von dem Bewußtheitsgrad darüber. »Produktivität« folgt anscheinend demselben historischen Modell wie Wissenschaft, indem jede Zeit die Einschränkung der vorherigen über den wahren Wert der Produktivitätsanstrengung korrigiert. »Kooperation« – also die Verwendung gesellschaftlicher Interaktion zur Steigerung des »outputs« über das Leistungsvermögen eines Einzelnen hinaus – scheint sich ebenfalls im Verlauf der Geschichte zu einer Wertsetzung entwickelt zu haben. Eine weitere sich herausbildende Wertauffassung ist – befremdlich genug – Unzufriedenheit. Es scheint mir richtig, daß sich vom letzten Jahrhundert an zunehmend die Neigung entfaltet, Unzufriedenheit mit dem status quo, mit den Errungenschaften der Zeit an den Tag zu legen.
Ob alle diese Beispiele die wahre historische Interessenentwicklung beschreiben, ist hier nicht mein vornehmliches Anliegen. Ich gehe davon aus, daß der Mensch sich nicht nur in seinen Ansätzen, Dinge zu bewältigen, sondern auch in seinem Interesse für Zwecke entwickelt. Der wahre Wert eines Zwecks wird durch die letzte Stufe dieser Interessenentwicklung dargestellt; er ist – wie in der Wissenschaft die richtigen Meßwerte und verifizierten Theorien – nie gänzlich erreichbar und kann nur geschätzt werden. Daher sind die V_j nichts als Meßwerte wie alle anderen Meßwerte in der Wissenschaft auch; kein endlicher Satz von Daten reicht aus, weder zur exakten Messung noch zur exakten Erfassung des Sinngehaltes einer Messung. Daher bilden die Präferenzen von Individuen oder Gesellschaften niemals eine hinreichende Grundlage, um die V_j zu messen (das heißt Vorschlag 2 ist falsch). Aber die richtige Größe der V_j ist von Daten abhängig (also ist Vorschlag 1 falsch).
Dieser letzte Standpunkt bedarf natürlich weiterer Erläuterung. Aber wahrscheinlich ist es richtig, an dieser Stelle zu unterbrechen, um zu fragen, ob diese Diskussion für OR etwas erbringt. Über die idealen Werte des Menschen im gesamthistorischen Kontext zu reden, scheint angesichts der praktischen, mit beiden Beinen auf dem Boden stehenden Projekte des heutigen OR etwas verstiegen zu sein.

Als erstes will ich nochmals betonen, daß hierin ein Problem liegt für alle, die an Planung interessiert sind, und zwar ein Problem ethischer Natur, nämlich: wie erhält der Planer die Werte der Zwecksetzungen? Rekurriert man aus »praktischen« Gründen auf Konventionalität, dann beinhaltet dies eine ethische Haltung, welche von der Annahme ausgeht, daß OR sich nur mit praktischen Fragen beschäftigen sollte. Soll das wissenschaftlich belegt werden, dann muß diese Annahme durch eine Definition dessen, was als »praktisch« gelten soll, begründet und die Ursache benannt werden, warum OR in seinen Interessen solchermaßen eingeschränkt sein sollte. Vom Standpunkt des logischen Positivismus aus gilt nur die zweite Position als wissenschaftlich sinnvoll, da man keine »absoluten« Werte, sondern nur das, »was sein sollte«, nur das meinen kann, »was gewünscht wird«; dies sei der einzige faktische Inhalt von Werturteilen (alles übrige ist nach allgemeiner Meinung emotionelle Übertreibung). Was der logische Positivismus nicht begreifen kann, liegt darin, daß er ohne Begründung der Auswahl irgendeine Alternative aus einem ganzen Satz möglicher Positionen auswählt. Man mag behaupten, daß es keine faktische Begründung für die Äußerung von Wünschen gibt (Position A). Oder man kann derart argumentieren (Position C), daß der faktische Inhalt von Aussagen darüber, was sein sollte, sich nicht durch individuelle Wünsche, sondern durch historische Trends bestimmt. Man kann nicht durch Selbstbefragung oder gesunden Menschenverstand entscheiden, wie so etwas gemessen werden soll oder was nun der »faktische Inhalt« ist oder weil Behauptungen verwissenschaftlicht werden können.

5. Die Zukunft des OR

Wer die Praktikabilität ins Feld führt, nur um sich mit der Frage der Werte nicht beschäftigen zu müssen, der sollte einige Aspekte der Zukunft des OR betrachten. Ich will diese Ausführungen nicht begründen, obwohl ich sie alle für begründbar halte:

1. *OR wird in der Zukunft der Wissenschaft keine Rolle spielen.* Viele grundlegende Fragen zu möglichen Anwendungsgebieten des OR können wir heute noch nicht beantworten. Wenn OR-Gruppen die Forschung über diese grundlegenden Fragen nicht in ihr Programm einbeziehen, dann wird OR dem Weg der meisten Ingenieurwissenschaften und der statistischen Qualitätskontrolle folgen; es wird mehr Operation (im Sinne der Vollzugsroutine) als Research (Forschung) werden. Wir wissen nicht, wie wir die Produktion eines Betriebes im allgemeinen planen können, wie wir über eine geeignete

Produktzusammensetzung einer Firma entscheiden sollen, wie wir die Kosten von Knappheit und Leistungsschwankungen messen sollen.
Der springende Punkt ist, daß OR nicht immer »praktisch« sein kann. Es muß Programme für Grundlagenforschung aufstellen, deren Nutzen den tagtäglichen Klienten nicht einsichtig sein kann.

2. *OR wird in der Zukunft der Planung von Produktion und Konsumtion mit im Spiel sein.* Sollte dann ein Operations Researcher für denjenigen arbeiten, der am meisten bietet? Würden Sie für die Kommunistische Partei arbeiten, wenn sie genug bezahlte und Geheimhaltung garantierte? Persönliche Vorsicht, persönliche Abneigung treten als neue Aspekte hinzu. Oder noch etwas anderes?
Die Antwort muß »Ja« lauten, wenn man zugesteht, daß OR nicht nur eine beliebige historische Forschungsrichtung ist, daß es wissenschaftlich betrieben wird, und daß keine Aktivität als Wissenschaft gelten kann, die nicht so weit wie möglich Zukunftsforschung und zugleich Geschichtsforschung garantiert. Ich befürchte, daß wir im OR unsere Klienten nicht allein nach der Anwendbarkeit von Wissenschaft auf ihre Probleme, sondern auch nach ihren Problemen selbst auszuwählen haben. Darüber ist nachzudenken. Sollte man, wenn man Gelegenheit dazu hat, für ein privates Unternehmen arbeiten? Für eine Gewerkschaft? Für die Gewerkschaft eines Unternehmens, das seinerseits bereits Klient bei einem ist? Für den CIA? Eher für ein Gemeindeprojekt als für ein Industrieprojekt? Man kann diese Fragen im stillen Kämmerlein entscheiden, oder man kann die Werte anhand der bei jedem Projekt verfolgten Zwecksetzungen abzuschätzen versuchen. Man kann auch schlichtweg behaupten, daß solche Fragen nicht in den Bereich von Forschung fallen, sondern Angelegenheit rein individueller Präferenzen sind.
Und wenn unsere Klienten die Welt in die Luft jagen, uns dem Hungertod oder einem totalitären Regime aussetzen, dann ist das zwar schlimm, aber wir haben schließlich unser reines Gewissen bewahrt. Oder nicht?

6. Ethik und OR

Ich habe nicht versucht, den Nachweis darüber zu führen, daß Position C die einzig haltbare ist, da dies zuviel Raum beanspruchen würde, selbst wenn so ein Nachweis gegenwärtig geführt werden könnte. Ich meine, daß die Vertreter von Position A mit der Forschung vor dem bedeutendsten Aspekt von Planung haltmachen: der Wünschbarkeit der Planergebnisse. Und Vertretern von Position B

wird es unmöglich sein, lediglich auf der Grundlage persönlicher oder sozialer Präferenzen die Ergebnisse zu bewerten, da jedes adäquate Modell solcher Wertzuordnungen in einen Zielplan größerer Reichweite »eingebettet« werden müßte, welcher über den geistigen Horizont irgendwelcher Personen oder Gruppen hinausragen dürfte.
Es ist mein Anliegen, die Richtigkeit von Position C nahezulegen, was impliziert, daß die Grundlagenforschung im OR umfassende Bemühungen um ethische und moralische Probleme beinhalten muß. Vor allem denke ich, daß keiner von uns Grund hat, in Selbstzufriedenheit nach einem »erfolgreich« abgeschlossenen OR-Projekt zu verfallen, sei es im militärischen, im öffentlichen oder im industriellen Sektor. Soweit bekannt, wurde bei keinem Projekt die ethische Dimension des Ergebnisses untersucht. Es gilt folglich, einen Weg einzuschlagen, dessen Bedeutung darin liegt, daß anhand von Fallstudien sich die Möglichkeit eröffnet, aus der Vergangeheit Nutzanwendungen für die Zukunft zu ziehen.

Übersetzung des Beitrags »How is Planning Possible?« aus dem Buch von Joseph McCloskey und John M. Coppinger (Hrsg.): Operations Research for Managers, Band 2, 1956. Abdruck mit freundlicher Genehmigung des Verlags Johns Hopkins Press Baltimore
Die Übersetzung besorgte Sabine Kraft, Berlin.

Zur Strategie der unkoordinierten kleinen Schritte (Disjointed Incrementalism)
Von David Braybrooke, Charles E. Lindblom

Will jemand ein Problem lösen, so aktiviert er geistige Prozesse, die verschlungener, komplizierter und subtiler sind, als er es selbst zu erkennen vermag. Auch wenn er sich in groben Zügen über sein Verhalten beim Lösen von Problemen im klaren ist – etwa darüber, wie er seine Aufmerksamkeit bewußt auf das konzentriert, was er als das jeweils kritische Unbekannte identifiziert zu haben glaubt –, so wird er doch nur unvollkommen erkennen, wie sein Verstand eigentlich eine neue Idee herausfindet, sich an ihr entzündet oder nach ihr gräbt; wie er ins Unbewußte hineintaucht, wieder zurückkehrt ins Bewußte, zwischen Konkretem und Abstraktem schwankt, es hier aufs Geratewohl und dort mit System versucht, sich an einer Kette logischer Ableitungen emporschwingt, zum Assoziieren übergeht, sich mühsam dahinschleppt, oder aufmerksam verharrt; in etwa dieser Art macht er sich geistige Prozesse beim Lösen von Problemen zunutze, die sich nur langsam der wissenschaftlichen Beobachtung und systematischen Beschreibung erschließen.

Wir wollen die Literatur hier nicht um einen weiteren Beitrag zu den Erscheinungsformen geistiger Prozesse vermehren, sondern wollen einen Überblick geben über das, was wir die »Strategie der unkoordinierten kleinen Schritte« (disjointed incrementalism) nennen, wobei wir uns weder anmaßen, genau zu wissen, wie Menschen tatsächlich denken, noch unterstellen, daß der Ablauf geistiger Prozesse bei allen Menschen gleich sei. Unsere Strategie der unkoordinierten kleinen Schritte ist unter den vielen denkbaren Ansätzen zur Analyse politischer Strategien jene, auf die sich die Mehrzahl der Analysten[1] einigen kann, wie unterschiedlich ihre geistigen Prozesse auch sonst verlaufen. Im wesentlichen geht es uns um die Anpassung geistiger Prozesse an die Schwierigkeiten des Problemlösens und des Bewertens bei politischen Strategien. Die hier zu einem Satz zusammengefaßten Anpassungsmodi sind relativ simpel, grob, ganz dem Bewußtsein zugänglich und in aller Öffentlichkeit nachvollziehbar. Sie bedürfen zu ihrer Darstellung keiner wissenschaftlichen Geheimsprache, wie es etwa in der Psychologie der Fall ist.

Jeder einzelne uns interessierende Anpassungsmodus wird ohne Mühe nachvollziehbar, sobald er im folgenden beschrieben ist. Wenn wir sie hier alle zusammen unter dem Etikett der »Strategie der unkoordinierten kleinen Schritte« zusammenfassen, so wollen wir damit nur betonen, daß sie als ein sich gegenseitig ergänzender Satz von Anpassungsmodi eine systematische und in jeder Hinsicht vertretbare Strategie darstellen. Einige der unsere Strategie konstituierenden Anpassungsmodi sind als Binsenwahrheiten bereits in die Literatur eingegangen. Daß man sie immer nur einzeln beschreibt und nie als zusammenhängendes System, dürfte darin begründet liegen, daß man sie eben als naturgegeben hinnimmt und ihre sich gegenseitig ergänzende Funktion bisher übersehen hat. Erst Karl Popper hat eine Anzahl der geläufigsten Anpassungsmodi in seinem Konzept des »piecemeal social engineering« (der stückwerkhaften Sozialtechnologien) als zusammengehörig erkannt. Er stellt zu Recht fest, daß das Problem der Bewertung politischer Strategien meist dadurch simpli-

---

[1] Der Begriff »Analyst« wird hier durchgehend verwendet für jene Forscher, die im Bereich der Analyse und Bewertung politischer Strategie arbeiten; es ist damit eine Abgrenzung vom »Analytiker«, der in jedem beliebigen Feld forschen kann, getroffen. (d. Ü.)

fiziert wird, daß man, völlig auf die gegenwärtigen gesellschaftlichen Mißstände konzentriert, die großen utopischen Entwürfe für die Zukunft aus dem Auge verliert; daß die begrenzten menschlichen Fähigkeiten sich widerspiegeln in Reformen, die nur jeweils kleine Teile des gesellschaftlichen Gefüges auf einmal zu ändern in der Lage sind; daß kontinuierliche Korrekturen an den Reformen der Notwendigkeit entheben, jede einzelne Entscheidung immer richtig zu treffen; daß die angestrebten Ziele sich mit der politischen Erfahrung wandeln; daß nur gezielte Experimente mit sozialen Reformen unseren Erfahrungshorizont entscheidend erweitern können.[2] Unserer Ansicht nach hat Popper jedoch die zentrale Bedeutung seiner Forschungsergebnisse unterschätzt, ihre generelle Anwendbarkeit übersehen und sie in Verkennung der Situation ausschließlich als Argumente in seinem Kampf gegen das Konzept der »Planung« eingesetzt.

Bei der Darlegung unserer Strategie werden wir wiederholt auf zwei Beispiele der Analyse politischer Strategien zurückgreifen: auf Charles Hynemans »Bürokratie in einem demokratischen System«[3] und auf W. W. Rostows und Max F. Millikans »Ein Vorschlag: Schlüssel zu einer effektiven Außenpolitik«[4]. Sollen die verschiedenen Anpassungsmodi als zusammenhängendes System verstanden werden, dann ist ihr Zusammenwirken anhand einzelner konkreter Fälle politischer Analyse nachzuweisen; sich nur auf die Erklärung einzelner beispielhaft ausgewählter Anpassungsmodi zu beschränken, reicht nicht aus. So liefert uns Hynemans Beispiel eine Analyse des bürokratischen Apparates und seiner Einordnung in ein demokratisches Staatssystem, die von einem durchgehenden, wenn auch nicht ausschließlichen politischen Interesse geleitet ist. Rostow und Millikan richten ihr Interesse dagegen ausschließlich auf die politischen Seiten ihres Vorschlages, der die Vereinigten Staaten zur Übernahme der Führungsrolle bei Organisation und Finanzierung eines langfristigen Programms zur Kreditgewährung an unterentwickelte Länder veranlassen soll.

Zunächst wollen wir hier unsere Stretegie darstellen; dem folgenden Abschnitt bleibt es dann vorbehalten, ihre politische Einordnung anhand einer Gegenüberstellung mit einer anderen Strategie – dem »synoptischen Ideal«[5] – ausführlicher zu behandeln.

[2] Popper, Karl: The Open Society and Its Enemies. London, 1945, S. 139 bis 144 und 245.
[3] Hyneman, Charles S.: Bureaucracy in a Democracy. New York, 1950.
[4] Rostow, W. W., Max F. Millikan: A Proposal: Key to Effective Foreign Policy. New York, 1957.
[5] Das »Synoptische Ideal« wird im Werk von Braybrooke und Lindblom ausführlich als praxisfern kritisiert und ihm als praxisnahe Alternative die »Strategie der unkoordinierten kleinen Schritte« entgegengestellt. Das

1. Entwurf der Strategie

1.1. Auswahl aufgrund nur geringer Verbesserungen (margin dependent choice)

Analysten beginnen immer irgendwo, allerdings nicht im Nichts; sie sind in ihren Gedanken den gegenwärtigen Bedingungen, gegenwärtiger Politik und gegenwärtigen Zielen verhaftet. Grundsätzlich versuchen sie, ihre Vorstellung von den augenblicklichen Bedingungen, von der Politik und den Zielen durch Aufnahme einer erhöhten Informationsmenge zu verbessern. Auffälligerweise vergleichen sie dabei, obwohl dies logisch nicht zwingend notwendig wäre, meist jene Alternativen einer politischen Strategie, die vom Status quo nicht zu weit abweichen. Die Information, die sie bei den einzelnen Alternativen berücksichtigen, leiten sie her von ihren eigenen, früher ge-

Synoptische Ideal wird gesehen einerseits in der »Wohlfahrtsfunktion« und andererseits in der »rational-deduktiven Methode«:
1. Die »rational-deduktive Methode« wird von vielen als das Nonplusultra an rationalem und befriedigendem Vorgehen bei Bewertungsproblemen angesehen. Ihre Struktur ist folgende: »Unter den Bedingungen C, D, E (die ihrerseits von den obersten Zielen abgeleitet sind) und, wenn diese und jene Tatbestände sich aus der Alternative P ergeben und wiederum andere Tatbestände aus der Alternative Q, dann ist P besser als Q« (S. 9). Das heißt, »die Auswahl einer bestimmten politischen Strategie gerät zu einem einfachen Rechenexempel, abhängig von der Eingabe beobachteter Tatsachen und von der Möglichkeit, eine logische Gedankenkette mechanisch abzuspulen« (S. 10). Für die praktische Anwendung der rational-deduktiven Methode wäre Voraussetzung, daß die Ziele in eindeutige Rangordnungen eingeordnet und die Mittel aus ihnen hergeleitet werden könnten.
2. Die »Wohlfahrtsfunktion«, die aus der Wohlfahrtsökonomie hervorgeht, versucht dagegen, der Problematik der Ziele und Mittel durch Quantifizierung Herr zu werden. Dabei »werden Ziele erst gar nicht angegeben, da sie ohne Konflikte nicht formuliert werden können; stattdessen werden die Präferenzen zwischen verschiedenen möglichen gesellschaftlichen Zuständen (social states) bestimmt und gewichtet. Diese Präferenzen sind nicht von irgendwelchen Zielen abgeleitet, sondern bestehen in gemessenen Reaktionen auf bestimmte Merkmale jedes einzelnen gesellschaftlichen Zustandes.« (S. 13) Das Maßsystem ist dann meist der Dollar. Ein anderes Prinzip der Wohlfahrtsökonomie besteht darin, »daß Konflikte über Werte und Ziele nicht ausgetragen werden, sondern daß die Kontroversen von der Bestimmung der Ziele verschoben werden auf technische Fragen zur Vorgehensweise, das heißt auf Bereiche, die relativ wenig Emotionen stimulieren.«(S.15) In diesem Punkt reichen sich beide Methoden die Hand (d. Ü.).

machten Erfahrungen, von Erfahrungen, die in anderen Gesellschaftssystemen oder anderen Ländern gemacht wurden oder von ihrer durch Erfahrungen stimulierten Phantasie. Ein dominierendes Kennzeichen ihres Untersuchungsansatzes ist folglich darin zu sehen, daß sie sich auf jene kleinen Verbesserungen (increments) konzentrieren, durch die sich die aus alternativen politischen Strategien resultierenden gesellschaftlichen Zustände (social states) jeweils vom Status quo abheben. Oder, anders ausgedrückt: ihre Untersuchungen beschränken sich auf Zuwachsspannen in einem Grenzbereich (margins), in dem eine Veränderung gesellschaftlicher Zustände gegenüber dem Bestehenden gerade noch in Betracht gezogen werden kann.

Genau dies ist jedoch auch der Bereich, in dem die geläufigen Ergebnisse einer nur schrittweise vorgehenden Gesellschaftspolitik angesiedelt sind. Zuweilen wird dieser Zusammenhang zwischen schrittweisem politischem Vorgehen auf der einen Seite und der Ausrichtung der Untersuchungen auf kleine Verbesserungen auf der anderen Seite erkannt und ausdrücklich hervorgehoben, so etwa in einem Kommentar von Hyneman zur politischen Strategie einer Kontrolle über den bürokratischen Apparat: »Es scheint mir unklug, wenn nicht sogar wirkungslos zu sein, das amerikanische Volk zu zwingen, sich von seinem gegenwärtigen politischen System radikal zu trennen, Beziehungen einzugehen und Wege einzuschlagen, die völlig außerhalb seines Erfahrungsbereiches liegen. Mit dieser Behauptung soll nicht dem Konservativismus das Wort geredet werden mit der Begründung, daß bei einer Regierungsreform grundlegende Veränderungen dem Volk doch nicht schmackhaft gemacht und ›verkauft‹ werden könnten. Vielmehr soll hervorgehoben werden, daß eine Nation, die sich dem Prinzip der Demokratie verbunden fühlt, eine allmähliche Umwandlung so weit wie möglich umsturzhaften Veränderungen vorziehen sollte; daß auch dann, wenn die bestehenden Verhältnisse als unerträglich erkannt sind, überstürzt eingeführte grundsätzliche Änderungen nur zur Verschüttung der Ziele führen, die ursprünglich zur Veränderung Anlaß gegeben hatten. Die Masse, die letztlich ihre Zufriedenheit oder Unzufriedenheit mit dem Stand der Dinge äußern muß, kann dies nur dann mit Vertrauen tun, wenn sie sich mit den Institutionen, über die sie Einfluß auf den Gang der Dinge auszuüben vermag, identifizieren kann. Wenn das grundsätzliche Verständnis für die Form und das Vorgehen der Regierung fehlt, wird sich die Masse vom politischen Leben zurückhalten«.[6]

Es wird einem Analysten bei seiner empirischen Analyse kaum gelingen, die augenblicklichen staatlichen Verhältnisse oder die Folgen

---

[6] Hyneman, a.a.O., S. 563 f.

gegenwärtiger Politik in voller Breite und Tiefe zu erfassen, noch kann er neu sich abzeichnende Verhältnisse oder gar alle aus neuen politischen Möglichkeiten resultierenden Konsequenzen bis in die letzten Feinheiten hinein begreifen. Es reicht aus – und selbst dies überschreitet noch sein Leistungsvermögen –, zu verstehen, in welcher Hinsicht sich verschiedene denkbare Veränderungen untereinander und vom Status quo unterscheiden.

Wir können feststellen, daß er seine Bewertung auf die kleinen zusätzlichen Verbesserungen (increments), die wir hier als »Grenzverbesserungen« bezeichnen wollen, ausrichtet, durch die sich die Konsequenzen der einen politischen Strategie von den Konsequenzen einer anderen abheben. Er braucht sich dann nicht zu fragen, ob »Freiheit« kostbar ist – und wenn ja, ob sie eventuell kostbarer ist als »Sicherheit« – sondern nur, ob eine auch nochsogeringe Grenzverbesserung des einen Wertes wünschenswert ist und ob – falls er unter beiden zu wählen hat – sich eine winzige Verbesserung des einen Wertes gegenüber einer winzigen Verbesserung des anderen Wertes tatsächlich lohnt. Daß sich seine Bewertung immer nur auf solche Grenzverbesserungen bezieht, wird er zuweilen klar erkennen. In seiner Diskussion über Demokratie etwa wendet Hyneman die Frage des Wertes der »Achtung vor dem Anderen« um in die Frage nach dem »Mehr« oder »Weniger«: »Das Wesentliche an der Demokratie, so wie wir dieses Wort hier verwenden, ist die Achtung vor dem Individuum ... In einer Demokratie hat jeder Mensch das Recht, berücksichtigt zu werden. Die nächste Frage ist dann: ›Wieviel Berücksichtigung?‹.«[7] An anderer Stelle äußert Hyneman, daß bei politischen Entscheidungen allein das, was wir »Grenzwerte« (marginal values) nennen, zählt. Zum Wert der »Kontrolle des Verwaltungsapparates durch gewählte Volksvertreter« schreibt er: »Dieser Grundsatz wird ohne Zweifel von allen kritisch denkenden Beobachtern und Politologen akzeptiert. Aber es bestehen gravierende Meinungsunterschiede bei der Frage nach dem ›Wie‹: wie durchschlagend und wie zwingend diese Beziehung sein sollte.«[8]

Bei einer sich auf Grenzverbesserungen abstützenden Auswahlstrategie (margin dependent choice) sind vier Kennzeichen zu berücksichtigen: 1. Werden alternative politische Strategien zu Anfang in eine Reihenfolge eingeordnet und ändert man dann diese Reihenfolge, so bemerkt man – als ein erstes Kennzeichen –, daß dabei nur solche Alternativen in Betracht gezogen werden, deren bekannte oder erwartete gesellschaftliche Folgezustände sich voneinander nur um Geringes (incremental) unterscheiden. Dabei ist es durchaus möglich,

---

[7] Ebd., S. 11.
[8] Ebd., S. 48.

daß ein Satz solcher in ihren Folgezuständen untereinander nur wenig unterschiedener Alternativen sich insgesamt drastisch vom Status quo abhebt. 2. Wir fügen daher ein zweites Kennzeichen hinzu: es verbleiben allein jene politischen Alternativen im Kreis der Betrachtung, deren bekannte oder erwartete gesellschaftliche Folgezustände sich nur um Geringes (incremental) vom Status quo abheben. 3. Ein drittes Kennzeichen ist, auch wenn es aus den beiden ersten hervorzugehen scheint, im logischen Sinne unabhängig von ihnen: die vergleichende Analyse alternativer politischer Strategien beschränkt sich bei den gesellschaftlichen Folgezuständen ausschließlich auf einen Vergleich der jeweils erreichten Grenzverbesserungen (incremental differences); es wird keine umfassendere Analyse resultierender gesellschaftlicher Zustände angestellt. 4. Schließlich fügen wir noch ein Kennzeichen hinzu, das ebenfalls logisch unabhängiger Bestandteil unserer Auswahlstrategie ist: bei der Auswahl unter politischen Alternativen entscheiden über die Rangfolge nur die Grenzverbesserungen, durch die sich die einzelnen gesellschaftlichen Folgezustände untereinander unterscheiden.

Da unser Bewertungsansatz scheinbar gewisse formale Ähnlichkeiten mit der »Wohlfahrtsfunktion« (welfare function)[9] aufweist – etwa bei der Bildung von Rangordnungen aller gesellschaftlichen Folgezustände und der Auswahl unter den sich nur um geringe Grenzbeträge untereinander unterscheidenden Alternativen –, erscheint es sinnvoll, anhand einer Gegenüberstellung der beiden Strategien zu bestimmen, welche Anforderungen unsere Strategie an den Analysten stellt. Wollte man alle denkbaren gesellschaftlichen Folgezustände in eine Rangfolge einordnen, dann unterschiede sich jeder gesellschaftliche Folgezustand letztlich nur um geringes (incremental) zumindest von einigen anderen gesellschaftlichen Folgezuständen. Wäre eine eindeutige Rangordnung möglich, so würde man nur auf die kleinen Unterschiede (increments) in der Wertfolge reagieren, durch die sich jeder gesellschaftliche Folgezustand von dem ihm ähnlichsten unterscheidet. Ein unmittelbar einsichtiger und gravierender Unterschied zwischen den beiden Konzepten der Bewertung besteht darin, daß die Wohlfahrtsfunktion eine Rangordnung sämtlicher gesellschaftlicher Folgezustände fordert, wogegen unsere Strategie die Bewertung allein auf jene sich nur um geringes vom Status quo unterscheidenden gesellschaftlichen Folgezustände beschränkt, das heißt unsere Strategie stellt in diesem Punkt geringere Ansprüche als das Konzept der Wohlfahrtsfunktion.

Eine weitere Unterscheidung ist darin zu sehen, daß es nicht unbedingt gleichbedeutend ist, ob man eine Rangfolge von gesellschaft-

---

[9] Siehe Anmerkung 5.

lichen Folgezuständen oder aber von alternativen politischen Strategien, die sich nur um geringes voneinander unterscheiden, aufstellt. Wollte man zum Beispiel alle realisierbaren gesellschaftlichen Folgezustände – statt aller denkbaren – in eine Rangordnung bringen, dann hinge das Ausmaß des Unterschiedes – ob es tatsächlich nur um geringes (incremental) höher ist als bei zumindest einigen anderen gesellschaftlichen Folgezuständen – davon ab, welche Vielfalt von gesellschaftlichen Folgezuständen man als realisierbar annimmt.

Ein weiterer subtiler aber nichtsdestoweniger entscheidender Unterschied zwischen den beiden Systemen zeigt sich bei der Annahme, man könne jeden gesellschaftlichen Folgezustand, der sich um geringes von zumindest einigen anderen abhebt, in eine Ordnungsfunktion einordnen. Sowohl die Strategie der Identifizierung jener kleinen Grenzverbesserungen (increments), durch die sich die Konsequenzen alternativer politischer Strategien voneinander unterscheiden, wie auch die ausschließliche Berücksichtigung dieser kleinen Verbesserungen bei der Auswahl führt in der Praxis zu einer impliziten Rangordnung gesellschaftlicher Folgezustände: man ist weder darauf angewiesen, gesellschaftliche Folgezustände im voraus begrifflich zu fassen, noch muß man eine explizite Auswahl unter so schwer zu fassenden Gebilden wie »gesellschaftlichen Folgezuständen« treffen; die Rangordnung gesellschaftlicher Folgezustände ergibt sich sozusagen als Nebenprodukt beim Vergleich der Grenzverbesserungen (incremental comparison). Demgegenüber wird in der Diskussion um die Wohlfahrtsfunktion entweder immer wieder auf die Regel verwiesen, daß der Analyst die gesellschaftlichen Folgezustände direkt in eine Rangordnung zu bringen habe, oder aber es herrscht Schweigen zu diesem Punkt. In beiden Fällen erweist sich der von den Vertretern der Wohlfahrtsfunktion eingeschlagene Weg als ungeeignet für die Beschreibung oder auch als Handlungsanweisung im Rahmen der praktischen Analyse politischer Strategien.

An dieser Stelle läßt sich die Analogie zum Konsumenten im Alltagsleben einblenden: stellen wir uns einen Verbraucher vor, der der besseren Übersicht halber alle gesellschaftlichen Folgezustände, die er durch unterschiedliche Aufteilung seines Einkommens tatsächlich erreichen könnte, in eine Rangfolge einordnen möchte. Eine Arbeit zum Verzweifeln! Doch könnte er durchaus zu einer Rangfolge kommen, die sich ohne weiteres einstellt, wenn er, wie jede praktische Hausfrau, nur die kleinen alternativen Grenzverbesserungen in Betracht zieht, die er durch geringe Verschiebungen (increments) seines Einkommens erreichen kann.

Bei der Bewertung legt die Regel von der expliziten Rangordnung gesellschaftlicher Folgezustände – wie sie für die Wohlfahrtsfunktion charakteristisch ist – den Analysten keineswegs fest auf eine Analyse nur der Grenzverbesserungen, vielmehr kann sie ihn ohne weiteres auf den Irrweg ambitiöser Untersuchungen führen, bei denen alternative gesellschaftliche Folgezustände in ihrer ganzen Abstraktheit miteinander verglichen werden sollen. Der Analyst übersieht dann völlig, daß allein der Vergleich der Grenzverbesserungen zu brauchbaren Ergebnissen führt. Ein Ökonom, der in der Wohlfahrtsökonomie zuhause ist, wird diesen Irrweg nicht so schnell einschlagen wie andere, die mit der Grenznutzentheorie wenig vertraut sind.

Das Wesen unserer auf den Vergleich von Grenzverbesserungen ausgerichteten Strategie tritt am deutlichsten zutage, wenn wir noch kurz die Frage der Wertkonflikte, denen sich der Analyst gegenübergestellt sieht, anreißen. Solche Konflikte stellen sich dar in der Form von Fragen nach den Austauschrelationen, die der Analyst jeweils zwei Zielen – oder Werten – im untersuchten Grenzbereich zumißt. Die Auflösung eines solchen Konfliktes läßt sich weder anhand einer prinzipiellen Regel, noch einer Prioritätenliste vornehmen; sie schlägt sich auch nicht implizit in der Rangfolge gesellschaftlicher Folgezustände nieder. Am besten wird sie doch darin ausgedrückt, wieviel an Grenzverbesserungen man von einem Ziel unter gegebenen Randbedingungen zu opfern bereit ist, um dadurch eine Grenzverbesserung für ein anderes Ziel zu erreichen. Fragt man, ob jemand etwa Arbeitslosigkeit der Inflation oder aber Inflation der Arbeitslosigkeit vorziehe – falls zwischen diesen beiden Zielen ein Konflikt besteht –, so glaubt zwar mancher, seine Präferenzen in einem solchen Fall genau zu kennen; es läßt sich aber meist schnell nachweisen, daß er nicht einmal zwei derartigen Zielen eine eindeutige Präferenz zu geben vermag. Denn jeder zieht Arbeitslosigkeit der Inflation vor, solange die Arbeitslosigkeit gering ist und eine Inflation bedrohlich vor der Tür steht; aber jeder zieht auch Inflation der Arbeitslosigkeit vor, wenn große Arbeitslosigkeit droht und die Inflation nur schleicht. Die Präferenz zwischen Arbeitslosigkeit und Inflation läßt sich daher am ehesten noch ausdrücken in einem Satz von Austauschrelationen oder Austauschbedingungen, zu denen etwas von einem Wert bereitwillig gegen etwas vom anderen ausgetauscht wird.

1.2. Die begrenzte Vielfalt der in Betracht ziehbaren politischen Alternativen

Beschränkt der Analyst seine Aufmerksamkeit auf jene politischen Strategien, die sich nur geringfügig vom Status quo abheben, dann folgt daraus, daß er nur eine kleine Auswahl aus der Vielfalt aller denkbaren politischen Strategien berücksichtigt. Auch die Anzahl von sich jeweils nur unwesentlich vom Status quo abhebenden politischen

Strategien ist praktisch noch unbegrenzt, doch bei Berücksichtigung nur diskontinuierlicher Variation von Strategien, bei Berücksichtigung der Eigenart, wie jemand eine Strategie beschreibt und erklärt und bei Berücksichtigung mangelnder Vorstellungskraft und anderer Restriktionen für die unendliche Mannigfaltigkeit von Strategien verbleibt unter dem Strich dann schließlich eine stark eingeschränkte Vielfalt.

Wer nun argwöhnt, daß diese Eingrenzung des Betrachtungsfeldes auf solche sich nur gering vom Bisherigen unterscheidende politische Strategien zu eingeschränkter Rationalität bei der Problemlösung führt, weil ja möglicherweise wünschenswerte radikalere – und damit nicht auf Grenzverbesserungen ausgerichtete – Strategien ausgeblendet werden, dem sollte vorerst ein kurzer Hinweis reichen. Zum einen sind radikalere politische Strategien, selbst wenn sie in gewisser Weise wünschenswert sind, doch meist politisch irrelevant: wo eine Gesellschaft einer Politik der kleinen Schritte verhaftet ist, bleibt nichts anderes übrig, als nur auf Grenzverbesserungen ausgerichtete politische Strategien zu konzipieren. Ferner: während sich über radikalere politische Strategien trefflich spekulieren läßt, kann der Analyst sie nur schwer bewältigen, da ihm Informationen, entsprechende Theorien oder allgemeine Grundlagen zu ihrer Beurteilung fehlen; die Analyse der bisherigen politischen Praxis trägt wenig zur Erhellung bei und die Sozialwissenschaften sind überfordert, wenn sie hier einen gültigen Beitrag liefern sollen. Zwischen einer nur auf Grenzverbesserungen ausgerichteten Analyse und der scharfen Reduzierung der Vielfalt der betrachteten Alternativen besteht, wie bis hierher deutlich geworden sein sollte, eine enge logische Beziehung, wie sie auch in Hynemans Beschäftigung mit relativ wenigen Alternativen, erst recht aber in der Analyse von Rostow und Millikan zum Ausdruck kommt, wo der Vorschlag der Auslandshilfe einfach andere Vorschläge ausschließt. Vermutlich haben auch sie eine Anzahl anderer Vorschläge erwogen, bevor sie sich speziell auf ihren eigenen festlegten; aber in Übereinstimmung mit ihrer erklärten Absicht, einen Plan in Anlehnung an bereits erprobte und diskussionswürdige politische Strategien zu präsentieren, haben sie sich dabei wahrscheinlich auf relativ wenige Vorschläge beschränkt. Im folgenden Zitat machen sie deutlich, daß politisches Handeln sich nicht über das gesamte Spektrum dessen, was zunächst als vorstellbar angesehen wird, erstrecken kann: »Wäre es angesichts der Möglichkeit, daß die politischen und psychologischen Wirkungen der Wirtschaftshilfe-Programme unseren eigenen Interessen entgegenstehen, nicht besser, die Menschen der unterentwickelten Länder in einem Zustand »ruhiger Stagnation« zu belassen, als in ihnen Erwartungen zu wecken, die wahrscheinlich weder wir noch sie selbst befriedigen können und die somit ihre Gesellschafts-Systeme dem Risiko radikaler Umwälzung aussetzen? Die Frage täuscht eine Wahlmöglichkeit vor, die uns in Wirklichkeit gar nicht offensteht. Da die Kommunikation in aller Welt im Verlauf der letzten zwanzig Jahre in beispielloser Weise verbessert wurde, haben sich bereits neue Vorstellungen über die Zukunft bei der überwiegenden Masse der Menschen herausgebildet; Erwartungen sind geweckt und die politische, ökonomische und soziale Revolution in den unterentwickelten Ländern ist unaufhaltsam im Vormarsch. Selbst wenn die Kommunisten diese Revolution nicht überall bejahen und unterstützen würden, um so ihre eigenen Ziele besser zu verwirklichen, würde diese weltweite Bewegung sich trotzdem in den kommenden Jahrzehnten beschleunigen. Die Alternative, halbfeudale Ordnungssysteme zu stützen, erweist sich als wirklichkeitsfremd.«[10]

1.3. Berücksichtigung einer beschränkten Anzahl von Alternativen für jede gegebene Strategie

Das dritte Kennzeichen einer aktuellen Analyse wird von keiner der zuvor genannten logisch impliziert, obwohl eine gewisse Verwandtschaft mit dem zuletzt diskutierten Kennzeichen besteht. Gelegentlich schränkt der Analyst seine Überprüfung der Konsequenzen politischer Strategien ein; so etwa ein Ökonom, der bestimmte Aspekte seines Problems ausklammert und in den Zuständigkeitsbereich des Psychologen, Soziologen oder Politikwissenschaftlers verweist. Manchmal wird die Einschränkung bei der Untersuchung nicht deutlich gekennzeichnet, auch wenn sie mit Absicht vorgenommen wurde, so wie ein Analyst bei der Untersuchung der Konsequenzen eines staatlichen Straßenbauprogramms gewisse Nebeneffekte, wie soziale Mobilität oder Familienzusammenhalt, außer acht läßt. Man verkennt die Bedeutung dieses Kennzeichens unserer Strategie, wenn man es damit abtut, daß eben unwichtige Konsequenzen ausgeklammert werden. In keinem der oben angeführten Beispiele sind die ausgeklammerten Konsequenzen notwendigerweise unwichtig. Beispielsweise kann der Bau von Straßen indirekt den Zusammenhalt von familiären Gruppen durch seine unmittelbare Wirkung auf die Mobilität der Bevölkerung entscheidend beeinflussen. Zur Klarstellung: wer nach unserer Strategie vorgeht, vernachlässigt zunächst die unwichtigen Konsequenzen politischer Strategien. Aber auch unter den Konsequenzen, deren Wichtigkeit man anerkennt, werden oft die (für den Analysten) uninteressanten, die fernliegenden, die unsicheren, die nicht

---

[10] Rostow, Millikan, a.a.O., S. 24 f.

faßbaren und schwer verstehbaren Elemente ausgeschlossen, wie wichtig sie auch immer sein mögen. Natürlich läßt man manchmal auch aus Versehen gewichtige Konsequenzen weg. Unsere Strategie sollte nicht zur Vernachlässigung der langfristigen Konsequenzen zugunsten der kurzfristigen führen, denn sie läßt sich auf beide Bereiche gleichermaßen anwenden. Sie darf auf keinen Fall als eine Strategie der kurzfristigen Entwicklung mißverstanden werden, in der Hoffnung, daß langfristig schon alles gut ausgehe. Dieses dritte Kennzeichen der Strategie – die beschränkte Überprüfung von Konsequenzen – ist sicher das verwirrendste. Seien wir uns klar: die Vernachlässigung wichtiger Konsequenzen vereinfacht die Aufgabe des Analytikers beträchtlich: etwas »vernachlässigen« heißt, etwas »überhaupt erst analysierbar machen«; nach Vollständigkeit zu streben bedeutet zuweilen, sich ein unbrauchbares Ergebnis einzuhandeln. Dennoch bleibt die Frage, wie die Gesellschaft es vermeiden kann, ernsthafte negative Konsequenzen auszubaden, die von politisch nicht sorgfältig ausgewählten Strategien herrühren. Wir haben, auch wenn sich dieses dritte Kennzeichen in gewisser Weise als alarmierend erweist, nicht vergessen, daß es uns hier um die Darstellung der Zusammenhänge ging, die zwischen allen Kennzeichen bestehen und die erst zusammengenommen eine systematische, leicht verständliche und vertretbare Strategie für das Lösen von Problemen und speziell für die Bewertung bilden.

Wie verhält es sich nun bei Rostow und Millikan mit der Vollständigkeit ihrer Analyse der Konsequenzen? Sie umfassen zwar ein beeindruckendes Spektrum von Konsequenzen, nichtsdestoweniger können wir wichtige Konsequenzen ihres Vorschlages anführen, die sie nicht einbezogen haben. Da ist etwa die Frage nach der Möglichkeit, daß die Sowjetunion, wenn sie einen Angriff auf die USA zu irgendeinem in der Zukunft liegenden Zeitpunkt erwägt, zu einem möglichst frühzeitigen Schlag getrieben werden könnte, etwa aus Angst vor einer sich zunehmend stärkenden Position der Amerikaner. Diese Konsequenz wurde nicht untersucht, obwohl mögliche Reaktionen der Sowjetunion auf die von den Verfassern vorgeschlagene Strategie der USA diskutiert werden. Nun mag diese Konsequenz weit hergeholt scheinen, sie erscheint uns aber zumindest als erwägenswert. Weiterhin haben die Autoren nicht sorgfältig untersucht, ob ihr Vorschlag unterentwickelte Länder dazu bringen könnte, sich zunehmend auf zentralistische Planung abzustützen, zumindest in einem stärkeren Ausmaß als es sonst der Fall wäre. Weiterhin haben sie nicht untersucht, daß ihr Vorschlag jede Art von Betrug belohnt, etwa in der Art des Marshall-Planes, von dem behauptet wird, er habe die Zahlungsempfänger dazu gebracht, Zahlungsbilanzdefizite zu konstruieren, nur um damit ihre Hilfsbedürftigkeit nachzuweisen.

Hyneman führt offen ein Beispiel für die Unvollständigkeit seiner Untersuchung der Konsequenzen an, in dem er sich als unfähig bezeichnet, sein Problem in jeder Richtung und in jeder Tiefe auszuloten: »Menschliche Beziehungen haben keinen Anfangs- und keinen Endpunkt. Alles, was in einem gegebenen Moment geschieht, spiegelt sich in irgendeiner – oft nur weitläufigen – Beziehung zu einer großen Zahl anderer Dinge wider, die zur selben Zeit geschehen. Jede Diskussion der Verwaltung in einer demokratischen Gesellschaft bietet daher notwendigerweise nur eine fragmentarische Behandlung des Problems mit all seinen Konsequenzen. Meine Entscheidung, welche Konsequenzen in dieser Studie behandelt werden und welche nicht, ist dann entsprechend willkürlich...«[11]
Aus seiner Überbetonung der Demokratie heraus, deren Werte er im ersten Kapitel zu definieren versucht, muß er andere Werte ausschließen, die aber für eine vollständige Bewertung von Konsequenzen einer Strategie wichtig sind – obwohl er im oben angeführten Zitat nicht zwischen der Vernachlässigung wichtiger und weniger wichtiger Konsequenzen unterscheidet. Man beachte jedoch den letzten Satz des Zitats: Seine Entscheidungen, was zu vernachlässigen sei, sind »willkürlich«. Er gaukelt sich nichts vor, damit etwa, daß er ein sauberes und nicht-willkürliches Unterscheidungsmerkmal zwischen den wichtigen und den unwichtigen Elementen gefunden habe, wobei er dann nur die letzteren weglasse. In der Art, wie er den Ausdruck »willkürlich« gebraucht, betont er ein wichtiges Kennzeichen unserer Strategie: was vernachlässigt wird, ist oft genauso wichtig wie das, was analysiert wird. Die gezielte Auswahl Hynemans, das sei angemerkt, entspringt nicht seinen Launen.

1.4. Zielanpassung bei politischen Strategien

Gemäß traditioneller Auffassung werden bei der Problemlösung die Mittel an den Zielen ausgerichtet, das heißt man sucht nach Strategien, mit denen bestimmte Ziele verfolgt werden können; demgegenüber wird heute in der Analyse politischer Strategien auch durchaus im entgegengesetzten Sinn verfahren. Da diese Vorgehensweise überlagert wird von der herkömmlichen Ausrichtung der Mittel an den Zielen, ergibt sich eine reziproke Beziehung zwischen Mitteln und Zielen – oder zwischen Strategien und Werten.
Obwohl man im Prinzip die Ziele als den Mitteln übergeordnet verstehen kann, kann man ebensogut die unmittelbaren Ziele der Politik als abhängig von den verfügbaren Mitteln ansehen. Wir können

---

[11] Hyneman, a.a.O., S. IX f.

zwar danach streben, ohne mechanische Hilfe zu fliegen, die Langeweile zu beseitigen, dem Schmerz und seinen Ursachen vorzubeugen, die Sowjetunion innerhalb eines Jahres in ein demokratisches Land zu wandeln oder die Atmosphäre vor Strahlung zu schützen, während wir gleichzeitig Kernwaffen testen. Nichts davon kann aber gültiges Ziel für die Politik sein, da wir weder heute noch in absehbarer Zukunft die Mittel haben, es zu erreichen.

Offenbar leiten wir die erklärten Ziele unserer Politik zu einem großen Teil aus den uns verfügbaren Mitteln ab. Ziel der amerikanischen Politik war es früher, Krieg zu führen, ohne dabei ernsthafte Schäden für Menschen und Vermögen innerhalb der Vereinigten Staaten in Kauf nehmen zu müssen; dieses Ziel wurde aufgegeben. Das Ziel änderte sich mit der Revision der möglichen Mittel.

Politische Ziele ändern sich nicht nur, weil ein altes Ziel überholt ist oder weil ein neues in den Bereich des Möglichen tritt, sondern auch, weil sich der Aufwand bei der Zielverfolgung ändert. Daß ein Ziel »unmöglich« zu verfolgen sei, bedeutet tatsächlich oft nicht mehr, als daß es außergewöhnlich aufwendig ist, es zu verfolgen. Wenn wir beispielsweise sagen, daß es unmöglich sei, Autounfälle auszuschalten, dann meinen wir, daß die Mehrheit die Beseitigung der Automobile – dies wäre der beste Weg, Autounfälle auszuschalten – als ein zu großes Opfer oder als einen zu großen Aufwand betrachtet. Normalerweise disqualifiziert der Aufwand der Zielverfolgung nicht das Ziel an sich, sondern ändert lediglich seine relative Bedeutung in Abhängigkeit von den verfügbaren Mitteln, mit denen man es verfolgen könnte. In einem der letzten Beiträge von Rostow und Millikan, in dem sie einer Politik der Untätigkeit gegenüber den unterentwickelten Ländern entgegentraten, betonen sie, daß einige Zielsetzungen unter den gegenwärtigen Umständen nicht nur unrealistisch sind, sondern daß ein Ziel wie »Unterstützung halb-feudaler Systeme« ein Traumbild ist; denn es gibt keine »möglichen« Mittel mehr, ein so definiertes Ziel zu unterstützen, selbst wenn man es wollte.

Unter dem Blickwinkel dieser grundlegenden Abhängigkeit der Ziele von den Mitteln kann der Anpassungsprozeß folgendermaßen dargestellt werden:

1. Der Analyst wählt nur solche Ziele als bedeutsam aus, für deren Verfolgung Mittel entweder verfügbar oder zu erwarten sind;
2. er berücksichtigt bei der vergleichenden Untersuchung der Grenzverbesserungen von vornherein die Kostspieligkeit, ein Ziel zu erreichen; denn eine Überprüfung der sich nur geringfügig unterscheidenden Konsequenzen verschiedener Mittel zeigt ihm, welchen Preis ihn, ausgedrückt in der Maßeinheit des einen Wertes, die Grenzverbesserung eines anderen kostet;
3. während er die Mittel erörtert, fährt er gleichzeitig fort, Ziele zu

diskutieren; anders als jene Analysten, die dem synoptischen Ideal folgend an irgendeinem Punkt ihre Ziele endgültig festlegen und dann anfangen, die geeigneten Mittel auszuwählen. Um den im Zusammenhang unserer Strategie besonders wichtigen dritten Punkt zu verdeutlichen, betrachten wir, wie Hyneman seine Ziele gleichzeitig mit den Mitteln spezifiziert. Nach der Annahme, daß die Kontrolle des Staatsapparates durch gewählte Volksvertreter ein wesentliches Ziel sei und nach der Reflektion darüber, daß ein weiteres sinnvolles Ziel in der Frage nach dem »Wieviel Kontrolle« zu sehen ist, führt er aus, wie die Frage nach dem »Wieviel« anzugehen sei. Sein Ausgangspunkt sind die Beziehungen zwischen Präsident und Kongreß: »Hier teilen sich die Wege der Verwaltungstheoretiker. Das Problem stellt sich zweifach in bezug auf eine Theorie darüber, wer die Autorität haben soll, zum einen die öffentliche Politik zu bestimmen und zum anderen, den Verwaltungsapparat zu leiten und zu kontrollieren. Die Verfassung führt zu einer Problemlösung insofern, als dem Kongreß bestimmte Gewalt für den ersten Fall und dem Kongreß und dem Präsidenten gemeinsam bestimmte Gewalt für den zweiten Fall gewährt wird. Aber die Formulierung der Verfassung ist alles andere als schlüssig, und die Gerichte haben bis jetzt noch keine definitive Auslegung dieses Dokuments erarbeitet. Daher bleibt die Streitfrage, wie Kongreß und Präsident die Leitung und Kontrolle des Verwaltungsapparates unter sich aufteilen und gemeinsam durchführen sollen, weiterhin in der Theorie der Politik offen, so daß jeder sie für sich lösen muß in Abhängigkeit von seinen eigenen Vorstellungen und Vermutungen, ob entweder der Präsident oder der Kongreß oder beide zusammen diese Leitung und Kontrolle am sichersten zu leisten vermögen.«[12]
In vielen Bereichen ist es kaum möglich, eine genaue Konzeption der eigenen Zielvorstellungen losgelöst von bestimmten Strategien aufzustellen. Wie etwa soll man seine Zielvorstellungen über Beschränkungen des Streikrechts bilden? Man kann das Recht auf Streik wünschen, wenn auch nicht ohne Einschränkungen. Man kann auch danach streben, Produktionsunterbrechungen zu verhindern, wenn auch wiederum mit Einschränkungen. Was aber wäre unter diesen Einschränkungen zu verstehen? Im Kontext der Ziel-Analyse kann man seine Ziele nur in der Form bestimmter Strategien zur Beschränkung des Streikrechts fassen, die man eher akzeptieren würde als bestimmte Störungen der Produktion. Oder umgekehrt: man benennt genau jene Unterbrechungen der Produktion, die man eher akzeptieren könnte als bestimmte Strategien zur Beschränkung des Streikrechts. Darüber hinaus ist es unmöglich, seine Präferenzen für alle

[12] Ebd., S. 71.

denkbaren Alternativen anzugeben, denn die paarweise Zuordnung von bestimmten Streikbeschränkungen zu bestimmten Produktionsstörungen kann man für die praktisch unendliche Zahl denkbarer Kombinationsmöglichkeiten ohne Ende fortsetzen. Man muß sich darauf beschränken, seine Präferenzen in der Form von Wahlmöglichkeiten zwischen verhältnismäßig wenigen, politisch aktuellen Strategien anzugeben. Kurz: man bildet seine Präferenzen, indem man unter einer begrenzten Anzahl von sich nur geringfügig voneinander unterscheidenden (incremental) Strategievorschlägen wählt.

Viele Ziele, wie Frieden, höhere Einkommen im Agrarsektor, Reform des Rechtswesens, bessere Schulen, eine höhere Rate des Wirtschaftswachstums, Aufrechterhaltung des Gleichgewichts mit der Sowjetunion oder gerechte Einkommensteuergesetze bleiben im Vorraum der Verbindlichkeit, solange nicht deutlich herausgearbeitet ist, welchen Grad und welche konkrete Form ein Ziel, wenn es einmal erreicht sein wird, annehmen soll. Eine solche Konkretisierung der Wertvorstellungen führt dazu, daß diese von einer bestimmten Strategie selbst nicht mehr zu unterscheiden sind.

Fügen wir schließlich den drei genannten Aspekten des Ziel-Mittel-Schemas in der Politik noch einen vierten hinzu. Dem synoptischen Ideal zufolge erarbeitet man sich eine Vielzahl alternativer Strategien, die man dann auf ihre Eignung bei der Verfolgung gegebener Ziele hin untersucht. Unsere Strategie dagegen analysiert eine Reihe von Zielen im Hinblick darauf, ob sie zu einer einzigen gegebenen Möglichkeit oder einer beschränkten Anzahl von Alternativen passen. Ein Beispiel ist in Hynemans Vorschlag zu sehen, die Verwaltung zu kontrollieren, indem man sie durch gewählte Volksvertreter überwachen läßt. Hierbei wird die Untersuchung auf der Grundlage der Bewertung von Instrumenten zur Kontrolle der Verwaltung durchgeführt, statt aufgrund eines systematischen Versuchs, die Ziele genau zu definieren und dann mögliche Mittel entsprechend den formulierten Zielen zu suchen.

Rostow und Millikan pirschen sich, noch deutlicher als Hyneman, von ihrer vorgeschlagenen politischen Strategie aus an die Ziele heran; eine politische Strategie, deren endgültige Rechtfertigung offensichtlich auf einer Reihe von Zielen mit folgenden Merkmalen beruht: 1. Einige der Ziele wurden erst relevant, nachdem über das Instrumentarium bereits entschieden war und 2. bestimmte Ziele, die für die Auslandshilfepolitik relevant sind, wurden ausgeklammert; einige, weil sie sich als irrelevant im Hinblick auf die gewählten Mittel erwiesen, andere, weil sie mit dem zur Diskussion stehenden Strategievorschlag doch nicht verfolgt werden konnten; das heißt, es wurden die Ziele aufgegeben, nicht jedoch die politische Strategie. Beispielsweise fragen sie: »Soll Auslandshilfe uns Freunde machen?« Die Antwort ist: »Nein.« Nicht deshalb, weil Freunde keinen Wert darstellten, sondern weil »das Abhängigkeitsgefühl beim Anleiheempfänger oft Ressentiments gegenüber dem Geber hervorruft, die das Verhältnis zwischen ihnen eher zu trüben als zu verbessern pflegen«[13]. Auf die Frage, ob Auslandshilfe die Garantie des privaten Unternehmertums einschließen sollte, antworten sie ebenfalls mit Nein; nicht weil das private Unternehmertum nicht anzustreben sei, sondern weil »die Versuche, die Philosophie des freien privaten Unternehmertums den Empfängerländern als explizite oder implizite Bedingung einer Anleihe aufzuzwingen, weitgehend zum Scheitern verurteilt sind...«[14]

1.5. Umstrukturierung von Daten

Die gegenseitige Anpassung von Zielen und Mitteln scheint wichtig genug, um sie als Charakteristikum unserer Strategie zu kennzeichnen. Man kann sie jedoch auch als spezielle Anwendung eines anderen Charakteristikums unserer Strategie sehen: der aktiven Umstrukturierung von Daten. Die Bewertung im Rahmen unserer Stretegie erfordert zwar bestimmte Ausgangspunkte, sie ist aber nicht darauf festgelegt, Probleme unabänderlich in ihrer ursprünglichen Form zu behandeln. Im Gegenteil: bestimmte Problemstellungen werden im Laufe der Untersuchung durch neue Daten verändert; veraltete Lösungsmöglichkeiten werden verworfen, und neue, dringliche Probleme treten hinzu; Zusammenhänge zwischen Fakten werden umstrukturiert, sobald man auf neue Fakten gestoßen ist; Strategievorschläge werden geändert, sobald man die realen Gegebenheiten unter neuem Aspekt sieht. Bei der Umstrukturierung von Zusammenhängen und der Änderung der Vorschläge werden Wertvorstellungen revidiert, die man bei der Lösung des Problems ursprünglich für relevant hielt. Der Prozeß ist jedoch reziprok. Er könnte genausogut von Veränderungen bei den Wertvorstellungen ausgehen, die dann sowohl den Entwurf der Strategien als auch die Auswahl der Tatsachen beeinflussen.

Solche Änderungen der Wertvorstellungen werden unterstützt und erleichtert durch die Neigung, Werte und Ziele in der vagen Form von Problembereichen auszudrücken, die in der ganzen Breite umgangssprachlicher Formulierung ohne feste Grenzen bleiben und vielfältige Deutungen zulassen. Die Bewertenden bestehen meist

---

[13] Rostow, Millikan, a.a.O., S. 10.
[14] Ebd., S. 15.

nicht auf einer festen Regel, daß etwa »eine Strategie, sofern sie nur die Eigenschaft F aufweist, zur Grundlage der Politik gemacht wird«. Die Bewertenden sehen in der Eigenschaft F eher »ein wichtiges Kriterium in Verbindung mit den Kriterien G und H, deren Stellenwert aber noch zu bestimmen ist«.

Daß vage Abgrenzungen eines Problembereichs festen Regeln vorgezogen werden, hält – als Merkmal unserer Strategie – die Möglichkeit zur Umstrukturierung unter dem Aspekt sich ändernder Werte offen. Ändern sich nämlich die Werte, so führt das dazu, daß auch die Tatsachen anders gesehen werden, denn die Werte spiegeln sich in der Art und Weise, wie Tatsachen gesehen werden.

Da bei unserer Strategie vage umschriebene Problembereiche als Ausgangspunkt der Untersuchung gewählt werden, erhält sie sich die Umstrukturierungsmöglichkeiten, die in der Vielfalt und Veränderlichkeit der Werte angelegt sind. Vielfalt und Veränderlichkeit sind keinesfalls Nachteile für eine rationale Bewertung. Nur vage abgegrenzte Problembereiche ermutigen gegenüber festgelegten Entscheidungsregeln zu Erkundungen im Neuland (explorations); das heißt, konkreten Anforderungen, die aus spezifischen Umständen hervorgehen, auf möglichst schöpferische und innovative Art und Weise zu entsprechen, soweit sich dies im Rahmen des Möglichen hält. Wenn die Bewertenden mit vage umschriebenen Problembereichen im Sinne unserer Strategie arbeiten, dann können sie leicht das Wertspektrum eines angeführten Problembereiches erweitern, entwickeln und variieren; sie können eine Vielfalt von Kombinationsmöglichkeiten von Über- und Unterordnungen zwischen den Werten und den ihnen entsprechenden Tatsachen erkunden. Durch den bewußten Verzicht auf rigide Entscheidungsregeln bewahren sich die Bewertenden einen Freiraum, der ihnen nur im Rahmen unserer Strategie eröffnet ist.

1.6. Sequentielle Analyse und Bewertung

Es war bis hierher schwierig, unsere auf Grenzverbesserungen ausgerichtete Strategie und ihre Potenz zur permanenten Umstrukturierung von Fakten zu beschreiben, ohne zu erwähnen, daß politisches Entscheiden (policy making) im Rahmen unserer Strategie auf langen Ketten kleiner Schritte aufbaut. Ein solches sequentielles Vorgehen ist ein weiteres Kennzeichen unserer Strategie.

Auch Analyse und Bewertung spiegeln sich in einer Folge von Schritten wider. Unsere Strategie ist demzufolge den permanenten Änderungen einer Politik der kleinen Schritte angepaßt. Das »Gesetz zur Aufrechterhaltung der sozialen Sicherheit« wird zum Beispiel alle paar Jahre modifiziert, um das Niveau der Leistungen um geringes (incremental) zu heben, die Palette der Leistungen leicht zu erweitern und den Kreis der Anspruchsberechtigten ein wenig zu vergrößern. Gleichermaßen bildet die Arbeitsgesetzgebung eine permanente Kette von Änderungen, von denen jede einzelne nur wenig verschieden von den vorhergehenden und den folgenden war. Das gleiche trifft auf die mit öffentlichen Mitteln finanzierte Forschung, auf die Gewährung von Zuschüssen an Regierungen und auf fast jeden anderen Bereich der Politik, den man sich nur erdenken kann, zu. Der Analyst stößt immer wieder auf annähernd die gleichen Ziele, auf immer wieder fast gleich enge Entscheidungsspielräume und auf immer wieder nahezu gleichartige Bewertungs- und Analysenprobleme in einem ihm zunehmend vertrauten Rahmen. Dies mag angelegt sein im erkundenden Wesen der Analyse und bedarf hier wegen seiner Wichtigkeit einiger weiterer Erläuterungen.

Es charakterisiert politische Prozesse in den meisten Regierungssystemen, daß jedes einzelne Ressort, jede einzelne Organisation oder jede einzelne Abteilung eine niemals endende Kette von Anläufen auf mehr oder weniger permanent auftretende – wenn auch vielleicht langsam sich verändernde Probleme – in ihrem Interessen- oder Zuständigkeitsbereich unternimmt. Im Rahmen dieser sich ständig wiederholenden Anläufe, etwa die soziale Unsicherheit der älteren Generation in den Vereinigten Staaten zu beseitigen, ist es die Aufgabe des Kongresses, gesetzgebend tätig zu werden. Er wird dabei von der Verwaltung beraten, deren Verantwortlichkeit für die Ausführung der Wohlfahrtsgesetzgebung es erfordert, daß sie die Politik dieses Bereichs ebenfalls permanent analysiert und Vorschläge zur Verbesserung unterbreitet. Auch private Organisationen sind in bestimmten Problembereichen tätig, so daß man auch von ihnen annehmen kann, daß sie periodische Analysen und Bewertungen in ihrem Interessenbereich vornehmen. Alle miteinander sind nicht dazu gegründet, nur ein einziges Problem zu bearbeiten und sich dann nach der Lösung des Problems wieder aufzulösen; im Gegenteil: es kann als sicher gelten, daß ihre Probleme selten tatsächlich »gelöst«, sondern meist nur »gemildert« werden.

So kommt es dann dazu, daß Analysten in öffentlichen und privaten Organisationen im wesentlichen immer wieder auf ein- und dieselben Probleme zurückkommen und daß auch Gesellschaftswissenschaftler und Analysten aus anderen Disziplinen feststellen müssen, daß sie zu wiederholten Malen auf Problemen herumreiten, die sie im letzten Jahr oder in dem letzten Jahrzehnt schon mehrfach untersucht haben. Kein Gesellschaftswissenschaftler oder Analyst – wie emsig und kreativ er auch immer arbeitet – macht sich Illusionen darüber, daß er solche Probleme wie Streiks, Jugendkriminalität, Umweltverschmutzung, Atomexplosionen, Krieg, Armut, Verkehrschaos,

soziale Unsicherheit jemals »lösen« könnte. Statt dessen sucht er nach angemessenen Fortschritten in einer nach seiner Erwartung erfolgversprechenden Richtung.
Die für die Problemlösung im Bereich der öffentlichen Politik charakteristische Kette wird keineswegs immer explizit als solche erkannt; manchmal ändert sich der Bezugsrahmen im Verlauf einer Kette so sehr, daß neue Schritte – oberflächlich betrachtet – wie ein völlig neues Verfahren bei der Problemlösung erscheinen. Aber dieser Eindruck kann die Kontinuität, die unter der Oberfläche weiterbesteht, nur zeitweise verschleiern. Zum Beispiel könnte eine Verlagerung der Kongreßarbeit von der Einkommensteuer- zur Umsatzsteuergesetzgebung zur Beschäftigung mit neuen Problemen der Einkommensverteilung sowie deren Lösung führen. Verlagert sich das Interesse von großen Flugzeugträgern und Bombern auf Raketenprogramme, von der Beteiligung der öffentlichen Hand an der Grundlagenforschung auf eine Bundeshilfe für das Bildungssystem, so kann das allem zugrunde liegende permanente Streben nach nationaler Sicherheit nicht verschleiert werden – auch wenn die Gewährung einer Bundeshilfe für das Bildungssystem nicht nur der nationalen Sicherheit, sondern noch vielen anderen Zielen dient.
Hyneman gibt nicht vor, ein Problem tatsächlich zu lösen, sondern versucht vielmehr, es in den Griff zu bekommen; er gibt nicht vor, eine Aufgabe zu durchdringen, sondern er arbeitet an ihr. So etwa, wenn er einen seiner Vorschläge kommentiert, einen neuen und mit vielen Vollmachten ausgestatteten Rat der Parteiführer unter dem Vorsitz des Präsidenten einzuführen: »Es scheint mir, daß jetzt die Zeit gekommen ist, Neuerungen in den Beziehungen an der Spitze unserer Regierung einzuführen, die dahin gehen sollen, dem Präsidenten im Hinblick auf die Loyalität seiner Partei mehr Spielraum im Kongreß zuzuerkennen. Gleichzeitig ist dem Kongreß mehr Gelegenheit zu geben, dem Präsidenten zu sagen, was letztlich noch tolerierbar ist. Mancher könnte in der vorgeschlagenen Vorgehensweise einen ersten Schritt in Richtung auf ein parlamentarisches System erkennen, was gewiß kein Hindernis für spätere Fortschritte in dieser Richtung ist. Dieser Vorschlag wird jedoch nicht im Hinblick auf einen parlamentarischen Regierungsstil gemacht; ich unterstütze ihn nur, weil er verspricht, die Arbeitsabläufe an der Spitze unserer Regierung, die mir eine Verbesserung dringend nötig zu haben scheint, tatsächlich zu verbessern.«[15]
Im Verlauf vieler Jahre kann es dazu kommen, daß ein Problem schließlich doch als gelöst angesehen wird; wenn dem so ist, dann ist dieser »Erfolg« Ergebnis einer langen Kette von politischen Handlungen. Doch auch mit der Lösung eines Problems fangen wieder neue

---

[15] Hyneman, a.a.O., S. 571.

Ketten politischer Handlungen an. Rostow und Millikan betonen im folgenden den sequentiellen Charakter politischer Entscheidungen. Bei der Diskussion der historischen Entwicklung schreiben sie: »Die Vereinigten Staaten haben sich endlich der Lösung eines Fragenkomplexes genähert, der ihr politisches Leben schon seit 1865 determiniert hat. Unser Hauptproblem bestand seit eh und je darin, die Industrialisierung mit den Grundsätzen der Demokratie in Einklang zu bringen. Das Agrarproblem, die Stellung der Großunternehmen in einer demokratischen Gesellschaft und die Stellung und Verantwortung der Gewerkschaften, die Vermeidung extremer periodischer Beschäftigungsschwankungen, gesellschaftliche Gleichheit für die Neger, das Angebot gleicher Bildungschancen, eine gerechte Einkommensverteilung: von all diesen wichtigen Fragen ist keine vollständig gelöst, aber es gibt dazu einen nationalen Konsensus, in dessen Rahmen wir uns als Nation vorwärtsbewegen...«[16]

1.7. Die Ausrichtung von Analyse und Bewertung auf die Beseitigung von Mißständen

Nachdem die Methode der politischen Analyse als schrittweise (incremental), erkundend (exploratory), sequentiell und durch die Anpassung der Zwecke an die Mittel gekennzeichnet wurde, ist zu vermuten, daß der Analyst stabile, langfristige Entwicklungen nicht mit kritischen Augen verfolgt. Unsere Strategie veranlaßt den Analysten eher zur Aufdeckung von aktuellen Problemen oder Mißständen, die kurzfristig auszuräumen sind, als etwa zur Bestimmung dessen, was als langfristig zu verfolgendes Ziel anzusehen ist. Schon die kurzfristigen Ziele werden gern als zu beseitigende Mißstände definiert. Zum Beispiel orientieren sich Wertvorstellungen, die mit dem Problem der Einkommensverteilung verbunden sind, weniger an irgendeiner idealen Einkommensverteilung, als vielmehr am Wunsch nach der Verminderung spezifischer sozialer Mißstände, etwa der Jugendkriminalität oder der Chancengleichheit im Bildungssektor.
Diese Charakteristika unserer Strategie haben wieder eine Parallele in einem Merkmal der Politik der kleinen Schritte, die darauf abzielt, »das Laster auszumerzen, auch wenn die Tugend nicht definiert«, geschweige denn als Ziel konkretisiert werden kann. So zum Beispiel, wenn gefordert wird, für Geisteskranke zu sorgen, ohne definieren zu können, was »geistig gesund« heißen soll; oder den Expansionsbestrebungen der Sowjetunion entgegenzutreten, ohne zu wissen, welche positiven außenpolitischen Ziele wir denen des Kreml entgegensetzen

---
[16] Rostow, Millikan, a.a.O., S. 149.

sollen; oder die Ineffizienz des Regierungsapparates zu reduzieren, ohne abschätzen zu können, welches Leistungsniveau wir voraussetzen können; oder die Ungerechtigkeit in der Besteuerung zu beseitigen, ohne sich über Gerechtigkeit einig zu sein; Slums abzureißen, ohne sich schlüssig zu sein, in welchen Häusern und in welcher Umgebung ihre Bewohner einst leben sollen.

Wir zweifeln nicht an der Bedeutung ideologischer Zielsetzungen wie »Freiheit« und »Sicherheit«. Aber solche abstrakten Begriffe können als gemeinsamer Orientierungspunkt nur für die Analysten eines jeweils bestimmten Landes oder eines jeweils bestimmten Gesellschafts-Systems dienen. Um die Auswahl einer Strategie, über die Analysten untereinander keine Einigkeit erzielen können, zu beeinflussen, müssen erst die ideologischen Zielsetzungen in konkretere Wertvorstellungen umgesetzt werden. Auf dem Wege dieser Umsetzung ins Konkrete geraten hohe ideologische Ziele schließlich zu bescheidenen Zielen der Beseitigung von Mißständen. Derjenige, der unserer Strategie folgt, kann auch die hohen Werte in die Analyse einbringen und beispielsweise das Prinzip der »Gleichheit« bei einer Strategie zur Neuordnung der Einkommensverteilung berücksichtigen. Auch hier bleibt die scharfe Grenze zwischen der synoptischen und unserer Strategie bestehen: wo der Analyst, der der synoptischen Methode folgt, die Gleichheit oder irgendeinen konkretisierten Grad von Gleichheit als fixen Wert einführt, ist sich dagegen der nach unserer Strategie vorgehende Analyst bewußt, daß Präferenzen zwischen einzelnen Zielvorstellungen sich aus verschiedenen Gründen ständig geringfügig (marginal) ändern – etwa wenn man einem Ziel schrittweise näherkommt. Daher zögert er, irgendeinen konkreten Grad von »Gleichheit« als Ziel zu apostrophieren und konzentriert sich lieber auf die Möglichkeit, Mißstände als negative Ziele zu identifizieren.

Hynemans wichtigstes Anliegen – Vermeidung von Mißständen – wird in Passagen wie den folgenden deutlich: »Wir können die Bedeutung eines Regierungssystems, in dem die Verwaltung gewählten, von den Bürgern unterstützten Repräsentanten untersteht, nur dann richtig einschätzen, wenn wir verstehen, in welcher Weise die Verwaltung den Bürgern schaden kann. Was sind das für Dinge – amtliche Maßnahmen, routinemäßiges Vorgehen, zugrunde liegende Strategien, die Verfolgung des allgemeinen Wohls –, die einzeln oder gemeinsam die öffentliche Meinung erlahmen lassen und unsere demokratische Regierungsform untergraben? Manche davon scheinen spontane Handlungen von Leuten der unteren Ebenen des administrativen Apparates zu sein – persönliche Eigenschaften und Arbeitsgewohnheiten, die das erzeugen, was wir gewöhnlich mit ›Mittelmäßigkeit‹ bezeichnen. Zu manchen wiederum scheint die große Masse der ›kleinen‹ Beamten von ihren Vorgesetzten angewiesen zu

sein. Wieder andere tauchen nur auf, wenn der Präsident oder andere hochgestellte Persönlichkeiten ihr (persönliches) Interesse unter Mißbrauch der Bürokratie zu verfolgen beginnen. Schon die Möglichkeit des Mißbrauchs legt es nahe, zu überlegen, ob er durch Sicherheitsvorkehrungen innerhalb der Verwaltung verhindert werden kann, oder ob Lösungen dieses Problems auf dem Weg über das politische System gefunden werden müssen.«[17]
Rostow und Millikan haben ebenfalls die Beseitigung von Mißständen im Auge. Ihre endgültige Festlegung von Zielen geht aus der Berücksichtigung von zu vermeidenden Gefahren und Mißständen hervor. Sie beschäftigen sich weniger damit, eine bessere Welt zu schaffen, als vielmehr einer schlechteren zu entrinnen. Diese Einstellung zeigt sich darin, wie sie die Bedrohung der westlichen Welt durch die Sowjets einschätzen: »Es gibt zwei vorrangige Aufgaben für die Außenpolitik der USA. Bei der ersten handelt es sich darum, der Bedrohung unserer Sicherheit, die durch die Gefahr eines offenen militärischen Angriffs gegeben ist, tatkräftig zu begegnen... Die zweite besteht darin, die Entwicklung einer Welt zu fördern, in der die Bedrohung unserer Sicherheit – oder, allgemeiner ausgedrückt, unserer Art zu leben – möglichst weitgehend abgewendet wird.«[18]

1.8. Mangelnde gesellschaftliche Koordination in Analyse und Bewertung

Zum Kern unserer Strategie gehört es schließlich, daß Analyse und Bewertung im Rahmen unserer Gesellschaft fragmentiert sind, das heißt, daß sie über eine große Anzahl von Organisationen innerhalb der Gesellschaft verstreut sind. Die Analyse jedes beliebigen Problembereichs und die Entwicklung von möglichen Strategien zur Lösung des Problems wird meist von mehreren Organisationen zugleich, aber mit unterschiedlichen Schwerpunkten betrieben. Ein Problem mit so vielen Façetten, wie etwa die Nationale Sicherheit, wird bei Hunderten von Organisationen, bei Universitäten, Regierungsressorts, privaten Instituten und ähnlichen Stellen untersucht. Darüber hinaus wird jeder der vielen Ansätze ohne Rücksicht auf Effizienz gleichzeitig von Dutzenden oder Hunderten von Organisationen, die miteinander nur unvollständig kommunizieren, verfolgt. Sogar in einem relativ begrenzten Bereich, wie der Einkommensbesteuerung, findet sich eine Vielzahl von Organisationen, von den verschiedenen Steuerzahlervereinigungen über die Universitäten und freien Forschungsinstitute bis hin zu den Fachressorts der staatlichen Bürokratie.

---

[17] Hyneman, a.a.O., S. 25 f.
[18] Rostow, Millikan, a.a.O., S. 2 f.

Dieses Kennzeichen unserer Strategie steht nicht im Gegensatz zum synoptischen Ideal, denn auch die synoptische Problemlösung würde eine große Zahl von Organisationseinheiten erfordern. Der Unterschied besteht in folgendem: beim synoptischen Ideal würden verschiedene Analysten entweder jeweils verschiedene Probleme oder abgegrenzte Teile eines zerlegbaren Problems erörtern. Man kann aber ein Problem nur dann in unabhängige Teilprobleme zerlegen, wenn jedes für sich verstanden und behandelt werden kann und die Lösungen bei anderen Teilproblemen nicht berücksichtigt werden müssen. Bei unserer Strategie jedoch ist die Zerlegung nicht begrenzt, so daß sich die vielfältigen Interdependenzen zwischen Teilproblemen berücksichtigen lassen. Wir haben bereits Hynemans »willkürliche« Ausklammerung von Problemen bei seiner Analyse erwähnt. Weder hat er einen Koordinator um Genehmigung gebeten, nur jene in seinem Buch dargestellten Probleme behandeln zu dürfen, noch hat er deutlich herauslösbare, unabhängige Teilprobleme eines größeren Zusammenhangs bearbeitet, noch hat er dafür gesorgt, daß sich etwa andere um das kümmern, was er selbst ausgeklammert hat. Ein für die politische Analyse und ganz allgemein für die Gesellschaftswissenschaften typisches Verhalten: überall nur Lücken, Überschneidungen, jeder kocht sein eigenes Süppchen. Zumindest oberflächlich erscheinen die Gesellschaftswissenschaften wie das Chaos des Laissez-faire.

Dieses Kennzeichen hat uns in erster Linie dazu veranlaßt, den verächtlichen und bewußt häßlichen Ausdruck »disjointed« (zusammenhanglos, unkoordiniert) ins Wappen unserer Strategie zu schreiben. Analyse und Bewertung sind in dem Sinne unkoordiniert, daß ein- und dasselbe Problem, ja sogar die einzelnen politischen Aspekte eines Problems an verschiedenen Stellen ohne Zusammenhang untersucht werden – ohne sichtbare Koordination und ohne eine strikte Problemabgrenzung, wie sie im Idealfall bei Anwendung der synoptischen Problemlösung vorausgesetzt wird. Auch in einem erweiterten Sinn sind Analyse und Bewertung unkoordiniert; sie konzentrieren sich auf Strategien der kleinen Verbesserungen, die »zufällig« auf der Straße liegen, ohne hohe Ziele näher ins Auge zu fassen.

Wenn wir hier versuchen zu erklären, warum Gesellschaftswissenschaftler und andere Analysten sich unserer Strategie bedienen, dann scheinen wir uns mit der Unordnung, der offensichtlichen Nichtbeachtung von Vollständigkeit und Koordination abgefunden zu haben. Ist nicht mangelnde Koordination ein Hindernis für Kooperation? Wie kann ein Problem umfassend behandelt werden, wenn kein gemeinsamer Plan existiert? Wir versuchen nicht, diese Einwände zu entkräften, sondern verweisen sogar in der Beschreibung unserer

Strategie darauf, denn uns geht es darum, nachzuweisen, daß diese Einwände nicht stichhaltig sind. Fragmentierung hat ihre Vorteile – die Vorzüge ihrer Mängel –, beispielsweise im politischen Bereich jederzeit ein breites Spektrum von Eindrücken und Einsichten zu garantieren, wobei freilich die Gefahr besteht, »koordiniert« zu werden, sobald übereilt unbegründete Forderungen nach einem Plan zum gemeinsamen Vorgehen erhoben werden. Es gibt gesellschaftliche Situationen, in denen ein einzelner Plan sich als völlig unangemessen erweist.[19]

2. Die politische Färbung unserer Strategie

Unsere Strategie gibt leicht Anlaß zu dem Mißverständnis, ihr liege eine starre, konservative Haltung zugrunde. Denn gehört nicht Abneigung gegen umfassende Entwürfe und radikale Änderungen zum Wesen konservativer Haltung? Ist es nicht ein Charakteristikum der Konservativen, daß sie sich an etablierte Strategien halten? Argumentieren sie nicht seit jeher, daß man auf keinen Fall mehr tun solle, als die bei einer traditionsverbundenen Politik zwangsläufig auftretenden Unvollkommenheiten auszugleichen? Nur wenn sich ein Eingreifen gar nicht mehr vermeiden lasse, dann solle man behutsam die jeweils wirtschaftlichen und am wenigsten störenden Maßnahmen wirken lassen. Ist es ferner nicht ihr erklärtes Ziel, jeder innovativen Verbesserung der gesellschaftlichen Situation scharf entgegenzutreten?

In unserer Strategie sind Hinweise und Vorbehalte enthalten, die sie jedem Konservativen sympathisch zu machen scheint. Sie mit einer stock-konservativen Einstellung in Verbindung zu bringen resultiert auch aus Analogien zur angelsächsischen Rechtsprechung und der Pflege des Gewohnheitsrechtes. Die »Angst vor jeder Systematik«[20], die offenbar zum Wesen der angelsächsischen Rechtsprechung gehört, und die Ablehnung jeder Kodifizierung des Rechtes von seiten englischer Juristen richtet sich gegen fast die gleichen Tatbestände wie unsere sich gegen überkommene Bewertungsmethoden – etwa des Synoptischen Ideals – richtende Strategie. So trifft die Beschreibung eines englischen Juristen auch haargenau auf jeden überzeugten Jünger unserer Strategie zu: »Der englische Jurist ... neigt dazu zu glauben, daß der einzelne Fall bereits das Gesetz, das auf ihn anzu-

---

[19] Vgl. hierzu etwa: Lipset, R. G., K. Lancaster: The General Theory of Second Best. In: Review of Economic Studies, XXIV, 1956–57, S. 11 ff.
[20] Vgl. etwa Radbruch, Gustav: Der Geist des Englischen Rechts. 4. Aufl., Göttingen, 1958, S. 56.

wenden ist, in sich trägt, und er glaubt, daß die Formel ›ex facto ius oritur‹ (die Tatsachen erzeugen das Gesetz) – wenn sie eine fruchtbare Grundlage methodischen Denkens sein soll – als Hinweis darauf zu gelten habe, daß die konkrete Notwendigkeit, einen konkreten Fall zu entscheiden, die Kreativität eines Richters wesentlich mehr fördere als fiktive zukünftige Fälle, wie sie sich vor allem für den Gesetzgeber im Hinblick auf die Formulierung eines kodifizierten Rechtsprinzips ergeben. Deswegen mißtraut der englische Jurist weitgehend allgemeinen Theorien der Rechtsphilosophie – er möchte nicht den Platz a priori besetzen, der dem individuellen Gesetz eines einzelnen Falles gebührt; er möchte sein Gespür für die Lehren eines unendlich wandelbaren und unvorhersehbaren Verlaufs zukünftiger Erfahrungen durch vorgeformte Ideen nicht verlieren.«[21]

Von Macaulay stammt eine Reihe englischer Gesetzgebungsprinzipien, die sowohl das Wesen unserer Strategie wiederzugeben als auch sie mit dem Siegel des unzerstörbaren konservativen Geistes zu versehen scheinen: »Nichts von Ausgewogenheit, aber viel von Zweckdienlichkeit zu halten; eine Anomalität zu beseitigen, bloß weil sie eine Anomalität ist; niemals eine Veränderung anzustreben, außer wenn sich ein Mißstand zeigt; niemals mehr zu verbessern als unumgänglich für die Beseitigung eines Mißstandes nötig ist; niemals einen Vorschlag vorzulegen, der über das speziell zu lösende Problem hinausgeht; dieses sind die Regeln, die von der Zeit Johns bis zur Zeit Victorias grundsätzlich die Debatten unserer 250 Parlamente geleitet haben.«[22]

Das Zitat bringt uns von der Rechtswissenschaft zurück zur Politik: so überzeugend diese Gründe auch scheinen mögen, unsere Strategie mit einer konservativen politischen Einstellung gleichzusetzen, so stammen sie doch alle nur von der einen Seite der Medaille. Ein völlig anderes Bild gewinnt man von unserer Strategie, wenn man davon ausgeht, daß sie für eine sich permanent ändernde Welt entworfen ist – für jene Welt, von der John Dewey sagte, daß das Bildungssystem so konzipiert sein muß, daß jeder Konservative zum Skandal wird. Hat man einmal unsere Strategie im Hinblick auf permanente politische Änderungen akzeptiert, wo ist dann ein Endpunkt? Gibt es irgendeine Grenze für die Änderungen, die wir anstreben könnten? Das Wort »Politik der kleinen Schritte« vermag leider dieselbe Furcht bei Progressiven zu erwecken wie das Wort von der »schleichenden Sozialisierung« bei Konservativen.

Sicher kann es von diesem Standpunkt aus nicht als Zufall betrachtet werden, daß die Wirtschaftspolitik der frühen 30er Jahre – der »New

---

[21] Ebd., S. 10. (Text aus dem Englischen übersetzt).
[22] Zitiert bei Radbruch, a.a.O., S. 9 f. (Text aus dem Englischen übersetzt).

Deal« – reichlich Beispiele für kleine Schritte im Sinne unserer Strategie bietet.
Unter diesem Aspekt stellt sich jetzt der synoptische Ansatz – oder zumindest seine spezielle Ausprägung des rational-deduktiven Ideals – als entschieden konservativer heraus. Gegenüber unserer Strategie vertritt er feste Prinzipien und Regeln. Konservative scheinen daran einen gewissen Gefallen zu finden und neigen dazu, sich dem synoptischen Ansatz zu verschreiben. Ermutigt nicht der synoptische Ansatz dazu, jede kleinste Verbesserung erst in der Theorie zu beweisen, ehe gehandelt wird?
Sogar die Analogie zur Rechtswissenschaft läßt sich in diesem Licht anders interpretieren! Man braucht nur davon auszugehen, daß starr kodifiziertes Recht dazu benutzt werden kann, Verbesserungen im Rechtsbereich zu verhindern – und umgekehrt, daß flexible Regelungen im Gewohnheitsrecht Änderungen erleichtern. Kodifiziertes Recht läßt sich nur durch eine Revolution in seinen Grundsätzen wandeln, Gewohnheitsrecht wandelt sich laufend, ohne daß man sonderlich davon Kenntnis nimmt.

Wenn wir hier unsere Strategie zwischen die Fronten der Konservativen und Progressiven gerückt haben, so soll damit keinesfalls zum Ausdruck gebracht werden, sie sei ein neutraler Vermittler zwischen beiden. Die Frage nach der Position unserer Strategie ist ein empirisches Problem und ist als solches zu behandeln: um wieviel größer ist in der konkreten Wirklichkeit die Wahrscheinlichkeit, daß sich das konservative Lager eher auf unsere als auf irgendeine andere Strategie abstützt.
Unsere Strategie macht keinerlei Angaben zu den gesellschaftlichen Zuständen, in die hinein Problemlösungen münden sollten; sie kann gleichermaßen gut in einem perfekten Laissez-faire-System wie auch bei umfassender staatlicher Planwirtschaft eingesetzt werden; sie kann ohne irgendwelche Vorstellungen vom Fernziel, auf das eine Gesellschaft zusteuert, für die Analyse und Bewertung politischer Strategien herhalten.
Weiterhin macht unsere Strategie keinerlei Angaben zur Geschwindigkeit der Veränderungen – weder im Hinblick auf den Gesamtablauf einer langen Kette kleiner Schritte, noch im Hinblick auf die Folge jeweils zweier Schritte. Von einer konservativen Position aus könnte man ein langsames Vorgehen befürworten, aber auch dies kann für einen Konservativen kein Prinzip sein, wenn ein langsames Vorgehen mit hohen Kosten verbunden ist oder eine bedrohliche Ausnahmesituation zu schnellem Handeln zwingt. Gleichermaßen werden auch von einer progressiven Position aus keine überstürzten Schritte bei einer sich nur träge bewegenden Entwicklung vorgenom-

men; das heißt beide Positionen können unsere Strategie anwenden, ob sie nun schnell oder langsam vorwärtskommen wollen.
Daß unsere Strategie zusätzliche Zeit erfordert, liegt im Prinzip der kleinen Schritte, denn zwischen jeweils zwei Schritten müssen die Ergebnisse des jeweils vorhergehenden Schrittes gesichtet, erkundet und beraten werden. Daraus läßt sich jedoch kaum ein Schluß auf Konservatismus herleiten, dergestalt, daß dieser zusätzliche Zeitaufwand den Fortschritt so verzögert, daß nur noch Konservative die Geduld behalten; das Maß an Geduld hängt, so scheint es uns, von der im jeweiligen Gesellschafts-System vorherrschenden Fortschrittsgläubigkeit ab. Wenn nach Jahrhunderten des Dahindämmerns eine Gesellschaft, aus welchem Anlaß auch immer, plötzlich in Bewegung gerät, muß unsere Strategie kein Hindernis für einen sich anbahnenden Fortschritt sein. Selbst in den Vereinigten Staaten nimmt man sich heute nicht mehr die Zeit zur gründlichen Bewertung der jeweils letzten Schritte, sondern eilt einfach weiter. Man könnte daraus den leichtfertigen Schluß ziehen, daß es in den USA keinen Konservativismus mehr gibt, sondern nur noch Fortschritt.
In der bisher geführten Diskussion haben wir unsere Strategie und die synoptische Methode immer wieder einander als Alternativen gegenübergestellt. Dies sollte nicht den Eindruck entstehen lassen, daß die synoptische Methode in ihrer Praxisferne die einzige Alternative sei.[23] Wir möchten betonen, daß wir es uns beim gegenwärtigen Stand der Forschung im Bereich der Bewertungsverfahren und Entscheidungsfindung mit einer gewissen Gelassenheit leisten können, die Frage der Zuordnung zum konservativen oder progressiven Lager offenzulassen; gleichermaßen lassen wir die Frage der Utopien offen – seien sie reaktionär oder radikal – ebenso wie die Frage nach den hochgradig abstrakten und scheinbar umfassenden Wertsystemen. Uns reicht es festzustellen, daß Analysten, unabhängig von den genannten Fragen, sich in der Praxis jener Anpassungsmodi bedienen, die Kennzeichen unserer Strategie sind.

Der Beitrag ist die leicht gekürzte Übersetzung des 5. Kapitels »The Strategy of Disjointed Incrementalism« aus dem Buch: »A Strategy of Decision – Policy Evaluation as a Process«, 1963. Abdruck mit freundlicher Genehmigung des Verlags The Macmillan Company, New York.
Die Übersetzung besorgte Reinhard Hujer, Darmstadt.

[23] Vgl. hierzu Kapitel 1 des Buches »A Strategie of Decision«.

Planung der kleinen Schritte und Politik des »Status quo«

Zur systemerhaltenden Funktion von Planungskonzepten
Von Gerhard Kade und Reinhard Hujer

1.

Diskussionen über Planungsstrategien und Planungstechniken vermitteln schillernde Bilder vom Bemühen verschiedener Wissenschaftsdisziplinen, das Phänomen »Planung« in den Griff zu bekommen: Euphorie und Skeptizismus wechseln sich in schöner Regelmäßigkeit ab[1]; in immer neuen Anläufen wird versucht, alternative Planungskonzepte zu entwickeln und sie mit empirischen Tatbeständen zu konfrontieren. Unter dem Eindruck dieser Vielfalt an planungstheoretischen Überlegungen und Ansätzen erscheint die Frage nach den Entstehungsbedingungen und Entwicklungstendenzen von Planungskonzepten nur allzu berechtigt.
Die Diskussion über Planung in Wirtschaft und Gesellschaft zeigt von jeher widersprüchliche Züge und läßt erkennen, daß hinter der scheinbar nur technischen Problematik der Regulierung von Gesellschaftssystemen oder gesellschaftlichen Subsystemen sich sozialtheoretische Fragestellungen verbergen. Die vordergründige Identifizierung von Sozialismus und Planwirtschaft, die lange Zeit die wirtschaftspolitischen Debatten vor allem in der Bundesrepublik beherrschte, hat nicht erst im neoliberalen Denken der Nachkriegsjahre ihren Ursprung, sondern geht auf Euckens Zauberformel von der »Interdependenz der Ordnungen« zurück[2], die entscheidend dazu beitrug, Marktwirtschaft und »westliche Demokratie«, Zentralverwaltungswirtschaft und sozialistische Diktatur als jene scheinbar wissenschaftlich abgesicherte Alternative für ein politisches Freund-Feind-Modell der Ära des Kalten Krieges zu stilisieren und damit über lange Jahre hin eine wissenschaftliche Diskussion über Planung durch einen generellen Ideologieverdacht zu verhindern.

---

[1] Vgl. dazu Ronge, V.: Politökonomische Planung. In: Ronge, V., G. Schmieg (Hrsg.): Politische Planung in Theorie und Praxis. München, 1971; S. 137 ff.
[2] Vgl. Eucken, W.: Die Grundlagen der Nationalökonomie. 6. Aufl., Berlin / Göttingen / Heidelberg, 1950.

Allerdings reichen die Wurzeln weiter zurück.³ Es ist inzwischen häufig genug betont worden, daß die einfache Gleichsetzung von Sozialismus und Planung schon deshalb problematisch ist, weil die Klassiker des Sozialismus, von wenigen Andeutungen abgesehen, keine praktischen Fragen der Wirtschaftsregulierung der sozialistischen Gesellschaft diskutiert haben. Theoretische Diskussionen über Planung im Sozialismus setzen erst nach der Oktober-Revolution ein und sind in der westlichen Ökonomie vor allem durch die Austromarxisten und die liberalkonservative Gegenattacke von Ludwig von Mises relevant geworden. Die Diskussion der zwanziger Jahre in Österreich, an der Marxisten wie Neurath, Bauer, Leichter, Polanyi und Schiff beteiligt waren, war nicht unwesentlich bestimmt durch den Revisionismus Bernsteins, der den Begriff »Plankapitalismus« prägte⁴, und hat die Grundlage für die liberalkonservative Attacke der Mises, Hayek, Eucken, Röpke, Miksch und anderer geschaffen, die letztlich in der Verbindung von alternativanalytischen Denkmodellen (freie oder soziale Marktwirtschaft – Planwirtschaft) und einem politischen Freund-Feind-Modell (Demokratie – Diktatur) münden mußte. Der in der österreichischen Grenznutzenschule begründete Ökonomismus – v. Mises' Buch trug bezeichnenderweise den Titel »Wirtschaftsrechnung in einem sozialistischen Gemeinwesen« (1920) –, der die Diskussion beherrschte, hat verhindert, daß die gesellschaftlichen Implikationen der Planungsdiskussion zur Debatte standen. Was dominierte, waren entweder bloße Modellvergleiche, die ihren Ahnherrn Enrico Barone nicht verleugnen konnten⁵, oder in der späteren Phase, dem ORDO-Liberalismus der Nachkriegszeit, ein Sammelsurium von erschlichenen Werturteilen über die Freiheit des Individuums, die angeblich durch Planungs-Abstinenz automatisch gesichert werden könnte:⁶ ein bißchen Planwirtschaft gibt es genausowenig wie ein bißchen Schwangerschaft (Erhard), und hat sich einmal ein bißchen Planung eingenistet, so hat sie den Drang, sich auszuweiten, und der »Weg in die Knechtschaft« (Hayek) ist beschritten.

---

³ Vgl. zum folgenden Rothschild, K. W.: Bemerkungen zum Thema Sozialismus und Planung. In: Schmidt, A., W. Euchner (Hrsg.): Kritik der politischen Ökonomie heute – 100 Jahre »Kapital«. Frankfurt/Wien, 1968, S. 7 ff.
⁴ Vgl. Bernstein, E.: Die Voraussetzungen des Sozialismus und die Aufgaben der Sozialdemokratie. Stuttgart, 1899.
⁵ Vgl. Barone, E.: Il ministro della produzione nello stato colettivista (1908). Abgedruckt in: Hayek, F. A. (Hrsg.): Collectivist Economic Planning. London, 1938.
⁶ Vgl. neben den verschiedenen Schriften von W. Röpke und dem seit 1948 erscheinenden ORDO-Jahrbuch u. a. Erhard, L.: Wohlstand für alle. Düsseldorf, 1957; ders.: Deutsche Wirtschaftspolitik. Düsseldorf, 1962.

Während die Rekonstruktionsphase in der Bundesrepublik durch eine oft leidenschaftlich geführte Anti-Planungs-Kampagne beherrscht wurde, führte man in anderen westlichen Ländern bereits eine pragmatische Planungsdiskussion, die häufig genug gerade mit den Schwierigkeiten des ökonomischen Wiederaufbaus nach dem zweiten Weltkrieg begründet wurde (Niederlande und Frankreich). Diese Diskussion wurde sehr bald funktionalistisch. Auf der Grundlage der wirtschaftspolitischen Erfahrungen der dreißiger Jahre wurde eine »Theorie der quantitativen Wirtschaftspolitik« entworfen[7], die sich eines formalen Rechtfertigungsargumentes für planmäßige Lenkung bediente, des Konsistenz- oder Kompatibilitätsargumentes: Planung ist eine Ziel-Mittel-Relation[8]; Ziele wirken als Beschränkungen aufeinander (man erinnert sich der »magischen Polygone« in der Wirtschaftspolitik der dreißiger und vierziger Jahre), und so ist es Aufgabe der Planung, mit Hilfe formaler Modelle die Verträglichkeit jener Ziel-Mittel-Kombinationen zu klären, die als Aktionsanweisungen für politische Entscheidungsinstanzen ausgegeben werden.[9]
Waren die Modelle der »Theorie der quantitativen Wirtschaftspolitik« einfache Input-Output-Relationen mit exogen definierter Zielsetzung, so zeigte sich in der Folgezeit eine Hinwendung zu Optimierungsmodellen – einerseits im makroökonomischen Ansatz von Frisch[10] und Theil[11], andererseits in der Verwendung der Operations-Research-Kalküle[12]. Die Methode der Optimierung ist also konstitutives Merkmal dieser Planungsstrategien.

[7] Vgl. Tinbergen, J.: On the Theory of Economic Policy. Amsterdam, 1952; ders.: Centralization and Decentralization of Economic Policy. Amsterdam, 1954; ders.: Economic Policy – Principles and Design. Amsterdam, 1956 (deutsch unter dem Titel »Wirtschaftspolitik«. Freiburg, 1968).
[8] Vgl. zur Problematik des Zweck-Mittel-Denkens: Myrdal, G.: Das Zweck-Mittel-Denken in der Nationalökonomie. In: Zeitschrift für Nationalökonomie, Bd. 4, 1933, S. 30 ff., und in: Stadtbauwelt 32, 1971.
[9] Vgl. Tinbergen, J., a.a.O.; außerdem Albert, H.: Wissenschaft und Politik. Zum Problem der Anwendbarkeit einer wertfreien Sozialwissenschaft. In: Topitsch, E. (Hrsg.): Probleme der Wissenschaftstheorie – Festschrift für Victor Kraft. Wien, 1960, S. 201 ff.; Walinsky, L. J.: The Planning and Execution of Economic Development. New York, 1963; Zentralinstitut für Raumplanung (Hrsg.): Zur Theorie der allgemeinen und der regionalen Planung. Bielefeld, 1969.
[10] Vgl. Frisch, R.: Propagation Problems and Impulse Problems in Dynamic Economics. In: Economic Essays in Honour of Gustav Cassel. London, 1933, S. 171 ff.
[11] Vgl. Theil, H.: Optimal Decision Rules for Government and Industry. Amsterdam, 1964.
[12] Vgl. für viele andere: Ackoff, R. L.: Operations Research and National Planning. In: Operations Research, Bd. 5, 1957, S. 457 ff.

2.

Analysiert man die Implikationen eines solchen planungstheoretischen Ansatzes, so werden die Mängel deutlich, der begrenzte Stellenwert kann bestimmt werden und der Glanz des analytischen, algorithmischen Verfahrens verblaßt zunehmend[13]:

1. Soll eine Optimallösung wirklich »optimal« sein, soll die Konsistenzbedingung eindeutig erfüllbar sein, so muß vollkommene Information über das zu bearbeitende Problem gegeben sein.
2. In den Konsistenz- und Optimierungsmodellen werden Zielvorstellungen unabhängig von realen Zielbildungsprozessen formuliert; damit erscheint die gesellschaftliche Wirklichkeit der Vielzahl divergierender Gruppeninteressen als konfliktlose Gesamtheit.[14] Vor dem Hintergrund dieser Prämissen läßt sich feststellen: »Hier werden alle relevanten Fragen, Informationen und alternativen Folgerungen aus vorgegebenen Zielsetzungen gleichzeitig systematisch überblickt, zu einer Synopsis vereinigt.«[15]

Den entscheidenden Ansatz zu einer umfassenden Kritik an einer synoptischen oder rationalistischen Planungskonzeption gaben insbesondere Braybrooke und Lindblom[16]: Unter einem pragmatischen, empiristischem Aspekt erscheint ihnen der synoptische Ansatz nicht geeignet, komplexe Strukturen sozialer Systeme zu erfassen und zu analysieren. Sie entwickeln daher eine andere planungstheoretische Konzeption des Vorgehens, die Strategie des »disjointed incrementalism«, die »Planung der unkoordinierten kleinen Schritte«. Im Gegensatz zur rationalistischen Planungskonzeption stützt sich der auf der Grundlage der behavioristischen Entscheidungstheorie entwickelte pragmatische Ansatz Braybrookes und Lindbloms auf folgende wichtige Prämissen[17]:

---

[13] Zu einer ausführlichen Kritik der Optimierungsmodelle vgl. beispielsweise Naschold, F.: Optimierung: Möglichkeiten, Grenzen und Gefahren. In: Stadtbauwelt, 1969, Heft 51/52, S. 282 ff.; Luhmann, N.: Zweckbegriff und Systemrationalität. Tübingen, 1968, S. 76 f.; Hujer, R.: Planungstechniken und makroökonomischer Planungsprozeß. In: Zeitschrift für Nationalökonomie, 1971, S. 229 ff.
[14] Vgl. Albert, H.: Politische Ökonomie und rationale Politik. In: Besters, H. (Hrsg.): Theoretische und institutionelle Grundlagen der Wirtschaftspolitik. Berlin, 1967, S. 74.
[15] Jochimsen, R.: Strategie der wirtschaftspolitischen Entscheidung. In: Weltwirtschaftliches Archiv, 1967, Band 99, Heft 1, S. 52 ff.
[16] Vgl. insbesondere Braybrooke, D., Ch. E. Lindblom: A Strategy of Decision – Policy Evaluation as a Social Process. New York, 1963.
[17] Vgl. Braybrooke, D., Ch. E. Lindblom, a.a.O., S. 81 ff. In diesem Band ist das betreffende 5. Kapitel abgedruckt.

1. Ziel der Planung ist die schrittweise Verbesserung des »Status quo«.
2. Die Information über ein zu lösendes Problem bleibt immer unvollkommen; deshalb kann lediglich eine beschränkte Anzahl von alternativen Handlungsstrategien und deren Konsequenzen im Modellansatz berücksichtigt werden.
3. Die Zielanpassungsprozesse werden von der »box of tools« (Werkzeugkasten) der Politiker determiniert.
4. Die Analyse der Ausgangssituation impliziert lediglich Informationen über solche theoretischen und empirischen Interdependenzen, die für das zu lösende Problem als wichtig erscheinen.
5. Die Analyse und die Bewertung von Zielen und Mitteln sind als permanenter Prozeß zu interpretieren; die Entscheidungen müssen daher schrittweise revidiert werden.
6. Die Methode des »disjointed incrementalism« wird von einer Vielzahl von nicht koordinierten Entscheidungseinheiten mit ihren jeweils begrenzten Aktionsparametern getragen.

Eine so konzipierte Planungsstrategie erhebt den Anspruch, pragmatisch, realitätsnah zu sein. Um welchen Preis wird jedoch diese hier skizzierte »Realitätsnähe« erreicht? Welcher Stellenwert kommt dem Konzept des »disjointed incrementalism« im Hinblick auf die Notwendigkeit gesellschaftlicher Planung zu? Das sind Fragen, die angesichts der vorgeschlagenen »realitätsnahen« Problemlösungsstrategie zunächst überflüssig erscheinen mögen.

8.

Das auf der Grundlage des Ansatzes der »bounded rationality« (Simon)[18] entwickelte Konzept des »disjointed incrementalism« knüpft an Poppers Strategie des »muddling through«[19] an, unterscheidet sich jedoch dort grundlegend, wo nicht mehr – wie bei Popper – vom einzigen »decision maker« (Entscheidungsträger) gesprochen wird, sondern viele Entscheidungseinheiten einbezogen werden[20], das bedeutet, die Poppersche Strategie des »muddling through« wird

---

[18] Vgl. Simon, H. A.: A Behavioral Model of Rational Choice. In: Simon, H. A.: Models of Man. New York, 1957, S. 241 ff. Übersetzt: »beschränkte Rationalität«.
[19] Vgl. Popper, K. R.: The Poverty of Historicism. New York, 1961, S. 64, übersetzt: »Durchwursteln«.
[20] Vgl. Lindblom, Ch. E.: The Intelligence of Democracy. New York/London, S. 156.

»mit der dezidierten Orientierung an einem pluralistischen Systemmodell und gleichzeitig mit einer realistischen Einschätzung der gegebenen Schwierigkeiten der Informationsgewinnung und -verarbeitung«[21] verbunden. Diese Vorstellung einer pluralistischen Ordnung entspricht weitgehend dem Demokratie-Verständnis der westlichen Welt. Die Frage drängt sich auf: Was verbirgt sich dahinter?
Eine erfolgreiche Praktizierung der Strategie des »disjointed incrementalism« ist nur dann möglich, wenn man einer aus dem pluralistischen Systemmodell abgeleiteten Harmoniekonzeption anhängt: Hier wird postuliert, daß die Interessendivergenzen der verschiedenen gesellschaftlichen Gruppen in einem demokratischen Abstimmungs- und Anpassungsprozeß vermieden werden können, daß man sich demzufolge auf Kompromißformeln »einigt«, die weitgehend vom gegenwärtigen Zustand bestimmt sind. Diese Vorstellung einer neuen »invisible hand« (unsichtbare Hand) impliziert jedoch, daß Diskussionen über Krisen- und Konfliktsituationen weitgehend ausgeklammert werden.[22]
Zwei Beispiele sollen genügen, um den Problemzusammenhang zu verdeutlichen: die »konzertierte Aktion« wird als Harmonisierungsinstrument angeboten[23], um klare Verhältnisse zwischen politischer Entscheidung und wissenschaftlicher Analyse zu schaffen. Man »feilscht« beispielsweise um die Höhe der Wachstumsrate, man »einigt« sich schließlich auf 3, 4 oder 5%, ohne dabei zu fragen, ob dies ein geeigneter Mechanismus zur Austragung gesellschaftlicher Konflikte ist. Der optische Effekt scheint wohl zu dominieren.
Die Fiktion eines demokratischen Interessenausgleichs wird insbesondere dort deutlich, wo Zieldiskussionen unterbleiben, wo jene Interessen überdeckt werden, die über politische Machtkonstellationen Einfluß zu gewinnen verstehen. Die heftigen Auseinandersetzungen der letzten Jahre im Bereich von Bildung und Forschung haben gezeigt, daß unausgetragene Interessenkonflikte explosive Wirkungen zur Folge haben können. Die Berufung auf gesellschaftliche Harmoniemodelle mit entsprechenden Freund-Feind-Klauseln mußte ohne Wirkung bleiben.
Damit ist ein weiteres Charakteristikum des pluralistischen Systemmodells angesprochen: die Interpretation der »decision makers« als abstrakte Einheiten impliziert, daß alle Entscheidungsträger mit den

---

[21] Klages, H.: Planungspolitik. Stuttgart / Berlin / Köln / Mainz, 1971, S. 25.
[22] Vgl. Klages, H., a.a.O., S. 35.
[23] Vgl. Huffschmid, J.: Karl Schillers »Konzertierte Aktion«. Zur ökonomischen Formierung der Gesellschaft. In: Blätter für deutsche und internationale Politik, 12. Jg., 1970, S. 442 ff.

gleichen Machtbefugnissen ausgestattet sind. Das Problem der Macht ist also wegdefiniert; formale Institutionen, nicht gesellschaftliche Interessenkonstellationen determinieren die politischen Handlungsstrategien.[24]
Unter dieser Perspektive wird heute auch die ausgiebige Diskussion der Probleme der Umweltzerstörung geführt; zur Diagnose werden Kosten-Nutzen-Vergleiche angestellt, dann werden auf der Grundlage des Objektivitätspostulats »Zurechnungsregeln« entwickelt, um für die politische Korrektur Lohn-Strafe-Mechanismen, wie etwa das finanzpolitische Instrumentarium, verwenden zu können. Es wird lediglich nach der abstrakten Handlungseinheit gefragt; die Versuche einer kausalen Analyse der Umweltproblematik werden abgeblockt; die Interessenten und Betroffenen werden nicht identifiziert; die Argumentation bleibt letztlich kleinbürgerlich; sie verbindet moralische Entrüstung mit systemstabilisierender Apologetik.[25]

4.

Die Beruhigungstherapie, die denjenigen verordnet wird, die bei der Umweltdiskussion – so wie sie heute weitgehend gepflegt wird – Unbehagen empfinden, geht von der Vorstellung aus, daß wir Schritt für Schritt durch technologische Verbesserungen aus der »Umweltkatastrophe« herausgeführt werden. Eine solche affirmative Haltung stellen wir auch als konstitutives Merkmal des »disjointed incrementalismus« fest, wenn im Rahmen dieser Planungskonzeption von der Orientierung am »Status quo« gesprochen wird.[26] Es sind nur marginale Veränderungen und Verbesserungen möglich; der Opportunismus wird zum Prinzip erhoben.[27] Der streng konservative Charakter dieser Planungsstrategie stellt den selbst formulierten Anspruch auf Realitätsnähe entscheidend in Frage. In einer immer stärker industrialisierten Welt wird eine bewußt affirmative Orientierung zur Gefahr und ruft zu tiefgreifender Skepsis auf.
In einer Zeit, in der die Interdependenzen zwischen technisch-ökonomischem Wachstum und gesellschaftlichem Wandel aufgedeckt wer-

[24] Vgl. Jochimsen, R., a.a.O., S. 63.
[25] Vgl. Kade, G.: Durch das Profitmotiv in die Katastrophe. In: Wirtschaftswoche, 1971, Nr. 40, S. 39 ff.
[26] Vgl. Dror, Y.: Public Policy-Making Reexamined. Scranton, 1968, S. 143 ff.; ders.: Muddling Through – »Science« or Inertia. In: Public Administration Review, Vol. 24, 1963, Nr. 3, S. 154 ff.
[27] Vgl. Fester, M.: Vorstudien zu einer Theorie kommunikativer Planung. In: Arch+ 12, 1970, S. 50.

den; in einer Zeit, in der die tiefe Kluft zwischen technologischem Entwicklungsstand und der Lösung menschlich-sozialer Probleme sichtbar geworden ist, erscheint eine »Planung der kleinen Schritte« geradezu selbstmörderisch. Im Glanz des amerikanischen Mondfahrtprogramms spiegeln sich die Probleme der Slums, der sozialen Disparitäten; im Schatten der immensen Ausgaben für die Perfektionierung der Marketing-Instrumente zur Stimulierung des privaten Verbrauchs werden die Fragen nach dem Umfang der Bildungsinvestitionen, nach den materiellen Voraussetzungen zur Schaffung einer gesünderen Umwelt und anderen Verbesserungen immer dringender.[28]

Unter diesem Aspekt erscheint es absurd, sich der Dynamik des sozialen und gesellschaftlichen Wandels noch länger zu widersetzen und die Notwendigkeit zur Innovation zu bagatellisieren. Die Prioritäten für Forschungs- und Entwicklungsprojekte sind dann nicht mehr ausschließlich dem technisch-ökonomischen Bereich zuzuordnen, sondern es stellt sich die Frage nach der Notwendigkeit gesellschaftlicher Relevanz, nach gesamtgesellschaftlicher Planung.

Der Entwurf einer solchen Perspektive fordert daher – neben der Aufgabe einer affirmativ-konservativen Haltung – die explizite Berücksichtigung von Zielbildungs- und Anpassungsprozessen. Zunächst scheint dieser Anspruch im Konzept des »Disjointed incrementalism« insoweit verwirklicht, als eine permanente Analyse und Bewertung von Zielen und Mitteln verlangt wird. Diese Argumentation erweist sich jedoch als vordergründig: die Ziele werden instrumentell bestimmt; sie sind eine Funktion der verfügbaren und gegenwärtig realisierbaren Mittelkombinationen. Die hierin verborgene Vorstellung einer instrumentellen Rationalität, der »technokratische bias«[29] dieser Planungskonzeption gestattet es, die Kriterien für Zielbildungsprozesse mit dem schönen Schein der Objektivität zu versehen. Dann kann jedoch im gleichen Namen unkontrolliert Herrschaft ausgeübt werden, und die gesellschaftliche Mitbestimmung in wichtigen Entscheidungsfragen bleibt Illusion. Das zeigt sich besonders deutlich, wenn man sich die Praxis der wissenschaftlichen Politikberatung ansieht, die jenes Verhältnis von Erkenntnis und Entscheidung realisiert, das von der Wissenschaftstheorie als »Theorie-Programm-Relation« beschrieben wird.[30]

[28] Vgl. Galbraith, J. K.: Gesellschaft im Überfluß. München / Zürich, 1959.
[29] Vgl. Fester, M., a.a.O., S. 51. Übersetzt: »Voreingenommenheit«.
[30] Vgl. Lompe, K.: Wissenschaftliche Beratung der Politik. Göttingen, 1966; Kade, G., W. Meißner: Wissenschaft und Politik als kybernetisches System. In: Maier, H., K. Ritter, U. Matz (Hrsg.): Politik und Wissenschaft. München, 1971, S. 259 ff.

Die neuere Wissenschaftstheorie geht dabei von der Vorstellung aus, daß Programme nichts anderes als tautologisch transformierte Theorien sind. Sind einmal empirisch gehaltvolle Theorien gefunden und überprüft – und hierfür hat die Wissenschaftstheorie Konstruktionsanweisungen und Überprüfungskriterien anzubieten –, so können solche Theorien in Sozialtechniken überführt werden, die – im Gegensatz zu utopischen Gesellschaftsbildern der Zukunft – zu einem schrittweisen Umbau der Realität führen können.[31]
Ausgangspunkt einer so verstandenen Planungsstrategie in bezug auf die Zielbildung ist die Fiktion einer technisch-wissenschaftlichen Eigengesetzlichkeit, die Ideologie von den Sachzwängen[32]: die Ziele des gesellschaftlichen Fortschritts ergeben sich aus dem seinen eigenen Gesetzen unterliegenden Fortschritt von Wissenschaft und Technik. Die Lösung der Zielproblematik kann demzufolge durch Extrapolation wissenschaftlich-technischer Entwicklungstrends erfolgen.[33]
Doch: »Auf empirisch-analytischem Wege können weder die bestehenden Werte noch ihre historische Entwicklung zureichend erschlossen werden. Das Wertberücksichtigungspotential der Konzepte, die Handeln auf bloße Informationsanalyse verkürzen, ist folglich sehr gering.«[34] Als Ausweg aus diesem Dilemma werden Partizipationsmodelle angeboten (etwa auf der Grundlage der Simulation)[35]; dennoch wird auch hier lediglich das Spektrum der Informationsgewinnung erweitert, ohne die zugrunde liegende wertsubjektivistische Position kritisch zu reflektieren.

5.

Eine Perfektionierung der »Planung der kleinen Schritte« wird dort erreicht, wo eine Generalisierung dieser Strategie im Rahmen system-

---

[31] Albert, H.: Theorie und Prognose in den Sozialwissenschaften. In: Schweizerische Zeitschrift für Volkswirtschaft und Statistik, 93. Jg., 1957, S. 60 ff.
[32] Vgl. Koch, C., D. Senghaas (Hrsg.): Texte zur Technokratie-Diskussion. Frankfurt/M., 1970; Kade, G.: Ökonomie und Technokratie. In: Studium Generale 23, 1970, S. 1197 ff.
[33] Zur Problematik der Annahmen des technokratischen Modells im Hinblick auf die Zielbildung vgl. Offe, C.: Das politische Dilemma der Technokratie. In: Koch, C., D. Senghaas (Hrsg.), a.a.O., S. 156 ff.
[34] Fester, M., a.a.O., S. 57.
[35] Vgl. etwa Umpleby, Stuart: Citizen Sampling Simulations – Ein Weg zu demokratischer Planung. In: Analysen und Prognosen, 12/1970; oder Rittel, H.: Zur wissenschaftlichen und politischen Bedeutung der Entscheidungstheorie. In: Krauch, H., u. a. (Hrsg.): Forschungsplanung. München/Wien, 1966, S. 110 ff.

theoretischer Überlegungen angestrebt wird. Die Kybernetik als umfassendes Beschreibungsinstrument wird dazu benutzt, adaptive Prozesse abstrakt darzustellen. »Adaptiv« bedeutet hier nichts anderes als Anpassung des Systems an Umwelteinflüsse, »Störgrößen« genannt. Das System ist als offenes Modell – im Gegensatz zum geschlossenen Modell der Entscheidungstheorie (zum Beispiel Optimierungskalküle) – interpretiert[36] und läßt insoweit eine explizite Berücksichtigung der Systemumwelt zu. Fragt man nach der Funktion, so wird deutlich, daß es sich um die Konstruktion eines »Systemüberlebensmodells« handelt: unter einer bestimmten vorgegebenen Zielgröße soll aufgrund von permanenten Soll-Ist-Vergleichen das System dazu befähigt werden, störende Umweltfaktoren auszuregeln, das heißt es soll in der Lage sein, die Umwelt durch flexibles Anpassungsverhalten zu beherrschen und sich damit einen bestimmten Grad der Autonomie zu erkämpfen.[37] »Stabilität« des Systems ist die zentrale Fragestellung sowohl der Regelungstechnik[38] als auch der Sozial- und Wirtschaftskybernetik. Dieser strenge Anspruch wird jedoch für sozial-kybernetische Fragestellungen bisweilen modifiziert: »Kybernetische Analyse ist im weitesten Sinne System/Umwelt-Analyse. Ihr stellt sich als Problem nicht die Stabilität oder das Gleichgewicht von Systemen, sondern die Prozesse der Stabilisierung angesichts sich verändernder Zielfunktionen von Systemen und sich wandelnder ökologischer Bedingungen.«[39] Und weiter: »Sie unterstellt vor allem nicht, ..., selbstregulierende Prozesse seien an sich harmonisch, konfliktfrei und den Vorgängen in einem geschlossenen Automaten vergleichbar. Sie fragt also nicht – ... – nach dem Wesen eines technokratischen Staates, sondern: Wie funktionieren die sich selbst regulierenden Prozesse in der Gesellschaft?«[39] Auch wenn hier der Versuch gemacht ist, sich von der strengen technischen Analogie zu lösen und Kybernetik als heuristisches Beschreibungsinstrument zu betrachten, kann kaum behauptet werden, daß »selbstregulative Systeme Emanzipation fordern«[40]. Denn: kybernetische Systeme, insbesondere selbstregulierende Systeme sind nur imstande, innerhalb ihrer Systemgrenzen nach Fortschrittskriterien zu fragen, während die Systemwelt in ihrer Komplexität so reduziert wird,

---

[36] Vgl. Naschold, F.: Systemsteuerung. 2. Auflage, Stuttgart, 1971, Seite 30.
[37] Vgl. Luhmann, N.: Funktionale Methode und Systemtheorie. In: Soziale Welt, 15. Jg., 1964, Heft 1, S. 1 ff.; vgl. auch: Habermas, J., N. Luhmann: Theorie der Gesellschaft oder Sozialtechnologie. Frankfurt/M., 1971.
[38] Vgl. etwa Pressler, G.: Regelungstechnik. 3. Auflage, Mannheim, 1967.
[39] Senghaas, D.: Sozialkybernetik und Herrschaft. In: Koch, C., D. Senghaas (Hrsg.), a.a.O., S. 207.
[40] Senghaas, D.: Sozialkybernetik und Herrschaft, a.a.O., S. 211.

daß das System selbst nicht in Gefahr gerät. Unter diesem Aspekt ist auch die Forderung nach Lernfähigkeit, nach Flexibilität zu verstehen. Die Dynamik sozialen Wandels ist zwar erkannt, doch die Konsequenzen solcher Entwicklungstendenzen werden nur insoweit diskutiert, wie es für eine systemimmanente Lösung erforderlich ist. Das System wird also nicht infrage gestellt, es soll vielmehr durch Verbesserung des Instrumentenkatalogs stabilisiert werden.
Zwei Beispiele kybernetischer Modellbildung sollen dies deutlich machen: analysiert man die Ansätze individual-psychologischer Entscheidungstheorien, zum Beispiel das kybernetische Modell menschlichen Problemlösungsverhaltens von Newell, Shaw und Simon[41], so ist festzuhalten, daß Informationsaufnahme und -verarbeitungsprozesse in den Mittelpunkt gestellt werden, das heißt die Verwendung der abstrakten Dimension »Information«, die zudem vor allem technisch interpretiert wird, kann zwar von theoretischem Wert sein; die Anweisung an den praktisch Handelnden geht jedoch nur von der allgemeinen Forderung nach Anpassung an auftretende Probleme aus, um dann formale Entscheidungsregeln zu entwickeln. Diese Entwicklung wird auch dort vorangetrieben, wo das Entscheidungshandeln von Organisationen zur Debatte steht. Gore[42] hat in diesem Zusammenhang den Versuch gemacht, ausgehend von Konzepten der Wahrnehmungs- und Lernpsychologie heuristische Entscheidungsprozesse in einer Organisation nachzuzeichnen. Auch hier, insbesondere im Perzeptions- und Bewertungsprozeß, ist die Tendenz festzustellen, nur allgemeine Regeln für Handlungssysteme aufzustellen. Letztlich ist dieses Entscheidungsraster unter dem Aspekt der Systemerhaltung für die Durchsetzung der verschiedensten Interessen offen, das bedeutet, daß es in der Realisationsphase als Adaptionsinstrument beliebig manipulierbar ist.
Nun kann hier mit Recht der Einwand formuliert werden, daß mit Hilfe des kybernetischen Instrumentariums schon von ihrem Ansatz her lediglich eine Beschreibung, wenn auch vielleicht eine exaktere, neue Erkenntnisse vermittelnde formale Analyse geleistet werden kann und daß gesellschaftliche Kategorien hinzutreten müssen, um die komplexen sozialen Probleme in den Griff zu bekommen. Diese Einschränkung wird jedoch nur allzu leicht vergessen, und die methodische Eleganz läßt die praktischen Erfordernisse zurücktreten. Da-

---

[41] Vgl. Newell, A., J. C. Shaw, H. A. Simon: Elements of a Theory of Human Problem Solving. In: Psychological Review, S. 151 ff.; Klein, H.: Heuristische Entscheidungsmodelle. Wiesbaden, 1971.
[42] Vgl. Gore, W.: Administrative Decision Making. A Heuristic Approach. New York, 1964; vgl. auch Gore, W.: Fragment einer Planungstheorie. In: Stadtbauwelt, 1970, H. 25.

vor soll hier eindringlich gewarnt werden: Kybernetik macht zwar die Zielproblematik formal deutlich, kann sie jedoch nicht lösen, da sie trotz des Einbaus von Zielkorrekturprozessen ihre Kriterien für die Zielauswahl entweder exogen setzen oder sich an den möglichen oder realisierbaren Mittelkombinationen orientieren muß. Entscheidungen werden in einem einfachen kybernetischen System aufgrund einer Informationsanalyse gefällt, wobei Information als neutrale Kategorie[43] verstanden werden muß; in einem vermaschten System sollen die Entscheidungsprozesse mit Hilfe formaler Organisationsregeln so ablaufen, daß Ultra- oder Multistabilität gesichert sind.[44]

Ziehen wir ein Fazit: formale Interpretationsschemata sind insofern eine Chance, als sie Orientierungspunkte eines analytischen Vorgehens bieten können, sie stellen aber auch eine Gefahr dar, wenn sie als praktisch anwendbare, umfassende Planungsstrategie proklamiert werden und Zielbildungsprozesse vorgespiegelt werden, die ausschließlich auf der Ebene der Mittel ablaufen.

6.

Das Modell einer instrumentell determinierten Zielbildung, in dem der Forderung nach zunehmender Rationalisierung der Mittelwahl eine faktisch wachsende Irrationalität der Zielbestimmung gegenübersteht, kann nur überwunden werden, wenn die Herrschaft der Experten gebrochen wird und neue Formen der Kommunikation zwischen Sachverstand und Politik entwickelt werden. Planung in einem demokratischen Staat sollte auf der Grundlage eines »pragmatistischen Modells« von Wissenschaft und Politik erfolgen[45]; pragmatistisch in dem Sinne, daß eine wechselseitige Beziehung zwischen Wissenschaft und Politik institutionalisiert und daß die Ziel-Mittel-Dichotomie aufgelöst wird.

Ansätze, diese Forderung zu verwirklichen, sind freilich rar. Krauch[46] hat aufgrund seiner Untersuchungen zum Prioritätsproblem in der Forschungsplanung – hier wird die tiefe Kluft zwischen der öffentlichen und der staatlichen Präferenzordnung anschaulich demonstriert – den Versuch gemacht, ein Organisationsmodell zur Lösung

---

[43] Vgl. Fester, M., a.a.O., S. 55.
[44] Vgl. Ashby, W. R.: An Introduction to Cybernetics. London, 1965.
[45] Vgl. Habermas, J.: Verwissenschaftlichte Politik in demokratischer Gesellschaft. In: Krauch, H., u. a. (Hrsg.), a.a.O., S. 130 ff.
[46] Vgl. Krauch, H.: Prioritäten für die Forschungspolitik. München, 1970, S. 9 ff.

des Prioritätsproblems vorzuschlagen. Im Rahmen der Modellvorstellung eines »organisierten Konflikts«[47] soll ein permanenter, institutionalisierter Dialog zwischen Wissenschaft und Politik unter gleichzeitiger Partizipation der Öffentlichkeit ablaufen. »Ein solcher organisierter Konflikt hätte dabei nicht die Funktion, gesellschaftliche Konflikte zu ersetzen, sondern die Kommunikation zwischen Wissenschaft und Öffentlichkeit dadurch zu erleichtern, daß die Beziehung wissenschaftlicher Probleme auf die konkrete gesellschaftliche Situation hergestellt wird«[48]. Damit soll abgesichert werden, daß die Prioritätsbestimmung im Bereich der Forschungsplanung am Kriterium der gesellschaftlichen Relevanz orientiert ist, doch stellt sich sofort die grundlegende Frage: Kann auf diese Weise gesellschaftliche Relevanz von Zielfindungsprozessen erreicht werden? Letztlich verkümmert auch hier Planung zur Informationsanalyse und abstrahiert von den historischen Entwicklungstrends. Die Frage: »Was ist Planung?« ist zu ergänzen durch eine historische Frage: »Wie kam es zur Planung?« Die historische Frage wird die analytische sinnvoller beantwortbar machen[49], das heißt es wird das Verhältnis der Planungsvorstellungen und Planungsstrategien zur gesamtgesellschaftlichen Entwicklung analysiert. »Erklärung der Planung heißt eben die Einordnung ihrer Erscheinung in diesen historischen Entwicklungsablauf. Solche Erklärung impliziert Konkretheit: das Thema lautet nicht ›Planung‹ allgemein, sondern Planung in der konkreten westdeutschen Form ...«[50]
Damit ist eine Perspektive entwickelt, in der Planungsstrategie nicht mehr als generalisierende Deskription, als formal-technische Kategorie interpretiert ist, vielmehr ist nun die Möglichkeit einer systemübergreifenden Betrachtung gegeben. Dann kann die Rolle der »Globalsteuerung« Schillerscher Prägung[51], dann kann die Funktion von Forschungs- und Bildungspolitik[52] bestimmt werden, sowohl in bezug auf die analytische Ausprägung als auch im gesellschaftlichen Gesamtzusammenhang.

---

[47] Vgl. Krauch, H., a.a.O., S. 46 ff.
[48] Preuß, U. K.: Wissenschaftspolitik und Planung. In: Blätter für deutsche und internationale Politik, 11. Jg., 1966, S. 70.
[49] Vgl. Ronge, V., a.a.O., S. 137 ff.
[50] Ronge, V., a.a.O., S. 139.
[51] Vgl. z. B. Bönisch, A.: Wirtschaftsprogrammierung im Kapitalismus. Berlin, 1969.
[52] Vgl. Hirsch, J.: Wissenschaftlich-technischer Fortschritt und politisches System. Frankfurt/M., 1970; Hirsch, J., St. Leibfried: Materialien zur Wissenschafts- und Bildungspolitik. Frankfurt/M., 1971.

Kybernetik und Wirtschaftsplanung
Von Gerhard Kade, Reinhard Hujer, Dirk Ipsen*

1.

Eine Untersuchung der bisher entwickelten Modelle einer quantitativen Wirtschaftspolitik und Wirtschaftsplanung hat von den Konstruktionsbedingungen solcher Modelle auszugehen. Ohne explizit auf eine Wissenschaftstheorie zurückzugreifen, die die Beziehungen zwischen ökonomischen Theorien und wirtschaftspolitischen Handlungsanweisungen aufgedeckt hatte, wurde Anfang der fünfziger Jahre eine Theorie der quantitativen Wirtschaftspolitik entworfen, und zwar auf dem Hintergrund der Keynesschen Makrotheorie.

Die neuere Wissenschaftstheorie hat den Zusammenhang zwischen erfahrungswissenschaftlichen Theorien und technologischen Wirkungszusammenhängen analysiert: Während die Theorie entsprechend den Anforderungen an eine Erfahrungswissenschaft empirische Wirkungszusammenhänge zu erklären und zu prognostizieren hat, stellen wirtschaftspolitische Programme präskriptive Aussagensysteme dar, die durch rein tautologische Transformation aus der Theorie gewonnen werden, indem sie den theoretischen Erklärungszusammenhang umkehren.[1] Stehen Wirtschaftspolitik und Theorie in einer derartigen Wechselbeziehung, so erscheint es sinnvoll, bei einer Beurteilung der Struktur wirtschaftspolitischer Programme auf die zugrunde liegende ökonomische Theorie zurückzugreifen. Dabei kommt es weniger auf die Details ökonomischer Modellbildungen an, sondern auf die Systemvorstellung, die sich in den Modellen manifestiert. Fassen wir ein System[2] als eine Gesamtheit von Elementen

---

* Die vorliegende Arbeit entstand mit Unterstützung der Deutschen Forschungsgemeinschaft; die Autoren danken den Herren R. Birchel, A. Kabakči und A. Thalwitzer für ihre Hilfe bei der Vorbereitung des Manuskriptes.
[1] Albert, H.: Zum Normenproblem in den Sozialwissenschaften. In: Soziale Welt, Jahrgang 1958, S. 7: »Die erklärende Theorie kann prognostisch verwendet und tautologisch in ein technologisches System transformiert werden, ohne daß Werturteile in dieses System eingehen müssen«; ders.: Wissenschaft und Politik. Zum Problem der Anwendbarkeit einer wertfreien Sozialwissenschaft. In: Topitsch, E. (Hrsg.): Probleme der Wissenschaftstheorie. Wien, 1960; vgl. auch Kade, G.: Theorie-Prognose-Programm. In: Konjunkturpolitik, 10. Jg. 1964, S. 144 ff.; ders.: Wirtschaftsprogrammierung. In: Triebenstein, O. (Hrsg.): Sozialökonomie in politischer Verantwortung. Festschrift für J. Tiburtius. Berlin, 1964, S. 154.
[2] An dieser Stelle kann nur auf die ausführliche Diskussion über eine allgemeine Systemlehre verwiesen werden. Vgl. Bertalanffy, L. von: An Out-

auf, die durch eine Menge von Relationen verbunden sind, so wird deutlich, daß jedes ökonomische Modell die Repräsentation eines Systems darstellt. Eine derartige systemorientierte Betrachtungsweise beruht auf der kybernetischen Methode der Systemuntersuchung, die darauf abzielt, dynamische, zielorientierte Systeme zu analysieren. Informationsaufnahme und -verarbeitung sowie dadurch begründete Regelungsprozesse sind Inhalt kybernetischer Untersuchungen.[3] Daraus lassen sich die Anforderungen ableiten, die erfüllt sein müssen, damit eine Transformation der Theorie in ein Programm durchführbar wird.[4] Es wird sich zeigen, daß eine solche Transformation nur dann möglich ist, wenn das theoretische Modell als offenes System konzipiert ist.

Ein System wird offen genannt, wenn es Beziehungen zur Systemumgebung besitzt, das heißt wenn ein oder mehrere Elemente Impulse aus der Umwelt aufnehmen und an diese abgeben. Dem offenen System steht das geschlossene gegenüber, das ohne Beziehungen zur Umwelt ausschließlich systeminterne Verknüpfungen von Elementen aufweist. Daraus wird ersichtlich, daß ein derartiges System ohne Eingänge und Ausgänge der Manipulierbarkeit entzogen ist und demzufolge auch keine Möglichkeit zu wirtschaftspolitischen Eingriffen bietet.

Die Umkehr des wirtschaftstheoretischen in den wirtschaftspolitischen Zusammenhang kann nur vollzogen werden, wenn ein System Ein- und Ausgänge besitzt und die Input-Output-Beziehung eines Systems umgekehrt werden kann. Während die theoretische Untersuchung so vorgeht, daß Impulse auf ein System eingegeben und die resultierenden Ausgabeimpulse beobachtet werden, um eine Aussage über das Systemverhalten zu gewinnen, erfolgt die Ableitung einer wirtschaftspolitischen Handlungsanweisung in umgekehrter Richtung,

line of General System Theory. In: The British Journal for the Philosophy of Science, Vol. 1/1951, S. 134 ff.; ders.: General System Theory: A New Approach to Unity of Science. In: Human Biology, Vol. 23/1951, S. 302 ff.; Lange, O.: Wholes and Parts – A General Theory of System Behaviour. Oxford, 1965.
[3] Vgl. zu den Grundlagen kybernetischer Untersuchungsmethoden Ashby, W. R.: An Introduction to Cybernetics. London, 1956; Flechtner, H. J.: Grundbegriffe der Kybernetik, 2. Auflage. Stuttgart, 1967; Geyer, H. und Oppelt, G. (Hrsg.): Volkswirtschaftliche Regelungsvorgänge im Vergleich zu Regelungsvorgängen der Technik. München, 1957.
[4] Es handelt sich hierbei um die Anwendung eines wissenschaftstheoretischen Konzepts auf theoretische Modellbildungen in der Ökonomie, ohne daß damit dem »Gedankenexperiment« einer bestimmten Klasse von Modellen Theoriecharakter zugesprochen werden kann. Vgl. Kade, G.: Die Grundannahmen der Preistheorie. Berlin/Frankfurt/M., 1962, S. 35 ff.

indem die gewünschte Ausgangsgröße festgelegt und der erforderliche Eingabeimpuls ermittelt wird. Wir können also festhalten, daß nur offene Systeme geeignet sind, theoretische Aussagen in Handlungsanweisungen zu transformieren.
Betrachten wir unter diesem Aspekt die theoretischen Modellbildungen in der Ökonomie, so kann gezeigt werden, daß sie als geschlossene Systeme interpretiert werden müssen[5]. Das gilt sowohl für die entscheidungslogische wie auch für die kreislauftheoretische Variante ökonomischer Modelle. Der entscheidungslogische Ansatz führt über die einzelwirtschaftlichen Entscheidungskalküle zu einem geschlossenen Wettbewerbssystem, indem die beiden Teilsysteme Haushalt und Unternehmen indirekt durch den Preismechanismus über den Markt gekoppelt werden. Dabei erfolgt die Kopplung so, daß die Ausgangsgrößen eines Teilsystems Eingangsgrößen des anderen Systems werden; kein Impuls wird aus der Systemumgebung empfangen und an sie abgegeben. Auf diese Weise entsteht ein geschlossener Marktmechanismus in Abhängigkeit von den Rahmenbedingungen des Privateigentums an Produktionsmitteln sowie vorgegebener Präferenz- und Produktionsfunktionen. Die Geschlossenheit des Systems ist eine Konsequenz der Gleichgewichtsanalyse, in der die definitorischen Gleichgewichtsbedingungen den Wirkungszusammenhang von der Umwelt isolieren. Dasselbe Ergebnis zeigt sich bei der Analyse makroökonomischer Kreislaufmodelle. In ihrer statischen Version liegen deutlich erkennbar definitorisch geschlossene Systeme vor; dagegen tritt in den dynamischen Wachstumsmodellen die Struktur einer Steuerung auf. Diese Steuerungen sind jedoch instabil und insofern unabhängig von den Eingangsgrößen; das System läuft auch ohne Eingangsimpulse ab. Auch hier können wir von einem geschlossenen System sprechen, das ausschließlich systemimmanent bestimmtes Verhalten aufweist und infolgedessen nicht manipulierbar ist. Wir können derartige Systeme als »Automatismen« bezeichnen.[5] Die theoretischen Modellbildungen erfüllen also den Anspruch auf Erklärung und Prognose nicht und können daher nicht in wirtschaftspolitische Programme transformiert werden. Das bedeutet jedoch keineswegs, daß aus der Vorstellung geschlossener Systeme keine wirtschaftspolitischen Konzepte entwickelt wurden. Insbesondere die Automatismus-Vorstellung im Wettbewerbsmodell diente dazu, die ordnungspolitische Konzeption der Wirtschaftspolitik abzuleiten. Diese kann folgendermaßen charakterisiert werden: Es werden Rahmenbedingungen gesetzt und aus ihnen deduktiv theoretische Aussagen über das »gesamtwirtschaftliche Optimum« abgeleitet. Sie haben keinen empi-

---

[5] Vgl. Kade, G., D. Ipsen, R. Hujer: Modellanalyse ökonomischer Systeme. In: Jahrbücher für Nationalökonomie und Statistik, Band 182, 1968, S. 2 ff.

rischen Gehalt und tragen tautologischen Charakter. Die ordnungspolitische Variante der Wirtschaftspolitik führt nun zu einer Umkehrung der Tautologie, indem sie von den deduktiv gewonnenen Ergebnissen ausgeht und die Sicherung vorher gesetzter Rahmenbedingungen fordert. Es ist offensichtlich, daß aufgrund dieses Vorgehens keine rationalen Handlungsschemata gewonnen werden können, die erforderlich sind, um die wirtschaftspolitischen Zielsetzungen sowohl der Industriestaaten als auch der Entwicklungsländer durchzusetzen.

Wenn also die theoretische Grundlage für eine rationale Wirtschaftspolitik fehlte, so muß es nur als folgerichtig erscheinen, daß eine eigene Theorie der quantitativen Wirtschaftspolitik entwickelt wurde. Diese konnte bei dem gegebenen Stand der Wirtschaftstheorie nicht darauf beschränkt sein, lediglich den letzten Schritt einer Umkehr der Theorie in ein Programm zu formulieren, sondern mußte darüber hinaus Modelle schaffen, die einer solchen Umkehr zugänglich waren. Dazu wurden vorhandene makroökonomische Kreislaufmodelle so umformuliert, daß Modelle mit Freiheitsgraden entstanden, die wirtschaftspolitische Interventionen ermöglichten.[6] Damit war zugleich die Abwendung von dem Konzept eines Gleichgewichtssystems vollzogen. Die Auflösung von Gleichgewichtsbedingungen erlaubt die Konstruktion offener Systeme mit Eingangs- und Ausgangsgrößen. Dieses Vorgehen führte zu den »fixed target policy models« vom Tinbergen-Typ[7], die man als Konsistenzmodelle bezeichnen könnte.[8] Im folgenden wird zu zeigen sein, in welcher Weise sich die Umformulierung vorhandener Modelle in offene Systeme auf die Struktur dieses wirtschaftspolitischen Konzeptes auswirkt. Die Ergebnisse dieser Untersuchung sollen dann den Ausgangspunkt für weitergehende Überlegungen darstellen, die sich darauf beziehen, in welcher Weise Planungskonzepte strukturiert sein müssen, um den prozessualen Anforderungen der Planung zu genügen.

---

[6] Der erste Ansatz zur Formulierung offener Systeme findet sich bei Frisch, R.: Price – Wage – Tax Subsidy Policies as Instruments in Maintaining Optimal Employment (1947). Memorandum from Institute of Economics, University of Oslo, 28. März 1949.
[7] Vgl. Tinbergen, J.: On the Theory of Economic Policy, 4. Auflage. Amsterdam, 1966; ders.: Centralization and Decentralization of Economic Policy. Amsterdam, 1954; ders.: Economic Policy – Principles and Design, 3. Auflage. Amsterdam, 1966.
[8] Vgl. Kade, G.: Wirtschaftsprogrammierung, a.a.O., S. 155 ff.

2.

Die Beziehung zwischen den analytischen Absichten der makroökonomischen Theorie und der Theorie der quantitativen Wirtschaftspolitik[9], wie sie insbesondere von Frisch, Tinbergen und Theil entwickelt und mathematisch formuliert wurde, läßt sich kurz anhand des bekannten Zusammenhangs des Keynesschen Multiplikators erläutern.[10] Die makroökonomische Theorie analysiert die Relationen zwischen den makroökonomischen Variablen und stellt diesen Systemzusammenhang in der sogenannten Originalform dar. Der Keynessche Multiplikator läßt sich dann durch eine Definitionsgleichung

$$Y = C + I \qquad (1)$$

und eine strukturelle Gleichung (Konsumfunktion)

$$C = c \cdot Y \qquad (2)$$

beschreiben. Die Theorie der quantitativen Wirtschaftspolitik formuliert nun diesen makroökonomischen Systemzusammenhang um, indem sie die Variablen in exogene und endogene trennt. Im analytischen Modell werden die Werte der endogenen Variablen allein aus den Werten der exogenen Variablen und den Parametern bestimmt. Diese reduzierte Form des Modells mit Y als endogener und I als exogener Variablen kann in folgender Gleichung formuliert werden:

$$Y = \frac{1}{1-c} \cdot I \qquad (3)$$

Der durch Gleichung (3) ausgedrückte Zusammenhang kann regelungstechnisch in einem einfachen Flußdiagramm dargestellt werden:
Die exogene Variable I tritt im System als Eingangsgröße auf, während als Ausgang die endogene Variable Y erscheint. Das System wird durch eine Rückkopplungsschleife charakterisiert, die Y über die Konsumquote c wiederum mit Y verbindet.

[9] Vgl. zum gesamten Problemkreis der Theorie der quantitativen Wirtschaftspolitik: Tinbergen, J.: On the Theory..., a.a.O.; ders.: Centralization and Decentralization..., a.a.O.; ders.: Economic Policy –..., a.a.O.; Kade, G.: Wirtschaftsprogrammierung, a.a.O., S. 139 ff.; ders.: Wachstumsmodelle, Input-Output-Analyse und Entwicklungsprogrammierung. In: Konjunkturpolitik, 10. Jg., 1964, S. 20 ff.

[10] Das Multiplikatortheorem läßt besonders deutlich erscheinen, welche formalen Voraussetzungen geschaffen werden mußten, um von den Gleichgewichtsmodellen zu wirtschaftspolitischen Entscheidungsmodellen überzugehen. Die Investitionen waren im Keynesschen System zunächst eine endogene Variable, sind dann aber dort, wo das beschäftigungspolitische Interesse in den Vordergrund trat, zu exogenen Variablen umdefiniert worden, um ein Modell mit Freiheitsgraden zu erhalten. Vgl. zur formalen Darstellung des Keynesschen Gleichgewichtssystems Klein, L. R.: The Keynesian Revolution. New York, 1947.

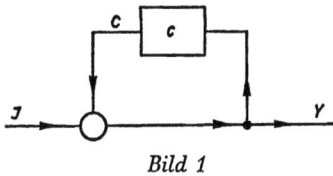

Bild 1

Für ein wirtschaftspolitisches Entscheidungsmodell ergibt sich nun unter Anwendung der wissenschaftstheoretischen Konzeption von der Transformation einer Theorie in ein Programm die Forderung, diesen Erklärungszusammenhang umzukehren. Die Werte der exogenen, wirtschaftspolitisch kontrollierbaren Variablen sind aus den endogenen, vorbestimmten Variablen abzuleiten, wobei eine Zuordnung exogene Variable – Instrumentvariable und endogene Variable – Zielvariable erfolgt.[11] Diese Transformation des analytischen in ein wirtschaftspolitisches Modell führt zur inversen reduzierten Form:

$$I = (1 - c) Y \qquad (4)$$

Die regelungstechnische Interpretation ergibt dann mit Y als Eingangs- und I als Ausgangsgröße folgenden Zusammenhang:

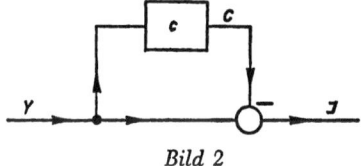

Bild 2

[11] Tinbergen führt eine weitergehende Variablenaufgliederung durch:
Analytisches Modell:

Bekannt	Bekannt
Instrumentvariable z_k	Zielvariable y_j
$(k = 1, 2, \ldots K)$	$(j = 1, 2, \ldots, J)$
Andere Daten u_l	Irrelevante Variable x_i
$(l = 1, 2, \ldots, L)$	$(i = 1, 2, \ldots, I)$

Wirtschaftspolitisches Modell:

Unbekannt	Unbekannt
Zielvariable y_j	Instrumentvariable z_k
Andere Daten u_l	Irrelevante Variable x_i

Vgl. zu dieser Einteilung: Tinbergen, J.: Centralication and Decentralization...; a.a.O., S. 4; ders.: On the Theory..., a.a.O., S. 6 ff.; ders.: Economic Policy..., a.a.O., S. 3 ff.; ders.: Über die Theorie der Wirtschaftspolitik. In: Gäfgen, G. (Hrsg.): Grundlagen der Wirtschaftspolitik, 2. Auflage. Köln/Berlin, 1967, S. 387. Vgl. dazu auch: Fox, K. A., J. K. Sengupta, E. Thorbecke: The Theory of Quantitative Economic Policy with Applications to Economic Growth and Stabilization. Amsterdam, 1966, S. 20 ff.

Die durch Transformation entstandenen wirtschaftspolitischen Modelle enthalten Handlungsanweisungen für die Entscheidungseinheiten und tragen demzufolge programmatischen Charakter. Die Modelle sind jedoch so konstruiert, daß die Ziele fest vorgegeben werden müssen (»fixed target policy models«). Damit kann im Modell jeweils nur eine einzige Handlungsalternative formuliert werden; das Auswahlproblem, das sich aus dem Prozeßcharakter der Planung notwendig ergibt, wird vernachlässigt. Die »fixed target policy models« genügen also lediglich der Minimalforderung an eine praktische Handlungsanweisung, indem sie »die Verträglichkeit einer ganz bestimmten Entscheidungsalternative, deren Richtung durch vorgegebene Werte der Zielvariablen festgelegt ist«[12], klären. Das bedeutet, daß lediglich der Anspruch auf Konsistenz erfüllt werden kann.[13]

Unsere bisherige Analyse unter dem systemorientierten, kybernetischen Aspekt hat zunächst gezeigt, daß sowohl das analytische Modell wie auch das wirtschaftspolitische Entscheidungsmodell als offenes System darzustellen ist. Im Keynesschen Modell konnte die Überführung des geschlossenen Systems in ein offenes dadurch erreicht werden, daß die Gleichgewichtsbedingung $I = S$ als nicht existent betrachtet wurde. Erst dadurch konnte I als exogene Variable aufgefaßt und als Instrumentvariable interpretiert werden. Die Gleichgewichtsbedingung schließt nicht nur das Modell, sondern trägt Sollwertcharakter, und das bedeutet, daß sie zugleich zu einem immanenten Maßstab für das Systemverhalten wird. In der theoretischen Analyse wird nicht nach dem Ergebnis eines bestimmten Konsum- und Sparverhaltens gefragt, sondern lediglich die Bedingungen abgeleitet, die zur Erfüllung des Gleichgewichts führen. Die Öffnung des Systems und damit dessen Manipulierbarkeit wird dagegen erst möglich, wenn die Notwendigkeit eines exogen vorgegebenen Maßstabes anerkannt wird.[14]

Von dieser Grundlage ausgehend kann auch die Frage nach der Struktur des hier implizierten Prozesses gestellt werden. Eine Aussage über dieses Problem erhalten wir dadurch, daß wir die jeweiligen Relationen zwischen Eingangs- und Ausgangsgrößen bilden. Sie lauten für die reduzierte Form

$$\frac{Y}{I} = \frac{1}{1-c}$$

---

[12] Kade, G.: Wirtschaftsprogrammierung, a.a.O., S. 155.
[13] Ein gesamtwirtschaftliches Optimierungsproblem weist drei Dimensionen auf: Konsistenz als Minimalforderung, Zulässigkeit und Optimalität als Maximalforderung. Vgl. dazu Kade, G.: Wachstumsmodelle..., a.a.O., S. 27.
[14] Vgl. Kade, G., D. Ipsen, R. Hujer, a.a.O., S. 23 f., 32 f.

und für die inverse reduzierte Form

$$\frac{I}{Y} = 1 - c,$$

wobei $\frac{1}{1-c}$ bzw. $1-c$ jeweils die Frequenzgänge des untersuchten Systems darstellen. Zwischen Eingangs- und Ausgangsgröße liegt eine einfache Proportionalität vor; es handelt sich also um eine Input-Output-Manipulation, die wir regelungstechnisch als Steuerung interpretieren müssen.
Als Ergebnis kann also festgehalten werden, daß für den in den Konsistenzmodellen implizierten Entscheidungsprozeß der Typ einer Steuerungspolitik charakteristisch ist. Die Steuerungsstruktur dieses wirtschaftspolitischen Konzepts erklärt sich folgerichtig aus dem Rückgriff der Theorie der quantitativen Wirtschaftspolitik auf vorhandene makroökonomische Modellbildungen. Die Öffnung geschlossener Zusammenhänge schafft offene Wirkungsketten, die bei ihrer Verwendung zur Ableitung wirtschaftspolitischer Handlungsanweisungen nur zu dem Typ der Steuerungspolitik führen können. Es fällt nicht schwer, die Verbindung zwischen dieser Auffassung von Wirtschaftspolitik und der Situation der Weltwirtschaftskrise[15] herzustellen. Das Versagen des Marktmechanismus legte es nahe, die wirtschaftspolitische Instanz als eine außerhalb des Wirtschaftsmechanismus stehende Entscheidungseinheit zu betrachten, die Impulse auf das System eingibt, um bestimmte Zielsetzungen zu erreichen. Diese Polarität von planendem Staat und reagierendem System ergibt sich konstruktiv dadurch, daß die vielfältigen Entscheidungs- und Anpassungsprozesse eines marktwirtschaftlich koordinierten Systems auf strukturelle Koeffizienten, wie Konsumquote, Akzelerator und ähnliches reduziert werden. Sie sollen in makroökonomischen Modellen die Marktfunktion repräsentieren, können jedoch nur ein rein reaktives Verhalten beschreiben.

3.

Die Ansatzpunkte zu einer Kritik an dem Typ der Konsistenzmodelle werden deutlich, wenn wir uns im folgenden einem makroökonomischen Modell, das von Theil[16] beschrieben wurde, zuwenden. Die

---

[15] Vgl. zur Analyse der Weltwirtschaftskrise: Predöhl, A.: Das Ende der Weltwirtschaftskrise. Hamburg, 1962.
[16] Vgl. Theil, H.: On the Theory of Economic Policy. In: American Economic Review, Vol. 46/1956, S. 362 ff.; ders.: Economic Forecasts and Policy,

Darstellung erfolgt analog dem Modell des Keynesschen Multiplikators. Die Originalform besteht aus folgenden fünf Gleichungen:
Sozialproduktsgleichung:

$$Y = C + I + X + G_c + G_i \tag{1}$$

Importgleichung:

$$M = a_1 C + a_2 I + a_3 X + a_4 G_c + a_5 G_i \tag{2}$$

Konsumfunktion:

$$C = b \cdot Y \tag{3}$$

Beschäftigungsfunktion:

$$N = e \cdot Y \tag{4}$$

Zahlungsbilanzgleichung:

$$B = p_x X - p_m M \tag{5}$$

Ausgehend von dem vorliegenden makroökonomischen Systemzusammenhang, der durch zwei Definitionsgleichungen (1) und (5) und durch drei Strukturgleichungen (2), (3) und (4) expliziert wird, stellt nun die Theorie der quantitativen Wirtschaftspolitik die Frage, welche Variablen als exogen, welche als endogen interpretiert werden müssen. Als Zielgrößen des wirtschaftspolitischen Entscheidungsträgers sind hier das Beschäftigungsniveau $N = N^*$ und die Zahlungsbilanzposition $B = B^*$ anzusehen, während als weitere endogene Variable, also als irrelevante Variable, das Sozialprodukt Y, der Import M und der Konsum C zu bezeichnen sind. Als manipulierbare Größen und damit als Instrumentvariable können G_c und G_i, d. h. die Staatsausgaben für Konsum und für Investitionen, aufgefaßt werden; dagegen sind die Investitionen I und der Export von der wirtschaftspolitischen Entscheidungseinheit nicht kontrollierbare exogene Variable, also »andere Daten«, die als Schätzgrößen in das System eingeführt werden müssen. Nach Eliminierung der irrelevanten Variablen kann das analytische Modell, das die Abhängigkeit der Werte der Zielvariablen von den Werten der Instrumente und der »anderen Daten« impliziert, folgendermaßen formuliert werden:

$$N = N^* = b_1 (I + X) + b_1 G_c + b_1 G_i$$
$$B = B^* = p_1 X - g_2 I - g_3 X - g_4 G_c - g_5 G_i.$$

2. Auflage. Amsterdam, 1965, S. 374 ff. Vgl. dazu auch: Fox, K. A., J. K. Sengupta, E. Thorbecke, a.a.O., S. 28 ff.

Dabei sind die Parameter $b_1 = \dfrac{e}{1-b}$ und

$$g_i = p_m a_i + \dfrac{p_m a_i b}{1-b}$$

für $i = 2, 3, 4, 5$. I und X sind jedoch nicht manipulierbar und gehen als vorgegebene, konstante Größen in das Gleichungssystem ein. Es ist allein ein Problem der Statistik, insbesondere der statistischen Schätztechniken, nicht jedoch der Wirtschaftspolitik, die Werte dieser »anderen Daten« zu bestimmen. Es kann daher eine weitere Vereinfachung des obigen Gleichungssystems vorgenommen werden, indem man die beiden Schätzgrößen zu Z zusammenfaßt. Es ergibt sich folgende Struktur der Gleichungen:

$$N = N^* = b_1 G_c + b_1 G_i + b_1 Z$$
$$B = B^* = -g_4 G_c - g_5 G_i + b_2 Z.$$

In Matrixschreibweise erhalten wir dann:

$$\begin{bmatrix} N^* \\ B^* \end{bmatrix} = \begin{bmatrix} b_1 & b_1 & b_1 \\ -g_4 & -g_5 & b_2 \end{bmatrix} \begin{bmatrix} G_c \\ G_i \\ Z \end{bmatrix}$$

oder

$$\begin{bmatrix} N^* \\ B^* \end{bmatrix} = \begin{bmatrix} K \end{bmatrix} \begin{bmatrix} G_c \\ G_i \\ Z \end{bmatrix}$$

Dieser Zusammenhang kann regelungstechnisch in einfacher Weise dargestellt werden:

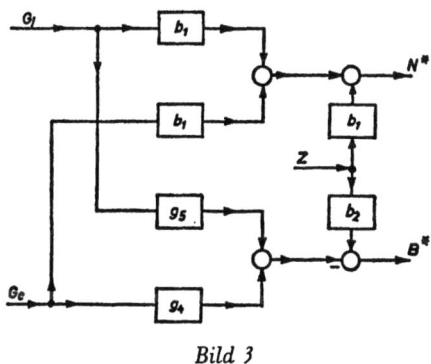

Bild 3

Die Transformation des analytischen Modells in eine wirtschaftspolitische Handlungsanweisung ist formal durchführbar, da die Bedingung der Gleichheit von Ziel- und Instrumentvariablen gegeben ist.[17] Die inverse reduzierte Form des Gleichungssystems kann somit in Matrixform dargestellt werden:

$$\begin{bmatrix} G_i \\ G_c \end{bmatrix} = \begin{bmatrix} b_1 & b_1 \\ -g_4 & -g_5 \end{bmatrix}^{-1} \begin{bmatrix} N^* - b_1 Z \\ B^* - b_2 Z \end{bmatrix} = \begin{bmatrix} C \end{bmatrix}^{-1} \begin{bmatrix} N^* - b_1 Z \\ B^* - b_2 Z \end{bmatrix}.$$

Eine regelungstechnische Darstellung dieses Zusammenhanges zeigt selbstverständlich die gleiche Struktur wie das analytische Modell; es werden lediglich Eingangs- und Ausgangsgrößen vertauscht, und die Parameterwerte ändern sich durch die Inversion der Koeffizientenmatrix [C]. Fragen wir nun, analog unserem Vorgehen bei der Analyse des Keynesschen Multiplikators, nach der Struktur des analytischen und des wirtschaftspolitischen Modells, so ist festzuhalten, daß dieses Modell ebenfalls ein offenes System ist, das in einer Input-Output-Relation darzustellen ist; das System besitzt Steuerungsstruktur. Dabei hat als Frequenzgang für die reduzierte Form die Koeffizientenmatrix [K], für die inverse reduzierte Form die Matrix $[C]^{-1}$ zu gelten, denn sie geben den Zusammenhang zwischen den Spaltenvektoren der Ausgangs- und Eingangsgrößen an. Ist der Frequenzgang bestimmt, so ist auch eine Aussage über die Stabilität und damit über die Leistungsfähigkeit des Systems möglich. Es handelt sich bei diesem Modell um eine stabile Steuerung, da die Koeffizienten der Eingangsvariablen ausschließlich Konstante sind und weder Differential- noch Integralglieder auftreten. Stabilität bedeutet, daß das System ohne Eingangssignal keine Eigenbewegung ausführt, das Ausgangssignal also dann den Wert Null hat. Im konkreten Fall des vorliegenden Modells ist also stets die Eingabe der beiden Zielgrößen und der Schätzwerte notwendig, um die Werte der Instrumentvariablen zu bestimmen.

Bei dieser Betrachtung fällt jedoch auf, daß die beiden Zielvariablen

---

[17] Diese Konsistenzbedingung ergibt sich aus der Zahl der notwendigen Gleichungen für die Unbekannten $N = I + J$ und $N = J + K$ des analytischen und des wirtschaftspolitischen Modells als $J = K$ (vgl. Fußnote 11); $J > K$ bedeutet Inkonsistenz oder Inkompatibilität; bei $J < K$ liegt Indeterminiertheit vor. Vgl. zu den Bedingungen für Inkonsistenz und Interdeterminiertheit: Tinbergen, J.: Economic Policy - ..., a.a.O., S. 55 f.; Fox, K. A., J. K. Sengupta, E. Thorbecke, a.a.O., S. 22 f. Albert trennt zwischen logischer, theoretischer und faktischer Kompatibilität bzw. Inkompatibilität von Tatbeständen. Vgl. Albert, H.: Wissenschaft und Politik, a.a.O., S. 223 ff.

nicht unabhängig voneinander fixiert werden können, denn jede der Instrumentvariablen ist eine Funktion sowohl der beschäftigungspolitischen als auch der außenwirtschaftlichen Zielsetzung. Zwar ist die rein formale Konsistenzbedingung, Gleichheit von Instrument- und Zielvariablen, erfüllt und damit die Transformation des analytischen Modells in eine wirtschaftspolitische Handlungsanweisung grundsätzlich möglich, die beiden Instrumente G_i und G_c können jedoch nicht unabhängig voneinander definiert werden und bedingen sich daher gegenseitig. Man kann also die Gleichung

$$G = G_i + G_c$$

formulieren, in der dieser Zusammenhang deutlich wird. Das System besitzt lediglich *eine* Instrumentvariable, die von zwei Zielgrößen beeinflußt wird. Es liegt also der Fall der Inkonsistenz vor. Dies führt zu einer anderen Betrachtungsweise, die auf eine Abkehr von der Vorstellung einseitig gerichteter Signalflüsse hinzielt und den prozessualen Anforderungen wirtschaftspolitischer Planungskonzepte durch Einführung von Rückkopplungen im System gerecht zu werden versucht.

Die Abhängigkeit der Zielgrößen impliziert, daß sich nunmehr ein fest definierter Bereich der realisierbaren Kombinationen der Ziele ergibt, der die Auswahlmöglichkeit beschränkt. Hier kann diese Konfliktsituation zwischen N^* und B^* aufgrund bestimmter Plausibilitätsannahmen, die den Definitionsbereich der Parameter eingrenzen, in der zweidimensionalen N^*B^*-Ebene durch eine Beschränkungsgerade mit negativer Steigung dargestellt werden. Die Zielfindung muß als dynamischer Auswahlprozeß verstanden werden, in dem für die Menge der zulässigen Zielkombinationen eine Rangordnung postuliert wird. Ein Iterationsprozeß auf der Grundlage einer Rückkopplung zwischen Ausgangs- und Eingangsgröße führt zur optimalen Lösung. Mit steigender Komplexität des wirtschaftspolitischen Entscheidungskalküls wird das Problem der Zielkonflikte immer deutlicher und weist auf die Notwendigkeit der Bildung konkreter Zielfunktionen hin. Bereits hier zeigt sich also die Struktur eines Optimierungsproblems, das dadurch charakterisiert ist, daß ein stetiger Prozeß der Nachrichtengewinnung über den Ist-Zustand der zu regelnden Größen, ein Prozeß der Informationsverarbeitung und der auf sie folgenden Reaktionen vorliegt. Die Darstellung der Struktur einer wirtschaftspolitischen Aktivität in Form einer Regelungsbeziehung entspricht also im Gegensatz zum Konzept der Steuerungspolitik eher dem Prozeßcharakter dynamischer Abläufe und fordert gleichzeitig eine Abkehr von der Vorstellung der Steuerungspolitik, die die Komplexität gesamtwirtschaftlicher Regelungsprozesse auf eine zu sehr vereinfachte Input-Output-Relation reduziert.

Diese ganz spezielle Sicht der Erfassung und Darstellung wirtschaftspolitischer Aktivitäten wird insbesondere auch bei der Interpretation der »anderen Daten« deutlich.[18] Da diese Größen von der wirtschaftspolitischen Entscheidungseinheit als nicht-kontrollierbar angenommen werden, müssen mit Hilfe geeigneter Projektionsmethoden Schätzwerte für diese exogenen Variablen ermittelt werden, um ein operationales Konzept wirtschaftspolitischer Handlungsanweisungen vorzulegen. Die beiden prognostizierten Werte für I und X gehen somit als »bekannte«, vorgegebene Größen in den Systemzusammenhang ein. Fragt man nach dem Typus dieser exogenen Variablen, so erscheint es gerechtfertigt, I und X als Störgrößen zu interpretieren, die infolge des Datencharakters als vorhersehbar, also im regelungstechnischen Sinne als meßbar angenommen werden müssen. Derartige Störeinflüsse können in der Steuerkette berücksichtigt[19] und die manipulierbaren Größen so gewählt werden, daß der angestrebte Erfolg dieser Steuerungspolitik gewährleistet ist. Die Einfachheit dieser Konzeption kann jedoch nicht verdecken, daß I und X keineswegs autonome Größen sind, sondern vielmehr das Resultat komplizierter Regelungsprozesse darstellen, also als unvorhergesehene Störeinflüsse aufzufassen sind und sich daher ungehindert auf die Istgröße des Systems auswirken; das System ist »stör-anfällig« gegenüber jedem unvorhersehbaren Impuls. Geht man also von der Vorstellung ab, die exogenen Variablen als Daten zu behandeln und damit das System als deterministisches Modell zu konstruieren, so muß der Prozeß des wirtschaftspolitischen Eingriffs notwendigerweise eine Regelungsstruktur erhalten. Sie ermöglicht es, auf dem Wege über einen Soll-Ist-Vergleich und über das Verhalten des Reglers den Einfluß aller Störgrößen zu erfassen. Die Systemumgebung ist nun nicht mehr passives Objekt, vielmehr geht man bei einem Prozeß der Wirtschaftsregelung davon aus, daß die Systemumgebung aktiven Einfluß auf die Regelgröße des Systems nimmt[20], das heißt die Störgrößen stellen Ausgangsgrößen anderer Regelungssysteme dar. Unter diesem Aspekt kann die Komplexität des wirtschaftspolitischen Entscheidungsproblems nur in einem System der Mehrfachregelung dargestellt werden, einem System, das durch vielfältige Interessenkonflikte

---

[18] Vgl. zur Vernachlässigung des Unsicherheitsproblems in den Konsistenzmodellen Theil, H.: On the Theory..., a.a.O., S. 362 ff.
[19] Vgl. zum Unterschied zwischen Steuerung und Regelung bezüglich der Auswirkungen der Störeinflüsse und deren Erfassung Oppelt, W.: Kleines Handbuch technischer Regelungsvorgänge, 4. Auflage. Weinheim, 1964, S. 34.
[20] Vgl. dazu.: Couffignal, L. Kybernetische Grundbegriffe. Baden-Baden, 1962, S. 16 ff.

gekennzeichnet ist. Die Lösung derartiger Probleme macht organisatorische Maßnahmen erforderlich, die die Verteilung der Entscheidungsbefugnisse im Gesamtsystem zum Inhalt haben und dem Zwecke dienen, durch eine effizientere Organisation des wirtschaftlichen Informations- und Regelungsprozesses die Durchsetzung vorrangiger Zielgrößen zu sichern.

4.

Die Problematik der in den »fixed target policy models« implizierten Steuerungsstruktur wird dann besonders bedeutsam, wenn man bedenkt, daß insbesondere Konsistenzmodelle herangezogen wurden, um Wachstumsstrategien für Entwicklungsländer zu formulieren.

So legte Mahalanobis 1953 ein erstes umfassendes Planungsmodell für die indische Wirtschaft vor, das als Konsistenzmodell konzipiert ist.[21] Ausgehend von der übergeordneten Zielsetzung einer möglichst starken Steigerung des Sozialprodukts und unter der Beschränkung begrenzter Möglichkeiten des Kapitalgüterimports, sah Mahalanobis sich gezwungen, eine Entwicklungsstrategie zu entwerfen, die ein bevorzugtes Wachstum der inländischen Kapitalgüterproduktion beinhaltete. Das legte eine sektorale Aufgliederung der gesamten Volkswirtschaft nahe und führte zu der grundlegenden Fragestellung danach, welcher Anteil der Gesamtinvestitionen bei gegebener Kapitalproduktivität in den Investitionsgütersektor zu lenken ist, um eine bestimmte Wachstumsrate des Sozialprodukts zu erreichen.

Die Gesamtwirtschaft wird in die zwei Sektoren der Konsumgüter- und der Kapitalgüterindustrie aufgespalten. Die Größten C_t und K_t bezeichnen den Konsum und die Investition der Periode t: β_c und β_k sind die Kapitalproduktivitäten der beiden Sektoren. Zusätzlich werden die Allokationsparameter λ_c und λ_k eingeführt, die die Verteilung der Gesamtinvestition auf den C-Sektor und den K-Sektor angeben. Somit läßt sich das Zwei-Sektoren-Modell folgendermaßen beschreiben:

[21] Vgl. insbesondere Mahalanobis, P. C., und M. Mukherjee: Operational Research Models used for Planning in India. In: Proceedings of the Second International Conference on Operational Research. London, 1960, S. 523 ff.; Mahalanobis, P. C.: Some Observations on the Process of Growth of National Income. In: Sankhyâ, Vol. 12, 1953, S. 307 ff.; ders.: The Approach of Operational Research to Planning. In: Sankhyâ, Vol. 16, 1955–56, S. 3 ff.; Bronfenbrenner, M.: A Simplified Mahalanobis Development Model. In: Economic Development and Cultural Change, Vol. 9, 1960, S. 45 ff.; Chakravarty, S.: The Logic of Investment Planning. Amsterdam, 1959, S. 43 ff.; Fox, K. A.: J. K. Sengupta, E. Thorbecke, a.a.O., S. 301 ff., 390 ff.

$$Y_t = C_t + K_t \tag{1}$$

$$K_t - K_{t-1} = \beta_K \lambda_K K_{t-1} \tag{2}$$

$$C_t - C_{t-1} = \beta_C \lambda_C K_{t-1} \tag{3}$$

$$\lambda_C + \lambda_K = 1 \tag{4}$$

Für K_t und C_t ergibt sich nach Lösung der Differenzengleichungen:

$$K_t = K_o (1 \pm \beta_K \lambda_K)^t \tag{5}$$

$$C_t = C_o + \frac{\beta_C \lambda_C}{\beta_K \lambda_K} [(1 + \beta_K \lambda_K)^t - 1] K_o. \tag{6}$$

Zur Darstellung dieses Modellzusammenhanges in einem Flußdiagramm gehen wir zur Betrachtung kontinuierlicher Differentialfunktionen über.[22] Dazu wird der Differenzenquotient $K_t - K_{t-1}$ folgendermaßen umgeformt:

$$\frac{K_t - K_{t-1}}{1} = \frac{K_t - K_{t-1}}{t - (t-1)}.$$

Für unendlich kleine Zeitdifferenzen können wir zur Betrachtung eines kontinuierlichen Vorganges übergehen und den Differenzenquotienten durch den Differentialquotienten $\frac{dK}{dt}$ ersetzen.

Gleichung (2) erhält nunmehr folgende Form:

$$\frac{dK}{dt} = \beta_K \lambda_K K_{(t)}. \tag{2a}$$

Ihre Lösung lautet entsprechend (5)

$$K_{(t)} = K_{(o)} e^{\beta_K \lambda_K t}. \tag{5a}$$

Führen wir in (6) eine entsprechende Umformulierung durch, indem wir den Ausdruck $(1 + \beta_k \lambda_k)^t$ durch $e^{\beta_k \lambda_k t}$ ersetzen, so erhalten wir unmittelbar die an die kontinuierliche Form angenäherte Lösung für $C_{(t)}$:

$$C_{(t)} = C_{(o)} + \frac{\beta_C \lambda_C}{\beta_K \lambda_K} (e^{\beta_K \lambda_K t} - 1) K_{(o)}$$

bzw.

$$C_{(t)} = C_{(o)} + \frac{\beta_C \lambda_C}{\beta_K \lambda_K} K_{(o)} e^{\beta_K \lambda_K t} - \frac{\beta_C \lambda_C}{\beta_K \lambda_K} K_{(o)}$$

[22] Zu der Beziehung zwischen kontinuierlichen und diskontinuierlichen Vorgängen vgl. Förstner, K.: Kontinuierliche und diskontinuierliche Modelle.

und wegen (5a)

$$C_{(t)} = C_{(o)} + \frac{\beta_C \lambda_C}{\beta_K \lambda_K} K_{(t)} - \frac{\beta_C \lambda_C}{\beta_K \lambda_K} K_{(o)}. \qquad (6a)$$

Durch die Gleichungen (1), (4), (5a) und (6a) wird das Zwei-Sektoren-Modell von Mahalanobis in kontinuierlicher Form so beschrieben, wie es in folgendem Flußdiagramm wiedergegeben ist:

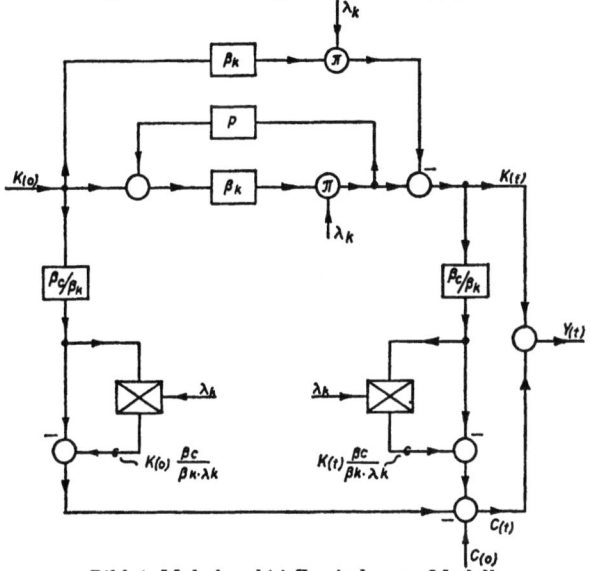

Bild 4. *Mahalanobis' Zweisektoren-Modell*

Es liegt ein offenes System mit den drei Eingangsgrößen $K_{(o)}$, $C_{(o)}$ und λ_k vor, als Ausgangsgröße wurde $Y_{(t)}$ herausgeführt, die nach der Transformation in das wirtschaftspolitische Modell die Zielgröße ist. Die Komponenten des Sozialproduktes im Zeitpunkt Null, $K_{(o)}$ und $C_{(o)}$ werden als Daten behandelt, so daß der sektorale Allokationsparameter λ_k als einzige manipulierbare Größe verbleibt ($\lambda_c = 1 - \lambda_k$). Der Variablenaufgliederung von Tinbergen folgend erhalten wir als

Daten: $K_{(o)}$, $C_{(o)}$
Instrument: λ_k
Ziel: $Y_{(t)}$
Irrelevante Variable: $K_{(t)}$, $C_{(t)}$.

In: Geyer, H., und W. Oppelt (Hrsg.), a.a.O., S. 98 ff. Vgl. auch bei Haldane, I. B. S.: The Maximization of National Income. In: Sankhyā, Vol. 16, 1955-56, S. 1 ff.

Das System erscheint im Flußdiagramm als Steuerkette zwischen λ_k und $Y_{(t)}$. Die Daten $K_{(o)}$ und $C_{(o)}$ treten als berechnete und vorhersehbare Störgrößen in das System ein. Die Frage nach der Stabilität dieser Steuerung ist einfach zu beantworten, wenn man das Zeitverhalten der Ausgangsgröße $Y_{(t)}$ betrachtet:

$$Y_{(t)} = C_{(t)} + K_{(t)}$$

$$Y_{(t)} = K_{(o)} e^{\beta_K \lambda_K t} \left(1 - \frac{\beta_C \lambda_C}{\beta_K \lambda_K}\right) + C_{(o)} - K_{(o)} \frac{\beta_C \lambda_C}{\beta_K \lambda_K}.$$

Das genaue Zeitverhalten von $Y_{(t)}$ ist nach Fixierung eines bestimmten Wertes von λ_k gegeben und führt mit wachsendem t gegen $+\infty$. Es liegt der Fall einer instabilen Steuerung vor, und das bedeutet, daß das System von einer positiven Größe $K_{(o)}$ und $C_{(o)}$ ausgehend selbständig abläuft. Wird ein einmaliger Impuls auf ein stabiles System eingegeben, so strebt es wieder seiner Ausgangsposition zu. Das zeigt, daß die Stabilität des Systems in keiner Weise von der Form der Anregung abhängig ist, sondern ausschließlich durch die Systemstruktur und die Parameter bestimmt wird.[23] Wenn das Mahalanobis-Modell also als instabile Steuerung auftritt, so ist dies allein auf die Struktur des Systems zurückzuführen. Es muß überdies gesagt werden, daß das Ergebnis einer instabilen Steuerung den indischen Planern nicht nur keineswegs ungelegen, sondern durchaus erwünscht ist. Man glaubte durch diesen Verhaltenstyp in Anlehnung an die postkeynesianischen Wachstumsmodelle die geeignete Repräsentation des Wachstums einer Volkswirtschaft gefunden zu haben. Üblicherweise ist jedoch die Instabilität ein negatives Merkmal, da sie die Manipulierbarkeit eines Systems ausschließt. Gerade dieser merkwürdige Widerspruch in den Anforderungen an ein System verweist jedoch auf eine Besonderheit der auf dem Konsistenzmodell beruhenden Konzeption der Wirtschaftspolitik, die darin zu sehen ist, daß in der Struktur des Systems ein Bestandteil (in unserem Fall der Allokationsparameter λ_k) enthalten ist, der in Abhängigkeit von der vorgegebenen Zielgröße bestimmt wurde. Greifen wir auf die einleitenden Erörterungen über die Entwicklung der Theorie der quantitativen Wirtschaftspolitik zurück, so ergibt sich folgende Erklärung für die hier interessierende Frage nach der Beziehung zwischen den Eingangsgrößen und dem Verhalten der Ausgangsgröße. Die Übernahme vorhandener theoretischer Modelle bei gleichzeitiger Auflösung des traditionellen Gleichgewichtskonzepts führte zur Konstruktion von offenen Systemen, repräsentiert durch Gleichungssysteme mit Freiheitsgraden. Die Lösung dieser Systeme erfolgt bei der für

---

[23] Oppelt, W., a.a.O., S. 329 ff.

die wirtschaftspolitische Anwendung relevanten inversen reduzierten Form in der Weise, daß der Wert der Instrumentvariablen bei vorgegebener Zielgröße ermittelt wird. Durch dieses Vorgehen wird der Systemzusammenhang erneut geschlossen. Für den Fall des Mahalanobis-Modells, in dem als Instrument der Allokationsparameter auftritt, bedeutet das, daß in λ_k ein strukturbestimmender Faktor nicht unabhängig gegeben, sondern in Abhängigkeit von der Zielgröße $Y_{(t)}$ bestimmt wird. Damit überträgt λ_k gewissermaßen die Zielvorstellung in die Systemstruktur und λ_k wird zum »immanenten Maßstab« für das Systemverhalten.

Wir können somit sagen, daß die Besonderheit der Politik auf der Grundlage der »fixed target policy models« letztlich daraus zu begründen ist, daß die aus der Zielgröße abzuleitende Eingangsgröße nach ihrer Bestimmung selbst zum Bestandteil der Systemstruktur wird, dadurch den Sollwert in die Systemstruktur überträgt und a priori den Fall einer Divergenz zwischen Soll- und Istwert der Zustandsgröße des Systems ausschließt. Die Analogie zu den wirtschaftstheoretischen »Automatismen« liegt nahe:[24] In beiden Fällen handelt es sich um geschlossene Systeme, die nicht manipulierbar sein können. Auch wenn hier λ_k als Eingangsgröße erscheint, kann von einem geschlossenen System gesprochen werden, weil die strukturbestimmte Instabilität des Systemverhaltens die Eingangsgröße ihrer Funktion enthebt, das Verhalten des Systems zu regulieren. Insofern muß in der Tat eine Anlehnung an das traditionelle Vorgehen bei der Konstruktion ökonomischer Modelle als »Automatismen« festgestellt werden. Andererseits darf ein wesentlicher Unterschied nicht übersehen werden: Während es im wirtschaftstheoretischen Modell die definitorischen Gleichgewichtsbedingungen sind, die den Systemzusammenhang schließen und innerhalb dieses Rahmens die Doppelfunktion erfüllen müssen, einerseits Bestandteile der Systemstruktur zu sein, andererseits als immanenter Maßstab für das Systemverhalten zu dienen, sind es in den Konsistenzmodellen Größen mit instrumentalen Eigenschaften, die die Schließung des Modellzusammenhanges vollziehen. Allein hierin ist der Grund dafür zu sehen, daß die Konsistenzmodelle operational verwendbar sind.

Die kritische Beurteilung dieser Operationalität konzentriert sich nunmehr auf die Frage nach dem Umfang der Manipulierbarkeit von exogenen Variablen, die zur Zielerreichung dienen sollen. Die

---

[24] Auf die Beziehung des Mahalanobis-Modells zu den Modellen gleichgewichtigen Wachstums sei hier nur verwiesen. Vgl. dazu: Chakravarty, S.: The Logic, a.a.O., S. 38 ff.; Kade, G.: Wachstumsmodelle,..., a.a.O.; Raj, K. N.: Growth Models and Indian Planning. In: Indian Economic Review, Vol. 5, 1961, S. 242 ff.

Diskussion um die »fixed target policy models« hat deutlich gemacht, daß nicht eine Gliederung in Ziel- und Instrumentvariable die hinreichende Voraussetzung der Operationalität dieses Typs der Wirtschaftspolitik ist, sondern die Existenz *manipulierbarer* Variablen, die geeignet sind, eine bestimmte Zielgröße anzusteuern.[25] Grundsätzlich läßt sich dazu sagen, daß die Manipulierbarkeit nicht eine Eigenschaft ist, die einer Klasse ökonomischer Größen notwendig anhaftet. Vielmehr steht die Manipulierbarkeit in direkter Beziehung zu dem Umfang des jeweils betrachteten Systemzusammenhanges und ist damit notwendigerweise auch mit der Komplexität des Planungsproblems verbunden.[26] Die Beziehung zwischen Manipulierbarkeit und Systemzusammenhang erneut geschlossen. Für den Fall des Mahalanobis-Modells zu einem 4-Sektoren-Modell betrachten.[27]

Im Verlaufe der ersten Planperiode war offensichtlich geworden, daß die Einführung einer einzigen Zielgröße (Y) nicht ausreiche, um zugleich das Problem der strukturellen Unterbeschäftigung in der indischen Wirtschaft zu lösen. Daher mußte eine zusätzliche Zielgröße für die Anzahl der Beschäftigten (N) eingeführt werden. Zugleich wurde der Konsumgütersektor weiter aufgespalten in die drei Bereiche der industriellen Produktion von Konsumgütern (C_1), der Landwirtschaft, des Kleingewerbes und der Heimarbeit (C_2) und den Sektor der Dienstleistungen (C_3). Dabei blieb die Fragestellung nach der Verteilung der Gesamtinvestitionen auf die nunmehr 4 Sektoren weiterhin bestehen, was dadurch möglich wurde, daß Mahalanobis die Beschäftigungszielsetzung über die Größe der Kapitalintensität mit dem Einkommensziel verband. Die neu eingeführten Größen N und O bezeichnen die Beschäftigungszahl und die pro Arbeitsplatz erforderliche Nettoinvestition. Wir erhalten somit folgendes (diskretes) Gleichungssystem:[28]

$$\Delta Y = Y_K + Y_1 + Y_2 + Y_3 \tag{1}$$

$$N = N_K + N_1 + N_2 + N_3 \tag{2}$$

$$I = I_K + I_1 + I_2 + I_3, \tag{3}$$

---

[25] In diesem Zusammenhang sei insbesondere verwiesen auf Theil, H.: Econometric Models and Welfare Maximization. In: Weltwirtschaftliches Archiv, Bd. 72, 1954, S. 63.
[26] Zur Bedeutung des Komplexitätsgrades in Systemuntersuchungen vgl. Beer, St.: Kybernetik und Management. Hamburg, 1962, S. 27 ff.
[27] Zum Vier-Sektoren-Modell vgl. Mahalanobis, P. C.: The Approach..., a.a.O., S. 26 ff.; vgl. auch Fox, K. A., J. K. Sengupta, E. Thorbecke, a.a.O., S. 390 ff.
[28] Vgl. zur Lösungsproblematik Fox, K. A., J. K. Sengupta, E. Thorbecke, a.a.O., S. 394 ff.

wobei

$$\beta_K = \frac{Y_K}{\lambda_K I} \qquad \text{19}$$

$$\beta_{Cj} = \frac{Y_{Cj}}{\lambda_{Cj} I} \; (j = 1, 2, 3) \qquad (5\text{-}7)$$

$$\theta_K = \frac{\lambda_K I}{N_K} \qquad (8)$$

$$\theta_{Cj} = \frac{\lambda_{Cj} I}{N_{Cj}} \; (j = 1, 2, 3) \qquad (9\text{-}11)$$

$$1 = \lambda_K + \lambda_1 + \lambda_2 + \lambda_3. \qquad (12)$$

Aus diesem Aufbau wird ersichtlich, daß die kombinierte wachstums- und beschäftigungspolitische Zielsetzung mit Hilfe einer Struktur realisiert werden soll, die der des Zwei-Sektoren-Modells analog ist; die Eingangsgrößen sind identisch, als Ausgangsgrößen erscheinen Y und N. Es handelt sich auch hier um eine instabile Steuerung.

Uns interessiert in diesem Zusammenhang die Frage nach der Manipulierbarkeit exogener Variabler im Hinblick auf die Komplexität des wirtschaftspolitischen Entscheidungsproblems und damit zugleich die Beziehung zwischen Problemstellung und Systemstruktur. Mahalanobis war sichtlich bemüht, die Einführung einer zusätzlichen Beschäftigungszielsetzung in den Systemzusammenhang auf möglichst einfache Weise über die Θ-Werte zu erreichen. Wie aus der Definitionsgleichung ersichtlich ist, wird Θ in Beziehung zu λ, I und N gesetzt; Mahalanobis betrachtet dabei die !Θ!-Werte als unabhängige und über die Planungsperiode hinweg konstante Parameter. Hingegen läßt sich bereits anhand der Bestimmungsgleichungen für β und Θ zeigen, daß diese beiden Werte nicht mehr unabhängig voneinander sein können; vielmehr besteht die Beziehung:[29]

$$\beta_K \cdot \theta_K = \frac{Y_K}{N_K}.$$

Es wird also zunächst eine Modifizierung der Systemstruktur um die genannte Beziehung erforderlich. Bei gegebenem β ist der Wert von Θ ausschließlich durch das Verhältnis Y/N bestimmt. Andererseits beeinflußt Θ das Verhältnis von Volkseinkommen und Beschäftigung, so daß die Notwendigkeit sichtbar wird, eine Rückkopplungsbeziehung einzuführen.

---

[29] Vgl. dazu Tsuru, Sh.: Some Theoretical Doubts on India's Plan-Frame. In: The Economic Weekly Annual, Jan. 1957, S. 77 ff.

Die notwendige Erhöhung des Komplexitätsgrades des Systems wird noch deutlicher, wenn man bedenkt, daß die Konsistenz des Mahalanobis-Modells nur aufrechterhalten werden kann, wenn über die Konsistenz von Investitionsaufteilung und Angebotsentwicklung auch der Ausgleich von Angebot und Nachfrage berücksichtigt wird. Führt man eine solche Erweiterung um die Nachfrageseite durch und bedient sich dabei der Argumentation Domars hinsichtlich des dualen Effektes von Investitionen, so ergeben sich für das Zwei-Sektoren-Modell folgende Beziehungen:[30]

Nachfrage: $\Delta C_N = c \Delta Y = (1-s) \Delta Y = (1-s) \beta I$,

wobei $\Delta Y = \beta I$.

Angebot: $\Delta C_A = \lambda_C \beta_C I = \beta_C (1 - \lambda_K) I$

Für: $\Delta C_A = \Delta C_N$ gilt

$$\frac{\beta}{\beta_C} = \frac{1-\lambda_K}{1-s}.$$

Es zeigt sich, daß bei gegebener Kapitalproduktivität (β, β_C) eine bestimmte Beziehung zwischen dem Allokationsparameter λ_k und der Sparquote s besteht, so daß auch hier Rückkopplungen zu berücksichtigen sind. Auf keinen Fall kann die Instrumentvariable nunmehr exogen bestimmt werden, da angenommen werden muß, daß die Sparquote überwiegend durch die privaten Konsumenten bestimmt wird. Der Allokationsparameter kann also auch nicht mehr als Steuergröße interpretiert werden; die von Mahalanobis konzipierte Steuerungspolitik ist nicht durchführbar. Vielmehr ist jetzt ein Systemelement einzuführen, das das Verhalten einer weiteren Gruppe von Entscheidungseinheiten – der Konsumenten – zum Ausdruck bringt. Mahalanobis' Konzeption der Steuerungspolitik beruht also grundlegend darauf, daß das System nur eine einzige handelnde Instanz – den Staat – kennt, während die Wirtschaftsstruktur ausschließlich durch technische Größen und Produktivitätskoeffizienten repräsentiert wird.

Sobald jedoch mehrere Entscheidungsinstanzen in das System einbezogen werden, ist die eindeutige Zuordnung von staatlicher Zielsetzung und daraus resultierenden Instrumenten nicht mehr möglich. Die Zweck-Mittel-Relation muß aufgehoben und durch die komplexe Beziehung zwischen sämtlichen Zielen, technischen Größen und wirtschaftspolitischen Instrumenten ersetzt werden. Ein solches System kann wiederum nur durch eine Mehrfachregelung dargestellt werden. Das wirkt sich letztlich auch auf die Auswahl der Stellgrößen

---

[30] Vgl. Tsuru, Sh., a.a.O.

aus: So müßte in unserem Beispiel die Einkommensverteilung beeinflußt werden, um das Konsumverhalten so zu regulieren, daß daraufhin eine optimale Verteilung der möglichen Gesamtinvestition erfolgen kann.

5.

Unsere Untersuchung hat bislang darauf abgezielt, anhand einiger theoretischer und praktischer Beispiele die Struktur wirtschaftspolitischer Eingriffe aufzuzeigen, wie sie in der Theorie der quantitativen Wirtschaftspolitik, insbesondere in dem Konzept der »fixed target policy models« impliziert ist. Den Hintergrund hierfür bildete der allgemeine kybernetische Ansatz der Systemuntersuchung, der auch im folgenden Teil dazu dienen soll, die Ansatzpunkte einer Planungstheorie darzustellen. Die grundlegende These, von der unsere Erörterungen ausgehen, besagt dabei, daß die Struktur des wirtschaftspolitischen Planungsprozesses von der Struktur des Systems, auf das sich der Planungsvorgang bezieht, abhängt.[31] Unter diesem Aspekt erschien die Steuerungsstruktur einer Wirtschaftspolitik auf der Grundlage von Konsistenzmodellen problematisch. Fassen wir die Ergebnisse zusammen, so treten insbesondere drei Gründe hervor, die zu einer Abkehr von der Vorstellung einer »Politik als Steuerung« zwingen:

1. Die Problematik der Variablenaufgliederung,
2. Die Komplexität des Planungsproblems,
3. Die Problematik der Entscheidungseinheiten.

Die Problematik der Variablenaufgliederung betrifft in erster Linie die Trennung in endogene und exogene Variable im wirtschaftspolitischen Modell und damit die Gegenüberstellung von Zielen und »anderen Daten« als exogenen, Instrumenten und irrelevanten Variablen als endogenen Größen. Die Inkonsistenzen, die in den »fixed target policy models« auftraten, und die daraus resultierenden Abhängigkeiten zwischen den Zielgrößen verwiesen darauf, daß eine derartige Aufgliederung der Variablen nicht durchführbar ist, daß also auch Ziele den Charakter von Mitteln besitzen können. Darüber hinaus muß es als problematisch angesehen werden, wenn die von der

---

[31] Diese Aussage ist nicht dahingehend zu interpretieren, daß die Systemstruktur als Konstante behandelt wird und der Planungsprozeß nicht seinerseits diese Struktur beeinflußte. Vgl. die folgenden Ausführungen über die Beziehung zwischen Planungsprozeß und der Organisation des Systems.

wirtschaftspolitischen Instanz nicht kontrollierten Größen sämtlich als »Daten« in das Modell eingehen, unbeschadet der Frage, aufgrund welcher Entscheidungs- und Regelungsprozesse derartige Größen bestimmt werden. Die Verbindung zwischen der Struktur des Systems, auf das sich der planende Eingriff richtet, und der Struktur des Eingriffes selbst, geht bereits an dieser Stelle verloren. Auch hier liegt eine Politik des »Als-ob« vor; zwar enthält das »Als-ob« keine Normvorstellungen eines optimalen Systems, es impliziert jedoch die Vorstellung einer passiven Umwelt und einer voraussehbar reagierenden Steuerstrecke als Objekt der Planung.

Wir können dieses Problem auch von der Kehrseite aus betrachten und die Struktur der Planung in Abhängigkeit von der Komplexität des Planungsproblems untersuchen. Aus dieser Sicht zeigt sich ein unmittelbarer Zusammenhang zwischen Planstruktur und Problemkomplexität bereits dann, wenn das wirtschaftspolitische Programm über die Konsistenz hinaus die Eigenschaft der Optimalität besitzen soll. Schließlich wurde mit steigendem Komplexitätsgrad des Problems die Manipulierbarkeit der Instrumentvariablen aufgehoben und damit eine wirtschaftspolitische Steuerung undurchführbar.

Sowohl die Kritik an der Vorstellung einer passiven Umwelt als auch die Kritik an der Vorstellung frei manipulierbarer Instrumente führt zu der Folgerung, daß eine wirtschaftspolitische Konzeption, die nur eine einzige Entscheidungsinstanz – die Planungsinstanz – kennt, ein zu sehr vereinfachtes Abbild des Planungsproblems darstellt. Die Komplexität des wirtschaftspolitischen Planungsprozesses kann durch eine einfache Input-Output-Manipulation nicht hinreichend wiedergegeben werden. Vielmehr läßt sich der Inhalt dessen, was hier unter rationaler Wirtschaftspolitik verstanden werden muß, dahingehend charakterisieren, daß der Planungsprozeß als Korrektur- und Anpassungsvorgang auf Einflüsse einer aktiven Umwelt aufzufassen ist. Der Prozeß besitzt Regelungsstrukturen. Erweist es sich als notwendig, in einer derartigen Konzeption von wirtschaftspolitischer Planung eine Vielzahl zumindest teilweise autonomer Entscheidungseinheiten zu berücksichtigen, so ist das Planungssystem als ein System mit Mehrfachregelung anzusprechen.

Die hier angestrebte Systemorientierung einer Planungstheorie hat unmittelbare Konsequenzen für die Vorstellung von einem Planungsprozeß. Herkömmlich wird dieser Prozeß beschrieben, indem die gesamte Zeitspanne, die die Transformation einer Ausgangslage in eine erwünschte Endsituation benötigt[32], in verschiedene Phasen aufge-

---

[32] Vgl. Kempski, J. von: Handlung, Maxime, Situation. In: Studium Generale, 7. Jg., Heft 1, 1964. Wieder abgedruckt in: Albert, H. (Hrsg.), Theorie und Realität. Tübingen, 1964, S. 233 ff.

spalten wird. Dabei wird in der Regel unterschieden zwischen einer Informationsphase zur Bestimmung der wirtschaftspolitischen Zielfunktion und der Ausgangssituation, einer Programmierungsphase, in der das Programm formuliert wird, das in der Durchsetzungsphase realisiert und schließlich in der Auswertungsphase auf seinen Erfolg hin untersucht wird.[33] Der analytische Charakter dieser Gliederungsversuche ist offensichtlich, und zugleich wird deutlich, daß ein derartiger Aufbau des Planungsprozesses wesentlich von dem Kernstück der Planungstheorie – den Programmierungstechniken – bestimmt wird. Die einzelnen Phasen gruppieren sich um die Programmierungsphase als dem zentralen Punkt des Interesses in dem frühen Stadium der Entwicklung einer Theorie der rationalen Wirtschaftspolitik: Es erscheint ja konsequent, der Programmformulierung eine Informationsphase vorzulagern, in der die erforderliche Information über die Systemstruktur und Technologie, die Beschränkungen und Zielgrößen oder Zielfunktionen gewonnen wird. Ebenso einleuchtend muß auf das Programm die Realisierung und Kontrolle folgen; dies alles jedoch aus analytischen Gründen eher als aus den Anforderungen des Prozesses der Planung. Auch scheint hier die Vorstellung einer steuernden Politik, wie sie im engeren Rahmen der Planungstechniken aufgezeigt wurde, vorzuherrschen. Es handelt sich bei der Abfolge der einzelnen Phasen um eine Kette einseitig gerichteter Aktivitäten; allein die Schlußphase der Kontrolle und Fehlerquellenanalyse bietet die Möglichkeit der Korrektur und Anpassung, allerdings erst dann, wenn das Programm bereits das Realisierungsstadium durchlau-
Die Konsequenzen dieser Konzeption der Planung sind gravierend: Die einzelnen Phasen des Planungsablaufes sind zwar logisch geordnet, dafür jedoch im prozessualen Ablauf unverbunden.[34] Als Aufgabe der Planer wird dabei die technische Lösung der relevanten Probleme angesehen. Die Zielgrößen oder die Zielfunktion werden vielfach als gegeben und relativ unproblematisch angesehen, ohne zu beachten, daß deren Formulierung bereits die Lösung eines Koordi-

---

[33] So zum Beispiel in einer neueren Veröffentlichung von Jochimsen, R.: Strategie der wirtschaftspolitischen Entscheidung. In: Weltwirtschaftliches Archiv, Bd. 99, H. 1, 1967, S. 57. Vgl. auch Kade, G.: Wirtschaftsprogrammierung, a.a.O., S. 147 ff.
[34] Vgl. zu dieser Problematik insbesondere Churchman, C. W., and A. H. Schainblatt: The Researcher and the Manager: A Dialectic of Implementation. In: Management Science, Vol. 11, Nr. 4, 1965, S. 69 ff. Deutsche Veröffentlichung in: Naumann, Jens (Hrsg.): Forschungsökonomie und Forschungspolitik. Stuttgart, 1970; Khan, A. G.: Designing a Macro-Economic Policy. In: Indian Economic Journal, Vol. 11, Nr. 3, 1964, S. 272 ff.; sowie Jochimsen, R., a.a.O.

nationsproblems zwischen verschiedenen und häufig divergierenden Interessen einer Vielzahl von Entscheidungsträgern voraussetzt.[35] Entsprechendes gilt auch für die Durchsetzungsphase. Da die organisatorischen Realisationsmöglichkeiten in die Programmformulierung nicht eingehen, bleibt es offen, ob die technische Lösung eines Problems realisierbar ist, womit die empirische Bedeutung des Planungskonzepts fraglich wird.[36] Gehen wir noch einen Schritt weiter, so stoßen wir letztlich auf die entscheidende Frage danach, ob der hier geschilderte Planungsaufbau in einzelnen Phasen dem wirtschaftspolitischen Entscheidungsprozeß adäquat ist. Es ist zu fragen, ob nicht die Auffassung von Churchman und Schainblatt auch auf wirtschaftspolitische Entscheidungen zutrifft, daß die Managerentscheidung nach politischen Gesichtspunkten erfolgt, ohne sich der Gründe bewußt zu sein, während der wissenschaftliche Kalkül sich rationaler Denkweise bedient und damit eher zum Zweck nachträglicher Rationalisierung politischer Entscheidungen verwendbar ist, als daß er eine Theorie für diese Entscheidungen darstellt.[37] In der Terminologie der genannten Autoren, so kann zusammenfassend gesagt werden, liegt dem von uns geprüften Ansatz der Planungstheorie eine »separate-function-position« zugrunde, eine Auffassung, die davon ausgeht, daß Wissenschaft und wirtschaftspolitische Tätigkeit zwei getrennte Funktionen besitzen; operationale Lösungen, die der wissenschaftliche Ansatz liefert, erfordern anschließend von der Entscheidungsinstanz den Entwurf geeigneter Organisationsformen zur Implementation der Lösungen.[38] Diese Trennung der Funktionen war häufig genug die Ursache für das Scheitern eines rationalen Planungsansatzes in der Realisierungsphase. Das Konzept der rationalen Wirtschaftspolitik genügt den Anforderungen des Planungsprozesses nicht.

Wir stellen also dem analytisch gegliederten Konzept die Vorstellung eines dynamischen Planungsprozesses gegenüber, indem wir auf das Regelungskonzept zurückgreifen. Planung in diesem Sinne bedeutet eine ständige Revision in der Auswahl alternativer Strategien aufgrund der Ergebnisse, die ihrerseits von einer oder mehreren Umweltvariablen beeinflußt sind.[39] Die Vielzahl der Fragen, die im An-

---

[35] Vgl. Jochimsen, R., a.a.O., S. 57 ff.
[36] Vgl. Khan, A. G., a.a.O., S. 275 ff.
[37] Vgl. Churchman, C. W., und A. H. Schainblatt, a.a.O., S. 83.
[38] Vgl. Churchman, C. W., und A. H. Schainblatt, a.a.O., S. 73 ff.
[39] Vgl. zu diesem Ansatz Starr, M. K.: Planning Models. In: Management Science, Vol. 13, No. 4, 1966, S. 115 ff. Die Formulierung dynamischer Planungskonzepte findet sich bereits bei Arrow, K. J.: Statistics and Economic Policy. In: Econometrica, Vol. 25, 1957, S. 523 ff.; Theil, H.: Decision Rules

schluß an Formulierungen dieser Art auftreten, lassen sich in zwei Problemkreisen zusammenfassen:
Aufgrund welcher Zielvorstellungen erfolgt die Auswahl der Strategien und in welcher Weise ist das Ziel selbst als Variable des Prozesses aufzufassen? Es geht um den Prozeß der Zielfindung. Weiterhin: Was bedeutet der Einfluß der Umweltvariablen? Es wird sich zeigen, daß es sich dabei letztlich um das Problem der Organisation handelt.
Über die Bestimmung der formalen Eigenschaften hinaus wird die Bedeutung der Schwerpunktverlagerung auf den *Prozeß* der Planung dann sichtbar, wenn man von der im Steuerungskonzept verhafteten Vorstellung einer einzigen Entscheidungsinstanz abgeht und danach fragt, *wer* der Planträger ist, *in welchem Umfang* er plant oder in welcher Beziehung die Planentwerfer, die Planträger und die Planausführer stehen.[40] In der Realität gibt es keinen Fall, in dem diese Planfunktionen in einer Instanz zusammenfallen, wenn man bestimmte Typen mikroökonomischer Entscheidungen außer Betracht läßt. Dagegen finden wir Planungssysteme, in denen die verschiedensten Formen der Verteilung von Entscheidungs- und Ausführungskompetenzen realisiert sind. Gleichzeitig wird die vielfach in der Antithese von Markt und Plan erstarrte Diskussion gegenstandslos; vielmehr geht es in derartigen Systemen um Regelungs- und Informationsbeziehungen zwischen den Systemelementen, ohne daß ein spezifisches Beziehungsnetz a priori als optimal bezeichnet werden könnte. Unter diesem Aspekt tritt der Planungsprozeß als ein Vorgang der Informationsgewinnung und -übertragung in Impuls-Reaktions-Systemen auf.

---

and Simulation Techniques in Development Programming. In: The Economic Approach to Development Planning. Amsterdam, 1965, S. 465 ff. Vgl. an gleicher Stelle die Ausführungen von Stone, R.: The Analysis of Economic Systems. In: The Economic Approach to Development Planning. Amsterdam, 1965, S. 1 ff., sowie Theil, H.: Optimal Decision Rules for Government and Industry. Amsterdam, 1964. Eher noch als der Ansatz der dynamischen Programmierung entspricht dessen Erweiterung zu »adaptive control processes« einem dynamischen Planungskonzept. Vgl. insbes. Bellman, R., and R. Kalabaß adaptive Control Processesn. In: IRE Transactions on Automatic Control, Vol. AC-4, Nov. 1959; Meißner, W.: Die Theorie der dynamischen Programmierung und Probleme der Entwicklungsplanung. In: Konjunkturpolitik, 12. Jg., H. 1, 1966, S. 31 ff.
[40] Vgl. dazu Elliot, J. E.: Economic Planning Reconsidered. In: Quarterly Journal of Economics, Vol. 72, 1958, S. 55 ff. (deutsch: Wirtschaftsplanung – neu überdacht. In: Gäfgen, G.: a.a.O., S. 357 ff). Konsequent durchgeführt wird diese Rollenaufgliederung im Planungsprozeß bei Rieger, H. Chr.: Begriff und Logik der Planung. Wiesbaden, 1967.

Mit diesem systemorientierten Planungsansatz ist zugleich die Verbindung zwischen Theorie und Politik erneut gewonnen: Die Planung in offenen, dynamischen Systemen ist die Transformation einer Theorie, die die Funktionsfähigkeit derartiger Systeme durch die Struktur der in ihnen vollzogenen Regelungsprozesse erklärt.

6.

Die Probleme der Zielgrößenbestimmung und der Planungsorganisation nehmen in einer dynamisch formulierten Planungstheorie die zentrale Stelle ein. Befassen wir uns zunächst mit der Zielproblematik. Es dürfte sich auch hier als nützlich erweisen, zu überprüfen, in welcher Weise die einzelnen Planungstechniken die Frage nach den Zielgrößen behandeln. Im Anschluß daran kann beurteilt werden, inwieweit die vorliegenden Ansätze den Anforderungen eines Planungsprozesses genügen.

Bereits bei der Darstellung der »fixed target policy models« trat das Problem der Bestimmung der Zielgrößen an verschiedenen Stellen auf. Wohl der am häufigsten angeführte Kritikpunkt ist die außerhalb des Modells erfolgende Festlegung der Ziele. Die Konsequenzen daraus sind in der Tat bedeutend: Die Zielwerte werden gleichsam willkürlich gesetzt, weil das Modell keine Beschränkungen berücksichtigt. Dahinter steht die Vorstellung von einer Entscheidungsinstanz mit ausschließlicher Befugnis zur wirtschaftspolitischen Willensbildung, ein Sachverhalt, der dazu geführt hat, daß diese Planungskonzeption als »synoptisches Ideal« der zentralen Koordination wirtschaftlicher Aktivitäten bezeichnet werden konnte.[41] Es braucht hier nicht weiter ausgeführt zu werden, daß die darin implizierte Vorstellung das unfruchtbare Denken in der Antithese Plan – Markt unterstützt hat. Die rein exogene Zielgrößenbestimmung hat jedoch noch eine weitere Konsequenz: Die Optimalität der gewählten Zielwerte kann aus dem Systemzusammenhang heraus nicht überprüft werden, andererseits besteht jedoch das Bestreben, die »beste« Zielgröße zu wählen. Das führt zu einem »versteckten Optimierungsanspruch«[42] der »fixed target policy models«, der jedoch aus ihrer Konstruktion heraus nicht gerechtfertigt ist. Lediglich die Gewährleistung der Konsistenz von Ziel-Mittel-Relationen ist Aufgabe dieser speziellen Planungstechnik. Doch selbst die Konsistenzfindung wird in allen Fällen nicht-trivialer Lösungen problematisch. Tritt eine Vielzahl von Zielgrößen auf, so ergeben sich beinahe zwangsläufig

---

[41] Vgl. Jochimsen, R., a.a.O., S. 52 ff.
[42] Vgl. Kade, G.: Wirtschaftsprogrammierung, a.a.O., S. 155 f.

innerhalb des Ziel-Mittel-Systems innere Abhängigkeiten zwischen den Zielen. Die Zielgrößen werden dann zu gegenseitigen Beschränkungen, die Lösungen werden inkonsistent. Eine derartige Trennung in Ziele und Mittel und damit das Zweck-Mittel-Denken, das man als notwendige Konsequenz der Werturteilsdebatte ansah, ist zum Scheitern verurteilt.[43]
Die Kritik an einem »versteckten Optimierungsanspruch« und dem Zweck-Mittel-Denken wird gegenstandslos, wenn man die Optimierungsmodelle betrachtet. Hier wird eine traditionelle ökonomische Fragestellung wieder aufgegriffen, die bereits in der klassischen Theorie nachweisbar ist und in der neoklassischen Nationalökonomie mathematisch formuliert wurde. Unter Optimierung wird dabei die Extremierung einer Funktion unter Geltung von Nebenbedingungen verstanden.[44] Die Rolle dieses Optimierungskalküls muß im Rahmen der klassischen und neoklassischen Theorie in ihrer Absicht verstanden werden, den »Nachweis« einer automatischen Tendenz zum Optimum des gesamten Wettbewerbssystems zu erbringen. Dieses gesamtwirtschaftliche Optimum entstand aus dem Zusammenwirken individueller Optimalentscheidungen.[45] Erst die Einsicht in die fehlende Operationalität und die wissenschaftstheoretische Kritik an den Axiomen der entscheidungslogischen Ansätze ließ den Aspekt gesamtwirtschaftlicher Optimalsysteme in den Hintergrund treten zugunsten der Beschäftigung mit Modellen mikroökonomischer Entscheidungen, die jedoch auf dem gleichen Kalkül aufbauen. Es handelt sich um eine *formale* Entscheidungslogik, in der ein Prozeß der Zielfindung nicht erklärt wird; vielmehr wird die Zielfunktion als gegeben angenommen. Das Interesse richtet sich auf die formalen Eigenschaften von Zielfunktion und Beschränkungen. Das erklärt auch, in welcher Richtung die Entwicklung des entscheidungslogischen Kalküls vorangetrieben wurde, einmal im Hinblick auf die Form der Präferenzfunktionen und Beschränkungen, zum anderen hinsichtlich des angenommenen Informationsgrades und der Berücksichtigung des Zeitfaktors. Theils Beiträge zur Entwicklung der Theorie der quantitativen Wirtschaftspolitik zeigen die enge Anlehnung an die entscheidungslogischen Ansätze. Er selbst gliedert nach den oben angeführten Kriterien in Maximierungs- und Programmierungsmodelle, die je nach dem Informationsgrad deterministisch

---

[43] Hier kann nur erneut verwiesen werden: Auf Myrdal, G.: Das Zweck-Mittel-Denken in der Nationalökonomie. In: Zeitschrift für Nationalökonomie, Bd. 4, 1933, S. 305 ff., abgedruckt in: Stadtbauwelt 33, 1971 (Berlin).
[44] Vgl. Hadley, G.: Linear Programming. London, 1962, S. 1 ff.
[45] Kade, G.: Die Grundannahmen..., a.a.O.

oder stochastisch, je nach der Beachtung des Zeitfaktors statisch oder dynamisch formuliert sein können.[46]
Folgende Aufstellung gibt eine Übersicht über die Variationen des Optimierungskalküls in Abhängigkeit von den genannten Kriterien:

Strukturelle Merkmale	Modelltypen	
Form der Beschränkungen	Maximierungsmodelle	Programmierungsmodelle
Form der Zielfunktion	Linear	Nicht-linear
Zeitfaktor	Statisch	Dynamisch
Informationsgrad	Deterministisch	Stochastisch

Im Rahmen der Theorie der Wirtschaftspolitik folgen nun erneut die Bemühungen um eine Formulierung gesamtwirtschaftlicher Zielfunktionen, die aber nun nicht mehr als Daten des Problems angenommen, sondern empirisch ermittelt werden sollen.[47] So bedeutsam die Unterschiede zwischen diesen empirisch ermittelten Präferenzfunktionen und den postulierten Zielfunktionen des klassischen und neoklassischen Entscheidungskalküls auch sind, so verbleiben doch Zweifel. Auch wenn an die Stelle des Glaubens an eine inhärente Tendenz zum Optimum der Versuch einer Konstruktion des Optimalzustandes tritt, so bedarf doch jede gesamtwirtschaftliche Präferenzfunktion einer Rechtfertigung insofern, als sie aus den individuellen Präferenzfunktionen hervorgegangen sein muß. Arrow zeigte jedoch, daß aus konsistenten individuellen Präferenzordnun-

---

[46] Vgl. Theil, H.: Some Reflections on Static Programming Uncertainty. In: Weltwirtschaftliches Archiv, Bd. 87, 1961, S. 124 ff.
[47] Vgl. Frisch, R.: Practical Rules for Interview Determination of One-Sided and Two-Sided Preference Coefficients in Macro-Economic Decision Problems. Memorandum of the Inst. of Econ. June 25/1959, University of Oslo; ders.: Numerical Determination of a Quadratic Preference Function for Use in Macro-Economic Programming. Memorandum from Institute of Econ., 14. Feb. 1957, Univ. of Oslo; Eijk, C. J. v., and J. Sandee: Quantitative Determination of an Optimum Economic Policy. In: Econometrica, Vol. 27, 1959; Kirschen, E., L. Morissens: Une exploration de la fonction de bien-être en politique économique. In: Cahiers économiques de Bruxelles, no. 22, 1964; ders.: Les motivations de l'homme politique en matière économique. Ebd., no. 20, 1963; Benard, J.: Conflits et choix dans l'élaboration de la politique économique. In: Revue économique, no. 5, 1962. Vgl. auch die zusammenfassende Darstellung in Kirschen, E.: Economic Policy in Our Time, Vol. I. Amsterdam, 1964.

gen keineswegs auch eine konsistente gesamtwirtschaftliche Wohlfahrtsfunktion folgt.[48]

Unser kurzer Überblick über die Verwendung von Zielfunktionen in wirtschaftlichen Modellen legt die Vermutung nahe, daß die Versuche, eine einzige gesellschaftliche Wohlfahrtsfunktion aufzustellen, eher an den Erfordernissen des formalen Optimierungskalküls als an der Bestimmung der empirischen Motivationsstruktur orientiert sind. Es ist leicht zu sehen, daß auch hier wiederum die Vorstellung einer einzigen wirtschaftspolitischen Entscheidungseinheit impliziert ist.

Dagegen ist zu fragen, ob nicht die Inkonsistenzen in gesamtwirtschaftlichen Präferenzfunktionen auf Interessenkonflikte verschiedener Gruppen von Entscheidungseinheiten hinweisen. Folgt man dieser Überlegung, so muß man zu dem Schluß kommen, daß nicht eine einzige Präferenzfunktion, sondern eher eine Vielzahl individueller oder gruppenspezifischer Präferenzfunktionen dazu geeignet sind, die Motivationsstruktur eines Systems zu repräsentieren. Hier können Interessenkonflikte auftreten, die erst dann zu einer einheitlichen Präferenzfunktion führen könnten, wenn der Nachweis gelingt, daß es Anpassungsprozesse für Zielgrößen gibt, die in einem Interessenausgleich münden. Ohne einen derartigen Prozeß aufzuzeigen, verdeckt auch eine empirisch ermittelte Zielfunktion die dahinterstehenden Interessenkonflikte. Es erweist sich also als notwendig, die Vielzahl der Präferenzfunktionen in die Betrachtung einzubeziehen und in ein dynamisches Planungskonzept *Prozesse der Zielfindung* einzuführen.

Wir können nun im Anschluß an diese Überlegungen das Konzept einer dynamischen Planungstheorie deutlicher charakterisieren. Die Grundlage dieses Konzepts wird von zwei Anpassungsprozessen gebildet: Der eine Prozeß bezieht sich auf die Revision der wirtschaftspolitischen Programme, der zweite Anpassungsprozeß beschreibt die Korrektur der Zielgrößen. Beide sind notwendig geworden, da die Information über die Umweltvariablen unvollkommen ist und infolgedessen auch Ungewißheit über die Reaktionen auf die getroffenen Maßnahmen herrscht.

Der Prozeß der sukzessiven Korrektur der wirtschaftspolitischen Programme im Verlaufe einer Planung über mehrere Zeitperioden hinweg berücksichtigt die unvollkommene Information der Planinstanzen insofern, als der Informationszuwachs aus den jeweils vergangenen Planperioden für die Formulierung eines neuen Programmes für die kommende Periode verwertet wird. Von diesem Ansatz geht Theil

---

[48] Vgl. Arrow, K. J.: Social Choice and Individual Values, 2. Auflage. New York/London/Sydney, 1963.

aus, wenn er den starren Wirtschaftsplänen die Konzeption der wirtschaftspolitischen Strategie gegenüberstellt.[49]
Der Informationsgewinn ist zweifacher Art: zum einen fällt im Verlaufe der Planungsprozesse eine Information über den jeweiligen Ist-Zustand des Systems an, eine Information, die in Verbindung mit den Zielgrößen der Planung die Frage danach beantwortet, in welchem Grade die Zielvorstellung bereits realisiert ist; es handelt sich um einen Informationsgewinn in Form verbesserter »Vergangenheitsinformation«. Zum anderen wird der Informationsgrad der Entscheidungsinstanzen dadurch verbessert, daß der Planungshorizont verkürzt wird und dadurch detailliertere »Zukunftsinformationen« zur Verfügung stehen. Während sich die »Vergangenheitsinformationen« auf den jeweiligen Istzustand des Systems beziehen, beinhalten die »Zukunftsinformationen« verbesserte Kenntnisse über die beeinflußbaren Umweltfaktoren. Ein starrer Plan kann offensichtlich diese Informationen nicht verwerten. Im Unterschied zu einem solchen Plan beruht die Strategie im Sinne von Theil darauf, daß eine Entscheidungsregel formuliert wird, die der Entscheidungsinstanz für jede Periode angibt, in welcher Richtung die Reaktion bei jeweiligem Informationsgrad oder bei jeweiliger Zielabweichung zu gehen hat. Theil fordert als Entscheidungsregel die Minimierung der Abweichungsquadrate und bezieht diese Forderung in die Formulierung der Präferenzfunktion für die Entscheidungseinheit ein.[50] Durch dieses Vorgehen wird die »Vergangenheitsinformation« berücksichtigt; es wird deutlich, daß dem die Vorstellung eines Regelungsvorganges zugrunde liegt. Die Regelungskonzeption wird jedoch problematisch, wenn Theil nicht nur die Minimierung der Regelabweichung für die einzelnen Zeitperioden fordert, sondern die Entscheidungsregel so formuliert, daß die Summe der Abweichungsquadrate über den gesamten Planungszeitraum minimiert wird. Hier wird offensichtlich eine Information über die Umweltfaktoren in allen zukünftigen Perioden des Planungszeitraumes impliziert und damit ein dynamischer Anpassungsprozeß überflüssig. Theil selbst löst diese Informationsannahme auf und behandelt das Problem der optimalen Strategie bei unvollkommener Information über die Umweltfaktoren.[51] Für den speziellen Fall von Theil erfolgt die Lösung aufgrund

---

[49] Vgl. Theil, H.: Optimal Decision Rules..., a.a.O., insbes. S. 123 ff., 130, 136; ders.: Decision Rules..., a.a.O., S. 466 f., 470 ff.
[50] Theil macht die spezielle Annahme einer quadratischen Präferenzfunktion und linearen Beschränkungen. Vgl. Theil, H.: Optimal Decision Rules, a.a.O., S. 2 ff., und: Decision Rules, a.a.O., S. 470 ff.
[51] Theil, H.: Decision Rules, a.a.O., S. 473 f.

des »certainty equivalence theorem« von H. A. Simon[52] im Prinzip dadurch, daß die von Stufe zu Stufe verbesserte Kenntnis über die Umweltvariablen in Form verbesserter Erwartungswerte in die Präferenzfunktion und damit auch in die Programmformulierung eingeht. Auch hier liegt die Vorstellung eines Korrekturprozesses zugrunde, der sich jedoch auf die stufenweise Verbesserung der Zukunftsinformation richtet. Im Prozeßablauf spielt die Vergangenheitsinformation nur noch eine indirekte Rolle insofern, als aus dem Soll-Ist-Vergleich der »Vergangenheitsinformation« verbesserte Schätzwerte der »Zukunftsinformation« gewonnen werden.[53] Die Akzentsetzung auf die Verarbeitung verbesserter »Zukunftsinformationen« kann jedoch unmittelbar zu Konsequenzen für die Struktur von Entscheidungsprozessen führen. In dem Fall, in dem die Umweltfaktoren als bekannte und insofern meßbare Größen angenommen werden, sind sie der Kategorie der »anderen Daten« im Tinbergen-Schema zuzurechnen; der Entscheidungsprozeß erhält erneut eine Steuerungsstruktur. Wir wollen derartige Fälle jedoch als unrealistisch aus unserer Betrachtung ausschließen und müssen deshalb in gleichem Maße »Vergangenheits-« und »Zukunftsinformationen« berücksichtigen. Die beiden Informationsklassen erfüllen im Prozeßablauf unterschiedliche Funktionen: Die Verbesserung der »Zukunftsinformationen« dient ausschließlich der exakteren Kenntnis der Wahrscheinlichkeitsverteilung, der die exogenen Umweltfaktoren unterliegen. Diese Information bewirkt eine verbesserte Funktionsfähigkeit des Reglers. Die »Vergangenheitsinformation« liefert auf dem Wege über den Soll-Ist-Vergleich diejenige Information über den Grad der Zielerreichung, die den Regler in die Lage versetzt, Störeinflüsse auszuregeln; sie sichert also die Reaktionsfähigkeit der Entscheidungseinheiten. Wir haben im letzten Abschnitt mit der Skizzierung des Theil-Ansatzes eine wirtschaftspolitische Konzeption überprüft, die der Vorstellung einer Regelungspolitik nahekommt; unbeantwortet ist jedoch auch hier die Frage nach den Zielgrößen geblieben. Dieser Ansatz bleibt für das Konzept einer dynamischen Planungstheorie unbefriedigend, weil konstante Zielgrößen vorgegeben werden. Das impliziert jedoch eine versteckte Informationsannahme über die Wirkung der Umweltfaktoren und den dadurch beeinflußten Grad der Zielerreichung. Sie besagt im Theilschen Ansatz, daß die Entscheidungsinstanz die Zielgröße als einen Wert innerhalb der Schwankungsbreite der realisierten Zustandsgrößen über den ganzen Planungs-

---

[52] Simon, H. A.: Dynamic Programming under Uncertainty with a Quadratic Criterion Function. In: Econometrica, Vol. 24, 1956, S. 74 ff.
[53] Vgl. auch Meißner, W., a.a.O., S. 37.

zeitraum hinweg festlegen kann. Liegen nun die Zustandsgrößen stets oberhalb oder unterhalb der fixierten Zielgröße, ist also die Ziel-Mittel-Konsistenz aufgrund fehlender Zukunftsinformationen nicht gegeben, so wird deutlich, daß in diesem Fall eine Zielkorrektur notwendig würde. Ein solcher Korrekturmechanismus ist im Theil-Ansatz nicht vorgesehen; die Dynamik des wirtschaftspolitischen Entscheidungsprozesses ist nur einseitig herausgebildet.
Bei der Entwicklung eines Konzepts der dynamischen Planungstheorie müssen wir davon ausgehen, daß die zulässige Lösung eines wirtschaftspolitischen Programms nicht von vornherein bekannt ist, sondern erst im Verlaufe des Prozesses ermittelt und gegebenenfalls optimiert wird. Für den hierfür erforderlichen Prozeß der Zielfindung wollen wir folgende Hypothesen formulieren: Wirtschaftspolitische Entscheidungseinheiten setzen aufgrund unvollkommener Information über Reaktionen auf getroffene Entscheidungen im ersten Abschnitt des Planungszeitraumes eine Versuchsgröße w_0 als Zielwert. Bekannt sind lediglich die Beschränkungen, denen die Instrumente (Stellgröße y) unterliegen. Eine Zielkorrektur wird dann erforderlich, wenn die Abweichung der Istgröße x von w_0 nicht mehr durch eine Programmkorrektur ausgeregelt werden kann, weil die Produktionsmittel bereits bis zur Kapazitätsgrenze eingesetzt sind. Die Regelabweichung X_w erreicht hier einen kritischen Wert X_{wo}, der die Entscheidungseinheit veranlaßt, eine Zielkorrektur Δw vorzunehmen. Diese erfolgt in der Weise, daß zu anspruchsvoll gesetzte Werte von w_0 durch Abschläge Δw in den Bereich zulässiger Lösungen zurückgeführt werden.[54] Während die Versuchswerte w_0 Anspruchsniveaus wiedergeben und exogen gesetzt werden, erfolgen die weiteren Zielkorrekturen als Anpassungsprozesse an die jeweiligen Entscheidungsergebnisse.[55]

---

[54] Der umgekehrte Fall einer zu niedrig gewählten Zielgröße w_0 ist hier nicht erfaßt. Die Lösung hierfür bringt jedoch keine grundsätzlichen Schwierigkeiten. Es gibt folgende Lösungswege:
Besitzen die Entscheidungseinheiten eine Information über die Streckencharakteristik (Beziehung zwischen Regelgröße x und Stellgröße y), so führt eine Extremwertregelung zu einem endogen bestimmten optimalen Zielwert.
Kann die hierin enthaltene Informationsannahme nicht erfüllt werden, so kann als Kriterium zur Korrektur zu gering angesetzter Zielgrößen w_0 die Differenz zwischen der Kapazitätsgrenze Y^* der Stellgröße und der durchschnittlichen Kapazitätsausnutzung $\bar{y}$ der abgelaufenen Planperioden gewählt werden.
[55] Vgl. zu entsprechenden Ansätzen Simon, H. A.: A Behavioral Model of Rational Choice; sowie ders.: Rational Choice and the Structure of Environment. Beide in: Simon, H. A.: Models of Man, 4. Aufl. New York, 1966, S.

Die formale Struktur der Entscheidungsprozesse ist damit auch regelungstechnisch interpretierbar:

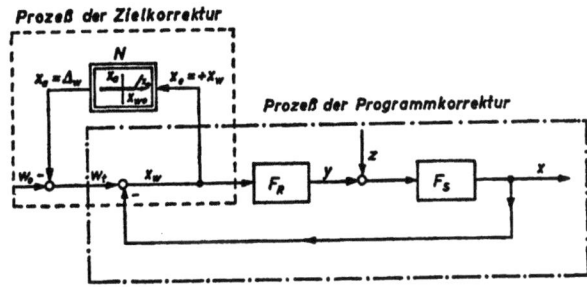

Bild 5. *Verwendete Symbole*

w_o = Versuchs-Zielgröße
w_t = $w_o - \Delta w$ = korrigierte Zielwerte der Zeitabschnitte t, wobei $t = 1, 2, \ldots, T$; T = Planungshorizont
Δw = Zielkorrektur
x = Regelgröße
x_w = $w_t - x$ = Regelabweichung
x_{wo} = kritischer Wert der Regelabweichung
y = Stellgröße (Instrumente)
z = Störgröße (zusammengefaßte Umweltfaktoren)
F_R = Frequenzgang des Reglers[56]
F_S = Frequenzgang der Regelstrecke[56]

Die Formalisierung kann wie folgt durchgeführt werden: Wir beginnen mit dem Prozeß der Programmkorrektur.

$$(w_t - x) F_R F_S + F_S z = x$$
$$x(1 + F_R F_S) = F_R F_S \cdot w_t + F_S z \qquad (1)$$
$$x = \frac{F_R F_S}{1 + F_R F_S} w_t + \frac{F_S}{1 + F_R F_S} z,$$

wobei $w_t = w_0$ ist.

---

241 ff., 261 ff.; Katona, G.: Das Verhalten der Verbraucher und Unternehmer. Tübingen, 1960; Sauermann, H.: und R. Selten: Anspruchsanpassungstheorie der Unternehmung. In: Z. f. d. ges. Staatswiss., Bd. 113, H. 4, 1962, S. 519 ff., 583, 597.

[56] Sowohl F_R als auch F_S beinhalten Verhaltensfunktionen. F_R drückt das Verhalten der regelnden Entscheidungsinstanzen aus, während F_S das Verhalten des Systemteils repräsentiert, auf das die Instrumente wirken (Planungsobjekt). Zur Einführung in die regelungstechnische Terminologie vgl. Oppelt, W., a.a.O.; Pressler, G.: Regelungstechnik – Grundelemente, 3. Aufl. Mannheim, 1967.

Diese Beziehung wird um den Prozeß der Zielanpassung erweitert:

$$(w_o - \Delta w - x) N = \Delta w, \tag{2}$$

wobei N eine nichtlineare Beschreibungsfunktion für die Beziehung zwischen x_w und Δw darstellt.

$$(w_o - \Delta w - x) F_R F_S + F_S z = x. \tag{3}$$

Aus (2) ergibt sich:

$$\Delta w = \frac{N}{1+N}(w_o - x). \tag{2a}$$

Nach Einsetzen von (2a) in (3) folgt die gewünschte Beziehung zwischen den Eingangsgrößen w_o und z und der Ausgangsgröße x:

$$x = \frac{F_R F_S}{N+1+F_R F_S} w_o + \frac{(N+1)F_S}{N+1+F_R F_S} z. \tag{4}$$

Die beiden Gleichungen (1) und (4) beschreiben jeweils die Abhängigkeit des Prozeßergebnisses von der Führungs- und Störgröße. Das Ziel des Reglers ist es, den Einfluß der Störgröße möglichst auszuschalten: dieser Fall liegt dann vor, wenn der Koeffizient von z sehr klein wird. Vergleichen wir nun den Grad des Stör- und Führungsgrößeneinflusses bei einem reinen Programmkorrekturprozeß (Gleichung (1)) mit dem kombinierten System der Gleichung (4): Der Koeffizient von w in (1) ist größer als der Koeffizient von w in (4):

$$\frac{F_R F_S}{1 + F_R F_S} > \frac{F_R F_S}{N+1+F_R F_S},$$

da N nicht negativ werden kann.

Umgekehrt ist der Vorfaktor von z in (1) kleiner als der entsprechende in (4):

$$\frac{F_S}{1+F_R F_S} < \frac{(N+1)F_S}{N+1+F_R F_S}.$$

Wir kommen also zu dem Ergebnis, daß der kombinierte Prozeß in höherem Maße störanfällig ist als der einfache Programmkorrekturprozeß. Das scheint zunächst ein gravierender Nachteil in der Konstruktion eines derartigen Systems zu sein. Plausibel erscheint unser Vorgehen jedoch, wenn man bedenkt, daß Gleichung (1) bereits ein funktionsfähiges Regelungssystem und einen »richtig« fixierten Sollwert voraussetzt. Das impliziert jedoch den vollkommen informierten Regler. Sobald diese Informationsannahme aufgelöst wurde, konnten wir nicht mehr davon ausgehen, daß ein System ausschließlich durch einen Prozeß der Gleichung (1) geregelt werden kann, sofern überdies die Stellgrößen Kapazitätsbeschränkungen unterliegen. Der niedrigere Informationsgrad äußert sich folgerichtig in verminderter Funktionsfähigkeit. Im Verlaufe des Zielanpassungsprozesses wird die Zielgröße auf den Bereich zulässiger Lösungen zurückgeführt: die Informationsgewinne im Planungsablauf werden auf diese Weise zur Verbesserung der Funktionsfähigkeit des Reglers eingesetzt. Stellen wir nun das Konzept des Planungsprozesses dem analytischen Phasenschema der Planung gegenüber und versuchen wir die Beziehungen zwischen der zeitlichen Abfolge im Prozeß und der logischen Abfolge der Phasen herzustellen (Bild 6): während die Darstellung des Konzepts des Planungsprozesses der Systemstruktur des oben dargestellten Entscheidungsprozesses entspricht, ist die Beschreibung des analytischen Phasenschemas eine Konsequenz des ihm zugrunde liegenden Planungsbegriffes. Planung bedeutet hierbei die Transformation einer Ausgangslage in eine Endsituation, womit auf die Randbedingungen abgestellt ist. Der Transformationsprozeß selbst folgt logisch deduktiv aus den gesetzten Randbedingungen und wird in die verschiedenen Phasen gegliedert. Dem steht die prozessuale Betrachtungsweise gegenüber, die den Transformations*prozeß* und dessen Strukturierung in den Mittelpunkt stellt, so daß hier die Endsituation tatsächlich das Ergebnis des Prozesses ist. Vergleichen wir nun die Aktivitäten der Planung in logischer und zeitlicher Abfolge, so ergeben sich vielfältige Überlagerungen und Überschneidungen. Während die Informationsaufnahme in logischer Betrachtungsweise zu *einer* Aktivität zusammengefaßt wird, stellt der Prozeß ein System der permanenten Nachrichtengewinnung, -übermittlung und -verarbeitung dar. In jeder einzelnen Stufe treten neue Informationen hinzu und werden verarbeitet. Auch die in der Programmierungsphase erfolgenden Tätigkeiten der Modellbildung und -lösung verteilen sich auf die Prozeßstufen der Entscheidung (Modellösung) und Reaktion des Planobjektes (Beschränkungen). Die Realisationsaktivi-

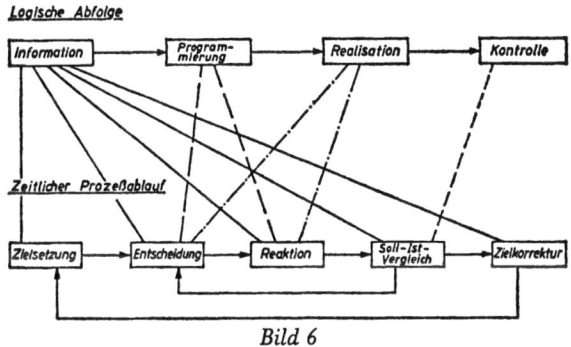

Bild 6

täten treten entsprechend hinsichtlich des Outputs als Reaktion im Bereich des Planungsobjektes auf. Schließlich besteht zwischen Kontrollphase und Soll-Ist-Vergleich eine einfache Zuordnung. Gerade die Überlagerungen der analytischen Phasen im zeitlichen Ablauf des Prozesses zeigen, daß das Phasenschema nicht auf die Erfordernisse des Prozesses abgestimmt ist. Das Phasenschema trennt die Elemente des Planungsprozesses, während ein dynamisches Schema das Zusammenwirken dieser Elemente im Zeitablauf darstellt; es erhält in Form der Strukturierung der Elemente notwendig den organisatorischen Aspekt der Planung.

In unserer bisherigen Betrachtung haben wir lediglich die Struktur eines einzelnen Entscheidungsprozesses dargestellt. Die geforderte Einbeziehung einer Mehrzahl von Entscheidungsinstanzen ist jedoch insofern berücksichtigt, als die einzelnen Entscheidungsprozesse durch exogene Umweltfaktoren (zusammengefaßt in der Störgröße z) beeinflußt sind. Spezifizieren wir jedoch die Umweltfaktoren, so lassen sich grundsätzlich zwei Komponenten unterscheiden: eine entscheidungsabhängige und eine entscheidungsunabhängige Komponente. Der entscheidungsunabhängige Faktor – er wird im folgenden nicht weiter behandelt – stellt den nicht meßbaren Teil der technischen, physikalischen usw. Phänomene dar, die in jeden wirtschaftlichen Transformationsprozeß eingehen; er ist also von allen Entscheidungseinheiten des Gesamtsystems unbeeinflußbar. Die zweite Komponente beinhaltet die Ergebnisse der einzelnen Entscheidungsprozesse. Dabei beeinflußt das (gewünschte) Entscheidungsergebnis einer Instanz als Störgröße den Entscheidungsprozeß anderer Instanzen. Dieser Faktor tritt immer dann auf, wenn verschiedene Elemente eines umfassenden Gesamtsystems miteinander in Konkurrenz stehen. Ein derartiges Verhältnis ist die Folge der Kopplungsbeziehungen, die zwischen den einzelnen Entscheidungsprozessen vorliegen. Diese entscheidungsabhängige Komponente des Störfaktors rückt das Organisationsproblem in den Blickpunkt der Betrachtungen. Sie stellt in einem Gesamtsystem gekoppelter Entscheidungsinstanzen eine endogene Störquelle dar; durch wechselseitige Beeinflussung der Entscheidungsprozesse treten also im System selbst Störungen auf. Wie die oben dargestellten Prozeßstrukturen zeigen, werden dadurch unmittelbar die Fragen nach der Stabilität und damit der Funktionsfähigkeit eines Entscheidungssystems berührt. Die Stärke der endogenen Störeinflüsse ist abhängig von der Verteilung der Entscheidungsbefugnisse im System, das heißt abhängig von der Organisationsstruktur. Organisation in diesem Sinne wird repräsentiert durch ein Kommunikationssystem, in dem Prozesse der Nachrichtengewinnung, -übertragung und -verarbeitung stattfinden. Das Verhalten eines solchen Kommunikationssystems wird entscheidend beeinflußt durch den Grad der Verflechtung zwischen den Entscheidungsträgern und das Ausmaß der Überlappungen der einzelnen Regelungsprozesse im System. Die Eigenschaft der »Ultrastabilität« in der Struktur des einzelnen Entscheidungsprozesses war die eine Konsequenz, die aus diesem Sachverhalt gezogen werden mußte[57].

Von »Ultrastabilität« wird dann gesprochen, wenn ein System so konstruiert ist, daß es in der Lage ist, durch eine Veränderung seiner Struktur verschiedene Kategorien von Störimpulsen so auszuregeln, daß die Stabilität gewahrt bleibt. Das konstruktive Merkmal besteht darin, daß das System eine Stufenfunktion besitzt, die es ermöglicht, nach Überschreiten bestimmter Grenzwerte neue Strukturen der Rückkopplungswege zu realisieren. Ein solches System wird durch den Entscheidungsprozeß in Gleichung (4) beschrieben. Die dort eingeführte nichtlineare Beschreibungsfunktion (N) stellt die hierfür erforderliche Stufenfunktion dar. Sobald die Regelabweichung den Schwellenwert zw_0 überschreitet, wird die um den Zielfindungsprozeß erweiterte Systemstruktur realisiert.

Betrachtet man nun unter dem Organisationsaspekt komplexe Gesamtheiten, so ist das hier beschriebene Grundprinzip der Ultrastabilität auf das Gesamtsystem anzuwenden; man spricht in diesem Zusammenhang von multistabilen Systemen.[57] Multistabilität ist dabei die Funktionsbedingung von Gesamtsystemen, die aus ultrastabilen Teilsystemen gekoppelt sind. Dies ist die Form mehrfach geregelter Systeme. Analog der Stufenfunktion im Einzelprozeß werden hier Teilfunktionen eingeführt. Sie gliedern ein Gesamtsystem in verschiedene Teilsysteme auf; nur bei Überschreiten bestimmter Grenzwerte treten Kommunikationsbeziehungen zwischen den einzelnen Teilsystemen auf. Das System ist also in der Lage, seinen Komplexitätsgrad zu variieren und damit seine Flexibilität zu erhöhen. Die wichtigsten Eigenschaften eines multistabilen Systems sind darin zu sehen, daß die Systemteile eine bedingte Autonomie besitzen, die von dem Schwellenwert bestimmt wird. Zudem wird das System als Ganzes weniger störanfällig, da nicht mehr jeder Störimpuls eine Reaktion sämtlicher Systemelemente nach sich zieht; Störungen können auch »lokal« ausgeregelt werden.

Betrachten wir die Organisation der Planung in einem derartigen System, so erscheint es einleuchtend, daß der organisatorische Aufbau der Planungsinstanzen und der Kommunikationsbeziehungen zwischen ihnen der Vielstufigkeit der Systemstruktur angepaßt werden muß. Die bisherige Diskussion hat jedoch gezeigt, daß die

---

[57] Der Terminus »Ultrastabilität« ist auf Ashby zurückzuführen; vgl. Ashby, W. R.: An Introduction to Cybernetics. London, 1965, S. 63 ff., 240 ff.; Ashby untersucht auch die Eigenschaften »multistabiler« Systeme.

herkömmlichen Planungsschemata auf der Polarität einer planenden Instanz und dem Planobjekt beruhten und insofern eine einstufige Planungsvorstellung beinhalteten. Ist also Planung in einem mehrfach geregelten, multistabilen System nur als mehrstufiger Prozeß vorstellbar, so bedeutet das, daß die gesamte Planungsaufgabe in verschiedene Teilaufgaben zu zerlegen ist, die auf den einzelnen Ebenen des Gesamtsystems zu lösen sind und gegebenenfalls zentral koordiniert werden. Ein solcher Planungsprozeß verteilt die Entscheidungsbefugnisse auf unterschiedliche Instanzen und regelt die Informationsbeziehungen zwischen ihnen. Auf diese Weise wird vermieden, daß Überlappungen von Entscheidungsbereichen auftreten, die zusätzlich systeminterne Störquellen entstehen lassen. Ein solcher vielstufiger Planungsprozeß wird mit Kornai und Lipták als »Mehrebenenplanung« bezeichnet.[58] Für den Fall der »Zweiebenenplanung« haben die beiden Autoren einen interessanten Lösungsvorschlag ausgearbeitet (Bild 7). Er beinhaltet gemäß den besonderen wirtschaftlichen Verhältnissen der ungarischen Volkswirtschaft das Zusammenspiel zwischen einem zentralen Planungsamt und den einzelnen Wirtschaftssektoren. Es handelt sich grundsätzlich um ein mehrstufiges Optimierungsmodell auf der Grundlage des Kalküls der linearen Planungsrechnung. Die Darstellung derartiger Kalküle als primales Programm einerseits und als duales Programm andererseits bietet dabei die Möglichkeit, das Zusammenwirken zwischen Zentrale und Sektoren zu beschreiben. Der Ablauf der Optimierung wird durch einen Iterationsprozeß dargestellt, der – wie Kornai und Lipták selbst feststellen – Regelungsstruktur besitzt. Die zentrale Instanz überträgt aus einem vorgegebenen zentralen Konsistenzmodell Richtwerte für die Inputs und Outputs an die einzelnen Sektoren, die ihrerseits durch ein LP-Modell dargestellt sind. In ihnen treten die zentralen Richtwerte als Beschränkungen auf; damit ist die erste Informationsverbindung hergestellt. Im Verlaufe der Optimierung lösen die Sektoren das duale Programm und ermitteln die den Beschränkungen zugehörigen Schattenpreise. Die Informationsübertragung dieser Preise an die Zentrale stellt den Informationsrücklauf dar, der einen Regelungsprozeß ermöglicht. Die Zentrale reagiert auf diese Information durch einen Vergleich der sektoralen Schattenpreise und führt gegebenenfalls eine Umverteilung der Ressourcen durch. Dieser Iterationsvorgang wird so lange wiederholt, bis der gewünschte Grad der Annäherung an das Optimum des zentralen Planes erreicht ist.

---

[58] Vgl. zum folgenden die Arbeiten von Kornai, J., and Th. Lipták: Two-Level Planning. In: Econometrica, Vol. 33, No. 1, 1965, S. 141ff.; neuerdings auch in Kornai, J.: Mathematische Methoden bei der Planung der ökonomischen Struktur. Berlin, 1967, insbes. S. 329 ff.

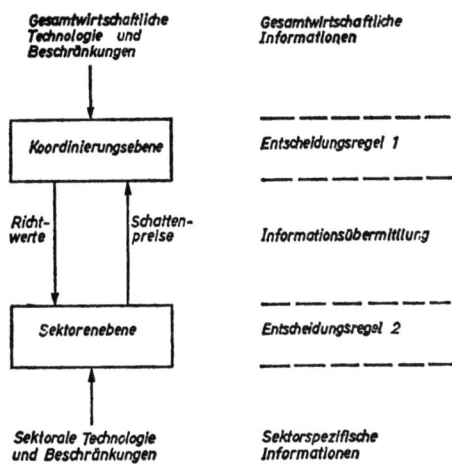

Bild 7

Entscheidungsregel 1: Verteile die volkswirtschaftlichen Ressourcen aufgrund der gesamtwirtschaftlichen Technologie und Beschränkungen durch Vergleich der sektoralen Schattenpreise so lange, bis das zentrale Programm optimiert ist.

Entscheidungsregel 2: Bewerte die zentralen Richtwerte der Ressourcenverteilung aufgrund der sektoralen Technologie und Beschränkungen durch Optimierung des dualen Sektorprogramms.

Das Besondere dieses Ansatzes ist weniger darin zu sehen, daß die Zerlegung einer gesamtwirtschaftlichen Planaufgabe in Teilaufgaben die rechentechnische Lösung sichert. Vielmehr ist es bedeutsam, daß die Planungsstruktur der Informationsverteilung im System angepaßt wird. Es ist nicht mehr erforderlich, alle Detailinformationen von der Planungsbasis zur Zentrale zu übertragen, sondern nur noch die Ergebnisse der Prozesse in den einzelnen Teilsystemen. So werden im Modell von Kornai und Lipták nicht die Informationen über die sektorspezifische Technologie und die dazugehörigen Beschränkungen übertragen, sondern lediglich das Resultat der sektoralen Optimierungen in Form der Schattenpreise. Entsprechendes gilt für die zentrale Koordinierungsinstanz. Sie führt diejenige Information in den Kommunikationsprozeß ein, die sich allein aus der Kenntnis der gesamtwirtschaftlichen Ressourcenbeschränkungen ergibt.[59] Es

---

[59] Die hierin implizierte Charakteristik der Information als operational und anonym verwendet Hurwicz zur Behandlung der Frage nach dem Verhältnis

handelt sich bei dieser Anpassung der Planungsstruktur an die Informationsverteilung um das grundlegende Problem der Zentralisierung und Dezentralisierung von Entscheidungsbefugnissen. Die Lösung dieser Frage aus der Informationsstruktur heraus entspricht dem Grundgedanken einer systemorientierten Planungstheorie, die im Zusammenhang mit dem Organisationsproblem nach einer effizienten Kommunikationsstruktur fragt.[60] Die zur Entscheidung erforderliche Informationsmenge einerseits[61] und die Effizienzkriterien des Zeitbedarfs und der Kosten für die Informationsübertragung und -verarbeitung andererseits bestimmen dabei Anzahl und Aufbau der Ebenen in einem Entscheidungssystem.

7.

Wir wollen die Ergebnisse unserer Untersuchung kurz zusammenfassen:
1. Die theoretischen Modellbildungen, die die Grundlage für wirtschaftspolitische Eingriffe bilden müssen, haben die Struktur geschlossener Systeme (Gleichgewichtsmodelle); sie sind insofern für die Transformation einer Theorie in ein Programm ungeeignet.
2. In der Theorie der quantitativen Wirtschaftspolitik wurden folgerichtig herkömmliche (Makro-)Modelle in der Weise umformuliert, daß offene Systeme entstanden; ihrer Struktur nach stellen sie Steuerungen dar.
3. Die Darstellung des Planungsprozesses als einfache Input-Output-Manipulation ist jedoch folgenden Einwendungen ausgesetzt:
a) Die Tinbergensche Variablenaufgliederung führt in allen nichttrivialen Fällen zu Zielabhängigkeiten, die das unabhängige »*Ansteuern*« von Zielen nicht gewährleisten. Durch die Einführung als

---

von informationsmäßiger Zentralisierung und Dezentralisierung. Vgl. dazu Hurwicz, L.: Optimality and Informational Efficiency in Resource Allocation Processes. In: Arrow, K. J., S. Karlin, P. Suppes: Mathematical Methods in the Social Sciences. Stanford, 1960, S. 27 ff.; ders.: Conditions for Economic Efficiency of Centralized and Decentralized Structures. In: Grossman, G. (Hrsg.): Value and Plan. Berkeley, Los Angeles, 1960, S. 162 ff.
[60] Vgl. Marschak, Th.: Centralization and Decentralization in Economic Theories of Organization. In: March, J. G. (Hrsg.): Handbook of Organizations. Chicago, 1965, S. 423 ff.
[61] Vgl. zur Methode der Bestimmung dieser Informationsmenge Cherniak, Ju. J.: The Electronic Simulation of Information Systems for Central Planning. In: Economics of Planning, Vol. 3, Nr. 1, 1963, S. 23 ff., insbes. S. 30; Modin, A.: Developing Interbranch Balances for Economic Simulation. Ebda., S. 104 ff.

meßbar angenommener »anderer Daten« bleibt das Unsicherheitsproblem unberücksichtigt.
b) Die Steuerungsstruktur ist der Komplexität des Planungsprozesses nicht angemessen. Die notwendige Manipulierbarkeit exogener Variablen ist die Folge einer vereinfachenden Perspektive des Planungsprozesses; es werden diejenigen strukturellen Beziehungen außer Betracht gelassen, die die Manipulierbarkeit einschränken könnten.
c) Der wesentliche Punkt hierbei ist die Vernachlässigung anderer Entscheidungseinheiten mit eigener Motivationsstruktur.
4. Daraus lassen sich folgende Konsequenzen für die Struktur des Planungsprozesses ableiten:
a) Die Problematik der Variablenaufgliederung und die Komplexität des Planungsprozesses erfordern anstelle der Steuerung die Struktur einer Regelung.
b) Die Einführung verschiedener Gruppen von Entscheidungseinheiten führt zu mehrfach geregelten Systemen.
5. Der dynamische Planungsprozeß beinhaltet zwei Kategorien von Prozessen:
a) Prozesse der Programm- und Zielgrößenkorrektur: Ausgehend von der Hypothese, daß jede Entscheidungsinstanz nur unvollkommene Information über die Umweltfaktoren besitzt, muß gefordert werden, daß der Entscheidungsprozeß selbst als ultrastabiles System zu konstruieren ist.
b) Prozeß der organisatorischen Systemaufgliederung: Der Ultrastabilität eines einzelnen Entscheidungsprozesses entspricht die Multistabilität gesamter Entscheidungssysteme. Die Kriterien der Systemaufgliederung konnten in Form der entscheidungsnotwendigen Informationsmenge sowie der Kosten und der Zeit der Entscheidungsausführung angegeben werden.

Der Beitrag wurde mit freundlicher Genehmigung des Verlags J. C. B. Mohr, Tübingen, der Zeitschrift für die gesamte Staatswissenschaft, Band 125, Heft 1 (Jan. 1969) entnommen.

Teil III

3. Dilemma: Regelkreis und Information

Auf der Ebene praktischer Planung – hier verstanden als einer politischen Problemlösungsstrategie – stellt sich das Elend mit der Information in einem Dreieck der Beziehungslosigkeit dar:
1. Je mehr die planenden staatlichen Bürokratien ihren Planungsbereich ausdehnen, desto höhere Erwartungen werden in die Lösung der Probleme gesetzt; desto größer wird der Druck auf die planenden Bürokratien, »effizient«, das heißt schnell reagierend, systemadäquat und treffsicher planen zu müssen. Der Mangel gegenwärtiger Planung wird entscheidend im Mangel an Information gesehen: Information zur Ausgangssituation, zu den Bedürfnissen der verschiedenen Nutznießer staatlicher Leistungen, zur absehbaren Entwicklung, zu den Auswirkungen geplanter Maßnahmen und ähnlichem. Der Bedarf an Information wächst, nur ist er nicht *ex-ante* qualifiziert: welche Information ist für eine konkrete Planungsaufgabe erforderlich, was muß man wissen, um »effizient« planen zu können? Ob gelieferte Information »relevant« war, stellt sich erst *ex-post* heraus; ist es doch im Prinzip der Planung angelegt, ein Problem durch Sichtung, Strukturierung, Lösungsvorschläge und Konfrontation erst begrifflich so faßbar zu machen, daß eine Lösung im politischen Bereich dafür gefunden werden kann.
2. Im Gefolge kybernetisierender Gesellschafts- und Systemtheorien ist der »Systemfunke« auch auf die planenden Bürokratien übergesprungen; man verstand, daß »Planung ein Prozeß ist, der der ständigen Kontrolle, Rückkoppelung und Korrektur unterliegt« (Städtebaubericht 1970); man glaubt seither, mit der Beseitigung des Informationsmangels auch einen Mangel der Planung beseitigen zu können, wozu, dem Schema des gar zu oft zitierten Regelkreises mit dem Thermostaten folgend, nur das bisher noch mangelhaft ausgebildete Rückkoppelungsglied zu stärken sei. Allerdings scheint man zu verkennen, daß das Regelkreismodell ein deskriptives Schema auf höchster Abstraktionsebene ist und nicht ein präskriptives Modell, aus dem sich Handlungsanweisungen ableiten lassen. Mit dem naiven und inhaltsleeren Regelkreis als Vorbild werden jedoch in der BRD Informations-Verbund-Systeme auf staatlicher Ebene aufgebaut, die nichts als eine neue inhaltsleere Struktur vorhalten: Rückkoppelung

von bits, bytes und Daten, aber kein qualifiziertes Informationsangebot.
3. Diesem Angebot von bits, bytes und Daten gegenüber steht die Informationstheorie mit ihrem inhaltsleeren, statistisch abgefaßten Informationsbegriff: »Neuigkeit« ohne den »Sinn« messend; eine Theorie, die keinen Schlüssel zur Erschließung, zur Umsetzung von Daten in pragmatische Information bietet: nämlich den Daten »Sinn« im Kontext einer konkreten Planungsaufgabe zu verleihen. Auch hier erweist sich ein deskriptives Modell nicht als Handlungsanleitung, nicht als Begriff der »Praxis« des Planers.

Aus diesem Dreieck der Beziehungslosigkeit zwischen Informationsbedarf, Informationsangebot und Informationstheorie scheinen sich drei Auswege zu bieten:
1. Der Weg des Experiments mit dem Informationsangebot im Hinblick auf seine Brauchbarkeit für konkrete Planungsaufgaben. Dieser Weg erweist sich jedoch schnell als Sackgasse: das Experiment ist anwendbar nur im Kontext sich ständig wiederholender, immer ähnlich strukturierter Planungsaufgaben. Nur bei derartig routinehafter Planung ist dann bestimmbar, durch welche Teile des Informationsangebotes ein sich zunehmend mit der Akkumulation von Erfahrung qualifizierender Informationsbedarf gedeckt werden kann. Planung allerdings gerät zu einem stereotypen Reagieren auf einmal erlernte Muster von Impulsen, gerät in die Nähe des Vollzuges und wäre im Sinne des Systems nicht mehr »effizient«, ja würde »Fehlplanungen« sogar garantieren. Angesichts unerwarteter Situationen, Krisen, Konflikte, für deren Lösung Information schnell, systemadäquat und situationsspezifisch, also immer wieder mit neuem Gehalt, bereitgestellt werden müßte, bleibt der Planer weiterhin ohne Information und wird nur hilflos der Datenflut in voller Breite ausgesetzt.
2. Der Weg der Bildung sozialwissenschaftlicher Theorien und ihrer Operationalisierung: Konflikt- und Krisentheorien sind allenthalben en vogue, aber noch ist es den Sozialwissenschaften nicht gelungen, eine »gültige«, bürgerlich-systemadäquate Krisentheorie zu bilden, geschweige denn eine verwertbare Operationalisierung, die sich anböte als Grundlage etwa für ein »Frühwarnsystem« oder ein »System gesamtgesellschaftlicher Bilanzierung«. Der Theorienbildung steht die Wertproblematik (Theorie für und gegen wen und für welchen Zweck?) und der Operationalisierung das Problem der »bruchstückhaften Messung« gegenüber. Aber selbst wenn es gelänge, eine »gültige«, operationalisierte und brauchbare Krisentheorie zu bilden, hätte sie eben nur Gültigkeit in der je gegebenen historischen und örtlichen Situation. Damit mündet dieser Ausweg in dieselbe Sackgasse wie der erste.

3. »Um die Wirksamkeit der Planung und die Möglichkeit ihrer Verwirklichung in räumlicher, sachlicher und zeitlicher Hinsicht zu verbessern, ist es erforderlich, neue Planungsmethoden zu entwikkeln« (Städtebauförderungsbericht 1970); dieser glatte Ausweg in Methoden und Techniken, in »hardware« und »software«, in Sozial-Indikatoren und Sozial-Reports, ist ein Umzug von einem inhaltsleeren Zimmer in ein anderes und erweist sich gar zu schnell als Flucht vor der Auseinandersetzung mit Zielen und Inhalten, vor der Analyse der im sogenannten »modernen« kapitalistischen System der Bundesrepublik angelegten objektiven Widersprüche; Flucht vor einem Weg, der möglicherweise aus dem Dilemma der Beziehungslosigkeit herausführen könnte, den man sich aber durch Vorbehalte und Systemzwänge wohlweislich selbst verstellt.

So kommt es, daß die planende Bürokratie über Daten verfügt, aber gegenüber einer konkreten Planungsaufgabe die Frage des Gehaltes der Information und ihrer Beziehung zu den Planern ungelöst bleibt. Trotz breiter Datenflut aus den Informations-Verbund-Systemen und der auch hierzulande propagierten Sozial-Indikatoren wird weiterhin Mangel an qualifizierter Information herrschen; Planung wird weiterhin im unsicheren Bereich der nicht abschätzbaren Konsequenzen, der falsch fundierten Prämissen und damit der riskanten Ergebnisse operieren: eine wacklige Stütze für die zunehmend auf treffsichere Planung angewiesene planende Bürokratie.

Zur »gültigen« Messung gesellschaftlicher Tatbestände
Von Amitai Etzioni, Edward W. Lehman

Sozialforscher haben selten so aufrichtig auf die Fallgruben und Untiefen ihrer Untersuchungen hingewiesen wie neuerdings die Verfechter einer systematischen Messung und Bilanzierung der Gesellschaft (social accounting).[1] In diesem Beitrag soll nicht auf die Pro-

---

[1] Grundlegend für dieses Gebiet ist Gross, Bertram M.: The State of the Nation: Social Systems Accounting. London, 1966, (Tavistock). Vgl. auch ders.: The Social State of the Union; Trans-Action, Vol. 3, 1965, S. 5–11. Eine Reihe von wichtigen Aufsätzen finden sich in Bauer, Raymond A. (Hrsg.): Social Indicators. Cambridge, Mass., 1966 (M. I. T. Press), und in Moore, Wilbert E., und Eleanor Bernert Sheldon: Monitoring Social Change: A Conceptual and Programmatic Statement; Proceedings of the Social

blematik des Messens in spezifischen gesellschaftlichen Bereichen eingegangen werden, sondern wir wollen versuchen, jene Dysfunktionen[2] aufzuzeigen, die unabweislich mit dem Messen gesellschaftlicher Tatbestände verbunden sind. Wir wollen damit nicht Hindernisse aufbauen; ganz im Gegenteil: wir hoffen, daß das Aufzeigen negativer Folgen dazu hilft, vorhandene Hindernisse zu überwinden, und aufs Ganze bezogen zu gesteigerter Effektivität bei den Bemühungen um gesellschaftswissenschaftliche Messungen beiträgt.
Unsere Untersuchung hat vorläufigen Charakter. Zum gegenwärtigen Zeitpunkt sind wir noch nicht in der Lage, ein vollständiges Beispiel für Dysfunktionen gesellschaftswissenschaftlicher Messungen und Wege zu ihrer Vermeidung anzuführen. Wir konzentrieren uns daher auf einen bestimmten Ausschnitt eines solchen Beispiels, nämlich auf jene Dysfunktionen, die aus dem Problem der »internen Gültigkeit« (internal validity) resultieren, da unserer Ansicht nach dort die meisten Fallgruben bei der Messung gesellschaftlicher Tatbestände zu finden sind.
Unter »interner Gültigkeit« verstehen wir den Grad der Übereinstimmung zwischen einem sozialwissenschaftlichen Konzept und seiner operationalen Definition.[3] Wir sehen dabei von den negativen Folgen ab, die sich ergeben können 1. aus dem blinden Vertrauen darauf, daß in einer operationalen Definition angesprochene Verfahren zu eindeutigen Meßgrößen führen, also zu einer wie immer ge-

---

Statistics Section, Washington, D. C., 1965. (American Statistical Association), 1966, S. 144–49.
[2] Für Nichtsoziologen ist anzumerken, daß der Begriff »Dysfunktion« sich auf die negativen Konsequenzen einer spezifischen gesellschaftlichen Handlung für Teile eines sozialen Systems bezieht. Dies ist insofern ein nützliches Konzept bei der Analyse der »Gefahren« sozialwissenschaftlicher Messungen, als klar zum Ausdruck kommt, daß der Bezugspunkt der von uns betrachteten potentiell negativen Konsequenzen ein soziales Kollektiv und nicht ein einzelnes Individuum oder Mengen von einzelnen Individuen darstellt. Meistens handelt es sich bei den in unseren Beispielen diskutierten Kollektiven um die Gesellschaft als Ganzes oder um eines ihrer hauptsächlichen Subsysteme.
Eine systematische Behandlung des Konzepts der Dysfunktion und die Analyse seiner Stellung in einem »Paradigma der strukturell-funktionalen Analyse« vgl. Merton, Robert K.: Manifest and Latent Functions. Aus: Social Theory and Social Structure (verb. Aufl.). Glencoe, Ill., 1957 (Free Press), S. 19–84.
[3] Das Konzept der »Operationalisierung« geht auf J. Bridgeman in den 20er Jahren zurück; es beinhaltet, daß jedes Konzept sich in präzise faßbaren Größe, vergleichbar den physikalischen, niederschlagen sollte, da es nur in dieser Form einer mathematischen oder statistischen Analyse zugeführt werden könne. (d. Ü.)

arteten Verläßlichkeit; und 2. aus dem angeblichen »Wahrheitsgehalt« von Hypothesen, mit denen operational definierte Kategorien untereinander verknüpft werden, das heißt der externen Gültigkeit (external validity). Unsere Untersuchung geht von der Prämisse aus, daß die Gefahr eines sogenannten »Neuen Philistertums« nicht allein bei Messungen im ökonomischen Bereich besteht und auch nicht nur eine Episode in der Geschichte der Sozialwissenschaften darstellt[4]; vielmehr weist diese Gefahr auf ein von sozialwissenschaftlichen Messungen unablösbares Dilemma hin.

Bei der Bemühung um zunehmende Exaktheit sozialwissenschaftlicher Analysen stellt sich häufig eine Disparität heraus zwischen theoretischer Formulierung eines gesellschaftlichen Konzeptes und seiner operationalen Umsetzung, an Hand deren das Konzept erst empirisch getestet werden könnte. Da es kaum möglich ist, jemals eine operationale Definition eines Konzeptes zu formulieren, die alle seine Verästelungen und Dimensionen völlig abdeckt, scheint das Phänomen des »bruchstückhaften Messens« (fractional measurement) mit der sozialwissenschaftlichen Forschung auf Gedeih und Verderb verbunden. Mit der Problematik der bruchstückhaften Messung sind noch zwei weitere Probleme eng verbunden. Erstens die Frage der indirekten Messung (indirect measurement): Sozialwissenschaftler benutzen häufig aus Gründen der leichten Beschaffbarkeit Daten, die ursprünglich für andere Zwecke erfaßt wurden. Trotz mancher Vorteile verstärken indirekte Messungen in der Regel die Probleme der bruchstückhaften Messung. Das zweite Problem liegt in der formalaggregierenden Messung (Formalistic-aggregative measurement) kollektiver Merkmale. Bei der Beschreibung sozialer Systeme werden oft reale gesellschaftliche Einheiten verwechselt mit nur formalen Einheiten; außerdem konzentriert man sich dabei auf Systemeigenschaften, die allein auf den Merkmalen der einzelnen Systemelemente beruhen, auf Kosten jener Systemeigenschaften, die nicht direkt aus den Eigenschaften der Systemelemente ableitbar sind. Diese Probleme lassen sich theoretisch unter die allgemeine Rubrik der bruchstückhaften Messung subsummieren. Da nun aber die Zustände gesellschaftlicher Systeme per se von besonderem Interesse für sozialwissenschaftliche Messungen sind, verdienen deren Beschränkungen gesonderte Behandlung.

---

[4] Vgl. Gross: The State of the Nation, a.a.O., besonders S. 17–19.

1. Zur »bruchstückhaften Messung«

1.1. Eindimensionale gegenüber mehrdimensionalen Messungen

Die einem sozialwissenschaftlichen Konzept adäquate Messung verlangt oft mehr als nur einen einzigen Indikator: das Konzept der »psychischen Gesundheit« bedeutet mehr als nur »Vermeidung von Einweisungen in die psychiatrische Klinik«; die »Qualität des Ausbildungssystems« einer Gesellschaft läßt sich nicht nur an der »Anzahl der Promotionen« messen, die »Zufriedenheit« eines Menschen mit seinem Beruf kann nicht allein auf die Zufriedenheit mit seinem »meßbaren Einkommen« reduziert werden. Die Messung eines Konzepts wie etwa »Zufriedenheit« erfordert eine genaue Benennung seiner verschiedenen Dimensionen sowie einen oder mehrere Indikatoren für jede Dimension. Nur wenn die Forschungssituation die Einführung eines einheitlichen Maß-Systems gestattet, können die einzelnen Indikatoren zu einem Gesamt-Indikator zusammengefaßt werden. Bei der Konstruktion von Indikatoren müssen mindestens zwei Entscheidungen zu den erforderlichen Gewichtungen getroffen werden:
1. Zur relativen Bedeutung der verschiedenen Dimensionen und Indikatoren und
2. zu den statistischen Verfahren, mit denen das relative Gewicht der verschiedenen Dimensionen und Indikatoren wiedergegeben werden kann.[5]
Eine schlecht gefaßte sozialwissenschaftliche Bilanzierung zieht immer dann schlecht fundierte Strategien gesellschaftlicher Planung nach sich, wenn man davon ausgeht, daß ein Konzept vollständig erfaßt wurde, wo doch in Wirklichkeit nur ein Bruchteil gemessen wurde. So könnte zum Beispiel die Statistik der Entlassungsraten aus psychiatrischen Kliniken und die durchschnittliche Einweisungsdauer zu dem Schluß verleiten, daß psychische Krankheiten in abnehmendem Maße als Problem unserer Gesellschaft anzusehen sind und daß daher die Bettenzahl für psychiatrische Patienten gesenkt werden könne. Unberücksichtigt bleibt dabei, daß gleichzeitig jedoch die Wiederaufnahme in erheblichem Maße zugenommen hat.[6] Freeman und Simmons charakterisierten das folgendermaßen: »Es mögen we-

---

[5] Eine zusammengefaßte Behandlung der Operationalisierung in den Sozialwissenschaften findet sich bei Lazarsfeld, Paul F., und Morris Rosenberg (Hrsg.): The Language of Social Research. Glencoe, Ill., 1955 (Free Press), Abschnitt I, S. 19–108.
[6] Vgl. The Joint Commission on Mental Illness and Health: Action for Mental Health. New York, 1961 (Basic Books), bes. S. 5–23.

niger Betten nötig sein, aber die Patienten halten sie sich wechselseitig warm«[7].
Wie viele Studien zeigen[8], gibt es außerdem gerade unter den Patienten, die nicht stationär behandelt werden müssen, beträchtliche Verhaltensunterschiede im familiären und beruflichen Bereich, in der Freizeit und im Vereinsleben. Viele Patienten bewegen sich gerade noch im Grenzbereich und haben häufig »ihre Häuser in kleine Privatkliniken verwandelt, die alles Erforderliche bieten«[9].
Die Fortschritte, die bei der Verminderung von Anzahl und Dauer der psychiatrischen Einweisungen erzielt wurden, lassen weder einen Schluß auf den Rückgang der psychischen Erkrankungen in den USA zu, noch bedeuten sie, daß nun die öffentlichen Mittel für andere Programme verwendet werden können. Vielmehr sollten diese Statistiken zu der Einsicht führen, daß das Problem der psychischen Krankheiten mehrdimensionale Verästelungen aufweist und daß außerdem mit der Abnahme der Patienten mit stationärer Behandlung eine Zunahme der Patienten mit ambulanter Behandlung verbunden zu sein scheint. Bevor wir also etwas über den Stand der psychischen Erkrankungen auf nationaler Ebene aussagen können – und in der Folge, ob Gelder gekürzt werden können und ähnliches –, müssen unsere Messungen sich auf diese beiden Patientengruppen beziehen.
Wir schlagen als Grundregel vor, jede Messung eines sozialwissenschaftlichen Konzepts anzuzweifeln, die nur auf einem einzigen Indikator beruht. Auch die Hinzunahme weiterer Indikatoren nützt wenig, wenn sie sich nur auf ein und dieselbe Dimension beziehen; dagegen kann man sich gegen eine unzureichende Erfassung eines Konzepts und entsprechende dysfunktionale Folgen zumindest teilweise absichern, wenn man sich auf zwei oder mehr Indikatoren, die verschiedene Dimensionen abdecken, stützt.
Ob man zu wenige Indikatoren und Dimensionen einführt, oder aber aus mehreren Indikatoren einen Gesamt-Indikator bildet, beides kann

---

[7] Freeman, Howard, und Ozzie G. Simmons: The Mental Patient Comes Home. New York, 1963 (John Willy and Sons), S. 3.
[8] Vgl. etwa Adler, Leta M.: Patients of a State Mental Hospital: The Outcome of their Hospitalization. Aus: Rose, Arnold (Hrsg.): Mental Health and Mental Disorder. New York, 1955 (W. W. Norton), S. 501 bis 523; Deykin, Eva: The Reintegration of the Chronic Schizophrenic Patient Discharged to His Family and Community as Perceived by the Family. Aus: Mental Hygiene, Vol. 45 (1961), S. 579–588; Freeman und Simmons, a.a.O.; Weiss, Thala, und Betty Glasser: Social Adjustment of Adolescents Discharged from a Mental Hospital. Aus: Mental Hygiene, Vol. 49 (1965), S. 378–384.
[9] Weiss und Glasser, a.a.O., S. 384.

gleichermaßen irreführend sein. Bei einem Gesamt-Indikator besteht vor allem die Gefahr, daß die interne Variation zwischen den Dimensionen, die durch den Gesamt-Indikator abgedeckt werden, ignoriert wird. So bemerkt Glaser, nachdem er die beachtlichen Verbesserungen des Kriminalitäts-Indikators des FBI gegenüber früheren Indikatoren lobend hervorgehoben hatte, daß »nun alle sieben Verbrechenskategorien, die in diesen Indikator eingehen, gleiches Gewicht erhalten, so daß im Gesamt-Indikator ein Diebstahl von 50 Dollar genausoviel wiegt wie ein Raubmord«[10]. Um auf unser obiges Beispiel zurückzukommen: wenn für den Stand psychischer Erkrankungen nur ein Gesamt-Indikator herangezogen wird, so mag dieser über eine festgelegte Zeitspanne hin keine Veränderung anzeigen, während in Wirklichkeit einem beträchtlichen Rückgang der stationären Behandlungen ein paralleles Anwachsen der ambulanten gegenüberstand. Notwendig sind also beide Sub-Indikatoren und auch der Gesamt-Indikator, wobei jeder Sub-Indikator jeweils eine Dimension des zu messenden Konzepts abdeckt.

1.2. Quantitative versus qualitative Dimensionen

Wie Biderman und auch Groß festgestellt haben, werden qualitative Dimensionen häufiger ignoriert als quantitative.[11] Groß und andere haben gezeigt, daß bei staatlichen Investitionen in die Infrastruktur ausschließlich Gütermengen eingehen, mit Ausnahme der »versteckten Investitionen« in Verbesserungen des Gesundheitswesens, der Bildung, der Forschung und Entwicklung, der Erziehungs- und Ausbildungsmethoden[12] und der Qualitäten der Güter selbst. Die Unterscheidung zwischen Qualität und Quantität ist zwar insofern relativ, als das Qualitative im Prinzip in eine Quantität aufgelöst werden kann; aber oft wird nur die »Anzahl der Objekte« – ein »von Natur

---

[10] Glaser, Daniel: National Goals and Indicators for the Reduction of Crime and Delinquency; The Annals of the American Academy of Political and Social Sciences, Vol. 371 (Mai 1967), S. 104–26. Während dieses Problem noch durch Gewichtungen innerhalb eines Indikators lösbar ist, verlangt es oft auch abgestufte Subindikatoren, um die Varietät innerhalb des abgedeckten Gebietes besser erfassen zu können.
[11] Vgl. Biderman, Albert A.: Social Indicators and Goals; Aus: Bauer (Hrsg.), a.a.O., S. 80–82, und Gross, a.a.O., S. 236–38.
[12] Die Diskussion über Gross siehe ebd., S. 21. Vgl. auch Kendrick, John: Productivity in the United States. Princeton, N. J., 1961, (Princeton University Press), S. 104–110; Schultz, Theodore: Investment in Human Capital. Aus: American Economic Review, Vol. 51 (1961), S. 1–17; und Schultz, Theodore: Capital Formation by Education. Aus: Journal of Political Economy, Vol. 68 (1960), S. 571–583.

aus gegebener« quantitativer Aspekt – berücksichtigt, während andere Aspekte des Objekts, die nicht unmittelbar zählbar sind, außer Betracht bleiben.
Die Tendenz, die quantitativen Dimensionen eines Konzepts den qualitativen gegenüber zu bevorzugen, tritt besonders deutlich zutage, wenn der Auftraggeber eines Projektes nach »unmittelbar verwertbaren« Ergebnissen verlangt. In einer solchen Situation konzentriert sich dann alles auf die quantitativen Dimensionen, da sie für die »besser sichtbaren«[13] gehalten werden und sich für eine unmittelbare und schnelle Messung geradezu anbieten. Was man dabei an Kosten einspart, das kann einen dann allerdings später teuer zu stehen kommen, wenn man die aus solchen irreführenden Indikatoren resultierenden politischen Fehlentscheidungen in Betracht zieht.
Beispiele übertriebenen Vertrauens auf die »von Natur aus gegebenen« quantitativen Dimensionen findet man zum Beispiel in der Geschichte der sowjetischen Wirtschaftsplanung im Übermaß. Der Mißbrauch, der in Perioden getrieben wurde, in denen man ökonomische Richtlinien hauptsächlich in Quantitäten ausdrückte, wird durch die Geschichte eines sowjetischen Eisenbahnmanagers illustriert, der eine Quote von »x Waggons« täglich zu erfüllen hatte. Da aber keine Güter zur Lieferung bereitstanden, kam er seiner Verpflichtung dadurch nach, daß er Waggons einfach leer hin- und zurückschickte. Die unangemessene Vorrangstellung des Quantitativen gegenüber dem Qualitativen kennzeichnete die ökonomischen Statistiken der Sowjetunion bis in die Nach-Stalin-Ära. Beispielsweise wurde noch bis 1958 in der sowjetischen Agrarstatistik das Produktionsergebnis in der Form von »biologischen Erträgen« (biological yield) und nicht in »eingelagerten Erträgen« (barn yield) gemessen, das heißt es wurde ausgedrückt in der »Gesamternte« im Gegensatz zur »nutzbaren Ernte«. Wie hoch auch immer der propagandistische Wert solcher Meßverfahren war, so erschwerte die unangemessene Betonung der quantitativen Seite, wie Chruschtschow 1958 selbst zugab, eine effektive Agrarplanung von seiten der Regierung.[14]

[13] Die »Sichtbarkeit« bezieht sich auf das Ausmaß, in dem ein bestimmter gesellschaftlicher Tatbestand durch ein Individuum infolge seiner Zugehörigkeit zu einer bestimmten sozialen Schicht erfaßbar ist. Vgl. Merton, a.a.O., S. 219–222.
[14] Vgl. Bergson, Abram: Reliability and Usability of Soviet Statistics: A Summary Appraisal. Aus: The American Statistician, Vol. 7 (Juni–Juli 1953), S. 19–23; und Campbell, Robert W.: Problems of United States – Soviet Economic Comparisons, Aus: Comparisons of the United States and Soviet Economics, Teil I. Washington, D. C., 1959. (Subcommittee on Economic Statistics, Joint Economic Committee, Congress of the United States), S. 13–30.

Als Gegenmittel gegen ein übermäßiges Vertrauen in quantitative Dimensionen sei den an der Operationalisierung sozialwissenschaftlicher Konzepte Arbeitenden empfohlen, sich routinemäßig danach zu fragen, ob ihr einmal operationalisiertes Konzept überhaupt noch qualitative Dimensionen aufweist. Damit würde der Bereich sozialwissenschaftlicher Messungen mit einem Mechanismus ausgestattet, der der Qualitätskontrolle, wie sie in der Industrie eingeführt ist, ähnelt. So haben bekanntlich Fahrzeughersteller festgestellt, daß die Gefahr, defekte Automobile zu produzieren, durch eine Spezialeinheit für Qualitätskontrolle am Ende des Fließbandes gesenkt werden kann. Die Effektivität einer Fabrik wird auf diese Weise nicht nur durch die Quantitäten »Ausstoß« und »Kosten« bestimmt, sondern auch durch die »Anzahl der wegen Defekten reklamierten Fahrzeuge«. Bei der Messung gesellschaftlicher Aspekte sollte es ebenfalls eine routinemäßige Reklamation all derjenigen neu eingeführten Indikatoren geben, bei denen qualitative Dimensionen nicht berücksichtigt wurden. Einem solchen Verfahren kommt die Überwachung des Lebenshaltungs-Indexes am nächsten, dessen Zusammensetzung regelmäßig neu bewertet wird.

1.3. Mittel versus Ziele

Die Mittel, mit denen gesellschaftliche Einheiten ihre Ziele zu erreichen suchen, sind oft leichter meßbar als die Ziele selbst. Messung der Mittel bedeutet Messung der menschlichen und sachlichen Ressourcen, die zur Zielverfolgung eingesetzt werden, genauso wie Messung jener menschlichen Aktivitäten, die auf Erwerb und Allokation dieser Ressourcen gerichtet sind. Ziele dagegen sind »schwer faßbar« (intangible), da sie »symbolisch« vermittelt und nicht als Bestandteil der gesellschaftlichen Struktur anzusehen sind. Das bedeutet, daß wir die Ziele einer gesellschaftlichen Einheit als Sollzustände verstehen, die die Einheit zu realisieren versucht. Ziele sind also beabsichtigte »Ergebnisse« (intended outputs). Die hier behandelten Ziele sind reale und nicht solche, die aus propagandistischen Gründen verkündet werden (»stated goals«); sie sind der Gegenstand der Untersuchung und nicht zu verwechseln mit jenen Zielen, die der Beobachter oder Forscher selbst verfolgt.

Die Versuchung, die Messung von Zielen durch die Messung von Mitteln zu ersetzen, wächst, je »schwerer faßbar« die Ziele sind. Die Ziele religiöser Organisationen zum Beispiel sind von vornherein »schwerer faßbar« als die von Handels- oder Industrieunternehmungen. Kirchen sehen ihre Aufgabe zwar in der »Heilsbringung«, aber in ihren Statistiken weisen sie den Kirchenbesuch, die Anzahl der eingetragenen Gläubigen oder die Beiträge zu Spendensammlungen aus, weil eben diese leichter zu messen sind als Intensität religiöser Erfahrungen oder religiöse Begeisterung.[15] Da Ziele wie »Heilsbringung« schwer oder überhaupt nicht meßbar sind, sollte der Sozialwissenschaftler sein Interesse auf jene Tätigkeiten der Kirchen richten, die auf einer Zweck-Mittel-Kette religiöser Handlungen einer »Heilsbringung« möglichst nahe kommen. So scheinen das regelmäßige Gebet, die »religiöse Erfahrung« und die religiös motivierte Teilnahme an sozialen Hilfsaktionen einer kirchlichen Zielsetzung unmittelbarer verbunden zu sein als der Umfang des sonntäglichen Kirchenbesuchs oder die Zahl der Mitglieder in einer Kirchengemeinde.

Die Probleme, die mit der Ermittlung und Messung von Zielen verbunden sind, haben vieles gemein mit den Problemen bei qualitativer Messung. Vermutlich ist die Messung von Zielen deshalb aber noch schwieriger, weil sie zukünftige Zustände bezeichnen, während andere qualitative Messungen sich auf gegenwärtige Zustände von Systemen oder in Systemen beziehen. Die Dysfunktionen, die aus einem Verzicht auf Zielmessungen hervorgehen, gleichen aber denen, die bei der Vernachlässigung qualitativer Messungen auftreten: der Ausschluß qualitativer Messungen führt zu einer Verwässerung bei der Verfolgung der realen Ziele; der Verzicht auf Messungen der Ziele oder des zielgerichteten Handelns kann zu einer »Ritualisierung der Mittel« führen, das heißt dazu, daß unter Vernachlässigung der realen Ziele[16] schließlich die Mittel für die Ziele selbst gehalten werden. So wird aus einem Pastor ein Buchhalter, dessen Effektivität nicht mehr in transzendentalen Idealvorstellungen ausgedrückt wird, sondern darin, ob er bei der letzten Spendensammlung seine Quote erreicht hat oder nicht, oder ob er das kirchliche Gemeindezentrum um einige Räume erweitern konnte.[17]

[15] Einen neueren Versuch »religiöse Begeisterung« in mehrdimensionalen Ausdrücken zu beschreiben und einen Index zu ihrer Messung zu konstruieren vgl. bei Glock, Charles Y., und Stark, Rodney: Religion and Society in Tension. Chicago, 1965 (Rand-McNally).
[16] Vgl. Merton, a.a.O., S. 184–187 und 199–200.
[17] Zum Beispiel berichtet Fichter: »Mancher Priester wurde entmutigt durch das Übergewicht seiner Rolle als Manager gegenüber den geistlich wichtigeren priesterlichen Rollen. Das ist nicht nur zeitraubend, sondern ärgerlich, und was am schlimmsten ist, es beeinflußt die geistlichen Werte ... Ein Priester beschrieb das so: ›Matthäus mag der Heilige der Geschäftsleute sein, aber er wurde erst Heiliger, nachdem er aufgehört hatte, Geld zu sammeln‹.« Vgl. Fichter, Joseph H.: Social Relations in the Urban Parish. Chicago, 1954 (University of Chicago Press), S. 34 ff. Vgl. auch Blizzard, Samuel: The Minister's Dilemma. Aus: Christian Century, Vol. 73 (1965), S. 508–510.

1.4. Erfolgsmessung: Zielmodell versus Systemmodell

Aus der vorangegangenen Diskussion ergaben sich Probleme, denen Sozialwissenschaftler gegenüberstehen, sobald sie sich nicht genügend mit den Zielen gesellschaftlicher Einheiten befassen. Die Einbeziehung von Zielen aber kann nun wieder selbst zu dysfunktionalen Folgen führen, wenn darüber andere systemrelevante Überlegungen vernachlässigt werden. Besonders tief sind die Fallgruben, die sich auftun, wenn ein Wissenschaftler eine gesellschaftliche Einheit allein danach beurteilt, inwieweit sie ihre realen Ziele (oder »output goals«) tatsächlich erreicht. Diese Verzerrung ist am weitesten verbreitet bei der Beurteilung komplexer Organisationen, da solche Einheiten allein zum Zweck der Produktion spezifizierter und begrenzter »Outputs« existieren. Jedoch scheinen die folgenden Erörterungen theoretisch auch auf beliebige andere gesellschaftliche Systeme anwendbar zu sein.

Gewöhnlich mißt der Sozialwissenschaftler den Erfolg einer Organisation an ihren Zielen. Es wird dabei gefragt: wie weit erfüllt die Organisation ihre Bestimmung? Dieser Zielmodell-Ansatz definiert jedoch »Erfolg« im großen und ganzen lediglich als volle oder zumindest wesentliche Realisierung dessen, was sich die Organisation selbst als Ziel gesetzt hat. Da Organisationen ihre Ziele selten in einem endgültigen Sinn erreichen, pflegen sich Forschungsberichte in Diskussionen über das Ausbleiben des Erfolgs zu verlieren, anstatt zu tieferreichenden Analysen überzugehen.

Es gibt aber auch noch andere Wege, um den Erfolg von Organisationen abzuschätzen. Wachsendes Interesse an der vergleichenden Analyse von Organisationen hat zu einem alternativen Ansatz, der als Systemmodell bezeichnet werden kann, geführt.[18] Dieser Ansatz beinhaltet die Analyse jener Relationen, die in Organisationen existieren müssen, damit sie überhaupt auf verschiedenen Effektivitätsniveaus operieren können. Der Ansatz geht aus von jenem Gleichgewicht zwischen den verschiedenen Komponenten, das im Vergleich zu anderen Kombinationen zu erhöhten Leistungen führt. Das Systemmodell läßt eine grundlegende Verzerrung sichtbar werden, die aus der Perspektive des Zielmodells nicht erkennbar oder erklärbar ist: bei letzterem wird davon ausgegangen, daß die Effektivität zunimmt, wenn den Zielen der Organisation mehr und mehr Mittel zugewiesen werden. Das Systemmodell dagegen führt zu

---

[18] Eine Diskussion dieses Standpunktes wie auch des alternativen Ansatzes findet sich bei Etzioni, Amitai: Two Approaches to Organizational Analysis: A Critique and A Suggestion. Aus: Administrative Science Quarterly, Vol. 5, S. 257–278.

dem Schluß, daß sowohl zuwenig als auch zuviele Ressourcen zur Zielverfolgung eingesetzt werden können. Das Systemmodell berücksichtigt nämlich ausdrücklich, daß die Organisation laufend bestimmte Routineprobleme lösen muß, die sich grundlegend von den mit der Zielverfolgung verbundenen Problemen unterscheiden, und daß die übertriebene Konzentration auf die Ziele zur Vernachlässigung anderer erforderlicher Tätigkeiten und zum Fehlen einer Verbindung zwischen den überbetonten Zielaktivitäten und den vernachlässigten, nicht zielorientierten Aktivitäten führt.

Nochmals liefert uns die sowjetische Wirtschaftsplanung unter Stalin ein anschauliches Beispiel. David Granick berichtet, daß »... im April und Mai 1963 viele metallverarbeitende Fabriken einen absoluten Produktionsrückgang hatten. Ein Direktor sah dieses Versagen in seiner Fabrik darin, daß er und sein Management die Instandhaltung zugunsten von monatlichen Produktionsrekorden vernachlässigt hatten. Andere Direktoren hatten die Organisation ihrer Fabriken auf eintägige Rekorde ausgerichtet und mußten bald danach eine Verringerung der Produktion in Kauf nehmen, da die notwendige Routine ins Hintertreffen geriet. Einige Direktoren verschafften einzelnen Arbeitern Bedingungen, durch die sie nationale Produktionsrekorde aufstellen konnten, obwohl die Masse der Arbeiter dafür mit schlechteren Arbeitsbedingungen bezahlen mußte und so die Gesamtproduktion Schaden erlitt. In allen Fällen meinte das jeweilige Management, daß sein Erfolg eher an der Aufstellung von einmaligen Spitzenleistungen als am gesamten Produktionsergebnis gemessen würde.«[19]

Die lange Vernachlässigung des Systemmodells kann nicht nur auf rein theoretische Gründe zurückgeführt werden; die bei einem Systemmodell erforderlichen Messungen sind anspruchsvoller und aufwendiger als beim Zielmodell. Das Zielmodell verlangt kaum mehr, als daß der Forscher die Organisationsziele bestimmt. Das Systemmodell verlangt dagegen als ersten Schritt, daß der Forscher herausarbeitet, was er unter einer effektiven Ressourcenallokation versteht. Das verlangt oft ein beträchtliches Wissen über die Funktionsweise der jeweiligen Organisation. Obwohl die Aneignung solchen Wissens hohe Ansprüche stellt, sind die Bemühungen um die für das Systemmodell erforderlichen Indikatoren nicht umsonst, da die Informationen, die im Verlauf der Entwicklung eines Indikators für ein Systemmodell gesammelt werden, für die Untersuchung auch anderer Organisationsprobleme wertvoll sein können.

---

[19] Granick, David: Management of the Industry Firm in the USSR. New York, 1954 (Columbia University Press), S. 155.

1.5. Verkürzungen des Konzepts

Eine vollständige Übereinstimmung eines sozialwissenschaftlichen Konzepts mit seiner operationalen Definition ist nahezu unwahrscheinlich. Bei der Suche nach der Lösung des Problems der bruchstückhaften Messung besteht in der positivistischen Taktik, einfach nur das als gesellschaftliches Konzept gelten zu lassen, was mit einer operationalen Definition gemessen wird, eine fast unwiderstehliche Verlockung. Dieses Verfahren scheint das Problem der bruchstückhaften Messung ein für allemal zu beseitigen. Unglücklicherweise ist es nur eine Scheinlösung. Gesellschaftliche Konzepte haben einen etablierten Inhalt, der sich entweder in der Umgangssprache oder in technischen, theoretischen Formulierungen, gelegentlich auch in beidem, niedergeschlagen hat. Die Gleichsetzung einer operationalen Definition mit dem ihr zugrunde liegenden gesellschaftlichen Konzept ist ein fragwürdiges Verfahren, das gerade im Bereich der Politik nachhaltige negative Konsequenzen ausgelöst hat.

Als etwa Intelligenztests in großem Umfang eingeführt wurden, nahm man an, daß sie die »angeborene« Intelligenz messen. Anhand des inzwischen angesammelten umfangreichen Datenmaterials ergab sich jedoch, daß Faktoren wie kultureller Hintergrund, soziale Schicht, frühere Lernerfahrungen und ähnliche Faktoren die Testergebnisse beeinflussen. Intelligenztests messen bestenfalls die »gegenwärtige Fähigkeit, etwas wiederzugeben«, nicht aber den »angeborenen Intelligenzgrad«[20]. Die Annahme, daß der Intelligenzgrad dem gemessenen Intelligenzquotienten (IQ) entspricht, ist aus zwei Gründen irreführend: erstens, weil Leute, denen man sagt, daß sie einen niedrigen IQ haben, diese Aussage weiterhin in ihrer ursprünglich verbreiteten Bedeutung als »angeboren« interpretieren werden; zweitens, weil dieses Konzpet einen signifikanten unerklärten Restfaktor (residue) aufweist, der bisher noch nicht gemessen wurde. Wenn die vorhandenen IQ-Tests dieses auch nicht leisten können, so hieße es doch den Weg für verbesserte IQ-Tests und umfassendere Messungen blockieren, wollte man ihre wissenschaftliche Bedeutung leugnen. Das Erkennen der Kluft, der Spannung zwischen einem Konzept und seiner operationalen Definition ist Voraussetzung für Fortschritte im Bereich der sozialwissenschaftlichen Analyse.

Es gibt zumindest zwei Grundregeln zur Vermeidung einer Verkürzung sozialwissenschaftlicher Konzepte: erstens sollten operationale

---

[20] Vgl. Anastasi, Anne: Psychological Testing, (2. Aufl.). New York, 1961, (The Macmillan Company), S. 187–334; Dreger, R. M. und K. S. Miller: Comparative Psychological Studies of Negroes and Whites in the United States. Aus: Psychological Bulletin, Vol. 57 (1960), S. 361–402.

Definitionen, wie schon betont, so viele Dimensionen eines Konzepts abdecken wie nur irgend möglich. Zweitens: wenn bruchstückhafte Messungen unvermeidlich sind, sollte der Leser – oder wer auch immer ein solches operationalisiertes Konzept verwendet – informiert sein über das Ausmaß der Kluft, der Inkongruenz zwischen dem Konzept und der operationalen Definition. Diese Regel verweist auf die wichtige Rolle außenstehender Kritiker, da man vom Forscher kaum erwarten kann, daß er die Ungenauigkeiten bei seinen eigenen Messungen objektiv zu interpretieren in der Lage ist. Kritiker können insofern einen wertvollen Beitrag leisten, als sie ihre Aufmerksamkeit auf jene Dimensionen eines Konzeptes richten, die systematisch ignoriert wurden, und als sie den Stellenwert und die Vollständigkeit der Wiedergabe der berücksichtigten Dimensionen hinterfragen.

Wenn also die Regierung Sozial-Indikatoren entwickeln läßt, dann sollten unabhängige Gruppen Zugang zu den Daten erhalten und die vorgeschlagenen Messungen kritisch beleuchten.

2. Indirekte Messung

Einige häufig benutzte sozialwissenschaftliche Konzepte stützen sich auf Sekundäranalysen, das heißt sie verwenden Daten, die ursprünglich für andere Zwecke erhoben wurden. Die Analyse gesellschaftlicher Strukturen und Prozesse wäre in der Tat stark eingeschränkt, wenn der Forscher diese Daten, die etwa aus den amtlichen Statistiken oder aus dem Verwaltungsvollzug hervorgehen, nicht hinzuziehen könnte. Trotzdem sind vor diesen Ansatz einige Fallstricke gelegt. So etwa argumentiert Oskar Morgenstern, daß solche indirekten Messungen ein Haupthindernis auf dem Weg zu genauen Messungen im ökonomischen Bereich darstellen: »Im allgemeinen sind ökonomische Statistiken nur ein Nebenprodukt des Vollzuges in den privaten und staatlichen Verwaltungen... Deshalb messen und beschreiben sie nicht unbedingt die Phänomene, an deren Erforschung der Ökonom interessiert ist«[21].

[21] Morgenstern, Oskar: The Accuracy of Economic Observations, (verb. Aufl.). Princeton, N. J., 1963 (Princeton University Press), S. 14. Die Unangemessenheit indirekter Messungen liefert eine der Grundlagen für Morgensterns Kritik an der Genauigkeit der Daten über das Nationaleinkommen. Politiker auf nationaler und internationaler Ebene nehmen nach seiner Ansicht diese Statistiken weitaus ernster als die Fakten es eigentlich nahelegen. Morgenstern bemerkt häufig, daß »die vorhandenen Daten nicht in einer Form gesammelt wurden, die unmittelbar für deren Verwendung in der Schätzung des Gesamt-Nationaleinkommens oder eines seiner Bestandteile geeignet sind.« (ebd., S. 251).

Dieses Dilemma besteht nicht nur in der Ökonomie, sondern gleichermaßen auch in den Sozialwissenschaften. Im folgenden wollen wir daher auf zwei hervorstechende Risiken bei indirekter Messung eingehen.

2.1. Indirekte Messung als Ursache für die unvollständige Erfassung eines Konzeptes

Die oben skizzierten Probleme des bruchstückhaften Messens gesellschaftlicher Tatbestände werden potenziert, wenn die Messungen noch indirekt sind. Auf diese Weise läßt sich weder die gesamte Breite der Dimensionen erfassen, noch werden die erfaßten Dimensionen vollständig gemessen. Das grundlegende Dilemma besteht darin, daß es das bereits vorhandene Datenmaterial meist nicht erlaubt, auch nur eine einzige der grundlegenden Dimensionen eines Konzepts abzudecken.

Beispielsweise kann das üblicherweise zur Verfügung stehende demographische Datenmaterial dem Forscher den Zugang zum Wesen eines innerstädtischen Problems völlig verstellen. So etwa versuchte ein mit städtischen Problemen wohl vertrauter Autor die Klagen über die verstopften Innenstädte durch den Hinweis auszuräumen, die Bevölkerung von New York City sei in den letzten 25 Jahren kaum angewachsen.[22] Er läßt dabei außer Betracht, daß zwar die Wohnbevölkerung in den fünf Distrikten der Stadt nicht zugenommen hat, daß aber heute mehr Menschen dort arbeiten, einkaufen und sich erholen als je zuvor. Zu diesem Sachverhalt systematisch gesammeltes und brauchbares Datenmaterial aufzutreiben ist allerdings nicht ohne weiteres möglich. So kommt man dann dazu, sich völlig auf die amtliche Statistik zu verlassen, nur weil von offizieller Seite nichts anderes zur Verfügung gestellt wird und weil alle anderen dieses Material auch benutzen.

Dem Datenmaterial der staatlichen Arbeitslosenversicherung, das uns vom New Yorker Arbeitsamt zur Verfügung gestellt wurde, konnten wir entnehmen, daß die Anzahl der in der New Yorker City Beschäftigten in den letzten 25 Jahren stark zugenommen hat: die Anzahl der Leute mit staatlicher Arbeitslosenversicherung – und das sind beileibe nicht alle, die in New York City arbeiten – wuchs zwischen 1940 und 1965 um 31,3 %. Auch wenn man eine Korrektur für die in der Zwischenzeit vorgenommenen Änderungen des Versicherungsprogramms vornimmt, kommt man immer noch auf 24,5 %.[23] Wei-

---

[22] Kristol, Irving: It's Not a Bad Crisis to Live In. Aus: The New York Times Magazine, 22. Januar, (1967) S. 23.
[23] In einem privaten Gespräch teilte uns das New Yorker Arbeitsamt

terhin errechneten wir aus Daten des städtischen Informationsbüros für Touristik, daß die jährlichen Besucherzahlen zwischen 1955 und 1965 um rund 26,0% gestiegen sind.²⁴ Diese überall verstreuten Fakten unterstützen unsere Behauptung von der zunehmenden Überbevölkerung New Yorks. Das Vertrauen in die vorliegenden amtlichen Bevölkerungsstatistiken trägt dazu bei, bestimmte Probleme zu kaschieren, und es kann vor allem dazu führen, die Dringlichkeit der anstehenden Reformen etwa des Verkehrs-Systems, des Wohnungsbauprogramms und anderer Vorhaben zu unterschätzen.

Auch wenn mehrere Indikatoren verfügbar sind, kann ihre Zusammenführung zu einem einzigen Gesamt-Indikator unmöglich sein, weil unter Umständen verschiedenartige Messungen untereinander nicht vergleichbar sind. Eine bei dieser Problematik brauchbare Strategie schlägt Lipset in seiner Studie über die Beziehungen zwischen ökonomischer Entwicklung und der Wahrscheinlichkeit stabiler demokratischer Regierungen vor. Da es keine einzige befriedigende Messung der ökonomischen Entwicklung einer Gesellschaft gibt, spezifiziert Lipset zunächst vier grundlegende Dimensionen dieses Phänomens (Reichtum, Industrialisierung, Erziehung, Verstädterung). Er führt dann drei oder vier Indikatoren für jede einzelne Dimension ein und bezieht jeden Indikator auf die Wahrscheinlichkeit stabiler Demokratie. Nur weil jede Tabelle zu den gleichen Grundresultaten führt, schließt er, daß eine Beziehung zwischen verstärkter ökonomischer Entwicklung und der Herausbildung stabiler demokratischer Gesellschaften besteht.²⁵ Durch die Benutzung mehrerer Indikato-

---

mit, daß die Anzahl der von der staatlichen Arbeitslosenversicherung erfaßten Personen von 2 172 000 im Jahr 1940 auf 2 851 000 im Jahr 1965 anwuchs. Annähernd 15 000 der in die Zahlen von 1965 einbezogenen Personen übten Tätigkeiten aus, die 1940 nicht von den Versicherungsleistungen erfaßt waren. Wir mußten diese Teilmessungen für unseren Indikator des Wandels in der erwerbstätigen Stadtbevölkerung heranziehen, da zuverlässige Zahlen über alle in den fünf Distrikten beschäftigten Personen für die Periode vor 1950 nicht existieren.

²⁴ Das Touristikbüro der Stadt New York schätzte für uns in einem privaten Gespräch für das Jahr 1955 die Besucherzahl auf 12 500 000 und für 1965 ein Anwachsen auf 15 750 000. Das Büro legt seinen Statistiken eine Übersicht der in der Stadt gelegenen Hotels, Motels und anderen Unterkünfte zugrunde.

²⁵ Lipset, Seymour M.: Political Man. Garden City, N. Y., 1959 (Doubleday), S. 45–76. Eine Diskussion über das generelle Problem der Austauschbarkeit von Indikatoren findet sich bei Lazarsfeld, Paul F.: Problems in Methodology. Aus: Merton, Robert K., Leonard Broom und Leonard S. Cottrell (Hrsg.): Sociology Today. New York, 1959 (Basic Books), S. 47–67.

ren sichert er sich bis zu einem gewissen Grade gegen Verfälschungen ab, die durch indirekte Messungen hineingetragen werden. Wohlgemerkt: die Fehlerquelle kann sich oft durch sämtliche verfügbaren indirekten Größen hindurchziehen. Wenn etwa die Gültigkeit einer Operationalisierung geprüft werden soll, dann steht nicht immer eine direkte Messung zur Verfügung, auch nicht in der Form noch so kleiner Stichproben. Die Kosten für die durch eine direkte Messung zu gewinnende Genauigkeit müssen dann abgewogen werden gegen den Nutzen. In vielen Fällen ist aus ökonomischen Gründen eine indirekte Messung das einzige, was übrig bleibt.

2.2. Ritualisierte Wissenschaftsgläubigkeit

Höchst anspruchsvolle statistische Verfahren werden oft auf grundsätzlich unzuverlässige Daten angewandt. Verfahren der Korrelationsrechnung, Signifikanztests, lineare Gleichungs-Systeme und Faktoren-Analysen erwecken oft den unbeabsichtigten Eindruck von höchster Genauigkeit und Zuverlässigkeit. In Wirklichkeit sind die Zahlen, mit denen gerechnet wurde, hochgradig ungenau und wurden systematisch unter dem Vorzeichen eines Vorurteils (bias) gesammelt. So ließ sich zum Beispiel der bekannte britische Mathematiker L. Richardson aufgrund einer statistisch ausgefeilten Analyse des Wettrüstens zwischen Ost und West zu präzisen Schlußfolgerungen für die Vermeidung von künftigen Kriegen hinreißen, obwohl er in der Einleitung bereits zugab, daß »Information mit einer Unsicherheit von 20 % als hinreichend genau akzeptiert werden muß«[26]. Wenn man seine anschließenden Rechenkünste nachvollzieht, erkennt man leicht, daß sein Datenmaterial nicht genau genug für die Behauptung ist, daß eine Kurve in seinen Streudiagrammen den Trend besser wiedergäbe als eine Gerade; das aber läßt Zweifel an allen seinen Schlußfolgerungen aufkommen.

Wenn indirekte Indikatoren auf fragwürdigem Datenmaterial basieren, dann sind einige Sicherheitsmaßnahmen vonnöten, wie sie von sorgfältigen Forschern in der Regel angewandt werden. Beispielsweise geben manche Forscher keine Prozentzahlen an, wenn sie von einer unterhalb einer gewissen Grenze liegenden Mindestanzahl von Fällen abgeleitet sind; statt dessen setzen sie einen Stern in das entsprechende Kästchen ihrer Tabelle. Manche Forscher präsentieren ihre Daten in Kategorien wie »hoch, mittel und niedrig«, wenn nämlich der marginale Fehlerkoeffizient die Verwendung feinerer stati-

---

[26] Richardson, Lewis F.: Arms and Insecurity. Aus: Rashevsky, Nicholas, und Ernesto Trucco (Hrsg.) Pittsburgh, 1960 (Boxwood Press), S. 4.

stischer Verfahren nicht zuläßt. Solche Sicherheitsvorkehrungen sind zwar nützlich, aber noch nicht ausreichend. Ein besonderer Fall ritualisierten Glaubens an die wissenschaftliche Analyse ist in der Interpretation von Trenddaten zu sehen, wenn Änderungen an der Qualität der in die Analyse eingehenden Größen nicht in Betracht gezogen werden. Ein bekanntes Beispiel bietet der drastische Anstieg der Kriminalitätsraten in den Vereinigten Staaten, den das FBI kürzlich meldete. Diese Meldung wurde im Inland lauthals mit Warnungen vor dem »moralischen Verfall« und im Ausland mit hämischen Kommentaren zum »American way of life« bedacht. Überdies geriet die »Straßenkriminalität« zu einem dominierenden politischen Thema. In Wirklichkeit läßt sich dieser »Anstieg« zumindest teilweise auf verbesserte Methoden der Datenerhebung und auf Änderungen in der Klassifikation und in der Berichterstattung zurückführen.[27] Wenn man mit der gesellschaftlichen Verantwortung für Fehlmessungen konfrontiert wird, fragt man sich manchmal, ob die Publikation und Interpretation gesellschaftlicher Daten nicht lizenzpflichtig gemacht werden sollte und ob diejenigen, die fragwürdige Trends aus unzulänglichen Daten herausdestillieren, dann nicht ihre Lizenz verlieren sollten.[28]

3. Die Messung kollektiver Merkmale

Ein sozialwissenschaftliches Konzept kann sich auf die Merkmale von Individuen, von zwischenmenschlichen Beziehungen und von Kollektiven beziehen.[29] Die Messung von kollektiven Merkmalen ist von

---

[27] Eine zusammengefaßte Diskussion über die Verkürzungen von Kriminalitätsindikatoren ist hier nicht beabsichtigt. Sowohl Biderman als auch Glaser haben ausführliche Kritiken dieser Messungen vorgelegt. Ihre Analysen lassen erkennen, daß solche Indikatoren noch aus anderen Gründen als den von uns angegebenen unzureichend sind. Vgl. Biderman, a.a.O., S. 111–129; Glaser, a.a.O., S. 115–117. Vgl. außerdem die New York Times vom 22. und 23. März 1965, wo eine Übersicht über die Auseinandersetzung zwischen den das Gesetz vollziehenden Behörden, besonders dem FBI, und Sozialwissenschaftlern über die Gültigkeit der behördlichen Statistiken zu finden ist.
[28] Eine Kontrolle der Verwendung gesellschaftlicher Statistiken wurde sehr ernsthaft von A. J. Wickens verlangt. Vgl. sein: Statistics and the Public Interest. Aus: The Journal of the American Statistical Association, Vol. 48 (1953), S. 1–14.
[29] Vgl. Lazarsfeld, Paul F., und Herbert Menzel: On the Relation between Individual and Collective Properties. Aus: Etzioni, Amitai (Hrsg.): Complete Organizations. New York, 1961 (Holt, Rinehart & Winston), S. 422–440.

Bedeutung für jeden, der sich mit der Bilanzierung der gesellschaftlichen Lebensbedingungen (social accounting) beschäftigt. Zwei Fehlern verfallen solche Messungen am häufigsten, nämlich 1. wenn die Messung formaler Einheiten als Ersatz für die Messung der realen gesellschaftlichen Einheiten dient, und 2. wenn für die Messung kollektiver Eigenschaften aggregierte Daten herangezogen werden, wo eine globale Messung adäquater wäre.

3.1. Formale anstelle von realen gesellschaftlichen Einheiten

In der sozialwissenschaftlichen Forschung werden formale Verwaltungseinheiten wie zum Beispiel Länder, Kirchengemeinden und Schulklassen gerne so behandelt, als wären sie automatisch gesellschaftliche Einheiten. In Wirklichkeit können die formalen sich mit den realen Einheiten überschneiden, sie können kleiner oder größer sein. Die methodologischen Fallgruben dieses Ansatzes werden gemeinhin als »ökologischer Trugschluß«[30] (ecological fallacy) abgetan, aber die Verwechslung von formalen und realen gesellschaftlichen Einheiten beschränkt sich nicht auf die ökologische Analyse allein. So gibt es zum Beispiel drei Studien über die Beziehungen zwischen Herzkrankheiten mit tödlichem Ausgang und sozialer Schichtung, die ganz oder teilweise auf solchen Verfahren aufbauen. Lilienfeld mißt gesellschaftliche Schichten an Hand der mittleren Miete in statistischen Zählbezirken (census tracts) von Baltimore und bezieht diese auf die Anzahl der an Herzkrankheiten in diesen Zählbezirken Gestorbenen[31]; Kent sortiert 83 Gesundheitsbezirke in Manhattan nach dem mittleren Einkommen und nach den Sterberaten bei Arteriosklerose[32]; Stamler bezieht das mittlere Familieneinkommen in

---

[30] Dieses Verfahren kann zu irreleitenden Statistiken führen, wie W. S. Robinson dargelegt hat in: Ecological Correlations and the Behaviour of Individuals. Aus: American Sociological Review, Vol. 15 (1950), S. 351 bis 357. Besser durchdachte Methoden, um aus ökologischen Daten individuelle Korrelationen zu folgern, werden vorgelegt von Goodman, Leo A.; Ecological Regressions and Behaviour of Individuals. Aus: American Sociological Review, Vol. 18 (1953), S. 663–664; und von Duncan, Otis Dudley, und Beverly Davis: An Alternative to Ecological Correlations. Ebd., S. 665–666.
[31] Lilienfeld, A. M.: Variation in Mortality from Heart Disease. Aus: Public Health Reports, Vol. 7, (1956), S. 545–553.
[32] Kent, A. P., J. R. McCarroll, M. D. Schneitzer, und H. N. Willard: A Comparsion of Coronary Artery Disease (Arteriosclerotic Heart Disease) Deaths in Health Areas of Manhattan. Aus: American Journal of Public Health, Vol. 48 (1958), S. 200–207.

Zählbezirken in Chikago auf die Sterberaten bei Herzkrankheiten.[33] In allen drei Studien ergibt sich eine hohe positive Korrelation, das heißt ein starker statistischer Zusammenhang, zwischen Schichtenzugehörigkeit und Herztod. Dazu ist nun anzumerken, daß keine Studie unterschiedliche Sterberaten bei Herzkrankheiten zu gesellschaftlichen Schichten, sondern allein zu formalen Verwaltungseinheiten in Bezug gesetzt hat, von denen unterstellt wurde, daß sie die gesellschaftlichen Schichten repräsentieren. Lilienfeld ist der einzige, der die Fallgrube erkennt, in die er dann trotzdem hineinfällt: »Da unser Ansatz sich auf aggregierte Durchschnittswerte von Gebieten und nicht auf tatsächlichen Eigenschaften von Individuen aufbaut, kommt es, daß Neger, wenn sie in überwiegend weißen Wohngebieten leben, in eine höhere sozioökonomische Schicht hinaufgemogelt werden, zu der sie ihren tatsächlichen Lebensumständen entsprechend gar nicht gehören. Die gleiche Schwierigkeit, wenn auch nicht so krass, stellt sich bei der weißen Bevölkerung, die in überwiegend schwarzen Wohngebieten lebt.«[34] Trotz dieser Erkenntnis kommt er zum Schluß, daß die mittlere Monatsmiete ein gültiges Maß für die Schichtenzugehörigkeit und ein schnell und billig verfügbarer Indikator sei, an Hand dessen man die Anfälligkeit für Herzsterblichkeit abschätzen könne.[35]

Es erscheint uns unzulässig, aus der Feststellung, daß in den hauptsächlich von Angehörigen der Unterschicht bewohnten Verwaltungseinheiten der Anteil der tödlich verlaufenen Herzkrankheiten besonders hoch ist, zu schließen, daß Menschen aus der Unterschicht eher am Herztod sterben als andere. Es ist durchaus möglich, daß im untersuchten Gebiet eine übergroße Anzahl von Sterbefällen auf eine Minorität von nicht der Unterschicht Angehörenden zurückgeht, da kein Gebiet »rein«, das heißt absolut homogen, ist. Auch sind Studien, die von sozialen Schichten ausgehend die Herzsterblichkeit untersucht haben, nicht zu den gleichen Ergebnissen gekommen.[36]

---

[33] Stamler, J.: The Epidemiology of Arteriosclerotic Coronary Heart Disease. Aus: Postgraduate Medicine, Bd. 25 (1959), S. 610–622, 685–701.
[34] Lilienfeld, a.a.O., S. 546.
[35] Ebd.
[36] Vgl. z. B. Breslow, L., und P. Buell: Mortality from Coronary Heart Disease and Physical Activity of Work in California. Aus: Journal of Chronic Diseases, Vol. 11 (1960), S. 421–444; Wardwell, Walter I., M. Hyman and Claus Bahnson: Stress and Coronary Heart Disease in Three Field Studies. Aus: Journal of Chronic Diseases, Vol. 17 (1964), S. 73–84. Eine generelle Diskussion des Problems der Messung von Zusammenhängen zwischen sozialer Schichtung und Herzinfarkten findet sich in Lehman,

Die Moral: so weit wie möglich sollten die realen Einheiten der Gesellschaft als Basis der Messungen dienen.

4.2. Aggregierte versus globale Größen

Bei der Messung kollektiver Eigenschaften besteht die Tendenz, eher aggregierte Daten, das sind Daten, die aus der statistischen Manipulation von Eigenschaften der Bezugseinheiten oder von Eigenschaften ihrer Beziehungen untereinander hervorgehen, als globale Größen (das heißt als Daten, die das Kollektiv selbst und unabhängig von den Bezugseinheiten charakterisieren) zu verwenden. So wird das Bildungssystem einer Nation eher an der Anzahl der Lehrer mit Diplom oder an der Anzahl der Hochschulabsolventen gemessen als an seinen globalen Eigenschaften, nämlich ob die Organisation des Bildungssystems zentralisiert oder dezentralisiert ist oder ob seine Universitäten internationalen Ruf genießen.

Globale Dimensionen werden häufig bei der Beschreibung von Kollektiven erwähnt, aber kommt es dann zur Analyse der Daten, dann tendieren die Forscher dazu, auf aggregierte Daten zurückzugreifen, vor allem deshalb, weil globale Dimensionen eher qualitativer Natur sind und sich daher nicht unmittelbar für statistische Manipulationen eignen. Daraus folgt, daß die vorher diskutierten Probleme der qualitativen gegenüber den quantitativen Dimensionen auch hier tendenziell auftreten.

Das soll nicht heißen, daß globale Merkmale von vornherein nicht quantifizierbar sind; die Anzahl etwa der politischen Parteien in einem Land ist genauso ein empirisches Merkmal wie der Prozentsatz der Wähler, die jede dieser Parteien wählt. Das erste dieser zwei Merkmale ist eine globale Charakterisierung eines politischen Systems, da es nicht auf den Merkmalen der Systemelemente beruht; das letztere illustriert ein individuelles Merkmal, das aggregiert werden kann, um ein politisches System zu charakterisieren (etwa um den Grad der »Radikalität« der Wählerschaft zu messen). Während aggregierte kollektive Merkmale notwendig quantitativer Art sind[37],

---

Edward W.: Social Class and Coronary Heart Disease: A Sociological Assessment of the Medical Literature. Aus: Journal of Chronic Diseases (1970).
[37] Vgl. Lazarsfeld und Menzel, a.a.O., S. 426–429: »Die Aggregation als Mittel der Messung kollektiver Eigenschaften hat in der soziologischen Analyse nicht die Bedeutung wie in der Ökonomie.« Zum weiteren Verständnis der Benutzung der »Aggregation« in der ökonomischen Analyse vgl. Morgenstern, a.a.O., S. 36–84; 101; 132; 163; 243; 266; 278 und 283.

werden globale Eigenschaften meist qualitativer Natur sein. Gesellschaften lassen sich zum Beispiel danach klassifizieren, ob sie Geld als Tauschmittel benutzen, ob sie eine institutionalisierte Staatsreligion haben, ob sie vor kurzem unabhängig geworden sind und durch viele andere qualitative Dimensionen.

Abgesehen davon, daß globale Dimensionen eher qualitativer Natur sind, werden sie auch noch aus zwei weiteren Gründen gern übersehen: erstens, weil die Bezugseinheiten von aggregierten Daten (oft Individuen) konkreter sind (die Bedeutung solcher Daten scheint unmittelbarer ersichtlich zu sein), zweitens, weil jeder Forscher sich der einen oder anderen sozialen Theorie verschrieben hat, ob er es zugibt oder nicht. Oft sind diese Theorien reduktionistisch, das heißt sie basieren auf dem Glauben, daß gesellschaftliche Eigenschaften auf höherer Ebene entweder auf psychologische oder auf mikrosoziologische Kategorien reduziert werden können. Eine solche Position führt den Forscher dann dazu, sich kollektive Merkmale lediglich in aggregierter Form vorzustellen und zu messen.[38]

Die Dysfunktionen einer derartigen Mißachtung globaler Dimensionen entsprechen denen, die wir beim Problem der bruchstückhaften Messung bereits erörtert haben. Globale Größen verdienen wegen ihrer Implikationen für die Politik besondere Aufmerksamkeit. Gerade sie sind im Sinne der Institutionalisierung eines gewünschten sozialen Wandels einer Manipulation oft am ehesten zugänglich. Wenn sozialer Wandel nur in der Veränderung der Eigenschaften der Bezugselemente gesehen wird, dann wird man sich manche gute Gelegenheit zur Veränderung entgehen lassen. Die Präsidentin des Webster College, einer römisch-katholischen Institution, mag sich über diesen Punkt im klaren gewesen sein, als sie kürzlich den Status ihrer Schule dadurch aufwertete, daß sie nicht den üblichen Trick einer Erhöhung der Anzahl der Promotionen oder der Anhebung des Zeugnisdurchschnitts der Neuanfänger anwandte, sondern einfach den Status vom kirchlichen College zum säkularen änderte.[39]

Zusammenfassend läßt sich sagen, daß bei der Verwendung sozialer Messungen für die Zwecke der Forschung oder der Politik auf mögliche Dysfunktionen geachtet werden muß, da alle Messungen gesellschaftlicher Tatbestände sich dem Problem der internen Gültigkeit konfrontiert sehen. Besonders deutlich treten Dysfunktionen dort hervor, wo politische Entscheidungen auf den schwachen Ergebnissen un-

---

[38] Weitere Diskussionen finden sich in Etzioni: The Active Society, a.a.O., Kap. iv.
[39] Vgl. die New York Times vom 12. Januar 1967. Über ähnliche Praktiken an anderen römisch-katholischen Institutionen wird in der New York Times vom 22. und 24. Januar 1967 berichtet.

kritischer Messungen aufbauen. Ein anderer hier erörterter Fall ist jedoch von gleichem, wenn nicht von noch größerem Interesse. Dysfunktionen rühren nicht von zweifelhaften Fakten, sondern von bruchstückhafter Messung her, die verhindert, daß der Sozialplaner die kritischen Dimensionen eines Phänomens, an dem er interessiert ist, überhaupt erkennen kann. Erhöhte Investitionen und intellektuelle Mühe können ohne Zweifel auf lange Sicht die Effizienz sozialwissenschaftlicher Messungen steigern und die Wahrscheinlichkeit von Dysfunktionen reduzieren. Aber auch in der weitestgehenden Analyse können diese Grundprobleme nicht vollständig eliminiert werden. Daraus folgt, daß diejenigen, die mit systematischen Messungen und gesellschaftlicher Bilanzierung befaßt sind, die Beschränkungen von Sozial-Indikatoren im Auge behalten müssen, einerseits, um sie mit mehr Bedacht anzuwenden, andererseits aber, um die Flinte nicht gleich ins Korn zu werfen, sobald sich in der Praxis keine schnellen Erfolge einstellen.

Der Beitrag ist die Übersetzung von »Some Dangers in ›valid‹ Social Measurement« in: The Annals of American Academy of Political and Social Sciences, Vol.: 20, 1968; Abdruck mit freundlicher Genehmigung der »Academy« und der Autoren. Die Übersetzung besorgte Gert Bruche, Berlin.

Sozial-Indikatoren: Illusion oder Möglichkeit
Von Eleanor B. Sheldon, Howard E. Freeman

Eine neue, von einer seltsamen Gruppierung von Gesellschaftswissenschaftlern, Gesellschaftsinterpreten, rührigen Politikern und Parlamentariern getragene »Bewegung« im gesellschaftlichen Bereich ist in den USA im Gange. Es geht um das, was für gewöhnlich unter der Fahne »Sozial-Indikatoren« (Social Indicators) segelt und hier und da auch als »gesamtgesellschaftliche Bilanzierung« (social accounting) oder »Überwachung gesellschaftlichen Wandels« (monitoring social change) bezeichnet wird.

Üblicherweise denkt man bei Sozial-Indikatoren an gesellschaftliche Quantitäten messende Statistiken; nichts spricht jedoch dagegen, auch Statistiken für qualitative Phänomene unter diesem Begriff zu führen.[1] Sind tatsächlich aber nur quantitative Phänomene messende

[1] Gross, Bertram M.: The State of the Nation: Social Systems Accounting. Aus: Bauer, Raymond A. (Hrsg.): Social Indicators. Cambridge, 1966 (The M. I. T. Press), S. 154–271, und Gross, Bertram M., und M. Springer: A New Orientation in American Government. Aus: The Annals of the American Academy of Political and Social Science, Mai 1967, S. 1–19.

Statistiken gemeint, so ist darauf zu verweisen, daß keineswegs jede Statistik gleich ein Sozial-Indikator ist. Wer mit diesem Begriff umzugehen gewohnt ist, wird mit uns darin übereinstimmen, daß nur solche Statistiken als eigentliche Indikatoren anzuerkennen sind, die wiederholt und in regelmäßigen Intervallen angewandt werden. Mit anderen Worten: Sozial-Indikatoren sind Zeitreihen, die Vergleiche über möglichst große Zeiträume hin zulassen und die die Möglichkeit bieten zur Erfassung sowohl langfristiger Trends als auch deutlich hervortretender kurzfristiger Schwankungen.

Es mag ferner noch begrenzte Übereinstimmung darin bestehen, daß Sozial-Indikatoren Statistiken sind, die sich im Hinblick auf die relevanten Merkmale der erfaßten Bezugseinheiten (etwa Hautfarbe bei Personen oder Baujahr bei Gebäuden) und im Hinblick auf die charakteristischen Aggregationseinheiten (etwa Stadtteil, Stadt, Region, Bundesstaat) disaggregieren lassen. Was dabei dann »relevant« heißen soll, bleibt allerdings höchst verschwommen, selbst wenn man sich nur auf jene Statistiken einigt, die im Sinne von Sozial-Indikatoren disaggregierbar sind. Völlig offen bleibt, welches die für die Disaggregation tatsächlich relevant erscheinenden Merkmale sind.

Jenseits von »Zeitreihen« und »Disaggregierung« wuchern vielfältige zusätzliche Begriffseinschränkungen, die dem Konzept der »Sozial-Indikatoren« von manchen auferlegt und von anderen wieder abgesprochen werden. So beharren einige auf dem Standpunkt, Sozial-Indikatoren müßten einem direkten normativen Interesse unterliegen.[2] Was bedeutet dabei die Verwendung des Wortes »direkt«? Wenn man dem Lexikon Glauben schenkt, kann man Zweifel hegen, ob Indikatoren überhaupt etwas direkt messen können: denn wenn man ein Phänomen direkt messen kann, dann dürfte auf das Meßergebnis der Begriff »Indikator« nicht mehr zutreffen.

Die Forderung, daß Indikatoren »normativ« zu sein haben, ist noch einschränkender und verwirrender. So leuchtet es ein, daß ein heute maßgebender Sachverhalt etwa im nächsten Jahr schon nicht mehr maßgebend ist und umgekehrt. Wenn nun lediglich Statistiken von direktem normativen Interesse geführt würden, dann könnten gegenwärtig noch latente, jedoch künftig kritische gesellschaftliche Probleme nicht in auch noch so großangelegten Zeitreihen gefaßt werden. Die Verfechter dieses Konzeptes von »Indikatoren« bestehen darauf, daß Indikatoren normativ für den sozialen Wohlstand sein sollen. In diesem Sinne wären nicht die Anzahl von Ärzten oder Polizisten, sondern nur die Zahlen zum jeweiligen Gesundheitszustand der Bevöl-

---

[2] U. S. Department of Health, Education and Welfare: Toward a Social Report. Washington, D. C., Januar 1969. (U. S. Government Printing Office).

kerung, zu Verbrechensraten und dergleichen als Indikator anzusehen. Doch wenn nun jemand Erhebungen zu gegenwärtigen und zukünftigen staatlichen Gesundheits- und Schutzleistungen anstellt, muß er dann nicht auch wissen, wie schnell oder wie langsam die Ressourcen – also eben auch die Ärzte und Polizisten – dafür bereitgestellt werden können?

Darüber hinaus fordern manche, daß Indikatoren »gerichtete« Größen sein sollen zwischen einem guten und einem schlechten Pol. Aber was für den einen »gut« ist, kann »schlecht« für den anderen sein; ganz zu schweigen davon, daß die durch den Indikator angezeigte Richtung von verschiedenen Personen zu verschiedenen Zeiten in gegensätzlicher Weise interpretiert werden kann: so etwa die Anzahl der wegen Krankheit ausgefallenen Arbeitstage; das Anwachsen dieses Indikators könnte entweder einen Rückgang des Gesundheitszustandes der beschäftigten Bevölkerung oder aber eine Lockerung der Richtlinien zum Krankheitsurlaub für Beschäftigte anzeigen.

Der Begriff der »Sozial-Indikatoren« ist als ein trügerisches Konzept einzuschätzen. Die Begrenzungen der »Sozial-Indikator-Bewegung« sind amöbenhaft und ihre Anhänger kommen und gehen, oft wie Fahnenflüchtige, die unbemerkt zur Sache zurückkehren, nur um wiederum von ihr abzulassen. Aber diese »Bewegung« existiert tatsächlich: Sozial-Indikatoren wurden in den USA Gegenstand von Leitartikeln der renommiertesten Tageszeitungen; die Überlegungen eines aus Vertretern der Bevölkerung und der Verwaltung zusammengesetzten Ausschusses wurden Präsident Johnson durch den Minister für Gesundheit, Bildung und Wohlfahrt übermittelt[3]; Senator Mondale und seine Mitarbeiter brachten 1969 ein Gesetz[4] ein, das die Einrichtung eines Beraterstabes für Gesellschaftsprobleme und das Vorantreiben von Forschung und Entwicklung der Sozial-Indikatoren vorsah; der zunehmende Ausstoß von Papier über Sozial-Indikatoren wird zweifellos bald einen unabsehbaren Rattenschwanz von Rezensionen und Bibliographen nach sich ziehen.[5]

Das Trügerische am Konzept der Sozial-Indikatoren rührt von der Vielfalt der Ansichten über Relevanz und Zielsetzung der Entwicklung und Organisation von Statistiken her, die zum Stand der Dinge im Lande laufend erstellt werden. Gleichzeitig jedoch wird mancher gerade durch die Verschwommenheit des Konzepts ermutigt, seinen eigenen Senf beizutragen, nur um dadurch die Verwirrung im Hinblick auf die Nützlichkeit von Sozial-Statistiken für Planung, Pro-

---

[3] Ebd.
[4] Senate-Bill, Washington, D. C., 1969, Nr. S-5.
[5] Henriot, Peter J.: Political Questions about Social Indicators. Aus: Western Political Quarterly, 1970.

grammentwicklung und wissenschaftliche Untersuchungen noch zu erhöhen. Vielleicht ist die Zeit heute reif für eine etwas breiter angelegte, genaue Überprüfung manch unzulässiger Anwendung von Sozial-Indikatoren und gleichzeitig für eine Spezifizierung in programmatischem Sinne ihres, wenn auch nur potentiellen, Nutzens.

1. Zur unzulässigen Anwendung von Sozial-Indikatoren

Zumindest drei Anpreisungen von Sozial-Indikatoren sind mit höchster Skepsis zu betrachten, denn gegenwärtig sind nicht nur unsere technischen Fähigkeiten unzureichend, sondern vor allem ist bisher die konzeptionelle Entwicklung, die zur Erfüllung der angeheizten Erwartungen erforderlich wäre, noch gar nicht in Gang gesetzt worden – und wird es möglicherweise auch nie werden, falls unsere Bemühungen nicht eine völlig neue Richtung einschlagen. Jeder einzelne Zweck, für den Indikatoren als nützlich angepriesen werden, erfordert trotz einiger Überlappungen eine gesonderte Untersuchung:

1. die Festsetzung von Zielen und Prioritäten,
2. die Bewertung von Programmen,
3. die Entwicklung einer gesamtgesellschaftlichen Bilanzierung.

1.1. Die Festsetzung von Zielen und Prioritäten

Unter den Protagonisten der Sozial-Indikatoren ist eine vergleichsweise lautstarke Gruppe, die den Nutzen dieser »Bewegung« primär auf der politischen Ebene sieht; das heißt etwa, als einen Schlüssel zur Erstellung gesellschaftspolitischer Programme. Hierzu läßt sich anmerken, daß die staatliche Bürokratie, die Wirtschaft und auch einflußreiche gesellschaftliche Gruppen Statistiken meist dazu benutzen, ihren eigenen Zielvorstellungen bei Aktionsprogrammen und ihren eigenen Prioritäten hinsichtlich der Rangfolge künftiger Aufgaben »wissenschaftlich fundierten« Nachdruck zu verleihen, um sie so eher durchzusetzen.

Ferner weiß man, daß mit dem Ansehen, das Personen und Institutionen in der Öffentlichkeit genießen, auch ihre Einflußnahme und ihre Verfügung über Machtinstrumente zunimmt. Eine schwungvolle Entwicklung der Sozial-Indikatoren würde zielstrebigen Politikern und Programm-Planern Zugang zu neuen Statistiken eröffnen, denen sie dann erfahrungsgemäß außerordentliche Überredungskraft zu verleihen wüßten; denn um eine Statistik in der Öffentlichkeit seriös zu machen, genügt es bereits, daß man sie als »Indikator«

bezeichnet, ohne daß auch das geringste an ihrer Konzeption verbessert worden wäre. Abstrakt ließe sich argumentieren: wenn es eine umfassende und erschöpfende Liste von Sozial-Indikatoren gäbe, dann bestünde die Möglichkeit, diejenigen Indikatoren, die jeweils gerade die markantesten Veränderungen anzeigen, zu identifizieren und daraufhin das von ihnen signalisierte Phänomen gesellschaftlicher Problematik genauer zu untersuchen; gesellschaftliche Bereiche, die besondere und aktuelle Beachtung erfordern, würden rechtzeitig erkannt. Nun ist aber die Erarbeitung von Indikatoren keineswegs wertfrei; gerade die Bestimmung ihrer Definitionen reflektiert sozialpolitische Wertsetzungen. Folglich können einzelne Indikatoren in dem einen System von Statistiken eine alarmierende, zumindest aber eine Beachtung fordernde Wirkung haben, während die gleichen Indikatoren im anderen System keinerlei Alarm oder Interesse auslösen.

Es wäre dumm, gegen den Gebrauch von Indikatoren bei der Planung und Entwicklung von Programmen zu argumentieren oder zu erwarten, daß sie im Sinne der »Ehrlichkeit« nicht mehr weiter zur Beeinflussung von Politikern und Wählern verwendet würden. Gleichzeitig ist es aber auch ein Zeichen von Naivität, beharrlich zu behaupten, Sozial-Indikatoren erlaubten aus sich selbst heraus eine Entscheidung darüber, welche Programme bei gesellschaftlichen Krisen zum Einsatz kommen, insbesondere aber, welche Prioritäten bei der Inangriffnahme von gesellschaftlichen Problemen gesetzt werden. Die Benutzung von Daten zum Beweis eines Tatbestandes, der eher durch politische als durch »sachliche« Erwägungen bestimmt ist, stellt eine schwache Basis für die Bemühungen um Sozial-Indikatoren dar. Prioritäten der Inangriffnahme von Problemen hängen nicht von gesammelten Daten ab; vielmehr resultieren sie aus gesamtstaatlichen Zielsetzungen und Werten und aus deren hierarchischer Rangordnung.

Kurz: Indikatoren müssen, wenn sie für Zwecke der Ziel- und Prioritätenbestimmung verwendet werden, als Rohmaterial in einem komplexen politischen Puzzlespiel betrachtet werden. Daß sie potentiell schlagkräftige Instrumente bei der Entwicklung gesellschaftspolitischer Konzepte sind, soll damit nicht geleugnet werden. Aber sie machen die Entwicklung der Gesellschaftspolitik um nichts »objektiver«. Vielmehr können Verfechter einer bestimmten Politik ihre Position stärken, wenn sie »harte Fakten« vorweisen; gleiches können die Kritiker solcher Politik tun. Unter idealen Bedingungen, bei denen alle Seiten gleiche Ressourcen zum Sammeln, Interpretieren und Vermitteln von Informationen haben, läßt sich noch das Argument vertreten, Sozial-Indikatoren könnten zur rationaleren Gestaltung des Entscheidungsprozesses im Bereich der Gesellschaftspolitik dienen. Aber diese Bedingungen sind nicht real und im Fall ungleichen Wettbewerbs erweisen sich Indikatoren im wesentlichen als ein Instrument der Mächtigen und der Lobby.

1.2. Die Bewertung von Programmen

Gleichlaufend mit der Förderung der »Sozial-Indikator-Bewegung« bemühen sich Persönlichkeiten innerhalb und außerhalb der Regierung um die Eröffnung eines Weges zur Abschätzung des Nutzens, der mit der Initiierung und Ausweitung verschiedenartiger Aktionsprogramme zur Krisenvermeidung oder -dämpfung verbunden ist. Die Begriffe »evaluation research« und »cost benefit analysis« sind heute bereits in den allgemeinen Sprachgebrauch von Planern und Politikern eingangen. Die Möglichkeit zu einer rationalen Abschätzung des Nutzens von eingesetztem Geld, Zeit und Arbeitskraft sollte man nicht verkennen; zumindest erscheint es wünschenswert, die Funktionsqualität von bereits bestehenden oder neu anlaufenden Aktionsprogrammen deutlich erkennen zu können. Die Erfahrung zeigt allerdings, daß bisher kaum mehr als eine Handvoll ernstzunehmender Studien zur Abschätzung gesellschaftlicher Aktionsprogramme vorliegt. Es gibt kaum qualifizierte Untersuchungen gesamtstaatlicher Aktionsprogramme und die Unzufriedenheit über eine bislang noch ausstehende, sorgfältige wissenschaftliche Dokumentation aller gegenwärtig laufenden größeren Aktionsprogramme – zur Verbesserung der Beschäftigungssituation, der Ausbildung, der Versorgung geistig und physisch Kranker – wächst ständig. Folglich ist man versucht, sich für »Sozial-Indikatoren« als Ersatz für experimentelle Untersuchungen einzusetzen. Der Kern des Problems liegt darin, daß die Abschätzung der Wirkungsweise eines Aktionsprogramms mit Hilfe von Sozial-Indikatoren sich in keiner Weise vergleichen läßt mit der Abschätzung, die aus einer gut geplanten und sorgfältig durchgeführten Untersuchung hervorgeht. Alle Wissenschaftler, die schon an Bewertungsproblemen gearbeitet haben, sind sich einig, daß es keinen Ersatz für experimentelle Forschung gibt, wenn es darum geht, tatsächlich auftretende Veränderungen auf die Auswirkung eines Programmes oder aber eines externen Störfaktors zurückzuführen. Experimentelle Abschätzungen sind aber nur selten im gesellschaftlichen Bereich durchführbar, unter anderem deshalb, weil gegenüber der erforderlichen Zufalls-Verteilung von Personen auf unterschiedliche Untersuchungsgruppen verständliche Vorbehalte bestehen. So wendet man sich dann gern Abschätzungen aufgrund statistischer Kontrollen oder »Systemanalysen« zu.

Um die Nützlichkeit von Indikatoren bei der Abschätzung von Aktionsprogrammen demonstrieren zu können, müßte man mit Hilfe statistischer Verfahren stichhaltig nachweisen, daß das Ergebnis, wie es sich in den Indikatoren widerspiegelt, auch wirklich den Aktionsprogrammen und nicht etwa irgendwelchen externen Faktoren zuzuschreiben ist. Der Hinweis auf das klassische Beispiel der Beziehung zwischen der Anzahl von Störchen in einer Gemeinde und der Geburtenrate sollte hier als Kommentar ausreichen. Noch verfügen wir über keine wirksamen Kontrollen über störende Einflüsse auf jene Statistiken, die als Indikatoren dienen sollen, zumindest dann nicht, wenn sie sich auf große Bevölkerungsgruppen beziehen. Wollte man Störfaktoren identifizieren und lokalisieren, so wären genaue Kenntnisse der Determinanten und der Beziehungen zwischen ihnen erforderlich. Im gesellschaftlichen Bereich sind in der Regel jedoch einfach nicht genügend Informationen vorhanden, um solche Analysen auf empirischer oder auch auf theoretischer Basis in Angriff nehmen zu können.

Es gibt wohl eine ganze Reihe von Optimisten, die sich von der Idee der Rückkoppelungs-Systeme eine Bestimmung der gesellschaftlichen Auswirkungen von Aktionsprogrammen in ihrer ganzen Breite versprechen und sich von solchen Systemen daher eine Richtungsanweisung für künftiges Vorgehen erhoffen.[6] Aber selbst die heftigsten Befürworter der Rückkopplungs-Systeme, die ernsthaft behaupten, daß unsere heutigen Kenntnisse bereits die Entwicklung eines umfassenden Modells der Gesellschaft und, aus ihm abgeleitet, die Bestimmung der für die Abschätzung von Aktionsprogrammen erforderlichen Daten gestatten, sind nicht in der Lage, Hinweise zu geben, wie dies zu bewerkstelligen sei. Selbst wenn im Abstrakten eine solche Möglichkeit bestünde (und sicherlich würde die Mehrzahl der in der Bewertungsforschung Engagierten dagegen sein, Programme mit Hilfe von Sozial-Indikatoren zu bewerten), liegt in der Praxis keinerlei Handlungsanleitung oder Rezept für die Realisierung vor. Die laufenden Änderungen von Trends und die ständigen Verschiebungen der Verhaltensmuster der Bevölkerung (bezogen entweder auf Zeitabschnitte oder auf verschiedene Gruppen) machen kontrollierte Analysen zur Klärung der Frage, welche Fakten ein überzeugendes Bild der Wirksamkeit oder des Wirkungsgrades von Aktionsprogrammen widerspiegeln, unmöglich. Weder verbesserte Sozial-Indikatoren noch die Betriebsamkeit der Anhänger der »Bewegung« bieten sich als befriedigender Ersatz für experimentelle Untersuchungen zur Abschätzung der Auswirkungen von Aktionsprogrammen an. Das Argument, Sozial-Indikatoren seien zumindest ein Hilfsmittel bei der Entscheidung über Kosten und Nutzen und über den Wirkungsgrad

---

[6] Bauer, Raymond A.: Social Indicators. Cambridge, 1966 (The M. I. T. Press).

von Aktionsprogrammen, verhindert nur die Entwicklung angemessener und einwandfreier Bewertungsverfahren; durch dieses Argument wird das Potential von Sozial-Indikatoren weit überfordert.

1.3. Die Entwicklung einer gesamtgesellschaftlichen Bilanzierung (social accounts)

Der in der Öffentlichkeit am besten bekannte Verwendungszweck von »Sozial-Indikatoren« bezieht sich auf ein System gesamtgesellschaftlicher Bilanzierung, das in sich die relevanten Konzepte der Ökonomen, Politikwissenschaftler, Soziologen, Anthropologen, Psychologen und Sozialpsychologen vereinigen soll. Dabei wird unterstellt, daß die großen Fortschritte in den Sozialwissenschaften während der letzten Jahrzehnte heute den Aufbau eines solchen Systems ermöglichen. Der Bedarf der Verwaltungen, Regierungen und internationalen Behörden macht es zu einem Imperativ.[7] Obwohl die Befürworter tatsächlich einige Hauptzüge eines solchen »Systems auf gesamtstaatlicher Ebene« beschreiben, haben sie doch kaum ein Modell der Gesellschaft zur Hand, das als Grundlage eines gesamtstaatlichen Bilanzierungssystems genügend tragfähig wäre.
Auch die Materialien und Meinungen, die im Hearing über das Senatsgesetz zur Chancengleichheit und gesellschaftlichen Bilanzierung von 1967 (Full Opportunity and Social Accounting Act)[8] vorgebracht wurden, unterstützen die Idee der gesamtgesellschaftlichen Bilanzierung. Der Text des Gesetzes besagt, daß es eingeführt wurde, um »den allgemeinen Wohlstand zu fördern...; Bedingungen heraufzuführen, die jedem Amerikaner die Gelegenheit geben, in Anstand und Würde zu leben; ein deutliches und knappes Bild darüber herzustellen, ob solche Bedingungen tatsächlich im Bereich der Gesundheit, der Bildung und Ausbildung, der sozialen Eingliederung, der Wohnung, der Berufsbedingungen, der Künste und Wissenschaften, vor allem aber auf dem Gebiet der Fürsorge für die geistig Kranken und Zurückgebliebenen, die Ausgebeuteten, die im Stich Gelassenen und Kriminellen herbeigeführt werden; den Fortschritt bei der Befriedigung dieser Bedürfnisse zu messen.«[9]
Das Gesetz fordert dann einen jährlichen Sozial-Report des Präsidenten, der zum Ausdruck bringt: 1. den umfassenden Fortschritt und

---

[7] Vgl. Gross, B. M., a.a.O., S. 155.
[8] Senate Bill No. S 843: The Full Opportunity and Social Accounting Act of 1967. Aus: American Psychologist, November 1967, Band 22, Nummer 11, S. 974–976.
[9] Ebd., S. 1 f.

die Wirksamkeit der gesamtstaatlichen Maßnahmen bei der Realisierung der genannten Ziele und 2. einen Überblick über staatliche, kommunale und private Maßnahmen, mit denen die angestrebten Bedingungen von Anstand und Würde erreicht werden. Um solche und ähnliche Reports einführen zu können, ermöglicht das Gesetz die Schaffung eines für Gesellschaftsprobleme zuständigen Beraterstabes des Präsidenten, dessen Aufgabe es ist, den Sozialreport vorzubereiten, Informationen und Daten zu Entwicklungen und Programmen in Verfolgung der Ziele des Gesetzes zu sammeln, sich auf die Durchsetzung eines solchen politischen Konzeptes beziehende gesamtstaatliche Programme und Aktivitäten einzuschätzen, Prioritäten für Programme zu setzen und eine wirksame Verteilung von Staatsmitteln zu empfehlen.

Die Aktivitäten des Beraterstabes sollen durch Speicherung und Analyse von Sozialstatistiken und durch die Entwicklung eines »Systems von Sozial-Indikatoren«[10] unterstützt werden. Was mit »gesamtgesellschaftlicher Bilanzierung« und »Sozial-Indikatoren« gemeint ist, wird nicht erläutert. Vermutlich hatte der Gesetzgeber die Vorstellung, daß »gesamtgesellschaftliche Bilanzierung« und »Sozial-Indikatoren« eine Parallele zu »wirtschaftlicher Bilanzierung« und »wirtschaftlichen Indikatoren« darstellen, wie sie sich bereits bei der Einrichtung des Arbeitsgesetzes (Employment Act) von 1946 nützlich erwiesen hatten.[11]

Ein anderer wichtiger Vorstoß in der Sozial-Indikatoren-Bewegung ging etwa gleichzeitig aus älteren Ideen hervor, die schon im Report der Bundeskommission für Technologie, Automation und wirtschaftlichen Fortschritt[12] festgehalten sind. Wiederum wird ein »System gesellschaftlicher Bilanzen« vorgeschlagen, diesmal jedoch, um »den sozialen Nutzen und die sozialen Kosten von Investitionen und Leistungen anzuzeigen und auf diese Weise die wahren Kosten eines Produkts wiederzugeben«[13]. Die Messung der sozialen Kosten und Nettogewinne wirtschaftlicher Investitionen, die Schaffung von Sonderbudgets für wirtschaftlich schwache Gebiete und die Entwicklung von Indikatoren für wirtschaftliche Chancengleichheit und Arbeitsmarkt-Mobilität stehen im Mittelpunkt dieser Reports.

Die Analogie zu ökonomischen Indikatoren heraufzubeschwören und die Entwicklung von Sozial-Indikatoren an den ökonomischen Indi-

---

[10] Congressional Record, 6. Februar 1967, Band 113, Nummer 17.
[11] Vgl. American Psychologist, a.a.O., S. 977–983.
[12] National Commission on Technology, Automation, and Economic Progress: Technology and the American Economy. Band 1, Washington, D. C. Februar 1966, (U. S. Government Printing Office).
[13] Ebd., S. 55.

katoren auszurichten ist verwirrend und trügerisch zugleich. Trotz ihrer Mängel und ihrer begrenzten Genauigkeit liefert die makroökonomische Theorie die Definition und begriffliche Spezifizierung zu einem »ökonomischen System«; die Beziehungen zwischen vielen Variablen dieses Systems sind zumindest hypothetisch bestimmt, wenn nicht sogar empirisch nachgewiesen. Von einem solchen Ausgangspunkt aus können Planer in den Verwaltungen politische Ansätze konzipieren, die es gestatten, eine oder mehrere Variablen des Systems so zu manipulieren, daß die vorher hypothetisch bestimmten Veränderungen an anderen Variablen des Systems ausgelöst werden. Da die Veränderungen kurzfristiger Natur sind, tritt die Rückkoppelung vergleichsweise prompt ein (etwa nach sechs Monaten bis zu einem Jahr) und der politische Ansatz bleibt für weitere Verschiebungen, Veränderungen und Manipulationen offen. In beschränktem Maße hat sich dieses Modell bereits als funktionsfähig erwiesen und ökonomische Indikatoren und Bilanzierungen haben sich als brauchbares Werkzeug der Planung und Politik herausgestellt.
Manche Gesellschaftswissenschaftler haben sich völlig unreflektiert von »Sozial-Indikatoren« und »gesamtgesellschaftlicher Bilanzierung« vergleichbaren Nutzen versprochen; sie übersahen dabei, daß es nicht einmal in Ansätzen eine Gesellschaftstheorie gibt, die die Variablen eines umfassenden Gesellschaftssystems und ihre Relationen untereinander zu identifizieren erlaubt. Selbst partielle Theorien zu Einzelaspekten der Gesellschaft mit einigermaßen überzeugenden, erklärenden Aussagen sind nicht auszumachen. Also kann man, da durch die Theorie keinerlei Anhaltspunkte gegeben werden, kaum behaupten, daß im gesellschaftlichen Bereich ein Satz von Statistiken das zu leisten vermag, was im ökonomischen Bereich möglich ist. Überdies geht das folgende Problem im allgemeinen Lärm um Sozial-Indikatoren meist unter: jede Bilanzierung erfordert nicht nur einen Satz von fundierten und aufeinander bezogenen Begriffen, sondern auch eine allgemein gebräuchliche Maßeinheit, wie etwa »Geld«; das Zusammenzählen und Abziehen von Äpfeln und Orangen oder, in der Statistik, von Autounfällen und Mordfällen ist nicht denkbar. »Geld« hat einen bestimmten Sinn und bietet die Möglichkeit, Werte über eine große Anzahl von verschiedenen Bereichen zu summieren. Weder der Stand der Theorieentwicklung noch die Praxis der Gesellschaftswissenschaften (außer den ökonomischen) haben bisher die jeweils für ihre Zwecke benötigten Maßeinheiten definiert.

2. Das Potential der Sozial-Indikator-Bewegung

Die Überbewertung der Sozial-Indikatoren, die wir eben vorgeführt haben, könnte zur Vermutung Anlaß geben, daß sich jeder einigermaßen verantwortungsbewußte Staatsbürger mit allen Mitteln gegen diese Entwicklung stemmen sollte. Das hieße aber, das Kind mit dem Bad ausschütten. Dagegen erscheint es notwendig, die »Sozial-Indikator-Bewegung« in neue Bahnen zu lenken, ihr neue Ziele zu stecken, die Erwartungen in die Nützlichkeit von Sozial-Indikatoren auf ein realistisches Maß herabzuschrauben und schließlich die aus der »Bewegung« stammende Energie dafür einzusetzen, sowohl die Quantität als auch die Qualität von Statistiken zur Struktur und zu den Prozessen der Gesellschaft so weit wie möglich zu verbessern. Beim gegenwärtig ständig steigenden Bedarf an qualitativ hochwertiger Information sollte die Entwicklung von Sozial-Indikatoren für drei verschiedene Zwecke gefördert werden: 1. zum Zweck einer verbesserten beschreibenden Darstellung der heutigen Gesellschaft, 2. zum Zweck der Analyse des gesellschaftlichen Wandels und 3. zum Zweck verbesserter Voraussage künftiger Entwicklungen und Qualität der Lebensbedingungen. Dabei ist die angemessene, beschreibende Darstellung eine Voraussetzung für bessere Untersuchungen des gesellschaftlichen Wandels und diese sind wiederum erforderlich für die verbesserte Voraussage künftiger Entwicklungen.

2.1. Beschreibende Darstellung

Obwohl es zuweilen den Anschein hat, als würden wir mit statistischen Daten überschwemmt, weiß doch jeder Sozialwissenschaftler, daß die Flut des Materials nicht nur erhebliche Lücken in der Information zur Struktur und den Prozessen der Gesellschaft aufweist, sondern daß dieses Material auch durch ernste technische Mängel geprägt ist, für die sich verschiedene Gründe aufführen lassen: die meisten Daten stammen ursprünglich aus vereinzelten, gezielten Erhebungsprogrammen (Volkszählungen, Mikrozensen), die dann perpetuiert und für eine Vielzahl von anderen Zielsetzungen verwendet werden, für die sie eigentlich gar nicht erhoben waren. Überdies geht aus den komplexen Beziehungen zwischen der Bundesregierung und den staatlichen und kommunalen politischen Institutionen mit ihren in den verschiedenen Lebensbereichen jeweils überlappenden und unkoordinierten Kompetenzen und aus den Beziehungen zwischen privaten und öffentlichen Gruppen ein Datenmaterial hervor, das in seiner Unkoordiniertheit nur eine unvollständige und unzuverlässige

Darstellung eines gesellschaftlichen Problems gestattet. Die sich ständig verändernden Interessen bei der Erhebung und der Analyse der Daten grenzen die Länge von Zeitreihen und deren Brauchbarkeit für die langfristige Planung und Entwicklung empfindlich ein. Obwohl technische Probleme nicht unwichtig sind, liegt des Pudels Kern doch mehr im konzeptionellen Bereich bei der Bildung der als relevant angesehenen operationalen Begriffe: was ist meßbar und welches sind die gültigen Meßdaten kritischer Phänomene? Wüßten wir genau, was eigentlich gemessen werden soll und wie es sich in Daten ausdrücken läßt, dann könnte die Arbeit am Verständnis der Vergangenheit und an Vorhersagen der Zukunft weitaus effektiver sein. Es gibt hier leider keine Patentlösungen, weil es eben keine umfassende Theorie der Gesellschaft gibt und weil keine Übereinstimmung darüber besteht, welche Elemente ein Gesellschafts-System konstituieren und was letztlich gesellschaftliche Krisen und Probleme verursacht und auslöst. Es ist noch nicht herausgefunden, mit welcher Regelmäßigkeit gesellschaftliche Krisen auftreten, so daß auch noch kein Turnus präventiver Maßnahmen festgelegt werden kann.

Diese noch unbewältigten Probleme sollten nicht zu einem Nachlassen der Anstrengungen führen, vielmehr ist sofortige und langfristige Arbeit daran vonnöten. Allein das Zusammentragen aller vorhandenen Statistiken, ihre sorgfältige Prüfung auf Unzulänglichkeit hin – vor allem im Hinblick auf ihre mangelnde Vergleichbarkeit – würde die gegenwärtigen Mängel deutlich machen und zu Verbesserung in konzeptioneller und technischer Hinsicht anregen.[14] Gleichzeitig sollte mehr geistige Mühe auf Probleme der Aggregation und Disaggregation und auf die Überprüfung wechselnder Definitionen von Merkmalen bei synonymer Verwendung verwendet werden, mit dem Ziel, die Zahl redundanter Statistiken zu reduzieren und gleichzeitig die Entwicklung neuer, besser konzipierter Statistiken voranzutreiben.

2.2. Analytische Untersuchungen des gesellschaftlichen Wandels

Mit analytischen Untersuchungen meinen wir nicht nur Beschreibung des Verlaufs bestimmter Trends, sondern auch die Beurteilung ihres Voraussagewertes und, wenn möglich, die Ermittlung, inwieweit re-

---

[14] Vgl. etwa Ferriss, Abbott: Indicators of Trends in American Education. New York, 1969, (Russell Sage Foundation); oder Sheldon, Eleanor B., Wilbert E. Moore: Indicators of Social Change: Concepts and Measurements. New York, 1968 (Russell Sage Foundation).

levante Variablen den Trend verursachen.[15] Analytische Untersuchungen sind von den verfügbaren beschreibenden Statistiken abhängig, deren begriffliche Ungenauigkeiten und technische Mängel die Zuverlässigkeit und Differenziertheit jeder Analyse einschränken. In dem Maß jedoch, wie eine Analyse es gestattet, Hypothesen über die einen Trend bestimmenden Ursachen aufzustellen, kann sie zu einem nicht zu unterschätzenden Hilfsmittel für Planer und Politiker beim Konzipieren von alternativen Programmen der Krisenvermeidung und -unterdrückung und bei großangelegten Untersuchungen zur möglichen Beeinflussung gesellschaftlichen Wandels werden. In diesem Kontext würden sie zweifellos den oft kindlich naiven Vorstellungen, die heute die Programmentwicklung im gesellschaftlichen Bereich noch immer beherrschen, eine realistischere Wendung geben können.

2.3. Zukunftsvoraussage

Die dramatischste Perspektive für Sozial-Indikatoren offenbart sich am Interesse jener Technokraten, die glauben, auf der Grundlage von Wissenschaft und Technik die gesellschaftlichen und technologischen Entwicklungen künftiger Jahre voraussagen zu können. Solche Untersuchungen sind in vieler Hinsicht nur eine Ausweitung des Versuches, den gesellschaftlichen Wandel in der Vergangenheit zu verstehen. Das Interesse an solcher Futurologie ist unter anderem durch den Reiz des Neuen und die vermutete Schlagkraft des Instrumentariums, wie es Systemanalyse, Simulationstechniken, automatisierte zentrale Datenbanken, Informations- und Spieltheorie darstellen, geweckt worden.

Die »Traditionalisten« unter den Sozialforschern und auch die noch jungen Futurologen sind sich klar darüber, daß das heutige unvollkommene Verständnis gegenwärtiger und vergangener Entwicklungen von der viel zu geringen Anzahl zuverlässiger Fakten abhängt.

[15] Zwei Untersuchungen stellen die Möglichkeiten und den Nutzen solcher Arbeiten gut dar: die eine, die heute von vielen als Klassiker angesehen wird, ist Goldhammer und Marshalls Untersuchung über die Frage, ob Geisteskrankheiten zugenommen haben oder nicht. Vgl. Goldhammer, Herbert, und A. W. Marshall: Psychosis and Civilization: Studies in the Frequency of Mental Disease. Glencoe, 1953 (Free Press).
Die zweite ist Blau und Duncans Arbeit über die Beschäftigungsstruktur; sie vertreten den Standpunkt, daß »Bildung« als Schlüsseldeterminante der Beschäftigungsmobilität zu bezeichnen ist. Vgl. Blau, Peter M., und Otis Dudley Duncan: The American Occupational Structure. New York, 1967 (John Wiley & Sons).

Die weite Begriffs-Kluft (conceptual gap) zwischen der Wirklichkeit und ihrer Abbildung in Statistiken schränkt darüber hinaus eine gültige Interpretation der Vorgänge in unserer Gesellschaft ein. Die Teilnahme der Futurologen an der Sozial-Indikator-Bewegung wurde durch diese Tatbestände angespornt. Auch hier erklärt die Tatsache, daß keine Theorie über die Natur des sozialen Wandels vorliegt, zumindest teilweise, warum auch sie nicht genau wissen, was sie bei der Voraussage für die Zukunft eigentlich messen und beobachten sollen.

Offensichtlich ist die Entwicklung von verläßlicheren, gültigeren und begrifflich besser gefaßten Sozial-Indikatoren heute und in der Zukunft wichtig für den Forscher des sozialen Wandels. Was die Futurologen jedoch am dringendsten benötigen, sind nicht Indikatoren, sondern neue und innovative Konzepte. Ihre Entwicklung hängt von theoretischer Arbeit ab, die heute von den Sozialwissenschaftlern, ob sie nun innerhalb oder außerhalb der Sozial-Indikator-Bewegung stehen, noch völlig vernachlässigt wird.

3. Anmerkungen zum Sozial-Report 1969

Bei der Diskussion um die mögliche Verwendbarkeit von Sozial-Indikatoren haben wir bereits auf die Arbeit »Towards a Social Report«[16] hingewiesen, die das amerikanische Ministerium für Gesundheit, Bildung und öffentliche Wohlfahrt (Health, Education and Welfare, HEW) vorgelegt hat, mit der erklärten Absicht, die weitere Mitwirkung der amerikanischen Bundesregierung an der Sozial-Indikator-Bewegung anzuregen und gleichzeitig Zeit und Aufwendungen des Ausschusses für seine Aktivitäten, obgleich sie ziemlich gering waren, vor der Öffentlichkeit zu rechtfertigen.

Der Report selbst ist nicht gerade ein ausführliches, wissenschaftliches oder sonderlich beeindruckendes Werk. Er beruht auf den Arbeitspapieren des Ausschusses, die großenteils von einigen Wochenend-Wissenschaftlern und einer bedauerlich kleinen Arbeitsgruppe erstellt wurden, der nur ein vollbeschäftigter, qualifizierter Mitarbeiter angehörte, der oft noch andere Aufgaben des Ministeriums zu übernehmen hatte. Der Ausschuß selbst war bunt zusammengewürfelt, nicht nur was die technische Kompetenz der Mitglieder angeht, sondern

---

[16] Am besten übersetzt: »Ansätze zu einem Sozial-Report«; damit wollten die Verfasser zum Ausdruck bringen, daß es sich noch nicht um einen eigentlichen Sozial-Report handelt (d. Ü.). Die Kommission war 1966 von Minister John Gardener einberufen und mit Sozialwissenschaftlern besetzt worden.

auch was ihr Verständnis von Sozial-Indikatoren, ihre Ansichten über deren beschränkte Verwendbarkeit und über die zu verfolgende Zielsetzung anbelangt, über die nachzudenken man sie zusammengerufen hatte. Zudem konnten die Ausschußmitglieder auch nur auf vorhandene Informationen zurückgreifen: auf Sozialstatistiken, die sich nicht nur in ihrer Zuverlässigkeit, sondern auch in ihrer Möglichkeit, aggregiert, disaggregiert und zu Zeitreihen zusammengestellt zu werden, weit voneinander unterschieden. Letztlich ist das veröffentlichte Dokument der persönliche Bericht von einigen wenigen, die schließlich Materialien aus den Arbeitspapieren des Ausschusses herausgezogen und dann noch mit eigenen Ideen und Daten, die sie selbst beschaffen konnten, angereichert haben.

Die dem Report vorgegebenen Ziele sind im Anschreiben an Präsident Johnson und im Einführungskapitel erläutert. Das Anschreiben informiert darüber, daß weiterhin Mittel bereitzustellen sind, die der Vorbereitung eines umfassenden Sozial-Reports und der Entwicklung von Sozial-Indikatoren dienen, »die soziale Veränderungen messen und bei der Festsetzung sozialer Ziele nützlich sein können«. In der Einführung wird festgestellt, daß abgesehen von der Befriedigung allgemeiner Neugier auch »ein Sozial-Report oder ein Satz Sozial-Indikatoren« (sind sie dasselbe?) erforderlich ist, will man die staatliche Praxis von Planung und Politik verbessern. Es wird davon ausgegangen, daß dies nur möglich ist, wenn die gesellschaftlichen Probleme transparent gemacht werden; wenn Prioritäten auf Grund besserer Information gesetzt werden; wenn Einblick hergestellt wird in die Art und Weise, in der sich verschiedene Maße des gesellschaftlichen Wohlstandes verändern. All das soll »... schließlich zu einer besseren Abschätzung der Leistungsfähigkeit staatlicher Aktionsprogramme führen«.

Eine sorgfältige Beurteilung eines Sozial-Reports wäre lehrreich; man könnte systematisch untersuchen, welche gesellschaftlichen Probleme es sind, die der Inhalt dieser Schrift tatsächlich durchsichtiger macht, und welche Hilfe die in ihm empfohlenen oder angedeuteten Statistiken bei der Abschätzung von Programmen und bei der Formulierung gesamtstaatlicher Zielsetzungen und Prioritäten bieten. Hier sollen jedoch nur einige der Versprechungen des Reports kurz diskutiert werden.

3.1. Transparenz

Wir werden unter anderem über folgende Sachverhalte informiert:
• Wir Amerikaner sind nicht so gesund wie wir sein könnten; dies stellt sich ebenso bei den Berechnungen zur Lebenserwartung und

zum »gesunden Lebensverlauf« wie in den Zahlen zur Kindersterblichkeit und zur altersspezifischen Sterblichkeit bei verschiedenen Bevölkerungsgruppen heraus; eine Diskussion der Kosten ärztlicher Versorgung und der schlechten Verteilung der ärztlichen Dienste führt zum gleichen Ergebnis;
• soziale Mobilität läßt, da sie in den USA nicht zurückgeht, Raum für Verbesserungen, besonders für die Neger;
• obwohl die Einkommensgrenzen sich allgemein erhöht haben, sind in bezug auf die Einkommens-Verteilung einige Gruppen überproportional bevorzugt worden;
• öffentliche Unruhe und Verbrechen haben zugenommen und Neger sind unter den Opfern eher zu finden als Weiße;
• Kinder lernen mehr in den Schulen als vormals, obwohl die Armen und Benachteiligten immer noch die alten Barrieren zu überwinden haben;
• die darstellenden Künste leisten nichts Nennenswertes;
• schließlich werden wir noch über etwas informiert, das sich Entfremdung nennt.
Was die Transparenz anbelangt, so kann man beruhigt bei der Vorstellung bleiben, daß Presse und Fernsehen bisher recht gute Arbeit geleistet haben. Sicherlich beziehen sich auch die meisten Politiker auf diese Informationen und zitieren auch die dort genannten Daten, ohne sich dabei notwendigerweise auf den Begriff »Sozial-Indikatoren« zu berufen.

3.2. Prioritäten

Der aufmerksame Leser des Reports gelangt nicht zu einem »Waschzettel« aktueller Probleme, ganz zu schweigen von ihrer hierarchischen Ordnung. Falls der Leser versucht, die Zahl der Seiten zu zählen oder zu wichten, die jeweils besonderen gesellschaftlichen Problemen gewidmet sind, etwa in der Absicht, auf dieser Basis eine Einordnung in ein hierarchisches System vorzunehmen, dann führt der Report zu einer seltsamen Verteilung gesamtstaatlicher Prioritäten: Drogengebrauch und -Abhängigkeit, Fürsorge-Abhängigkeit, Selbstmord, Entfremdung, Geschlechtskrankheiten haben alle eine geringe Priorität; an der Spitze steht das Ziel, der überalterten Bevölkerung den Bruchteil eines weiteren gesunden Lebensjahres zuzuschanzen. Die Autoren des Reports sprechen die gravierenden Probleme an und verschleiern sie gleichzeitig: ist Totschlag mit 10, 100 oder 1000 Taschendiebstählen gleichzusetzen? Sollen wir folgern, daß 8500 Morde ein um 25% größeres gesellschaftliches Problem darstellen als die annähernd 45 000 Verkehrstoten des gleichen Jahres? Wie sind diese

Probleme mit den 5 Millionen Arbeitslosen, den 50 000 Drogenabhängigen und so weiter zu vergleichen? Vor einigen Jahren kommentierte Merton dieses Problem: »Kurz gesagt, es gibt keine allgemeingültigen Grundlagen für eine eindeutige Abschätzung der Vergleichsgrößen verschiedenartiger gesellschaftlicher Probleme. Letztlich sind es immer die von Leuten in unterschiedlichen Positionen der Gesellschaft vertretenen Werthaltungen, die die relative Bedeutung gesellschaftlicher Probleme bestimmen ... dies führt oft zu extremen Verzerrungen in der Rangfolge zentraler gesellschaftlicher Probleme; extrem, selbst wenn sie im Lichte der herrschenden Werthaltungen beurteilt werden.«[17]

Wir haben schon ausführlich die Verwendung von Zeitenreihen für die Bewertung von Aktions-Programmen diskutiert. Der Sozial-Report beleuchtet den beschränkten Tiefgang einer solchen »Bewertung« im folgenden Kommentar, der für sich spricht: »Das erneute Zurückgehen der Kindersterblichkeit läßt einige Hoffnung aufkommen. Obwohl die relative Kindersterblichkeit von 1950 bis 1965 praktisch unverändert blieb, ging sie 1966 um mehr als 5% und 1967 nochmals um 5% zurück. Wir können über die Ursachen dieses möglichen Trends keine zuverlässige Aussage machen, jedoch mag der plötzliche Rückgang der Kindersterblichkeit sehr wohl mit den neuen Regierungsprogrammen zur Mutter- und Kinder-Fürsorge und zur Familienplanung zusammenhängen.«[18]

3.3. Die Nützlichkeit des Reports

Ein Zeichen vielleicht für den uneinheitlichen Charakter der Materialien, aus denen dieses Dokument zusammengebaut wurde, und vielleicht auch für die Eile, in der man es zusammenstellte, sind die verschiedenen Addressaten, an die sich der Sozial-Report wendet. Zuweilen liest er sich wie ein politisches Traktat, dessen Ziel es ist, den mäßig gebildeten Bürger unserer Gesellschaft mit Ausdrücken wie »elend«, »arm«, »zu sehr«, »zu wenig«, »einige Anzeichen, daß«, »kein Anzeichen, daß« zu motivieren. An anderen Stellen gibt er Sozialphilosophie aus dem Lehnstuhl oder »Gossen-Theorie« wieder.[19] Wieder an anderen Stellen wird vom Leser wissenschaftliche Vorbildung erwartet, wenn Begriffe wie »Ko-Variation«, Korrela-

---

[17] Merton, Robert K., Robert A. Nisbet: Contemporary Social Problems. New York, 1966 (Harcourt, Brace & Word), S. 782.
[18] Towards a Social Report, a.a.O., S. 4.
[19] Vgl. etwa die Diskussion über »Entfremdung« oder über die »Motivation zu kriminellem Verhalten«.

tions-Koeffizienten«, »multiple Regressions-Analyse« angeführt werden und komplexe Tabellen zu lesen sind.

Die Autoren lassen ihre Leser im unklaren darüber, was ein »Sozial-Indikator« eigentlich ist, wenn auch, wie schon angemerkt, eine Definition im Report ausgeführt ist: »...ein statistisches Konzept von direktem normativem Interesse, das ein eindeutiges, umfassendes und ausgewogenes Urteil über den Zustand eines wichtigen Aspekts unserer Gesellschaft gestattet.«[20] Dem Report zufolge ist ein Sozial-Indikator in allen Fällen eine direkte Meßgröße des sozialen Wohlstandes und erlaubt demzufolge nur eine einzige Interpretation: wenn er in die »richtige Richtung« zeigt, während andere Dinge gleich bleiben, dann sind die Dinge besser geworden, die Menschen sind nun »besser dran«. Ohne viel Mühe kann man beim Durchblättern des Reports herausfinden, daß dann kaum mehr als eine Handvoll solcher Meßgrößen in seine Seiten eingestreut sind.

Der im Report am höchsten gepriesene »Indikator« soll das, was mit »gesunder Lebenserwartung« bezeichnet wird, anzeigen. Diese Meßgröße ist ein Index, der die altersspezifische Todeserwartung und die Erwartung von gesunden Lebensjahren – also denjenigen ohne Bettlägrigkeit – miteinander kombiniert. Ohne über die zugrunde gelegte Datenkombination eines solchen Indikators ins Technische geraten zu wollen, sollte man doch darauf hinweisen, daß das National Center for Health Statistics (Nationales Amt für Gesundheits-Statistik) ihn noch nicht verwendet und weiterhin über seine Verwendung, Interpretation und Freigabe unschlüssig ist, obwohl der Indikator von Spezialisten dieses Amtes konstruiert wurde.

Wenn im Sozial-Report selbst angedeutet wird, daß die illusionären Ziele der Sozial-Indikator-Bewegung gegenwärtig jegliches ernsthafte Bemühen um einen nationalen Sozial-Report verhindern, so charakterisiert dies den Stand der Dinge trefflich.

4. Zusammenfassung

Zu viele Versprechungen und Ansprüche sind in bezug auf Sozial-Indikatoren geäußert und nicht erfüllt worden. Das Risiko, daß eine fortgesetzte Übertreibung die »Sozial-Indikator-Bewegung« tatsächlich in eine vorübergehende Marotte verwandeln könnte, ist damit bei einem kritischen Punkt angelangt. Sozial-Indikatoren können nur selten das leisten, für das sie herhalten sollen. Trotzdem besteht sowohl von seiten der Gesellschafts-Planung und -Politik als auch von seiten der Sozialwissenschaften ein dringender Bedarf nach einem

---

[20] Towards a Social Report, a.a.O., S. 97.

ständig fortgeschriebenen Datenfundus über den Stand der Dinge im Staat und seinen wesentlichen Lebensbereichen. Zuerst diesen Fundus bereitzustellen ist wesentlich, ehe irgend etwas vom Nutzen von Sozial-Indikatoren für Planung und Politik versprochen werden kann. Anstatt ständig neue Anwendungsmöglichkeiten für Sozial-Indikatoren zu ersinnen oder für nachweislich irreale Anwendungsgebiete eine verstärkte Unterstützung zu fordern, erscheint es vordringlich, nüchtern die noch vor uns liegenden Arbeiten einzuschätzen, die uns vom »gelobten Land« trennen.

Am Beginn dieses Beitrags haben wir den Bereich der Sozial-Indikatoren als eine gesellschaftliche Bewegung beschrieben; sie ist nicht isoliert, sondern eher im Zusammenhang mit anderen Bestrebungen zu sehen, die von Sozialwissenschaftlern gegenwärtig zur Erhellung der Probleme der Planung und Politik des gesellschaftlichen Wandels und der Beziehung des einzelnen oder von Gruppen zum Staat getragen werden. Die Geister scheiden sich bei der Frage, wieviel die Sozialwissenschaften bei der Entwicklung der Gesellschaftspolitik und der Konzipierung gesellschaftsorientierter Aktionsprogramme beigetragen haben. Sicher ist nur, daß sie um einiges hinter den vor einigen Jahren aufgestellten optimistischen Projektionen zurückgeblieben sind, daß nämlich insbesondere die »Policy Sciences« Techniken zur Explizierung von Annahmen, zum Testen ihrer Stichhaltigkeit und operationalen Leistungsfähigkeit und zur Lösung von Problemen bei der Krisenvermeidung und -unterdrückung anbieten könnten.[21] So ist es nicht weiter überraschend, daß sowohl die Lieferanten als auch die Verbraucher der Sozialforschung durch die neue Bewegung angezogen wurden. Die gegenwärtige Stimmung ist derart vorteilhaft für Politik-Karrieristen, deren Bestreben es ist, endlich auf relevanten sozialpolitischen Gebieten sozialwissenschaftliche Arbeit in spektakuläre Taten umzusetzen, daß alles, was an Versuchen und Entwicklungen auf den Markt kommt, mit größter Wahrscheinlichkeit akzeptiert wird. Unsere ermahnenden Bemerkungen über den Stand der Dinge um die Sozial-Indikatoren sowie über den Sozial-Report sollen dazu dienen, die übertriebenen und über-optimistischen Einschätzungen der Propheten und Jünger der »Sozial-Indikator-Bewegung« auf den Boden der Tatsachen zurückzubringen; insbesondere aber sollten Politiker erkennen, daß die »Sozial-Indikator-Bewegung« weder in bezug auf die Entwicklung der Begriffe, noch bezüglich der angewandten Techniken schon so weit gediehen

---

[21] Vgl. Rothwell, Charles Eastern: Forward. Aus: Werner, Daniel L., Harold D. Laswell (Hrsg.): The Policy Sciences. 1951 (Stanfort University Press), S. VII–XI.

ist, daß sie sich effektiv mit konkreten Problemen unserer Gesellschaft auseinandersetzen könnte.²²

Die Verbesserung der Qualität von Sozialstatistiken und der Verläßlichkeit von Informationen aus dem Bereich der Sozialwissenschaften liegt sowohl im öffentlichen als auch im wissenschaftlichen Interesse. Aber es ist nötig, den enormen Umfang der vor uns liegenden Aufgaben zu unterstreichen.

Übersetzung des Beitrags »Notes on Social Indicators: Promises and Potential«. Aus: Policy Science, 1970. Heft 2. Abdruck mit Genehmigung der Autoren.
Die Übersetzung besorgte Jan Knoop, Berlin.

Information ist alles . . .
Anmerkungen zu staatlich-kommunalen
Informations-Verbund-Systemen in der BRD
Von Gerhard Fehl

»Information ist alles, und ein rechtzeitiges Erkennen gesamtwirtschaftlicher und partieller Entwicklungen ist die Voraussetzung für eine erfolgreiche Politik.«¹ Mit diesem Schillerzitat sind die hier zu diskutierenden Punkte in einem einzigen Satz trefflich umrissen, nämlich 1., daß Information als unerläßliche Voraussetzung für einen auf erfolgreiche Sicherung des Status quo verpflichteten bürokratisch-politischen Apparat angesehen wird; 2., daß gegenwärtig ein Mangel an qualifizierter Information für die Aufgaben der Sicherung des Status quo besteht, daß dieser Mangel aber dem Konzept der »Information« etwas Fetischhaftes verleiht; 3., daß man in der Einrichtung einer informationellen Infrastruktur, die im Sinne des Regelkreises gern als Rückkopplungsstruktur gesehen wird, eine Lösung des Informations-Problems sieht und 4., daß Information,

---

²² Millikan, Max F.: Inquiry and Policy: The Relation of Knowledge to Act. Aus: Lerner, Daniel (Hrsg.): The Human Meaning of the Social Sciences. New York, 1959 (World Books), S. 158–182.

¹ Schiller, Karl: Technischer Wandel und Wirtschaftspolitik. In: IG-Metall (Hrsg.): Computer und Angestellte; Bd. I, Frankfurt, 1971 (EVA), S. 190.

wenn man sie »als Voraussetzung für eine erfolgreiche Politik« ansieht, nicht etwas so Harmloses, Neutrales und Sachliches sein kann, wie von offizieller Seite gern vorgegeben wird, daß vielmehr eine politische Betrachtungsweise vonnöten ist. Zum ersten Punkt ist anzumerken, daß mit dem Wandel in der Einschätzung staatlicher Planung etwa seit der Mitte der sechziger Jahre und mit der Übernahme von mehr und mehr Planungsfunktionen vor allem im Infrastrukturbereich auch beim politisch-bürokratischen Apparat ein geändertes Verhältnis zur Information einhergeht: Aufgabe des Staates ist es nicht mehr, nur den Rahmen für einen sich autonom im Interesse der Kapitalexpansion entwickelnden Wirtschaftsprozeß bereitzustellen, sondern vielmehr: »Je wichtiger die Ziele einer längerfristig gesicherten internationalen Wettbewerbsfähigkeit werden, desto nachdrücklicher müssen globale Steuerungsmaßnahmen durch eine planmäßige Strukturpolitik ergänzt werden, die mittels Investitionslenkung die Produktionsstruktur der technologischen Entwicklungsrichtung anpaßt, regionale und sektorale Disparitäten auflöst, insgesamt also einen ›geordneten Strukturwandel‹ der Wirtschaft garantiert«[2]. Dem »geordneten Strukturwandel« sind dabei deutliche Grenzen gesetzt: »Solange die durch Privateigentum und Vertragsfreiheit geschützte Macht und Unabhängigkeit der großen Unternehmenskonzentrate besteht, muß jede staatliche Wirtschaftsplanung scheitern, die nicht die Sicherung der Kapitalrentabilität als primäres Ziel setzt und die Verwirklichung aller anderen Absichten diesem unterordnet«[3]. Für den politisch-bürokratischen Apparat des Staates stellt sich somit eine doppelte Aufgabe: 1. im Rahmen dieser ihm gestellten Ziele und Grenzen »effizient« zu planen, da »Effizienz des politisch-administrativen Apparates primäre Voraussetzung für die Stabilität des Herrschaftssystems«[4] ist; unter »effizienter Planung« soll hier der systemadäquate, treffsichere und rechtzeitige Einsatz von Sozialtechnologien zur Vermeidung, Lokalisierung oder auch Unterdrückung von Krisen im Reproduktionsbereich verstanden werden, die von Infrastrukturmaßnahmen im Sinne der Daseinsvorsorge bis hin zum Polizeieinsatz reichen[5]; eine Planung,

---

[2] Hirsch, Joachim: Wissenschaftlich-Technischer Fortschritt und Politisches System. Frankfurt, 1971, S. 63 (ed. Suhrkamp Bd. 457).
[3] Ebd., S. 57.
[4] Ebd., S. 244.
[5] Zum Krisenbegriff vgl. Altvater, Elmar: Zu einigen Problemen des Staatsinterventionismus. In: Herrschaft und Krise; vorläufige Sammlung der Referate der wiss. Konferenz des FB 15 der FU Berlin zur politologischen Krisenforschung, Januar 1972, S. 30 ff. Wenn hier hauptsächlich von »Krisen im Reproduktionsbereich« gesprochen wird, so sind jene Krisen gemeint, die sich zunächst in ihrer äußeren Erscheinung und wegen ihres meist lo-

die sich immer weniger Risiken, Fehleinschätzungen und Fehlentscheidungen leisten kann; 2. Dysfunktionen im System weitgehend abzubauen, das heißt, ein den Zielen staatlicher Planung zuwiderlaufendes Verhalten, vor allem der laut Grundgesetz autonomen Kommunen, zu unterbinden, sie einzubinden in die Gesamtplanung. Für beide Aufgaben ist Information notwendig: 1. *Planungsinformation* – im engeren Sinn – über das gegenwärtige und absehbare Verhalten des Gesamtsystems, über die Bedürfnisse und die Situationen, in die planend eingegriffen wird, 2. *Kontrollinformation* über das Verhalten der dezentralen, angeblich sich selbst verwaltenden Komponenten des Systems – die Kommunen, und 3. *Überwachungsinformation*, jene Information, die die Überwachung von Individuen und Gruppen gestattet. Da zur effizienten Planung und Überwachung die Information von der Basis an die planenden Zentralen aktueller, empfindlicher und differenzierter weitergeleitet werden muß, als es auch die perfektesten technischen Computer-Systeme vermöchten, ist der politisch-bürokratische Apparat darauf angewiesen, ein empfindlicheres »Frühwarn-System« parallel zu allen technischen Systemen einzurichten beziehungsweise zu tolerieren, das Information sinnlich zu übertragen in der Lage ist und »das rechtzeitige Erkennen... partieller Entwicklungen« tatsächlich gestattet: spontane Bürgerinitiativen, Gemeindegruppen, Studentenbewegungen, Gewerkschaftsaktionen usw. Überwachungsinformation gestattet nun eine Disziplinierung der Mitglieder solcher Bürgerinitiativen und Studentenbewegungen in mittelbarer oder auch unmittelbarer Weise und sichert damit erst ein systemkonformes Verhalten der Basis weitgehend ab. Eine vierte Kategorie von Information, hier mit *Legitimierungs-Information* bezeichnet, dient dazu, gegenüber der Öffentlichkeit Planungsvorhaben »wissenschaftlich« zu untermauern und damit leichter durchzusetzen, oder auch die durch Planung und Politik herbeigeführten Erfolge herauszustreichen oder ausbleibende Erfolge und Mißerfolge zu vertuschen; sie ist, obwohl nur indirekt in den Kontext der Planung eingeordnet, von höchstem Wert für den politisch-bürokratischen Apparat, der sich explizit zum Ziel gesetzt hat, eine »informierte Gesellschaft«[6] zu schaffen. Die Untersuchung

kalen Charakters von »Krisen im Produktionsbereich« abheben, die jedoch letztlich aus den gleichen gesellschaftlichen Widersprüchen des kapitalistischen Systems herrühren. Die Beziehung zwischen beiden Krisenbereichen ist ausführlich dargestellt bei Dohle, M., A. Evers, C. v. Geisten, H. U. Wegener, Z. Szankay: Bedingungen und Perspektiven der Stadtteilarbeit. In: arch+ 15, Januar 1972, S. 21 ff.
[6] Das Informationsbanken-System: Vorschläge für die Planung und den Aufbau eines allgemeinen arbeitsteiligen Informationsbanken-Systems für die Bundesrepublik Deutschland, Band 1: Bericht der Interministeriellen

wird sich im konzeptionellen Rahmen der Arbeiten von Huffschmidt[7], Hirsch/Leibfried[8] und Ronge[9] in gewisser schlaglichthafter Einseitigkeit auf diese vier Kategorien von mit staatlicher Planung verbundener Information konzentrieren, die, bisher meist nur isoliert gesehen, hier in einen Zusammenhang gestellt werden sollen.
Zum zweiten Punkt ist hier nur soviel anzumerken, daß der Mangel an sogenannter »Planungs- und Führungsinformation« – wohl eine vage Umschreibung der genannten vier Kategorien von Information – in jedem Bundesbericht, in fast jeder Ministerkonferenz und fast jedem Vorwort zu kommunalen und staatlichen Informations-Systemen beklagt wird. Die nur alle zehn Jahre abgehaltenen Volkszählungen und die Mikrozensen der Statistischen Ämter reichen längst nicht mehr als Grundlage für »rechtzeitiges Erkennen... partieller Entwicklungen« aus; die Datenflut aus dem Verwaltungsvollzug der kommunalen und staatlichen Behörden ist heute noch zu wenig koordiniert, kaum greifbar, schlecht dokumentiert, uneinheitlich und kaum geeignet als Planungs- und Führungsinformation auf staatlicher Ebene. So kommt es, »daß Führungskräfte mit Ungeduld auf Entscheidungshilfen warten, die nur durch integrierte Datenverarbeitung gewonnen werden können«[10]. Ein Sehnen nach »schneller, aktueller und besserer Information«[11] macht sich breit; Information wird zum Fetisch, zu einer Sache, die man – gleich in welcher Form – glaubt haben zu müssen; man sucht das Heil im Computer – und im Regelkreis, wie im weiteren ausführlicher dargestellt werden soll.
Beim dritten Punkt geht es in diesem Sinn um den »societal feedback«[12], die Rückkopplungsstruktur in einer als Regelkreis vorgestellten »Gesellschaftsplanung«: mit dem Staat als Regler und der

Arbeitsgruppe beim Bundesministerium des Inneren an die Bundesregierung. Bonn, 1971, S. 15.
[7] Huffschmidt, Jörg: Die Politik des Kapitals – Konzentration und Wirtschaftspolitik in der Bundesrepublik. Frankfurt, 1971 (ed. Suhrkamp, Bd. 313).
[8] Hirsch, Joachim, Stefan Leibfried, (Hrsg.): Materialien zur Wissenschafts- und Bildungspolitik, Kapitel D: Verwaltungsforschung. Frankfurt, 1971, S. 236–287 (ed. Suhrkamp, Bd. 480) und Hirsch, Joachim, a.a.O.
[9] Ronge, Volker: Politökonomische Planungsforschung. In: Ronge, Volker, Günter Schmieg: Politische Planung in Theorie und Praxis. München, 1971, S. 137–157 (Piper Sozialwissenschaft).
[10] Jähnig, Werner: Automatisierte Datenverarbeitung in der Kommunalverwaltung. In: ÖVD (Öffentliche Verwaltung und Datenverarbeitung), 0/71, S. 16.
[11] Ebd., S. 15.
[12] Bauer, Raymond: Societal Feedback. In: Gross, Bert M. (Hrsg.): Social Intelligence for America's Future; Boston, 1970 (Allyn & Bacon).

Gesellschaft als Regelstrecke, bei dem die Ziele letztlich durch die Bedingungen der kapitalistischen Produktionsweise gegeben sind und es darum geht, Störungen (Krisen), die auf Grund der inneren Widersprüchlichkeit auftreten, auszuregeln.[13] Werden die gesellschaftlichen Verhältnisse dergestalt auf eine einfache Struktur reduziert und in Verbindung mit der verfügbaren Computer-Technologie gebracht, dann liegt es nahe, die Schwäche der bisherigen unvollkommenen gesellschaftlichen Steuerung in dem nur unvollkommen ausgebildeten Rückkopplungsglied zu sehen und den Schluß zu ziehen, man müsse nur das Rückkopplungsglied in einer den verfügbaren Instrumenten adäquaten Weise stärken, um so zu einer effektvollen gesellschaftlichen Regelung im erwähnten Sinn übergehen zu können. Der einfache Regelkreis wird dabei durchaus als der Struktur des Systems nicht angemessen erkannt; vielmehr wird wohl im Sinne der drei erstgenannten Informationskategorien an eine parallelgeschaltete dreifache Rückkopplung gedacht: 1. Rückkopplung statistischer Daten für die Planung (Planungsinformation); 2. Rückkopplung von Daten über das Finanz- und Planungsgebaren der Kommunen und anderer Körperschaften (Kontrollinformation); 3. Rückkopplung von Individualdaten zu jedem einer »Risikobevölkerung«[14] zurechenbaren Individuum (Überwachungsinformation). Zu ergänzen wäre diese auf Daten gestützte Rückkopplung, wie bereits erwähnt, durch partizipatorische, informelle Frühwarnsysteme. Die genannte Legitimations-Information hätte im Regelkreis Regelungsfunktion, wäre ein Mittel unter vielen zur Beeinflussung der Regelstrecke »Gesellschaft«. Dieses Rückkopplungsbündel soll im weiteren als gesellschaftliche Rückkopplung verstanden werden. Das Instrumentarium zur Realisierung sind die »staatlich-kommunalen Informations-Verbund-Systeme«[15], die durch Datenfernübertragung, Multiprogramming, Groß-

---

[13] Altvater (a.a.O., S. 27) führt zwingend aus, daß das Verhältnis von Staat und Gesellschaft nicht als eines verstanden werden kann, »in dem der Staat der Regulator, die Gesellschaft in ihren Lebensbereichen aber bloßes Objekt der Regulierung ist«. Die erwünschte »Manipulierbarkeit verlangt (jedoch) die Eliminierung der Widersprüche, die Konstruktion eines ›Systems‹, das zum besseren Funktionieren gebracht werden kann.« Von hier aus ergibt sich eine scheinbare Doppelbödigkeit dieser Untersuchung, die die Intentionen des staatlichen politisch-bürokratischen Apparates darstellen und aufdecken will und sich dazu des beim Apparat vorherrschenden »Systemdenkens« bedient.
[14] Hoos, Ida S.: Rumpelstilzchen oder: Eine Kritik an der Anwendung der Systemanalyse auf gesellschaftliche Probleme. In: Stadtbauwelt 26, März 1970, S. 24.
[15] Das Informationsbanken-System, a.a.O., Vorbemerkung 2, unpaginierte Seite.

raumspeicher mit Direktzugriff, Leuchtschirm- und anderem Gerät in den Bereich des technisch Möglichen und auch ökonomisch Denkbaren getreten sind. Es sind Informations-Verbund-Systeme, die – teils konzipiert, teils im Aufbau – als Netzwerke jedes einzelne Bundesland überziehen werden, an die jede Gemeinde und damit jeder »Bürger« von der Wiege bis zum Grab angeschlossen sein wird und die ihre Information bis in die »Fachinformationsbanken«[16] der Länder und des Bundes hineinfüttern sollen, sofern ein Land oder der Bund in einem Fach bereits Planungskompetenz hat: so unter anderem eine Kriminal-Bundesdatenbank, ein Umwelt-Planungs-Informations-System (UMPLIS), eine Sozialdatenbank und eine Raumordnungs-Datenbank.[17] Das qualitativ Neue am Konzept des Informations-Verbundes ist darin zu sehen, daß auf individuenbezogene und auf massenbezogene (das heißt statistische) Informationen, die jederzeit aktuell fortgeführt in einem einzigen Netzwerk verfügbar sind, in gleicher Weise von jedem dafür ausgerüsteten Ort der BRD und von jeder dazu befugten Stelle des politisch-bürokratischen Apparates zugegriffen werden kann – zumindest von der technischen und organisatorischen Seite her betrachtet. Die gesellschaftliche Rückkopplung ist heute trotz ihres weitgehend illusorischen Charakters technisch realisierbar, und die vier Kategorien von Information werden dem politisch-bürokratischen Apparat zur Verfügung stehen – sofern diese Informations-Verbund-Systeme in der geplanten Form tatsächlich in vollem Umfang realisiert werden sollten. Die politischen Perspektiven dieser informationellen Infrastruktur und ihre möglichen Implikationen stehen hier zur Diskussion.

Zum vierten Punkt ist anzumerken, daß vor der Öffentlichkeit eine rein maschinen- und verwaltungstechnische Diskussion um die Informations-Verbund-Systeme geführt wird, die jeden, der nicht technisch interessiert ist, nachgerade langweilen muß, so stellt Minister Weyer schon fast bedauernd fest: »Fast unbemerkt von der Öffentlichkeit... vollzieht sich der Wandel in den Arbeitsmethoden, der vor allem durch den Einsatz elektronischer Datenverarbeitung in der Verwaltung gekennzeichnet ist«[18]; »fast unbemerkt«, obwohl Innenminister Genscher im Zusammenhang mit der EDV von einer »qualitativen Veränderung der Verwaltung« spricht, die »in vielem an die sogenannte zweite industrielle Revolution erinnert«[19]. Diese qualita-

---

[16] Ebd., S. 45 f.
[17] Ebd., S. 134 ff.
[18] Weyer, Willi: Die Neuorganisation der elektronischen Datenverarbeitung in Nordrhein-Westfalen. In: ÖVD, 0/71, S. 5.
[19] Genscher, H. D.: Die öffentliche Verwaltung im Kräftefeld der Datenverarbeitung. In: ÖVD, 0/71, S. 4.

tive Veränderung hat man beim politisch-bürokratischen Apparat durchaus erkannt und für günstig befunden; man versucht nun, die Auswirkungen auf die Struktur der Gesellschaft, die jeden einzelnen – und nicht nur die technisch Interessierten – wesentlich betreffen, zu beschönigen und zu verharmlosen: da wird von der »Bürgernähe«[20] der EDV gesprochen und von der Wichtigkeit der Erhaltung der Autonomie der Kommunen, vom Schutz der Privatsphäre und von der informierten Gesellschaft – alles Werte, die bisher als selbstverständlich hingenommen wurden und nun offensichtlich durch den Computer – oder genauer gesagt durch die sich des Computers bedienenden staatlichen Bürokratien – bedroht sind. Allein die Ambivalenz der gewählten Begriffe gibt zu denken. So sind zumindest »Bürgernähe« und »informierte Gesellschaft« unzweifelhaft zweideutig: Bürgernähe gestattet auch eine nähere Überwachung der Bürger, und eine informierte Gesellschaft kann auch eine falsch informierte Gesellschaft, eine manipulierte Gesellschaft im Sinne der vom politisch-bürokratischen Apparat vertretenen Ziele sein. Information ist nicht harmlos: »Information ist eine Ware mit ihrem eigenen Preis, eine Ware, die von Individuen oder Gruppen dazu verwendet wird, andere Individuen oder Gruppen zu beeinflussen; Information dient daher dazu, gesellschaftliches Handeln zu formen.«[21] Dies bezieht sich sowohl auf Legitimierungs-Information *aus* dem Informations-Verbund als auch auf Information *über* den Informations-Verbund.

Der Nutzen solcher Systeme – und dies ist einer der hier auszuführenden Aspekte – liegt primär beim politisch-bürokratischen Apparat des Staates sowie bei der Wirtschaft und nicht beim Bürger, nicht bei den Kommunen oder bei einer wie auch immer idealistisch vorgestellten informierten Gesellschaft, wie sie Genscher skizziert: »... von besserer Information hängen ab – für den einzelnen Bürger (die) Verbesserung seiner persönlichen Voraussetzungen und (die) Mitwirkung an der demokratischen Willensbildung«[22]. Die Idee zu einer Demokratisierung durch bessere Information, mag sie auch von manchem ernsthaft vorgebracht werden, wird hier nicht verfolgt, vielmehr soll, der Linie der Verfasser des Hessischen Informations-Systems folgend, die Kehrseite der Medaille in bewußter Beschränkung betrachtet wer-

---

[20] Kaum ein Politiker von Genscher bis Osswald assoziiert in der Öffentlichkeit oder in Vorworten die EDV nicht mit »Bürgernähe«; selbst die Firma IBM wirbt schon mit dem »besseren Service für den Bürger« in der ÖVD, 0/71.
[21] Churchman, C. W.: Realtime Systems and Public Information. Internal Working Paper No. 144. Dezember, 1969, S. 5 (University of California, Space Science Research Laboratories).
[22] Das Informationsbanken-System, a.a.O., S. 16. Vgl. Zitat zu Anm. 186.

den:»Wenn Wissen mit Macht gleichzusetzen ist, dann verschafft die elektronische Datenverarbeitung mit dem erklärten Ziel, Datenbanken für Informationszwecke aufzubauen, der Exekutive einen Informationsvorsprung und damit einen Machtzuwachs, der die Effektivität der Mitarbeit der Bürger und der von ihnen gewählten Vertreter in einer demokratischen Ordnung in Frage stellt«[23]. Hiermit sind Fragen der Veränderung der Verfassungswirklichkeit angesprochen, die tiefer gehen, als nur bis zu den hier behandelten Auswirkungen der EDV auf die äußere Struktur unserer bundesrepublikanischen Gesellschaft, die aber am Einsatz der EDV sichtbar werden[24], nämlich eine Tendenz »hin zum autoritären Staat, der mit effektiver Gewaltmaschinerie unter Gesichtspunkten der ›Rationalität des Sachzwangs‹ besser als der parlamentarisch verfaßte Staat in der Lage ist, die Gesellschaft wirklich zu einem Objekt seiner Manipulation zu machen«[25].

Ehe auf die Ziele eingegangen werden kann, die mit den Informations-Verbund-Systemen verfolgt werden, erscheint es nützlich, die vorliegenden Konzepte solcher Informations-Verbund-Systeme etwas genauer unter die Lupe zu nehmen.

1. Informations-Verbund-Systeme

1.1. Von kommunalen Informations-Zentren zum bundesweiten Informations-Verbund

Seit den frühen sechziger Jahren war bei einigen Großstädten der Bundesrepublik die Elektronische Datenverarbeitung (EDV) als Hilfsmittel der anstehenden Rationalisierung des Vollzugsbereiches in die Kommunalverwaltungen eingerückt. Zunächst nur auf Ressorts beschränkt, die sich, wie etwa das Haushalts- und Kassenwesen, besonders für eine elektronische Buchführung anboten, erkannte man jedoch bald, daß kein Ressort ohne Kollisionen mit anderen für sich automatisiert, daß vielmehr die angestrebte Leistungssteigerung im Vollzugsbereich nur durch eine zentrale EDV für die gesamte Kommunalverwaltung realisiert werden konnte. Unter dem Schlagwort »integrierte Datenverarbeitung« wurden ab Mitte der sechziger Jahre weitgehend unabhängig voneinander kommunale Datenzentralen entworfen, realisiert, umgebaut, neukonzipiert, erweitert und

---
[23] Hessen 80: Großer Hessenplan: Entwicklungsprogramm für den Ausbau der Datenverarbeitung in Hessen. Wiesbaden, 1970, S. 21 (HZD).
[24] Vgl. Luhmann, Niklas: Verfassungsmäßige Auswirkungen der EDV. In: ÖVD. 2/1972.
[25] Altvater, a.a.O., S. 63.

erneut modifiziert: »muddling through«[26] auf der Suche nach der wirklich rationellen Lösung. Zunehmende Kooperation und Koordination – etwa durch die KGSt[27] – zwischen einzelnen Gemeinden ließ in der zweiten Hälfte der sechziger Jahre tendenziell vereinheitlichte Strukturen von kommunalen Informations-Systemen erkennen, die als »Verwaltungsautomation« ganze Vollzugsgänge auf die EDV abstellten und in einigen Vollzugsbereichen tatsächlich zu Leistungssteigerungen und vor allem Personaleinsparungen führten: Einwohnerwesen, Katasterwesen und Haushalts- und Kassenwesen wurden bei vielen Kommunen als harter Kern vordringlich und in einheitlicher Weise auf EDV umgestellt.[28]

Die anfängliche Rationalisierungsbegeisterung bei den Kommunen ist in der Zwischenzeit allerdings skeptischem Optimismus gewichen: über den harten Kern der Rationalisierung ist bei den enormen Investitionen in Hardware, Software und Know-how[29] und angesichts ständig schrumpfender, frei disponierbarer Finanzmasse bei den Kommunen kaum hinauszugelangen. Außerdem ist im Bereich der kommunalen Planung – abgesehen von der technischen Planung etwa im Tiefbau und Verkehrswesen und einigen Hilfestellungen bei der Haushaltsplanung – der oft zugesagte Nutzen der EDV über Deklamationen nicht weit hinausgeraten, sei es, daß die Planer kein Interesse an »computergestützter Planung« zeigten, sei es, daß die verfügbaren Daten aus dem Vollzugsbereich und die vorhandenen Computerprogramme den Planern so gut wie keine hilfreiche Information boten.[30]

Trotz weitgehender Vereinheitlichung und durchrationalisierter Modelle für kommunale Informations-Systeme konnten kleinere Gemeinden – die KGSt rechnete hierzu Gemeinden unter 200 000 Einwohnern[31] – aus Gründen hoher Kosten und hoher Belastung durch

---

[26] Übersetzt: »Durchwursteln«; siehe Braybrooke/Lindblom in diesem Band.
[27] Kommunale Gemeinschaftsstelle für Verwaltungsvereinfachung (KGSt); die KGSt mit Sitz in Köln ist seit Anbeginn der Datenverarbeitung in der öffentlichen Verwaltung durch Publikationen, Kurse und Koordinationsarbeit auf der kommunalen Seite hervorgetreten.
[28] Vgl. etwa KGSt: Automation im Bauwesen: Rahmenmodell. Köln, 1970.
[29] Übersetzt: »Computermaschinerie«, »Computerprogramme« und »technisches Wissen«.
[30] Vgl. Fehl, G.: Informations-Systeme, Verwaltungsrationalisierung und die Stadtplaner. Bonn 1971 (Stadtbauverlag) oder Lehmann-Grube, H., A. Großkopf: Forschungsprojekt »Kommunale Planung« in Köln. In: ÖVD 1/1972.
[31] Jähnig, Werner, a.a.O., S. 14; gegenüber früheren Annahmen von

qualifiziertes Personal kaum auf ein Informations-System im eigenen Hause hoffen. Eine Lösung wurde in Gemeindeverbänden gesehen, wie sie heute vorwiegend in Nordrhein-Westfalen forciert werden: mehrere Gemeinden unterschiedlicher Größe schließen sich an eine gemeinsame Informations-Zentrale an.
Gegenüber den Kommunen fiel bei der staatlichen Bürokratie die Idee der Verwaltungsrationalisierung mit Hilfe der EDV vergleichsweise spät auf fruchtbaren Boden. Erst nachdem die den Ländern zuwachsenden Aufgaben – etwa mit dem Stabilitätsgesetz, den Gemeinschaftsaufgaben und anderen Kompetenzverlagerungen – immer belastender wurden, erkannte man die Bedeutung der »Leistungsverwaltung« und begann, aufbauend auf den Erfahrungen der Kommunen, auch bei einzelnen Ministerien zunächst isoliert voneinander Informations-Systeme zu konzipieren – so etwa in Nordrhein-Westfalen beim Kultusministerium, dem Innenministerium und dem Finanzministerium –, nur um zu erkennen, daß von solchen isolierten und »weitgespannten Plänen des Finanzministers die ganze Landesverwaltung berührt wurde... Eine Koordinierung war hier besonders dringlich«[32].
Auf zwei Seiten ließ sich also ein Bestreben, ebenfalls in den Genuß der EDV zu kommen, konstatieren: die kleineren Gemeinden strebten wegen des Abbaus des Automationsgefälles nach EDV-Zentralen für mehrere Gemeinden, die staatlichen Bürokratien auf Länderebene strebten nach umgreifenden, von den untersten staatlichen Vollzugsämtern bis zu den Spitzen der Bürokratien reichenden Informations-Systemen. Es bot sich an, beiden Bestrebungen durch ein einziges Informations-Verbund-System zwischen kommunaler und staatlicher Bürokratie entgegenzukommen und somit die Rationalisierung des Verwaltungsvollzuges um ein großes Stück in Richtung auf Vereinheitlichung, geteilte Kosten, gemeinsame Erfahrung weiterzubringen, wobei die Fortschritte in der Computertechnologie – vor allem Datenfernübertragung und Großraumspeicher mit Direktzugriff – seit der Mitte der sechziger Jahre eine solche Konzeption in den Bereich des technisch Möglichen rücken ließen. Daß jedes Bundesland dabei seine eigenen Modelle – streng bezogen auf die Eigenheiten des Landes und gegen alle Koordinationsversuche des Bundes – verfolgt, scheint im Prinzip des Föderalismus angelegt zu sein.
Das erste staatlich-kommunale Informations-Verbund-System wurde in dem nur wenige Großstädte aufweisenden Schleswig-Holstein durch Landesgesetz 1968 aus der Taufe gehoben: »Die Datenzen-

200 000 Einwohnern wird neuerdings von 50 000 Einwohnern als rationeller Gemeindeuntergrenze ausgegangen.
[32] Weyer, Willi, a.a.O., S. 7.

trale hat vom Gesetzgeber den Auftrag erhalten, die Erledigung öffentlicher Verwaltungsaufgaben für die gesamte Staats- und Kommunalverwaltung in Schleswig-Holstein mit Hilfe der EDV zu ermöglichen«[33] [34]. Das Konzept der Informations-Zentralen, wie sie bei den Kommunen mit Erfolg aufgebaut wurden, sollte hier auf Landesebene übertragen werden: zentrale Speicherung der Daten und Verarbeitung in einem nicht geschichteten Modell. Die Erfahrung hat gezeigt, daß dieses Konzept kopflastig, die Übermittlung der Information schwerfällig, die Angst der Kommunen, ihre Autonomie und ihre Kontrolle über ihre eigenen Daten zu verlieren, groß ist; in der Zwischenzeit ist man dabei, zu einer zweistufigen regionalen Dezentralisierung mit vier Gebietsrechenzentren überzugehen. Die Bundesländer Hessen (1969)[35] und Baden-Württemberg (1970)[36] gingen von vornherein von einem zweistufigen regional dezentralisierten Modell aus, wobei das hessische Modell die Speicherung und Verarbeitung der kommunalen Daten fünf kommunalen Gebietsrechenzentren zuweist und eine Datenzentrale (HZD) die Speicherung und Verarbeitung der staatlichen Daten und ausgewählter statistischer Daten, die von den kommunalen Rechenzentren zur Verfügung gestellt werden, übernimmt; das heißt, die Kommunen behalten Übersicht und Kontrolle über ihre Daten; ihre mißbräuchliche Verwendung im bürokratischen Apparat wird durch Gesetz [37] zumindest weitgehend erschwert. Eine noch stärker dezentralisierte dreistufige Hierarchie eines Informations-Verbund-Systems ist in dem mit Großstädten gesegneten Nordrhein-Westfalen konzipiert, wo es »weniger darum ging, die elektronische Datenverarbeitung zu initiieren, sondern vorhandene Initiativen in die richtigen Bahnen zu lenken und aufeinander abzustimmen beziehungsweise zu koordinieren und zu integrieren«[38]. Das Bayerische Informations-System (BIS) wurde

---

[33] Gesetz über die Datenzentrale Schleswig-Holstein vom 2. 4. 1968. In: GV S.-H. vom 11. 4. 1968.
[34] Datenzentrale Schleswig-Holstein: Aufgabe und Organisation. Informationsschrift ohne Ort und Jahr, S. 4.
[35] Gesetz über die Errichtung der Hessischen Zentrale für Datenverarbeitung (HZD) und kommunaler Gebietsrechenzentren (KGRZ) vom 16. 12. 1969. In: Hessen 80, a.a.O., S. 134 ff.
[36] Gesetz über die Datenzentrale Baden-Württemberg vom 30. 10. 1970. In: Drucksachen des Landtags von B. W., 5. Wahlp. vom 5. 11. 1970.
[37] Hessisches Datenschutzgesetz vom Oktober 1970. Vgl. hierzu auch den Spiegel vom 10. 5. 71, S. 88.
[38] Weyer, Willi, a.a.O., S. 6: In Nordrhein-Westfalen liegt zu Anfang des Jahres 1972 erst ein »Gesetzentwurf über die Organisation der automatischen Datenverarbeitung in Nordrhein-Westfalen« (ADVG-NW), Stand 15. 11. 71, vor.

Ende 1970 durch Gesetz ins Leben gerufen[39]; die Konzeption wurde zur gleichen Zeit von der Firma Siemens »in Abstimmung mit der Verwaltung« vorgelegt.[40] Obwohl dieses Informations-Verbund-System auf die »landesspezifischen Gegebenheiten Bayerns«[41] ausgerichtet ist und Zweifel aufkommen, ob es in der konzipierten Form jemals realisiert werden kann[42], soll es hier als weitestgehendes Beispiel in seinen Grundzügen skizziert werden.
Ausgangspunkt der Bayern ist das heute allgemein anerkannte Prinzip, »daß die großen Vorteile der EDV... erst dann voll genutzt werden können..., wenn Daten und Informationen, die in den verschiedenen Bereichen der öffentlichen Verwaltung anfallen, nicht mehr isoliert voneinander erfaßt und verarbeitet werden. Entscheidend für den zweckmäßigen Einsatz der EDV ist die integrierte Datenverarbeitung, bei der nur einmal gespeicherte Daten allen anderen Bedarfsträgern zur Verfügung stehen«[43]. Die Betonung liegt auf *allen* Bedarfsträgern; die Richtung der Integration wird in einer ersten hier wichtigen Prämisse deutlich gekennzeichnet: »Datenaustausch und sonstige Kommunikationsbedürfnisse zwischen den *regional verteilten Stellen gleicher Funktion* (das heißt, zwischen Finanzämtern, Standesämtern, aber auch Kommunen; d. V.) sind nur von geringer Bedeutung. Dagegen sind zusammenfassende Auswertungen über Datenbestände aller Verwaltungsstellen einer Behörde, unter regionalen, zeitlichen und anderen übergeordneten Aspekten für Statistik, Information und Planung *als vertikale Integration* erwünscht.«[44] Die zweite für diese Untersuchung bedeutsame Prämisse: »die Massendaten, wie sie beispielsweise im Einwohnerwesen anfallen, möglichst wenig zu bewegen und sie nicht nur dezentral zu

---

[39] Gesetz über die Organisation der elektronischen Datenverarbeitung im Freistaat Bayern (EDVG) vom 12. 10. 1970. In: Bayerisches GV Nr. 22, 16. Oktober 1970.
[40] Siemens AG: Bayerisches Informations-System (BIS); Beiträge zur integrierten Datenverarbeitung in der öffentlichen Verwaltung Bayerns, Heft 1. München, Oktober 1970.
[41] Ebd., S. 1.
[42] Vgl. Ostermann, J.: Automation in der Verwaltung; Realität und Zukunftserwartung. In: Die Verwaltung 3/1970.
[43] Siemens AG, a.a.O., S. 1.
[44] Ebd., S. 32; kursiv im Originaltext. Zu den Begriffen »vertikaler« und »horizontaler« Integration siehe zum Beispiel Jähnig, W., a.a.O., S. 14 f., speziell zum Begriff der »externen Integration« zwischen Staat und Kommunen vgl. Meyer-Uhlenried, H.: Notwendigkeiten und Möglichkeiten integrierter Informations- und Dokumentations-Systeme. In: Lutterbeck, E. (Hrsg.): Dokumentation und Information. Frankfurt, 1971, S. 31.

erfassen, sondern auch dezentral zu speichern und zu verarbeiten«[45], resultiert aus negativen Erfahrungen mit zentralen Modellen (etwa dem von Schleswig-Holstein). Auf eine kurze Formel gebracht: »Die Speichermedien müssen zu den Massendaten, nicht die Massendaten zu den Speichermedien gebracht werden, das heißt Dezentralisierung so weit wie möglich, Zentralisierung soweit erforderlich.«[46] Auf diesen Prämissen aufbauend ergibt sich folgendes vierstufiges hierarchisches System (Bild 1):

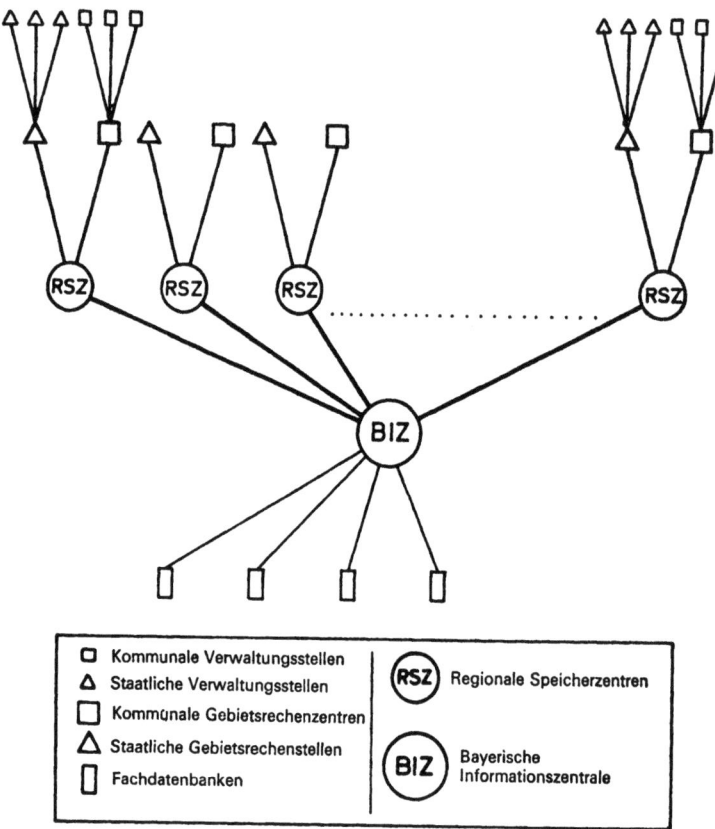

Bild 1 (aus BIS, a.a.O., S. 63)

[45] BIS, a.a.O., S. 43.
[46] Ebd.

1. die im Vollzug bei staatlichen und kommunalen Verwaltungsstellen anfallenden Daten werden auf lokaler Ebene erfaßt und dort auch wieder die Ergebnisse ausgegeben; dabei ist es ein »Fernziel, daß die Verwaltung dem Bürger nur noch in einer (einzigen) ›Kontaktstelle‹ gegenübertritt«[47];
2. die Daten werden auf regionaler Ebene – getrennt nach staatlichen und kommunalen »Gebietsrechenzentren«, zu denen dann auch die Großstädte gerechnet werden – gespeichert und verarbeitet;
3. ausgewählte individuenbezogene und statistische Daten von Kommunen und Staat werden – etwa auf der Ebene der Regierungsbezirke – in regionalen Speicherzentren in verschiedenen Dateien zusammengeführt; »zwischen staatlicher und kommunaler Datenverarbeitung steht das regionale Speicherzentrum als Puffer-System« in der Hierarchie »oberhalb«, es ist eher Sammelbecken als Puffer.
4. »Die Bayerische Informations-Zentrale (BIZ) ist sozusagen das Inhaltsverzeichnis der in den angeschlossenen Komponenten verfügbaren Daten.«[49] »Sie enthält im Endausbau für jede natürliche Person, für alle juristischen Personen, Personenmehrheiten und Organe sowie für jedes Grundstück und jedes Kraftfahrzeug ein allgemein verwendbares Identifikationsmerkmal (Ordnungsbegriff) zusammen mit der Adresse des Regionalen Speicherzentrums, in dem die zu diesem Ordnungsbegriff gehörenden Grunddaten gespeichert sind... Über die zentrale Einrichtung der BIZ kann nun mittelbar oder unmittelbar auf sämtliche im Netz der Datenverarbeitungsanlagen gespeicherten Daten der öffentlichen Verwaltung Bayerns zurückgegriffen werden (Bild 2).«[50] Der BIZ angegliedert sind die Zentralen Fachdatenbanken der einzelnen Landesministerien, die mit ausgewählten Daten aus dem Gesamt-System laufend versorgt werden, so zum Beispiel eine Finanzdatenbank, Justizdatenbank, ein Polizei-Auskunft-System (POLAS), eine Fachdatenbank für politische und publizistische Informationen und eine Strukturdatenbank für die Landes- und Regionalplanung. Die Zentralen Fachdatenbanken sind »statt Speicherbanken immer mehr Auskunftsstellen für Entscheidungshilfen; sie benutzen die dezentralen Datenbanken (der Kommunen und der staatlichen Ämter; d. Verf.) jeweils wie einen Bestandteil ihres eigenen Speichervolumens«[51].
Das hier konzipierte Gegenstromprinzip eröffnet dem staatlichen

---

[47] Ebd., S. 2.
[48] Ebd., S. 59.
[49] Ebd., S. 64; statt »Komponenten« steht im Text die Abkürzung »DVA's« = Datenverarbeitungsanlagen.
[50] Ebd.
[51] Ebd., S. 61.

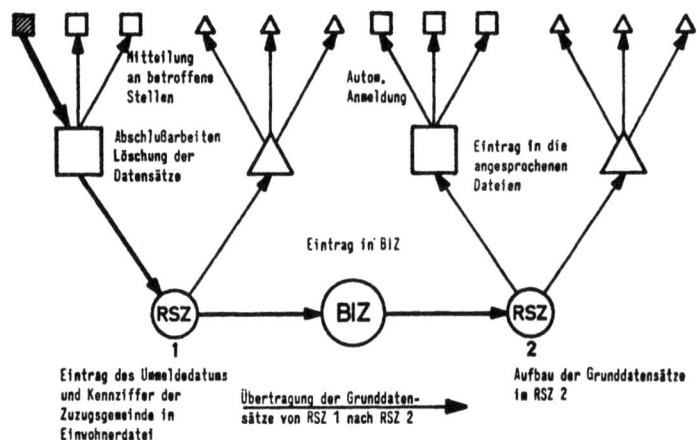

Bild 2. Umzugsmeldung im BIS
(aus BIS, a.a.O., S. 64)

politisch-bürokratischen Apparat – nach Genscher – in der Tat derartig »revolutionäre« Möglichkeiten – in einem pervertierten Sinn des Wortes – daß im weiteren darauf besonders einzugehen sein wird. Zunächst ist jedoch noch die Entwicklung auf Bundesebene kurz zu skizzieren.

Da die Bundesbürokratie nicht unmittelbar im Verwaltungsvollzug steht, verfügt sie auch nicht – unmittelbar – über das bei Ländern und Kommunen anfallende Datenmaterial aus dem Vollzug; so ist dort neben einigen Dokumentations-Systemen und einer 1968 gestarteten Statistischen Datenbank beim Statistischen Bundesamt bis vor kurzem nicht ernsthaft die Möglichkeit der Realisierung staatlicher Informations-Systeme bedacht worden[52]. Immerhin wurde vom Innenminister 1970 eine Arbeitsgruppe eingesetzt, die »erste Vorschläge für die Planung und den Aufbau eines allgemeinen arbeitsteiligen Informationsbankensystems für die Bundesrepublik Deutschland«[53] bereits vorgelegt hat. Nur: die eine Schwierigkeit liegt für den Bund darin, an die Information bei Ländern und Kommunen heranzukommen und die andere Schwierigkeit darin, daß jedes Bundesland andere Konzeptionen bei seinen Informations-Verbund-Sy-

---

[52] Nähere Details sind einer Dokumentation in »Das Informationsbankensystem, a.a.O., S. 124 ff., zu entnehmen.
[53] Ebd., Untertitel der Schrift.

stemen verfolgt, so daß sich zwar ein geschlossenes, aber kein einheitliches Netz auf Bundesebene ergibt, wenn die Länder sich nicht in eine Kooperation einlassen – wozu im Augenblick wenig Neigung zu bestehen scheint: »Eine Harmonisierung der Bemühungen um die jeweiligen integrierten Verwaltungs- und Informations-Systeme zwischen den Bundesländern ist schwer herzustellen«[54]. Vorerst wird sich der Bund im bundesweiten Informations-Verbund nur mit Fachdatenbanken jener Ministerien einschalten können, die bereits Planungskompetenz haben oder zumindest erwarten: so neben den bereits angeführten eine Straßendatenbank, in deren Bericht das Koordinierungsproblem stellvertretend für alle Bundes-Informations-Systeme aufgerissen ist: »... wenn der Straßenverkehr als Ganzes begriffen wird, sind zur Fundierung einer optimalen Straßenverkehrsplanung und -politik Zahlengrundlagen in vertikaler und horizontaler Vergleichbarkeit zu erarbeiten. Es werden Daten gebraucht, die nach einheitlichen Prinzipien, nach abgestimmten Richtlinien und nach gleichartigen Maßstäben erstellt werden und die über alle Straßen Auskunft geben. Dazu bedarf es des Zusammenwirkens der verantwortlichen Baulastträger, das heißt des Bundes, der Länder und der Städte, denn nur durch ihr laufend aufeinander abgestimmtes Handeln können Verkehrsanlagen sachgerecht dimensioniert sowie auf die vorhandenen und zu erwartenden Verkehrsbedürfnisse zugeschnitten werden.«[55] Für die zu schaffenden kommunalen Straßendatenbanken gilt dann: »Sie sollen die durch Bund und Länder für ihre Straßen geschaffenen Datenbanken auf örtlicher Ebene ergänzen und die Vergleichbarkeit der lokal gewonnenen Daten mit den Ergebnissen des Bundes garantieren.«[56] Flugs steht für die Lösung des Problems ein neues Schlagwort zur Verfügung: »externe Integration«[57], der Informationsaustausch von Kommune bis Bund, wobei das Wort Austausch eine glatte Irreführung ist, wenn man damit nicht zufällig den Tausch von Daten der Kommunen gegen Anweisungen des Staates meint.

1.2. Das qualitativ Neue: ein Gegenstromprinzip der Daten

Das gegenüber den früher konzipierten Modellen in Schleswig-Holstein, aber auch in Hessen und Baden-Württemberg als »dezentral« deklarierte Bayerische Informations-System ist nur in Teilen dezen-

---

[54] BIS, a.a.O., S. 19.
[55] Bundesvereinigung der kommunalen Spitzenverbände (Hrsg.): Kommunale Straßendatenbank – Informationsschrift. o. Ort und Jahr, S. 8 f.
[56] Ebd., S. 9.
[57] Ebd., S. 6. Vgl. hierzu Fußn. 44.

tral, nämlich im Bereich der Erfassung der Daten und in der Bereitstellung von Vollzugs-Informationen aus dem gesamten Informations-Verbund; das heißt, der Vollzug ist dezentral und entlastet die Zentralen auf Staatsebene von routinehafter Arbeit.
Auf dem Fundament einer koordinierten und durch alle Verwaltungsbereiche bei Kommunen und Staat gehenden Vollzugsrationalisierung, auf den auf Individualdaten – das sind vorrangig auf Einwohner, Betriebe, Kraftfahrzeuge und Grundstücke bezogene Daten – aufbauenden, ungeheuer umfangreichen Vollzugsdateien, die jederzeit aktuell gehalten werden, beliebig kombinierbar sind und in sachlicher und regionaler Hinsicht jederzeit beliebig aggregiert werden können, baut sich im Bayerischen Informations-System quasi als Nebenprodukt des Verwaltungsvollzuges ein Gegenstromprinzip als etwas qualitativ Neues auf:
1. An die jeweils höheren Ebenen des staatlichen politisch-bürokratischen Apparates, dort, wo weitergehende Planungs- und Kontrollkompetenz gegeben ist, können aus den Vollzugsdateien zur Beobachtung der laufenden Entwicklung zentraler Lebensbereiche Planungsdaten weitergeleitet werden, die differenzierter und aktueller sind als alle bisher von den amtlichen Statistiken schlecht und recht bereitgestellten Daten. Die statistischen Landesämter werden in ihrer alten Funktion als Datensammler entbehrlich und werden in neuer Funktion als Komponenten in den Informations-Verbund integriert.[58] Des weiteren kann Kontroll-Information über das Verhalten und die Ergebnisse der Planung auf kommunaler Ebene an die staatlichen Kontrollinstanzen weitergeleitet werden; diese Information ist im Gegensatz zur Planungsinformation keine statistische, sondern »globale Information«[59] über das Verhalten autonom handelnder Organisationen: Information zu den kommunalen Haushaltsplänen, Flächennutzungsbilanzen usw.
2. Gegenüber der bisher sachlich und regional nicht oder nur schwer zusammenführbaren Individualinformation, die aus Zeit- und Arbeitsgründen sich auf das unbedingt Notwendige – etwa polizeiliche Führungszeugnisse oder den Strafvollzug – beschränkte und zudem

---

[58] Vgl. Scheubel, Josef: Stand und Organisation der Datenverarbeitung in der Staatsverwaltung Bayerns. In: ÖVD, 0/71, S. 21 f. In Art. 4 des Bayerischen EDV-Gesetzes wird der neue Aufgabenkatalog unter anderem folgendermaßen umrissen: »Zentrale Leitstelle (für) den Datenaustausch im staatlichen Bereich« zu sein und »den Datenaustausch zwischen dem staatlichen, kommunalen und dem sonstigen, nicht-staatlichen Bereich zu vermitteln«.
[59] Etzioni, Amitai, Edward D. Lehman: Gefahren »gültiger« gesellschaftlicher Messungen. In diesem Band.

immer erst mit erheblicher zeitlicher Verzögerung bereitstand, wird man nun im Gegenstrom, das heißt über die Bayerische Informationszentrale (BIZ), an den dezentralen Stellen des Systems, sofern sie dazu befugt und dafür ausgestattet sind, Information zu jedem einzelnen Individuum im Geltungsbereich des Informations-Verbundes mit allen nur denkbaren Verknüpfungen aus den verschiedenen Speichern und Dateien zu Dossiers zusammenführen oder aber schnell auf Abruf bereitstellen können (Bild 2). Das vordringlich bereits bis 1974 als Komponente des Informations-Verbund-Systems angelegte Polizei-Auskunft-System (POLAS) wird nach diesem Prinzip funktionieren und die Überwachungs-Information im Sinne der dritten Rückkopplungsschleife bereitstellen: »Durch eine Koppelung mit BIS könnten die großen Datenbestände des BIS über POLAS so zur Verfügung gestellt werden, daß etwa bei Kfz-Unfällen aktuelle Information (Identität, Wohnort) schnell geboten werden. Ein landweites Polizei-Auskunft-System und die Verbindung mit BIS können die bisherige Tätigkeit der Polizei unterstützen und mittels völlig neuer Methoden und Ergebnisse der Polizei helfen, wachsende Aufgaben ohne Personalerhöhungen zu bewältigen.«[60]
Die in einem solchen Informations-Verbund-System bewußt angelegten Orwellschen[61] Möglichkeiten und Perspektiven werden erst verständlich, wenn man den beim Aufbau solcher Systeme verfolgten Zielsetzungen in der bereits vorliegenden Literatur und den Äußerungen der zuständigen Politiker etwas näher nachspürt.

2. Ziele hinter den Informations-Verbund-Systemen

Beim Bemühen um die Aufdeckung solcher Ziele stößt man zunächst auf Trivialsätze wie diese: »Für die Zukunft aber wird es unumgänglich sein, unter Nutzung der neuesten technischen Möglichkeiten, insbesondere der elektronischen Datenverarbeitung, das Informationsproblem zu lösen«[62]. Wenn Genscher im gleichen Atemzug von »In-

---

[60] BIS, a.a.O., S. 93. Aus: Scheubel, Josef, a.a.O., S. 20.
[61] Orwell, George: 1984. Zürich 1950 (Burger). Das 1939 geschriebene Buch hat zur zentralen Figur »Big Brother«, den alles sehenden, alles und jeden ständig überwachenden und registrierenden »Großen Bruder«, unter dem man sich nach Martin und Norman »nicht ein Monster, sondern einen auf Perfektion bedachten Bürokraten« vorzustellen hat (Martin and Norman: The Computerized Society. New York, 1971, Prentice Hall, S. 244), dessen tragische Rolle darin besteht, daß er die gesellschaftlichen Werte vor allem der Freiheit und Selbstentfaltung nicht in sein Kalkül einbezieht.
[62] Genscher: Vorwort in: Das Informationsbankensystem, a.a.O., S. VII.

formation als... Rohstoff«[63] spricht, dann gewinnt man den Eindruck, es handle sich beim Informationsproblem allein und ausschließlich um ein technisches Problem, vergleichbar dem Wegräumen einer Kohlenhalde, für die eine technische Lösung zu suchen ist: hier der Computer. Hinter dieser mit Kunst aufgebauten technischen Kulisse stößt man beim näheren Zusehen auf eine Vielzahl sich gegenseitig bedingender Ziele, denen in den beim Aufbau kommunaler und staatlicher Informations-Systeme bisher durchlaufenen Phasen durchaus verschiedenes Gewicht von den unterschiedlichen Interessenten in Staat und Wirtschaft beigemessen wurde, und zwar in dem Maß, wie man bei der Verfolgung des einen Zieles – etwa einer eng technisch verstandenen Effizienzsteigerung – erkannte, daß sich mit dem einmal eingeführten Instrument des Informations-Systems auch noch weitere Ziele verfolgen ließen – etwa der Abbau von Dysfunktionen im föderalistischen Systemaufbau. Auf diese beiden Ziele, die sich letztlich dem Ziel des Wachstums und der Systemsicherung unterordnen und zu deren Realisierung Informations-Verbund-Systeme unmittelbar beitragen, soll eingegangen werden, nachdem zuvor kurz skizziert ist, in welcher Weise Staat und Wirtschaft gemeinsam an einer Förderung solcher Systeme interessiert sind.

2.1. Förderung der Wirtschaft durch staatliche EDV-Förderung

Ein Informations-Verbund-System, soll es effizient arbeiten, setzt ein hohes Maß an Koordination und Kompatibilität aller Komponenten voraus; es ist nahezu als unteilbares Ganzes zu verstehen. Fördert der Staat solche Systeme, dann bietet sich die einmalige Gelegenheit, die deutsche Computer-Industrie bevorzugt beauftragen und mit beträchtlichen Staatsaufträgen außerhalb jeder Konkurrenz bedenken zu können, wodurch der Staat einen direkten Beitrag zur Steigerung der Wettbewerbsfähigkeit der deutschen Wirtschaft auf dem Weltmarkt leistet und gleichzeitig dem anarchischen Wettbewerb, dem Buhlen der Computerindustrie um öffentliche Aufträge, im eigenen Lande entgegentritt. So verweist Stoltenberg 1968 als Forschungsminister auf die Bedeutung der deutschen Datenverarbeitungsindustrie im internationalen Wettbewerb: »Wenn im Zuge des technischen Fortschritts im Bereich dieser Sektoren (unter anderem EDV) der industriellen Produktion ein Strukturwandel eintritt – und ich habe deutlich gemacht, daß die Datenverarbeitung dies in erheblichem Umfang bewirken kann –, dann müssen wir ihn mitvollziehen

[63] Ebd.

können.«⁶⁴ Seine Folgerung, negativ gewendet: »Darüber hinaus können die großen internationalen (EDV-)Unternehmen aus verständlichen Gründen, insbesondere wegen ihrer international arbeitsteiligen Produktionsplanung, nur begrenzt eine aktive Rolle in den Bemühungen der deutschen Industrie um die Weltmärkte übernehmen.«⁶⁵ Stoltenbergs Empfehlung: »... es sollen im Bereich der öffentlichen Verwaltung, der Wissenschaft und der staatlichen Daseinsvorsorge ... neuartige Wege zur Leistungssteigerung mittels Datenverarbeitungsanlagen erschlossen werden«⁶⁶ war ernst gemeint: allein auf Bundesebene werden bis 1975 insgesamt 2423 Mill. DM für die EDV-Förderung bereitgestellt.⁶⁷

In Bayern wurde die Firma Siemens damit betraut, das »Bayerische Informations-System« zu konzipieren, wodurch man sich neben der Förderung der deutschen Elektronik-Industrie als weiteren Nutzeffekt noch das technische Know-how des Herstellers ins Haus holen konnte. Unter diesem Blickwinkel nimmt es dann nicht wunder, wenn die Vertragspartner sich gegenseitig überzeugen konnten, daß die technisch aufwendigste Lösung, wie sie von Siemens – bis in die Details der Gerätekonfiguration⁶⁸ – vorgeschlagen wurde, auch gleichzeitig als die einzige nur denkbare und effiziente Lösung erscheint. Damit auch die Kommunen sich freiwillig einreihen in den Informations-Verbund, will der Staat »für den Aufbau kommunaler Datenverarbeitungsanlagen, die Programmentwicklung und die Ausbildung und Fortbildung des Personals ... nach Maßgabe des Staatshaushaltes finanzielle Förderung«⁶⁹ außerhalb des kommunalen Finanzausgleichs⁷⁰ gewähren.

Es kann als sicher angenommen werden, daß der Staat für die Realisierung eines solchen Informations-Verbund-Systems alle nur denkbaren Wege erschließen wird, denn der Nutzen ist nicht nur für die deutsche Wirtschaft, sondern, wie im folgenden zu zeigen ist, gerade auch für ihn selbst erheblich: »Die veränderten ökonomischen und sozialen Steuerungsfunktionen der staatlichen Administration erzwingen ... Strukturänderungen der Zentralinstanzen, deren Ziel eine Verbesserung der Informationsverarbeitungs- und Planungs-

---

⁶⁴ Stoltenberg, Gerhard: Benötigt die Bundesrepublik eine eigene Entwicklung von Datenverarbeitungsanlagen? In: Computer und Angestellte, a.a.O., Band 1, S. 250.
⁶⁵ Ebd., S. 252.
⁶⁶ Ebd., S. 261.
⁶⁷ 2. Datenverarbeitungsprogramm der Bundesregierung 1971 bis 1975. Bonn 1971.
⁶⁸ BIS, a.a.O., S. 125–133.
⁶⁹ Bayerisches EDV-Gesetz, a.a.O., Art. 13.
⁷⁰ Scheubel, Josef, a.a.O., S. 22.

kapazität sowie der Fähigkeit zur unmittelbaren Kooperation mit den entscheidenden ökonomischen Machtzentren ist«[71].

2.2. Effizienz

Verfechter des Effizienzgedankens gehen stillschweigend davon aus, daß mit Hilfe der EDV eine irgendwie geartete Effizienz – alias Rationalisierungseffekt oder Wirtschaftlichkeitsprinzip – auf jeden Fall erreicht werden kann. Was allerdings unter Effizienz im öffentlichen Sektor zu verstehen ist, wird wie F. Naschold oder K. Oettle dargelegt haben[72], unklar belassen. Sicher ist nur, daß es sich nicht um ein enges Kosten/Nutzen-Denken handeln kann, denn schon der Bundesrechnungshof bemerkt: »Man wird der EDV ohnehin nicht gerecht, wenn man ihre Bedeutung danach beurteilt, ob Verwaltungskosten durch Automation gespart werden können. Entscheidend sind vielmehr ihre neuartigen Möglichkeiten, die Leistungsfähigkeit der Verwaltung zu steigern ... eine finanzielle Bewertung der erwarteten Leistungssteigerung und damit eine Beziehung zu den Kosten der neuen Verfahren (erscheint) kaum möglich. Für die Beurteilung der Wirtschaftlichkeit können dann die kostenmäßigen Auswirkungen nicht die entscheidende Rolle spielen ... in der Privatwirtschaft ist die EDV ein Mittel zur Erhöhung der Rentabilität ... den direkten Aufwendungen für die EDV können dann indirekte finanzielle Vorteile ... gegenüberstehen. Auch in der Bundesverwaltung sind ähnliche Ergebnisse denkbar ...«[73] »Daß sich dabei privatwirtschaftliche Effizienzkriterien zu Lasten ›sozialstaatlicher‹ Aufgabenbestimmungen unmittelbar durchsetzen, zeichnet sich deutlich ab.«[74] So erscheint es notwendig, im Zusammenhang mit den Informations-Verbund-Systemen den Effizienzbegriff daraufhin abzuklopfen, welche anderen Ziele dahinter verborgen gehalten werden.

---

[71] Hirsch/Leibfried, a.a.O., S. 241.
[72] Naschold, Frieder: Vernachlässigte Aspekte der Regierungs- und Verwaltungsreform in der BRD. In: Kommunikation V/4/69. Oettle, K.: Öffentliche Verwaltung und Betriebswirtschaftslehre. In: KGSt-Mitteilungen, Dez. 1971, S. 3 (Sonderdr.). Vgl. auch die nebulös verbleibenden Bemühungen von F. Wagener um eine Klärung des Begriffes »Effektivität« in: Neubau der Verwaltung. 1969 (Duncker & Humblot), S. 5 f.
[73] Denkschrift des Bundesrechnungshofes. In: Bundestagsdrucksache V/4066, Ziff. 38, 1970.
[74] Hirsch/Leibfried, a.a.O., S. 240. Ähnlich argumentiert Reschke: Wer verwaltet uns wirklich? In: KGSt-Mitteilungen, Nov. 1969, S. 4 (Sonderdruck).

2.2.1. Effizienz im Vollzugsbereich

1. Wird unter Effizienz eine Intensivierung der verfügbaren Ressourcen der öffentlichen Verwaltung, also Leistungssteigerung, verstanden, dann ist dahinter ein doppeltes Ziel zu sehen: zum einen aus gesamtwirtschaftlicher Sicht die Senkung der »sozialen Kosten«: »Wenn auch die sich permanent ausdehnende Tätigkeit der staatlichen Administration unabdingbare Reproduktionsvoraussetzung des monopolistischen Spätkapitalismus ist, so bedeuten doch die Aufblähung des ›unproduktiven‹ öffentlichen Sektors und das damit verbundene Anwachsen der sozialen Kosten privater Kapitalverwertung für diese tendenziell ein Hindernis.«[75] Zum anderen bedeutet derartig verstandene Effizienz aus der Sicht der einzelnen Ministerien und der Kommunen eine Arretierung der die Haushalte zunehmend belastenden Lohn- und Gehaltskosten, die die Dispositionsfreiheit zumindest bei den Kommunen nahezu aufgezehrt haben.

2. Wird unter Effizienz eine Beschleunigung der administrativen Entscheidungsprozesse verstanden, dann ist das Ziel dahinter das der beschleunigten Reaktion auf Umweltanforderungen, vor allem im Vollzugsbereich, wo etwa »gerade für die Wirtschaft die Rationalisierung im Grundbuchwesen durch eine Beschleunigung der Eintragungen eminente Bedeutung (hat), wenn man nur an die Zwischenzinsen für Baukredite... denkt«[76]. In diesem Kontext sind auch die Polizei-Auskunft-Systeme zu sehen, die zur gesteigerten »Effizienz des Polizeizugriffs« im Sinne sowohl der beschleunigten Strafverfolgung als auch der Vorbeugung führen.

3. Wird unter Effizienz aber Drosselung der steigenden Anzahl der im öffentlichen Dienst Beschäftigten bei weiterhin zunehmendem Aufgabenvolumen verstanden, dann ist das Ziel deutlich das der Vermeidung von Konflikten mit der auf dem Arbeitsmarkt konkurrierenden sogenannten freien Wirtschaft. Wenn Karry feststellt, daß »im öffentlichen Sektor, für den die Beherrschung der deutschen Sprache unerläßliche Voraussetzung ist, nicht auf ausländische Arbeitskräfte ausgewichen werden kann«[77], besagt das, daß die Konkurrenz auf einem engen Markt qualifizierter einheimischer Verwaltungskräfte stattfindet; jede Verschärfung der Konkurrenz führt unweigerlich zu weiter steigenden Löhnen und Gehältern und in der Folge zu weiterer Belastung der öffentlichen Haushalte und der Beeinträchtigung der internationalen Wettbewerbsfähigkeit der Wirtschaft.

---

[75] Ebd., S. 249.
[76] BIS, a.a.O., S. 95.
[77] Karry, Abgeordneter des Rheinland-Pfälzischen Landtages. In: Tagesspiegel vom 23. 1. 1972.

4. Wird unter Effizienz schließlich die Freisetzung höher qualifizierter menschlicher Arbeitskraft durch EDV-Einsatz verstanden, dann ist es das Ziel, »die durch wachsende Aufgaben bedingten Personalengpässe zu überwinden«[78], indem der Personalbestand im Vollzugsbereich eingeschränkt und gleichzeitig der Personalbestand im Planungs- und Kontrollbereich ausgeweitet wird, denn »es werden in erster Linie die einfachen Verwaltungstätigkeiten durch die EDV ersetzt«[79]. »... grundsätzlich steigen durch den Wegfall überwiegend manueller Tätigkeiten, die über die Datenverarbeitungsanlagen mit sehr kurzer Bearbeitungszeit abgewickelt werden, die Ansprüche an die Bediensteten der Verwaltung. Daraus ergibt sich die Notwendigkeit, die relative Anzahl der höher qualifizierten Beamten und Angestellten zu vergrößern.«[80]

Um den Konflikt auf dem Arbeitsmarkt mit der Wirtschaft nicht zu verschärfen und das Konzept der Informations-Verbund-Systeme nicht die Frage gestellt zu sehen, glaubt man, dieses Problem nur durch Umschulung und Fortbildung des vorhandenen Personals bewältigen zu können: »Die EDV-Ausbildung ist so zu forcieren, daß der steigende Bedarf an EDV-Fachleuten im wesentlichen mit eigenen Fachkräften gedeckt werden kann.«[81] In den Berichten zu Informations-Systemen nehmen daher Konzepte zur Ausbildung der »eigenen Fachkräfte« erheblichen Raum ein. Daß gerade durch die EDV-Einführung in die öffentliche Verwaltung der Bedarf nach »qualifizierten Fachkräften« nahezu explosiv und vor allem langfristig steigt[82], jenseits aller Möglichkeiten, ihn durch Umschulung zu decken, verleiht dem Effizienzargument einen faden Beigeschmack und läßt vermuten, daß es längst nicht mehr um Effizienz im Vollzugsbereich geht.

[78] BIS, a.a.O., S. 1.
[79] Ebd., S. 113.
[80] Ebd., S. 119. Vgl. hierzu Hirsch/Leibfried, a.a.O., S. 240, und Jaeggi, Urs.: Angestellte und Computer. In: Computer und Angestellte; a.a.O., Band 2, S. 492. Heyderhoff und Gerken (Aus- und Fortbildung in der elektronischen Datenverarbeitung. In: ÖVD 2/1972) projezieren, daß das leitende Personal im Bereich der EDV von 6 %/o im Jahr 1970 auf mindestens 12,5 %/o im Jahr 1978 steigen wird; nominal von 6000 auf 36 000.
[80] Weyer, Willi, a.a.O., S. 11.
[81] Weyer, Willi, a.a.O., S. 11.
[82] Vgl. Bresse, J.: Das Verbundsystem der Hessischen Datenverarbeitung. In: ÖVD 1/1971, S. 8: »Eine Durchrechnung der von der Landesverwaltung geforderten Übernahme von 160 Aufgaben in die Automation, die bis 1974 abgeschlossen oder geleistet sein sollen, hat ergeben, daß einschließlich der Pflege und notwendigen Änderungen bereits übernommener Aufgaben 960 Mann-Jahre erforderlich sind. Davon können durch vorhandenes und innerhalb des Planungszeitraums einzustellendes Personal etwa

2.2.2. Effizienz bei der Planung

In keinem der vorliegenden Berichte und Gesetze wird ein Hehl daraus gemacht, daß es bei den Informations-Verbund-Systemen letztlich um Information für effiziente staatliche Planung und Kontrolle geht. So heißt es knapp im Bayerischen EDV-Gesetz: »Die öffentliche Verwaltung bedient sich der EDV zur rationellen Erledigung automationsgeeigneter Aufgaben und zur Gewinnung von Planungsinformationen und Entscheidungshilfen.«[83] Nicht ganz so vage tragen die Schleswig-Holsteiner ihr Anliegen vor: »Mit einer planmäßigen Speicherung aller für die Verwaltung wesentlichen Informationen und Fachdaten wird es möglich werden, sowohl die nötigen Entscheidungshilfen zu gewinnen als auch die Auswirkungen beabsichtigter Planungen auf die verschiedensten Lebensbereiche zu überprüfen.«[84] Deutlicher noch werden die Hessen: »Die Bereitstellung von Planungsdaten im Rahmen des Hessischen Informations-Systems dient der Erleichterung und Beschleunigung des Planungsprozesses im Bereich der Landespolitik. Der Begriff ›Planung‹ soll sich in diesem Zusammenhang deutlich abgrenzen von der Vollzugs- und Objektplanung, der Planung also im engen Zusammenhang mit der Durchführung von Verwaltungsaufgaben.«[85] Wohlgemerkt: staatliche, nicht kommunale Planung, die man offensichtlich als entbehrlich einschätzt, denn sie kommt allenthalben in den Berichten nur kurz weg: »Aus diesen Daten werden Statistiken und Analysen für die Stadtplanung, Stadtsanierung, Stadterneuerung usw. gewonnen.«[86] Mehr weiß das Bayerische Informations-System nicht über Stadtplanung zu sagen. Die Hessen sind ähnlich knapp: »Bei der Entwicklung der Programm-Systeme müssen auch die Probleme der Stadtentwicklungsplanung, die in engem Zusammenhang mit der regionalen und Bevölkerungsentwicklung stehen, berücksichtigt werden.«[87] Dagegen wird allenthalben in extenso ausgebreitet, was man sich für die staatliche Planung von einem Informations-Verbund-System erhofft: »Regionalpolitisches Handeln setzt ... eingehende Analysen der ge-

500 Mann-Jahre abgedeckt werden ... Für die über 1974 hinausgehende Entwicklung wird man ... nicht davon ausgehen können, daß der Personalstand nach einer quasi ersten Welle der Automation zurückgenommen werden kann.«
[83] Bayerisches EDV-Gesetz, a.a.O., Art. 1.
[84] Datenzentrale Schleswig-Holstein, a.a.O., S. 2. In Anlehnung an eine Erklärung der Bundesregierung vom Oktober 1968; Bundestagsdrucksache V/3355 vom 7. 10. 1968.
[85] Hessen 80, a.a.O., S. 92.
[86] BIS, a.a.O., S. 72.
[87] Hessen 80, a.a.O., S. 94.

genwärtigen Situation, der Ursachen für Fehlentwicklungen (Diagnose) sowie begründete Schätzungen zukünftiger Entwicklungen (Prognose) voraus. Die Ergebnisse von Diagnose und Prognose werden zur Formulierung von Strategien und Entwicklungsplänen benötigt... Das Informations-System kann der regionalen Wirtschaftspolitik Daten und Methoden für Analysen und Prognosen bereitstellen. Aus verdichteten Daten über Einwohner, Wirtschaftsunternehmen und sonstige Arbeitgeber, Grundstücke und Kommunikationsnetze gewinnt man durch Verknüpfung und Verwendung neuester sozialwissenschaftlicher Methoden eine beträchtliche Erweiterung des Informationshorizontes gegenüber herkömmlichen Methoden.«[88] Die Hoffnungen der Bayern in Daten und Sozialwissenschaften sind nicht minder spektakulär: »Der Einsatz der EDV in der Wirtschafts- und Verkehrsverwaltung sollte vor allem mit der Zielsetzung einer qualitativen Verbesserung der Entscheidungsunterlagen für die obersten Entscheidungsträger erfolgen... Der Schwerpunkt des Einsatzes der Rechenanlagen liegt hier weniger in der Erledigung der Massen-Routinearbeiten als im Bereich der modernen Entscheidungs- und Informationstechniken. Analytische, prognostizierende und optimierende Verfahren sind in einer zukünftigen Staatsführung und Verwaltung die adäquaten Mittel zur Lösung wirtschafts- und verkehrspolitischer Probleme.«[89] Kurz: wenn man davon ausgeht, daß »die staatliche Administration durch investitionslenkende Maßnahmen und eigene Käufe von Gütern und Dienstleistungen für die Stabilisierung des prognostizierten Konjunktur- und Wachstumsverlaufs zu sorgen«[90] hat, dann erhofft man sich aus dem Informations-Verbund, zusammen mit dem neuzeitlichen Operations-Research-Instrumentarium und mit Schützenhilfe der Sozialwissenschaftler jene Information, die die langfristige Sicherung dieses Zieles weniger risikoreich macht und die eingesetzten Maßnahmen effizienter im Sinne dieses Zieles wirken läßt.[91] Dazu, das weiß man, reicht allerdings nicht die auf amtlichen Statistiken aufbauende Planungsinformation für langfristige Planung aus, sondern es muß zunächst noch die genannte Kontroll-Information über das Verhalten der dezentralen Komponenten des Systems, etwa der Kommunen und anderer Körperschaften, hinzukommen. Auf diese Information wird in den Berichten wegen der Delikatesse des Eingriffs in grundgesetzlich geschützte Autonomiebereiche nur vorsichtig angespielt: »Das (Informations-)System ermöglicht durch den Datenverbund eine verbesserte Kontrolle des

---

[88] Ebd. Klammern im Originaltext.
[89] BIS, a.a.O., S. 104.
[90] Hirsch, Joachim, a.a.O., S. 57.
[91] Ronge / Schmieg, a.a.O., S. 15 ff. und Hirsch / Leibfried, a.a.O., S. 248 ff.

Haushaltsvollzuges und gestattet darüber hinaus eine erweiterte Haushaltsplanung.«[92] Etwas deutlicher heißt es dann im folgenden Satz: »Im Bereich der regionalen Strukturpolitik ist vor allem die Erfassung der finanziellen Hilfen zur regionalen Strukturverbesserung notwendig; die räumliche und sektorale Verteilung der Mittel und die hervorgerufenen volkswirtschaftlichen Auswirkungen können zukünftig nur noch unter Einsatz moderner Verfahren mit Hilfe der EDV überblickt werden.«[93] Da die langfristige Verfolgung des Ziels der Sicherung der Kapitalentfaltung jedoch laufend durch kurzfristig auftretende Krisen und Störungen bedroht ist, müssen »kurzgreifende Vermeidungsstrategien« kurzfristig entwickelt werden können, »mit deren Hilfe krisenhafte gesellschaftliche Disparitäten abgemildert oder Konflikte soweit unterdrückt werden, daß einerseits die politische Stabilität des Gesamtsystems gewährleistet bleibt, andererseits die Kapitalverwertungsbedingungen nicht deutlich beeinträchtigt werden«[94]. Hierzu muß allerdings der politisch-bürokratische Apparat »konfliktträchtige Disparitäten rechtzeitig erkennen«[95], das heißt, an die Informations-Verbund-Systeme wird die Forderung gestellt, »programmgesteuerte ›Frühwarn-System‹ vorzusehen; sie sollen bei Überschreiten bestimmter Schwellenwerte (z. B. Unfallquoten, Arbeitslosigkeitsziffern usw.) gezielte Analysen ermöglichen«[96]. Zusammgefaßt besteht für die Planung und Kontrolle der Gesamtentwicklung, soweit sie durch staatliche Planung überhaupt gelenkt werden kann, Interesse am gesamten Spektrum der Information von der kurzfristigen bis zur langfristigen, von der gestrigen (historischen) bis zur morgigen (prognostischen), von der auf Individuen bezogenen bis zur statistisch hoch aggregierten. Derartige Information ist ohne Zweifel im Informations-Verbund-System enthalten, allerdings nicht in qualifizierter Form, nicht als »Information« über reale gesellschaftliche Vorgänge, sondern als unspezifiziertes Datenmaterial zu vergangenen Tatbeständen. Seit H. A. Simon sollte jeder wissen, »daß ›besser informiert werden‹ nicht heißt, ›mit mehr Daten überflutet werden‹... deshalb ist jedes... Informations-System, das allein darauf ausgerichtet ist, dem Manager ›mehr Daten zu liefern, von vornherein zum Scheitern verurteilt, denn das letzte, was ein verantwortungsbewußter Manager braucht, sind ›mehr Daten‹«[97].

[92] BIS, a.a.O., S. 103.
[93] Ebd., S. 105.
[94] Hirsch/Leibfried, a.a.O., S. 239.
[95] Ebd.
[96] BIS, a.a.O., S. 66; Klammer im Originaltext.
[97] Simon, Herbert A.: Informations-Systeme für Management-Entscheidungen. In: Stadtbauwelt 32, Dezember 1971, S. 303. Statt »Manager« kann hier beliebig »Politiker« oder auch »Planer« eingesetzt werden.

Diese Problematik wird jedoch von Technikern und Bürokraten gern geleugnet, da sie qua Ausbildung und Amt geneigt sind, »in Daten eine wesenlose Sache«[98] zu sehen und doch gleichzeitig die Quintessenz des Informiertseins, des Wissens; ein solch fetischhafter Informationsbegriff gibt dann zu Hoffnungen Anlaß, die sich nie praktisch einlösen lassen: »daß Politik, mit guten Informationen versorgt, selbst rational sein oder doch werden könne«[99]. So gesehen, erweist sich die erhoffte Effizienz staatlicher Planung mittels verbesserter Information aus dem Informations-Verbund-System – zumindest im Bereich der Planungsinformation und der Frühwarn-Systeme[100] – als ein Popanz, an den man zum Teil wohl selbst glaubt, den man aber vielleicht auch als Potemkinsches Dorf bewußt gegenüber der letztlich die Systemziele setzenden Wirtschaft aufbaut. Es ist dabei davon auszugehen, daß der politisch-bürokratische Apparat unter einem enormen Legitimationszwang steht, dem er angesichts der im System angelegten Widersprüche permanent ausgesetzt ist; wird kurzfristig nicht wirksam auf Krisen dergestalt reagiert, daß sie den Kapitalinteressen entsprechend ausgeregelt werden, und wird langfristig nicht die Stabilität wirtschaftlichen Wachstums und eines investitionsfreundlichen Klimas sichergestellt, dann ist die Legitimitätsbasis des politisch-bürokratischen Apparates ernsthaft bedroht[101]. Angesichts dieser Bedrohung ist man geneigt, alles vorzuschieben, was nach außen hin den Eindruck zu erwecken vermag, man werde bald – sobald man sich nämlich das technische und methodische Instrumentarium der Informations-Verbund-Systeme geschaffen hat – in der Lage sein, besser und effizienter zu planen, das heißt die zur Zeit noch nicht bewältigten Krisen in Zukunft mit Hilfe der eingesetzten Technik in den Griff zu bekommen. Auf der gleichen Potemkinschen Ebene liegt der Bedarf des staatlichen politisch-bürokratischen Apparates nach Legitimierungs-Information zur Meldung von Erfolgen oder der Vertuschung von Mißerfolgen gegenüber denen, die einen Legitimationsnachweis fordern könnten: einerseits die »freie« Wirtschaft, andererseits aber auch die Bevölkerung, zumindest in dem Maß, wie man sich deren Loyalität gegenüber den bestehenden gesellschaftlichen Verhältnissen versichern muß.
Die eigentliche effizienzsteigernde Wirkung der Informations-Verbund-Systeme dürfte also weniger darin liegen, eine effizientere Lö-

---

[98] Hoos, Ida S., a.a.O., S. 42.
[99] Altvater, a.a.O., S. 52.
[100] Hierzu siehe z. B. Herman, Charles F.: Indicators of International Political Crises: Some Initial Steps toward Prediction. Paper prepared for the Conference »Political System in Crises« at the FU, Berlin. Jan. 72.
[101] Vgl. z. B. Hirsch, Joachim, a.a.O., S. 243 ff.

sung der anstehenden Planungsprobleme oder unmittelbar eine risikofreiere Sicherung der systemspezifischen Ziele zu gewährleisten, sondern vielmehr darin, als ein effizientes Argument gegen die beargwöhnte Ineffizienz der staatlichen Bürokratien herzuhalten, vor allem aber darin, die Gesamtstruktur des politisch-bürokratischen Apparates effizienter gestalten zu können. Das bedeutet konkret: durch gesteigerte Kontrollmöglichkeiten Dysfunktionen bei autonomen Teilbereichen abzubauen und durch stärkere Zentralisierung von Kompetenzen und Neuzuweisung von zu vollziehenden Funktionen an die autonomen Teilbereiche ein besser koordiniertes Gesamtverhalten des politisch-bürokratischen Apparates von der Kommune bis zur Staatsspitze, von der Legislative bis zur Exekutive sicherzustellen: »Nicht mehr restriktive Kontrollierbarkeit und Berechenbarkeit staatlicher Maßnahmen, sondern Planungskompetenz und taktische Flexibilität beim ökonomisch-sozialen ›crisis management‹ bestimmen unter den nun dominierenden Bedingungen (des monopolistischen Kapitalismus; d. Verf.) die Effizienz der Administration.«[102]

2.3. Abbau von Dysfunktionen

In einem System, das von seinen Apologeten gern als »dualistisch«[103] bezeichnet wird, geht es ohne Zweifel darum, die eine Seite, nämlich die der »globalen Maßnahmen« und der dem Staat anvertrauten Infrastrukturpolitik möglichst reibungslos und widerspruchsfrei zu gestalten. So formuliert Weyl vorsichtig: »Zielkonflikte und sachlich oder politisch begründete Meinungsunterschiede können ... leicht zu Kollisionen von grundsätzlicher Bedeutung führen (soll beispielsweise wirtschaftliches Wachstum Vorrang vor der Qualität der Lebensbedingungen haben oder umgekehrt?), die auf die Zielrealisierung durchschlagen und damit zu schweren Rückschlägen für die gesamte Strategie führen.«[104] Koordination aller Maßnahmen im Infrastrukturbereich und Abbau von Reibungsmöglichkeiten durch Konzentration der Planungs- und Kontrollkompetenzen in der Hand des staatlichen politisch-bürokratischen Apparates wird daher heute bereits von

---

[102] Hirsch/Leibfried, a.a.O., S. 242.
[103] Schiller, K.: »... unsere Wirtschaftsordnung sollte in dieser Weise dualistisch gegliedert sein, daß sie dem Staat nur globale Maßnahmen erlaubt; der Wirtschaftsverkehr und seine Regulierung sollten dagegen dem billigsten und besten Lenkungsinstrument überlassen werden, das wir dafür kennen, dem Marktmechanismus ...« Aus: Freiheitliche Wirtschaft – heute und morgen. In: Der Ökonom und die Gesellschaft. Stuttgart, 1964, S. 169.
[104] Weyl, Heinz: Raumplanung und Entwicklungsplanung. In: Stadtbauwelt 33, März 1972, S. 13. Klammer im Originaltext.

manchem als selbstverständlich akzeptiert.[105] Die Informations-Verbund-Systeme sind bei dieser Entwicklung Faktoren von nicht zu unterschätzender Bedeutung; ihre zu erwartenden Auswirkungen auf die beiden sich in der Tendenz traditionell dysfunktional verhaltenden Institutionen unseres demokratischen und föderalistischen Systems der BRD – die Parlamente einerseits und die Kommunen andererseits – sollen kurz im vorliegenden Material aufgeblättert werden.

2.3.1. Information für die Parlamente

Jeder Volksvertreter nimmt ideell zwei Funktionen im Parlament wahr, die beide dem politisch-bürokratischen Apparat zunehmend als dysfunktional erscheinen müssen: seine Kontrollfunktion über die Exekutive und seine Funktion als »Vermittler eines wie auch immer gearteten ›Volkswillens‹, indem (er) Bedürfnisse der Massen artikulieren und durchsetzen«[106] sollte; Bedürfnisse, die jedoch solange nicht auf der Prioritätenskala der staatlichen Planung erscheinen, wie ihre Nicht-Befriedigung nicht deutlich herrschaftsgefährdend ist und nicht als Teil des unmittelbaren Reproduktionsbereiches der Arbeitskraft verstanden wird[107]. Die Parlamente des Bundes und der Länder sind daher in gewisser Logik längst nicht mehr Adressat der Interessenverbände, die sich zur Verfolgung ihrer Interessen lieber gleich mit den zuständigen Ministerien an einen Tisch setzen. So geschieht es, daß die Parlamente in der Tendenz »zur Stätte notarieller Beglaubigung und öffentlicher Bekanntgabe zuvor vertraulich ausgehandelter Kompromisse degradiert werden... und in ihrer Arbeit abhängig (gemacht werden) von der ständigen Hilfestellung der Ministerialbürokratie«[108]. In den Worten von F. J. Strauß: ».... Ich habe etwas Bedenken dagegen, daß Entscheidungen und Verantwortungen, die nach der Natur der Sache bei der Exekutive liegen, in immer größerem Umfang von Teilen der Legislative unter Verwischung der Zuständigkeiten und Verantwortungen an sich gezogen wer-

---

[105] Vgl. etwa Laux, Eberhard: Kommunale Selbstverwaltung im Staat der 70er Jahre. In: Archiv für Kommunalwissenschaften, 9. Jahrg., 1970, 2. Halbjahresb., S. 217 ff. oder Tigges, H: Zentralistische oder föderalistische Kommunalreform? In: Archiv für Kommunalwissenschaften, 8. Jahrg. 1969, 2. Halbj.
[106] Hirsch, Joachim, a.a.O., S. 266.
[107] Vgl. Offe, Claus: Bürgerinitiativen und Reproduktion der Arbeitskraft im Spätkapitalismus. In: Grossmann, H. (Hrsg.): Bürgerinitiativen. Fischer-Taschenbuch, Frankfurt, 1971, S. 157 ff.
[108] Vgl. Hirsch, Joachim, a.a.O., S. 268.

den«[109], wird dieser Sachverhalt gründlich verdreht insofern, als F. J. Strauß davon auszugehen scheint, daß alle neuen Aufgaben des Staates »von der Natur der Sache« her bei der Exekutive zu liegen haben und die Legislative sich besser auf ihre traditionellen Funktionen beschränkt. Diese Beschränkung bedeutet aber ganz eindeutig Entmachtung; eine weitere Entmachtung ergibt sich aus der Abhängigkeit der Parlamentarier von der Bürokratie: »Wachsende administrative Planungstätigkeit verlangt von den Beteiligten ... vermehrtes Expertenwissen und detaillierte Kenntnis der komplexen ökonomisch-sozialen Zusammenhänge, über die ein durchschnittlicher Parlamentarier kaum verfügt. Die Position der politisch administrativen Führungsspitze gegenüber Parteimitgliedern, Fraktionen und Parlament verfestigt sich dadurch noch weiter; die Benachteiligung der ›Volksvertreter‹ geht auf entscheidenden Gebieten bis an die Grenze faktischer Entmachtung.«[110]

Das Bayerische Informations-Verbund-System ist als Beispiel bis zur Grenze des praktisch Möglichen auf eine Stärkung des staatlichen politisch-bürokratischen Apparates und eine Benachteiligung der Volksvertreter ausgelegt. Dies zeigt sich prägnant und nicht ohne Ironie an der Durchsetzung des von der bayerischen Landesregierung 1970 eingebrachten EDV-Gesetzes, bei dem das Parlament nur noch seiner eigenen Benachteiligung mangels Expertenwissens – allerdings nicht ohne fruchtlosen Protest – den demokratischen Segen erteilen durfte. Der strittige Punkt war, wie nicht anders zu erwarten, die Art und der Umfang des Zugriffs der Parlamentarier zu den im Bayerischen Informationssystem gespeicherten Daten: »Nach lebhafter Aussprache hatte die gesetzgebende Körperschaft übereinstimmend den Wunsch, ihre Beteiligung an einem späteren Informations-System schon im vorliegenden Gesetz – und nicht erst in einem späteren zweiten Gesetz – geregelt zu wissen.«[111] Da das Gesetz in seinem Entwurf vollständig auf die Belange der Ministerialbürokratie zugeschnitten war – die Hessen haben sich hier von Anbeginn mehr Sorge um die Wahrung eines demokratischen Anspruchs gemacht –, wurde zunächst der folgende Einschub in Artikel 1 auf Drängen des Landtags vorgesehen: »Das Datenverarbeitungssystem dient auch der

---

[109] Strauß, Franz Josef: 5. Deutscher Bundestag, 56. Sitzung vom 15. September 1966, S. 2770. Zitiert bei Huffschmid, J., a.a.O., S. 155.
[110] Hirsch, Joachim, a.a.O., S. 269. Vgl. hierzu auch Kamlah, R.: Der Informationsanspruch des Parlaments im Computerzeitalter. In: ÖVD 1 und 2/1971: »Dem Informationsvorsprung der Regierung gegenüber dem Parlament als Ganzem entspricht ein abgestufter Informationsvorsprung der Abgeordneten der jeweiligen Regierungspartei gegenüber der Opposition.« (S. 36)
[111] Scheubel, Josef, a.a.O., S. 22.

Information des Landtags...«[112]. Dieser Minimaleinschub ohne praktische Konsequenzen erschien dann den Abgeordneten doch zu wenig und es wurde ein unmittelbarer Zugriff auf alle gespeicherten Daten gefordert. So etwas konnte jedoch die Landesregierung keinesfalls billigen und mit dem Hinweis auf die Sicherheit des Staatsbürgers – der Staatsbürger habe »einen Anspruch auf Schutz seiner Einzeldaten, seiner Privatsphäre sowie seiner Geschäfts- und Betriebsgeheimnisse«[113] – schwang sie sich zum unerwarteten Schutzherrn des Bürgers gegenüber dem Parlament auf. In das Gesetz ging dann folgende Formulierung ein: »Der Landtag und der Senat haben Zugriff zu den gespeicherten Daten mit allgemeinem Informationsgehalt und mit planerischer Zielsetzung. Das Nähere wird durch eine Rechtsverordnung der Staatsregierung bestimmt, die der Zustimmung des Landtags bedarf.«[114]

Zugriff zu diesen Daten kann von der Regierung ohne Sorge gewährt werden, da keiner, auch nicht ein »überdurchschnittlicher Parlamentarier«, aus dem ungeheuren Wust von »Daten mit allgemeinem Informationsgehalt« ohne Expertenwissen sowohl brauchbare Planungsinformation als auch Einblick in die Arbeit des Staatsapparates und damit Kontrolle gewinnen kann; im Ernstfall kann die Landesregierung den Begriff »allgemein« eigenmächtig sehr eng fassen und den Zugriff einschränken. So kann im Bericht des Bayerischen Informations-Systems zynisch aber treffend vermerkt werden: »Die Verfasser der Studie haben in Gesprächen mit einigen Herren aus dem Parlament und Senat den Eindruck gewonnen, daß über die Möglichkeiten und die für den Zugriff zur Datenbank erforderlichen Einrichtungen vielfach unvollständige und unklare Vorstellungen bestehen.«[115] Dies die Meinung der Experten über die Parlamentarier, die gerade über das Gesetz zu beschließen sich anschickten. Die Richtigstellung der Experten zeigt dann unmißverständlich die Abhängigkeit des Parlamentariers vom Experten und vom bürokratischen Apparat, der die Vorauswahl der Information für den Parlamentarier trifft: »Für das Parlament und den Senat bedeutet dies (das Prinzip des BIS; d. Verf.), daß es unmöglich ist, daß einzelne Abgeordnete oder Senatoren sich durch Selbstbedienung über (das heißt auf dem Weg über; d. Verf.) dieses System informieren könnten. Vielmehr muß ein Team von umfassend ausgebildeten Systemspezialisten für die Auskünfte des Landtags und des Senats zur Verfügung gestellt werden.«[116]

[112] Ebd.
[113] Ebd.
[114] Bayerisches EDV-Gesetz, a.a.O., Art. 1, Abs. 2.
[115] BIS, a.a.O., S. 89.
[116] Ebd., S. 90. Die Problematik regierungsunabhängiger Systemspeziali-

Die Verstrickung des Abgeordneten in die Informations-Verbund-Systeme geht aber noch weiter, wenn Genscher von ihnen im Sinne der einmal sanktionierten Systeme automationsgerechte Gesetzeswerke fordert: »Soll die Exekutivtätigkeit automatisiert werden, dann wird dies um so leichter möglich sein, je mehr der Gesetzgeber seine Normen automationsfreundlich gestaltet. Es ist deshalb beabsichtigt, künftig die Gesetzentwürfe vor Zuleitung an den Bundestag auf ihre Eignung zum automatischen Vollzug zu überprüfen und dem Bundestag die Möglichkeit zur Beurteilung der Automationsgerechtheit eigener Initiativen zu geben.«[117] Konkret: die EDV führt nicht nur zur unmittelbaren Informations-Abhängigkeit des Parlamentariers von der Exekutive, sondern er muß auch noch die EDV als Sachzwang bei der Gesetzgebung anerkennen und die Exekutive als die einzige Institution, die aus ihrem Expertenwissen heraus die »Automationsgerechtheit« eines Gesetzes zu beurteilen und demzufolge zu sanktionieren vermag; statt zum Nutznießer wird der Abgeordnete zum Buchhalter der Sachzwänge der EDV. So gesehen klingt die Grundsatzerklärung der Bayerischen Staatsregierung von 1969 wie Hohn: »Einen Informationsvorsprung der Verwaltung und eine Benachteiligung des Parlaments darf es nicht geben«[118].

2.3.2. Von kommunaler Entwicklungsplanung zum kommunalen Entwicklungsvollzug

»Den Gemeinden muß das Recht gewährleistet sein, alle Angelegenheiten der örtlichen Gemeinschaft im Rahmen der Gesetze in eigener Verantwortung zu regeln...«[119] Dieser Absatz des Grundgesetzes muß dem mehr auf »Verhinderung gesamtwirtschaftlicher Krisen, der Stabilisierung und der Förderung eines gleichgewichtigen Wachstums durch aktive Wirtschaftspolitik«[120] verpflichteten politisch-bürokratischen Apparat des Staates aus dreierlei Gründen ein Anlaß zunehmenden Ärgers sein: 1. »Von der mittelfristigen Finanzplanung werden die Gelder der Länder und Gemeinden nicht erreicht, die jeweils etwas weniger als 30% der Gesamtsumme der öffentlichen Haushalte... ausmachen«[121], das heißt 30%, die der direkten Ver-

sten diskutiert Kamlah (a.a.O.). Er stellt dazu fest: »Die bisher geltenden EDV-Gesetze gewähren keinem Parlament einen unmittelbaren und unabhängigen Zugang zu einschlägigen Informations-Systemen« (S. 60).
[117] Genscher, H. D., a.a.O., S. 5.
[118] Zitiert bei Scheubel, Josef, a.a.O., S. 22. Vgl. auch Kamlah, a.a.O.
[119] Grundgesetz, Art. 28, Abs. 2.
[120] Huffschmid, Jörg, a.a.O., S. 177.
[121] Ebd., S. 178. Ausführlich für die Zeit von 1950–1966 vgl. Raske, W: Die kommunalen Investitionen in der BRD. Stuttgart 1971.

fügung des Bundes und der Länder entzogen sind und die nicht notwendigerweise konjunktur- und strukturgerecht eingesetzt werden.[122] 2. Die Kommunen, »der Kontrolle der von politischen Entscheidungen unmittelbar Betroffenen minder entzogen als die Bundesregierung«[123], verhalten sich gegenüber den »übergeordneten Zielen« des Staates oft indifferent; sie sind geneigt, mehr lokalen Problemen oft nichtig scheinender Art Gewicht beizumessen, zumal sie ständig den kurzfristigen Interessen der Einzelkapitale ausgesetzt und diesen nachzugeben bereit sind, dort, wo die eigenen Interessen der Steuereinnahmeerhöhung sich mit den Kapitalinteressen decken. Hierzu gehört etwa auch das Buhlen der Gemeinden untereinander um die Gunst ansiedlungsbereiter Industrie, die Bemühung um Steigerung ihrer Attraktivität durch Wohn-, Einkaufs- und Freizeitanlagen[124], kurz: der anarchische Wettbewerb der Kommunen untereinander. 3. Die Kommunen nehmen die ihnen zufallenden Aufgaben der Konkretisierung staatlich gesetzter Ziele, etwa im Infrastrukturbereich, nicht wirksam genug wahr und sind bei ihrer Finanzknappheit dazu wohl auch kaum von sich aus in der Lage.[125] »Zwischen dem wachsenden Bedarf an infrastrukturellen Einrichtungen und den Kosten für ihre Errichtung, ihren Betrieb und ihre Unterhaltung auf der einen Seite und den vorhandenen Mitteln auf der anderen Seite besteht ein wachsendes Mißverhältnis. Die beschränkt verfügbaren Mittel für die infrastrukturelle Ausstattung der Gemeinden erfordern deshalb ... einen schwerpunktmäßigen Einsatz nach den Zielen der Raumordnung, der Strukturpolitik und des Städtebaues.«[126] In diesem Satz aus dem Städtebaubericht 1970 der Bundesregierung wird die Richtung angedeutet, in der der Staat die grundgesetzlich garantierte Möglichkeit zum dysfunktionalen Verhalten der Kommunen zu umgehen weiß: staatliche Koordination und Kontrolle. Koordination der Kommunen im Hinblick auf die übergeordneten staatlichen Ziele; kontrollierte Einbindung in das Netzwerk der vielen von Bund, Ländern und Gemeinden gemeinsam

---

[122] Vgl. ausführlich zu den Ursachen Voigtländer, H.: Die Finanzzuweisungen an die Gemeinden und Gemeindeverbände in konjunkturpolitischer Sicht. In: Archiv für Kommunalwissenschaft, 9/1970, S. 303 ff.
[123] Huffschmid a.a.O., S. 178
[124] Vgl. hierzu das Hauptthema der Stadtbauwelt 27, Juni 1970.
[125] Ausfürlich hierzu Klüber, Hans: Das Gemeinderecht in den Ländern der Bundesrepublik Deutschland. Berlin, 1972 (Springer), S. 35 ff.; und Evers, A., M. Lehmann: Politisch-ökonomische Determinanten für Planung und Politik in den Kommunen der BRD. Aachen, 1972 (RWTH), S. 113 ff.
[126] Städtebaubericht 1970 der Bundesregierung vom 1. Dezember 1970; Bundestagsdrucksache IV, 1497.

getragenen Programme[127]: ein Planungs-Verbund, der geeignet ist, die heute bis an die Grenze des Möglichen verschuldeten und daher sich notgedrungen in Abhängigkeit begebenden Kommunen zu konjunktur- und zielgerechtem Verhalten an den »goldenen Zügel« der Schlüssel- und der speziellen Finanzzuweisungen[128] zu nehmen. Im Planungs-Verbund zwischen Kommunen und Staat wird eine dem im Grundgesetz verankerten Föderalismus genügende und in der Tat effiziente Form von Zentralismus gesehen, die, wie freudig theoretisiert wird, die alte dualistische Struktur von Kommunen und Staat ablösen kann: »Die Voraussetzungen für einen Dualismus zwischen kommunaler Selbstverwaltung und Staatsverwaltung sind damit (mit dem ›demokratischen Rechtsstaat‹; d. Verf.) entfallen. Es bestehen insoweit lediglich zwei sich ergänzende und miteinander verbundene Wirkungskreise.«[129] In der solchem zentralistischen Föderalismus angemessenen Form des Planungs-Verbunds spiegelt sich die Struktur des Bayerischen Informations-Verbundes wider: mit zunehmend gestärkten staatlichen Planungsinstanzen an der Spitze des Systems und dezentralen staatlichen und kommunalen Vollzugseinheiten, die jedoch formal den Anschein erwecken, als bliebe den Gemeinden die Planungsautonomie erhalten. Nur unterscheiden sich eben die beiden Formen der Planung: beim politisch-bürokratischen Apparat des Staates liegt schon heute die problemauswählende und zielgebende, die Entwicklung kontrollierende Planungsfunktion[130]; bei den Kommunen verbleibt letztlich die ausführende und konkretisierende, staatlich kontrollierte Planung im engsten technischen Sinn; dazu die Funktion der Ausregelung lokaler Krisen und Konflikte.[131] Aus autonomer kommunaler Entwicklungsplanung wird kommunaler Entwicklungsvollzug staatlich gesetzter Prioritäten: »Wir (Kom-

---

[127] Vom Stabilitätsgesetz bis hin zu den Gemeinschaftsaufgaben des Bundes, der Länder und Gemeinden.
[128] Vgl. Voigtländer, H., a.a.O., S. 306 ff.
[129] Hessen 80, a.a.O., S. 5.
[130] Wobei explizit darauf verwiesen werden soll, daß in der Wahl der Ziele so gut wie keine Freiheit besteht, sondern »planmäßige Wachstums- und Strukturpolitik ... zum systemimmanenten Zwang« (Ronge, a.a.O., S. 144) des Spätkapitalismus in der BRD gehört: »Planung hat jedenfalls nicht mehr den Anschein der Zukunftsoffenheit, der harmonischen Gestaltungsaktivität für eine neue, veränderte Gesellschaft, sondern hat im Gegenteil reaktiven Charakter: als derzeitiger Regulierungsmechanismus einer Gesellschaft, die jeweils bis zur nächsten Krise sich für adäquat hält« (Ebd. S. 24). Demgegenüber vgl. Weyl, H., a.a.O., S. 15.
[131] Vgl. hierzu als kompetent-systemimmanente Darstellung Lampert, H.: Die Gemeinde als wirtschaftspolitische Instanz, Manuskript d. Vereins für Kommunalwissenschaften. Berlin, 1968.

munen) geraten... hart an den Rand der Funktion, mittelbare Staatsverwaltung zu sein. Wir werden uns an dieser Grenze weiter zu stoßen haben, solange im Durchschnitt nur 28 % unserer Einnahmen aus eigenen Quellen, der größte Teil also aus im voraus häufig kaum zu kontrollierenden allgemeinen Zuweisungen besteht oder aus Zweckzuweisungen, wobei die Zweckerfüllung unter Umständen ein völliges Unterwerfen der Plan- und Prioritätenaufstellung mit sich bringen kann.«[132] Eine bereits seit langem angelegte und an den Gutachten des Sachverständigenrates[133], dem Stabilitätsgesetz und den Gemeinschaftsaufgaben längst absehbare Tendenz. Das qualitativ Neue, das durch die Informations-Verbund-Systeme eingebracht wird und das der Tendenz erst Wirksamkeit verleiht, ist darin zu sehen, daß gegenüber der bisher wegen Informationsmangels nur punktuellen und unsystematischen Kontrolle des Staates über die Kommunen von nun an eine landesweit vereinheitlichte Kontroll-Information speziell über das Finanz- und Planungsgebaren jeder einzelnen Gemeinde jederzeit den zentralen Kontrollinstanzen des Staates zur Verfügung steht und Kontrolle somit erst effektiv werden läßt.

Voraussetzung ist allerdings, daß die Kommunen weitgehend in die staatlichen Informations-Verbund-Systeme integriert werden und daß sie sich auch im Hinblick auf Hardware und Software einer zentralen Koordination und Kontrolle, einem Rahmenplan unterwerfen. Erst auf dieser Basis eröffnen sich für Innenminister Weyer neue Perspektiven: »Mit einigem Optimismus kann man sagen, daß mit der Pionierzeit der Datenverarbeitung... auch die Zeit der ›Alleingänge‹ zu Ende geht. Wir sind eingetreten in eine Phase, die nicht nur von der Möglichkeit, sondern geradezu von einem Zwang zur Integration beherrscht wird. Das bedeutet keineswegs eine Eindämmung der Einzelinitiative. Es bedeutet vielmehr die Notwendigkeit zur Koordinierung und Einordnung der Einzelvorhaben in einen Rahmenplan. Nur so kann aus dem bisherigen ›Wildwuchs‹ ein wohlgeordneter Garten werden.«[134] Daß sich dies nicht nur auf den Informations-Verbund, sondern gleichermaßen auf den auch in Nordrhein-Westfalen parallel geschalteten Planungs-Verbund bezieht, die beide zusammen erst einen »wohlgeordneten Garten« ausmachen, das soll im

---

[132] Reschke (Oberbürgermeister der Stadt Mannheim), a.a.O., S. 8. Vgl. auch Klüber, H., a.a.O., S. 37.
[133] Vgl. Jahresgutachten des Sachverständigenrates von 1969, der unter Ziff. 267 folgendes vorschlägt: Begrenzung der Autonomie autonomer Gruppen, Zentralisierung der Wirtschaftspolitik beim Bund, Aufhebung oder Einschränkung föderalistischer Strukturen, Begrenzung der Rigiditäten des Entscheidungsprozesses, in dem die Legislative der Exekutive mehr konjunkturpolitische Befugnisse überantwortet.
[134] Weyer, Willi, a.a.O., S. 11/13.

folgenden an vier Aspekten näher untersucht werden: 1. der »Zwang zur Integration«; 2. der Informationsfluß von den Kommunen zum Staat und die ordnende Hand von »Gärtner Staat«; 3. die Abhängigkeit der Kommunen von staatlichen Interessen im engsten Bereich der Informations-Verbund-Systeme; 4. die weiteren Konsequenzen der »Integration«: die im »wohlgeordneten Garten« des zentralistischen Föderalismus den Kommunen verstärkt zufallende und durch die Informations-Verbund-Systeme unterstützte Funktion der kurzfristigen, systemadäquaten Krisenausregelung im Reproduktionsbereich.

2.3.2.1. Zwang zur Integration

Seit langem weiß man aus der Organisationsforschung der großen Wirtschaftsunternehmen und der staatlichen technischen Bürokratien – Vorbild ist hier vor allem das USA-Verteidigungsministerium zur Zeit McNamaras –, daß scheinbar durch die Einführung der EDV ein Zentralisierungseffekt ausgelöst wird: »Ein wachsendes Unternehmen (und als solches könnten auch die mit mehr und mehr Aufgaben betrauten staatlichen Bürokratien angesehen werden; d. Verf.) wird in seiner internen Struktur einen Trend von funktionaler zur parallelen Funktionsgliederung aufweisen. Bei sonst gleichen Bedingungen wird ein dann auf Computerbetrieb übergehendes Unternehmen die entgegengesetzte Tendenz aufweisen... Es ist zu erwarten, daß mit der Einführung von Computern die Zahl der Führungsebenen abnimmt.., wir glauben daher, daß Computer-Systeme eine zentralisierende Wirkung ausüben.«[135] Der Grund hierfür wird folgendermaßen benannt: »Man ist sich weitgehend darüber einig, daß der Computer die Führungskräfte reichhaltiger, besser und rascher mit Informationen versorgt, die ihnen die Planung erleichtern. Heute erkennen sogar jene Kreise, die dem Computer am nachdrücklichsten die Fähigkeit absprachen, einen aktiven und maßgebenden Anteil an den täglichen Führungsentscheidungen zu übernehmen, im Computer eine Informationsquelle, die für den Planer von unschätzbarem Wert ist.«[136] Eine solche, jeglichen Nachweises ermangelnde Expertenhoffnung ist, wenn sie öffentlich vorgetragen wird, Sand in den Augen der »informierten Gesellschaft« und Honig für die Her-

---

[135] Whisler, Thomas L.: Veränderungen der Unternehmensstruktur durch Computer. In: Computer und Angestellte, a.a.O., Band 1, S. 295/298/301.
[136] Ebd., S. 307. Gegenteiliger Meinung sind unter anderen Simon, Herbert A., a.a.O.; Ackoff, R. L.: Management-Misinformation-Systems. In: Management Science, Dez. 1967. Hoos, I. S.: Informations-Systems and Public Information. Working Paper No. 112, Space Science Laboratory, UCLA, Dezember 1969, und der Verf., a.a.O.

zen der Verwaltungsfachleute: »Die Organisation muß den Bedingungen der EDV angepaßt werden«[137], lautet das sinngemäße Echo aus dem Bundesinnenministerium. Es wird unterstellt, daß die Zentralisierung – oder, was hier als synonym gelten kann, die »Integration« der Kommunen in das System staatlicher Planung – ein unabdingbar mit dem Computer verbundener Sachzwang wäre. Daß hier ein Sachzwang besteht, soll nicht geleugnet werden; nur resultiert er aus den sozio-ökonomischen Bedingungen des Spätkapitalismus in der BRD und läßt sich nicht irgendeiner neuen Technologie anlasten, denn der Computer ließe sich, wollte man es – oder könnte man es unter den gegebenen Bedingungen wollen –, genausogut für einen verstärkt dezentralisierten Föderalismus einsetzen[138], bei der die autonomen dezentralen Einheiten des Systems auf Grund »reichhaltigerer, besserer und rascherer Informationen« aus dem Informations-Verbund besser autonom planen könnten. Ein solcher dezentralisierter Föderalismus wäre jedoch mit hoher Wahrscheinlichkeit den gegenwärtigen Bedingungen nicht angemessen, könnte keine Garantie für den »Wachstumszwang«, der »objektiv besteht und nicht aus einer freien politischen Dezision erwächst«[139], bieten. So gesehen bleibt dem staatlichen politisch-bürokratischen Apparat dann offensichtlich nichts übrig, als eben die »Zahl der Führungsebenen zu reduzieren« und die sich bisher als dysfunktional erweisende Planungsautonomie der Kommunen de facto zu kassieren. Die Informations-Verbund-Systeme leisten diesem aus den Systembedingungen resultierenden »Zwang zur Integration« Vorschub, indem sie einen verstärkten und zugleich differenzierteren zentralistischen Föderalismus erst ermöglichen, bei dem de jure »insbesondere das Selbstverwaltungsrecht (der Kommunen) gewahrt bleibt«[140].

Dieser in ähnlicher Form häufig in Berichten zu Informations-Systemen angeführte Satz läßt vermuten, daß es in der Tat schlecht um die Selbstverwaltung bestellt ist. So zieht der Bericht zum Bayerischen Informations-System bei einem Ländervergleich folgendes Fazit: »Der Kern und Angelpunkt der dargestellten unterschiedlichen Lösungen dürfte in der verschiedenen Organisation der Datenverarbeitung im Verhältnis der Staats- und Kommunalverwaltung liegen. Die

---

[137] Genscher, H. D., a.a.O., S. 4.
[138] Ein Beispiel, wie im Rahmen des objektiv Möglichen doch von einer Zentralisierung abgesehen wird, bietet das sozialdemokratisch regierte und vergleichsweise wenig industrialisierte Land Niedersachsen, das auf ein Informations-Verbund-System der oben skizzierten Art verzichtet und die kommunale Automatisierung in den Vordergrund seiner Bemühungen stellt. Vgl. Stelljes, H. H.: Das Modellrechenzentrum Lüneburg. In: ÖVD 1/1971.
[139] Ronge, Volker, a.a.O., S. 142.
[140] BIS, a.a.O., S. 2.

Modelle reichen hier von überwiegend staatlich zentralistischen Lösungen bis zur (scheinbar; d. Verf.) kommunal-dezentralen Vorgehensweise. Die entsprechenden Nachteile bestehen in gewissen Gefahren für die kommunale Selbstverwaltung bei den zentralen Lösungen und der Besorgnis einer mangelhaften Koordinierung (siehe Weyers Zitat vom ›Wildwuchs‹; d. Verf.) beim dezentralen Modell.«[141]

2.3.2.2. Der Informationsfluß von Kommunen zum Staat

Bei den Kommunen sind Daten vorhanden, an die Länder und Bund bisher nicht ohne weiteres herankamen, die aber sowohl für die zentrale staatliche Planung als auch für die Kontrolle der Kommunen durch den politisch-bürokratischen Apparat unerläßlich sind. Diese Daten werden nun über die Informations-Verbund-Systeme für den Staat erschlossen: »Der Datenfluß von der kommunalen zur staatlichen Seite wird stärker sein als in der umgekehrten Richtung, denn die Masse der für beide Systeme (Kommunen und Staat; d. Verf.) interessierenden Information kommt von den Kommunen«[142]. Im geplanten Bayerischen Informations-System »bleibt die Gemeinde die entscheidende Informationsquelle des gesamten Datenverbundes. Deshalb muß jede Gemeinde Datenvermittlungsstelle sein.«[143]
Mit Hilfe dieser von den Kommunen eingebrachten Daten erhofft sich der Staat eine verbesserte Planung und Systemsicherung: »Für die zentrale Auswertung und Verarbeitung werden die obersten Entscheidungsinstanzen über den direkten Fernzugriff jeweils nur die Informationen abrufen, die für die anliegenden strukturellen Lenkungsmaßnahmen benötigt werden.«[144] Im »Nordrhein-Westfalen-Programm 75« ist in ersten Ansätzen festgelegt, was die Kommunen sich fürderhin unter den staatlichen »strukturellen Lenkungsmaßnahmen« vorzustellen haben: »Eine mittel- und langfristige Vorausschau der Planung soll dazu beitragen, die Absichten verschiedener Planungsträger und die notwendigen privaten und öffentlichen Investitionen von den Gemeinden sowie deren Förderung durch die zuständigen Stellen des Landes und Bundes frühzeitig und wirksam aufeinander abstimmen zu können.«[145] Im Rahmen solcher »integrierter« kommunaler Planungsprogramme, »die einen schwerpunkt-

---

[141] Ebd., S. 8; mit dem »kommunal-dezentralen Modell« ist das Nordrhein-Westfälische Informations-Verbund-System gemeint, das gewisse strukturelle Ähnlichkeiten zum bayerischen aufweist. Vgl. Weyer, W., a.a.O.
[142] Ebd., S. 87.
[143] Ebd., S. 79.
[144] Ebd., S. 105.
[145] Vorläufige Richtlinien für die Aufstellung von Standortprogrammen (NWP 75). Ministerialblatt für das Land Nordrhein-Westfalen, 1971, S. 1202.

artigen, zeitlich und räumlich koordinierten Mitteleinsatz der investierenden und fördernden Stellen zulassen«[146], ist es mit Hilfe von Planungs-, vor allem aber mit Hilfe von Kontrollinformation möglich, die Kommunen auf programmgerechtes Verhalten festzulegen, das heißt »durch laufende Kontrolle der Auswirkungen und Nebenwirkungen von notwendigen Einzelentscheidungen und Änderungen bestehender Planungsabsichten«[147] kann der Staat die Kommunen jederzeit und vor allem rechtzeitig zur Räson bringen, Sanktionen einsetzen und »Wildwuchs« abbauen, »ohne Einzelinitiative einzudämmen«, solange sie nur in die richtige Richtung geht.[148]

2.3.2.3. Abhängigkeiten der Kommunen vom Staat im Informations-Verbund

»Soll das Informations-System nicht nur die maschinelle Erledigung der bisher üblichen Arbeiten beinhalten, sondern darüber hinaus Entscheidungsgrundlagen für Planungsaufgaben auf jeder politischen Ebene erbringen, so muß der dafür notwendige ›Unterbau‹ an Informationen allen Ansprüchen genügen.«[149] Voraussetzung für die vom politisch-bürokratischen Apparat des Staates benötigte Planungs- und Kontroll-Information ist eine Vereinheitlichung des »Unterbaus« nach den Kriterien des Hauptinteressenten, denn »allen Ansprüchen zu genügen« dürfte technisch und politisch schlechthin unmöglich sein. Dies schafft in den folgenden vier Bereichen unmittelbare Abhängigkeit der bisher wildwüchsig – das heißt nach eigenen Erfordernissen – entscheidenden Kommunen von den klar umrissenen staatlichen Interessen:
1. Kompatible, also miteinander verträgliche, Hardware und Software. Im Entwurf des Nordrhein-Westfälischen EDV-Gesetzes heißt es dazu: »Datenverarbeitungs-Systeme einschl. peripherer Geräte sowie Datenerfassungsgeräte und Einrichtungen zur Datenfernübertragung sowie umfangreiche Programmsysteme dürfen nur im Einvernehmen mit dem Innenminister beschafft werden.«[150] In Bayern

[146] Ebd.
[147] Ebd.
[148] Daß im Nordrhein-Westfälischen Informations-Verbund-System eine »Strukturdatenbank« parallel zum Planungsprogramm aufgebaut wird, bedarf kaum sonderlicher Erwähnung. Vgl. hierzu Nordrhein-Westfalen-Programm 1975, Düsseldorf, 1970, S. 153.
[149] BIS, a.a.O., S. 84.
[150] ADVG, a.a.O., § 2, Abs. 2. Im Gesetzentwurf ist nicht deutlich zu erkennen, ob sich dieser Absatz nur auf die Landeseinrichtungen oder aber alle Einrichtungen, inclusive der der Kommunen, bezieht. Die Koordination der Kommunen »bei Systemauswahl von Datenverarbeitungsanlagen« wird dann klar in § 7 (2) und § 8 (1) festgelegt.

weiß man den »unwirtschaftlichen Fleckerlteppich«[151] unterschiedlicher kommunaler EDV-Anlagen dadurch zu umgehen, daß man sich die Firma Siemens ins Haus geholt hat, die sich in ihrem Bericht als allgemein kompatibel ins Licht zu setzen weiß: »Das Haus Siemens hat von Beginn an die Politik verfolgt, ein möglichst hohes Maß an Verträglichkeit mit den wichtigsten Mitbewerbern am Markt zu ermöglichen...«[152] An den Staat richtet Siemens daher auch nur die bescheidene Bitte, »keine Hersteller zum Zuge kommen zu lassen, die sich an die – auf Bundes- und Landesebene – getroffenen Kompatibilitätsnormierungen nicht halten«[153]. Das Bayerische EDV-Gesetz kann angesichts dieser Tatsache in Artikel 10 den Modus in scheinbar großzügiger Weise festlegen: »Staat, Gemeinden und Gemeindeverbände haben ihre Datenverarbeitungsanlagen so einzurichten und zu betreiben, daß zur Erfüllung ihrer gesetzlichen Aufgaben die Zusammenarbeit und der Datenaustausch gewährleistet sind.«[154] Im Falle der Abweichung von der vom Staatsapparat festgelegten Linie wird kein Zuschuß gewährt.[155]

2. Die Begriffe und Merkmale, die den Daten im Datenverbund zugrundegelegt werden, so zu vereinheitlichen, daß sie – im Sinne der staatlichen Planungs- und Kontroll-Information – bei allen Kommunen in gleicher Weise erfaßt und gespeichert werden können: »Datensätze sind einander anzupassen, einheitliche Ordnungsbegriffe verbindlich festzulegen, die Schnittstellen zwischen den Verwaltungen zu untersuchen und zu definieren.«[156] »Es erscheint unumgänglich, daß eine Kommission von staatlichen und kommunalen Anwendern einen ›Grunddatensatz zur Person‹ erarbeitet... zumindest ist darauf zu achten, daß die Sätze bei jeder Art von Datenträgern in Inhalt und Form gleich sind.«[157] Der bisherige für den Staat unbrauchbare Informationswirrwarr mit unterschiedlichen Begriffen, Datensätzen und Vollzugsweisen bei jeder Kommune wird im Sinne des Staates bereinigt; gemeindliche Sonderheiten fallen entweder unter den Tisch oder können als luxuriöser Zusatz geführt werden; so lautet eine der Anforderungen an kommunale Datenverarbeitungsanlagen im Bayerischen Informations-Verbund: »... – selbständige Verarbeitung von Daten, die in der kommunalen Datenbank (in der nur im obigen Sinn vereinheitlichte Daten enthalten sind; d. Verf.) nicht gespeichert

---

[151] BIS, a.a.O., S. 81.
[152] Ebd., S. 138.
[153] Ebd., S. 137.
[154] Bayerisches EDV-Gesetz, a.a.O., Art. 10.
[155] Vgl. Zitat zu Fußnote 67: Art. 13 des EDVG mit dem dort weggelassenen Schlußsatz: »Der staatlich-kommunale Ausschuß ist vorher zu hören.«
[156] BIS, a.a.O., S. 69.
[157] Ebd., S. 85.

sind und die für die Zusammenarbeit und den Datenaustausch mit dem Staat nicht benötigt werden.«[158]

3. Die Zuordnung der Kommunen zu einem regionalen Rechenzentrum wird vorgeschrieben und ist nicht der Wahl der Kommunen überlassen: »Es ist festzustellen, daß für die einzelne Gemeinde eine beliebige Auswahl eines kommunalen Rechenzentrums nicht möglich sein kann. Die Datenerfassung und Datenspeicherung muß sich nach regionalen und politischen Gegebenheiten ausrichten.«[159] Daß in Bayern und Hessen bei der Gebietsreform dann die »Rechenregionen« mit den »Planungsregionalen« zusammenfallen und dabei eindeutig staatliche und nicht kommunale Belange berücksichtigt werden, ist mehrfach Grund zu kommunalen Protesten gewesen.

4. Die Kommunen werden – zumindest in Bayern – als Mitgefangene des Systems auch mitgehangen: »Die hohen Kosten für Personal, Verarbeitungsanlagen und Sachkosten sollen auf möglichst viele Schultern verteilt werden, damit die einzelne Körperschaft nur gering belastet wird und damit eine echte Wirtschaftlichkeit der Datenverarbeitung gegeben ist.«[160] Aus der Sicht des politisch-bürokratischen Apparates des Staates läßt sich diese Lastenverteilung insofern begründen, als den Kommunen Vollzugsaufgaben belassen bleiben – »Selbstverwaltungsaufgaben« –, die dank dem Informations-Verbund automatisiert werden: »Die kommunalen Datenverarbeitungszentralen sollen sequentielle Massenarbeiten soweit als möglich an die kommunalen Datenverarbeitungsanlagen abgeben, weil sie dort bürgerschaftsnäher, schneller und wirtschaftlicher erfüllt werden.«[161] Anders besehen, hält sich der Staat von der Last der Vollzugsarbeit möglichst frei, weist sie den Kommunen zu[162] und gewinnt dafür im Informations-Verbund mit der übergeordneten Planungskompetenz die von ihm für wichtig erachteten Planungsinformationen. Wenn die Kosten gerecht auf alle umgelegt werden, schließt das eine vorläufige finanzielle Förderung nach Maßgabe des Staatshaushaltes nicht aus, zumindest solange der Staat daran interessiert ist, das Verbund-System erst einmal aufzubauen.

[158] Ebd., S. 80.
[159] Ebd., S. 85.
[160] Ebd., S. 82.
[161] Ebd., S. 79.
[162] Eine Praxis, die nach Klüber (a.a.O.) heute schon »zur Aushöhlung der Selbstverwaltung durch gesetzliche Pflichtaufgaben« (S. 38), die von den Ländern an die Kommunen delegiert werden, geführt hat: »Das Anwachsen der Pflichtaufgaben hat die personelle und finanzielle Kapazität der Gemeinden derart in Anspruch genommen, daß durch sie allein in vielen Fällen die Grenze der Leistungsfähigkeit nahezu erreicht oder gar überschritten wird« (S. 37).

2.3.2.4. Demokratisierung im Planungsverbund

»Der Bestand der kommunalen Selbstverwaltung gewährleistet einerseits, daß Verwaltungsleistungen in besonderem Maße auf die örtlichen Verhältnisse und die individuellen Bedürfnisse des Bürgers abgestellt werden und andererseits der Bürger in einem ihm überschaubaren Raum aktiv am öffentlichen Leben teilnehmen kann«[163]. Daß man diese zweifellos gegebenen Vorteile kommunaler Selbstverwaltung ohne deren »anarchische« Nachteile im zentralistischen Föderalismus beibehalten möchte, leuchtet ein, wenn man von der Erfahrung ausgeht, daß jede zentralistische Planung – also auch die des zentralistischen Föderalismus – an den Prioritäten des Staates – und diese in der BRD letztlich an denen der Gesamtkapitale – ausgerichtet ist, die sich in der BRD »wegen der fehlenden Kontroll- und Reaktionsmöglichkeit von unten kaum an den Bedünissen der Bevölkerung orientieren, sondern den Einflüssen der herrschenden Klasse ausgesetzt und ihrer Ideologie des ›immanenten Zwangs zur Expansion‹ verschrieben sind«[164]; oder in den Worten eines nicht ideologieverdächtigen Oberbürgermeisters: »Als Regulativ und bestimmender Faktor bei der Verwaltungsentscheidung (der Kommunen) dient (heute) nach dem Stabilitätsgesetz für uns nicht mehr das Wohl der Bürger, sondern das antizyklische Verhalten«[165]; daß zentralistische Planung somit eher Krisen sät als bewältigt, dürfte einleuchten. Für den zentralistischen Föderalismus geradezu konstitutiv ist daher die den Kommunen im Planungsverbund verstärkt zugewiesene Funktion der lokalen Krisenausregelung im Reproduktionsbereich, der Vermeidung der Ausweitung von Krisen über den lokalen oder beschränkt regionalen Rahmen hinaus und der Bedürfnisinterpretation der Bevölkerung bei den staatlichen Planungsinstanzen im Krisenfall. Daß damit das bisherige – gerade zitierte – Prinzip der Selbstverwaltung seines alten demokratisch-idealistischen Inhaltes entleert und im Sinne des Staates neu funktional zurechtgerückt wird, ist als Teil einer spätestens seit Erhard begonnenen »Reform der deutschen Demokratie«[165] anzusehen.

Im Kontext allgemeiner Zentralisierung erweist sich demnach eine beschränkte und kontrollierte Dezentralisierung – die Widerspiegelung des Gegenstromprinzips des Bayerischen Informations-Systems – als das geeignete Mittel zur lokalen Krisenausregelung. Die Kommune wird zum Ort und zur Instanz dieser lokalen Konflikt- und

---

[163] Hessen 80, a.a.O., S. 5.
[164] Huffschmid, Jörg, a.a.O., S. 184.
[165] Peschke, a.a.O., S. 7.
[166] Erhard, L., CDU-Parteitag 1965; zit. bei Huffschmid, a.a.O., S. 112.

Krisenbewältigung, wobei die Dezentralisierung unter die Ebene der kommunalen Verwaltung unmittelbar an die Basis der Bevölkerung heranreichen muß[166]: Bürgerinitiativen, Ad-hoc-Arbeitsgruppen, Studentenaktionen, aber auch lokale Gewerkschaftsinitiativen sind Elemente einer solchen für das Gesamt-System dreifach funktionalen Demokratisierung:
1. Die Empfindlichkeit des Systems bei der Aufspürung von Krisen wird erhöht. Da »ein rechtzeitiges Erkennen Voraussetzung für eine erfolgreiche Politik« ist, und die Informations-Verbund-Systeme kaum ausreichend empfindlich und schnell im Sinne eines Frühwarn-Systems reagieren können, müssen sie durch ein derartiges informelles Melde-System, das als Komponenten vorwiegend die lokalen Politiker einbezieht, ergänzt werden: der lokale Politiker und der Planer in der Kommunalverwaltung spürt eher als ein auf Daten aufbauendes Frühwarn-System, »wo es gärt und wo der Schuh drückt«[167].
2. Vor allem bei der Durchführung staatlich geplanter Maßnahmen, die von den Kommunen technisch realisiert werden, wird der Adressat von Bürgerinitiativen und Studentenaktionen zunächst die vollziehende kommunale Instanz und der lokale Politiker sein und nicht der planende politisch-bürokratische Apparat des Staates; die staatliche Instanz wird durch die Kommunen abgeschirmt gegen unmittelbaren Druck der sogenannten »informierten Öffentlichkeit«; es wird sichergestellt, daß sich die Kritik der Bürger auf die von den Kommunen zu verantwortenden Details der staatlich geplanten Maßnahmen richtet und nicht auf die Substanz der staatlichen Programme, die unverändert weitergeführt werden können.
3. Den aktivierten Bürgern, Studenten oder Schülern werden somit wohldosierte demokratische Erfolgserlebnisse im Detailbereich zuteil, die geeignet sind, den Glauben an die Demokratie zu stützen und die Loyalität der breiten Bevölkerung zu sichern.
Dieser dreifachen Funktionalität halber wird eine Demokratisierung von staatlicher Seite nicht nur toleriert, sondern geradezu gefordert, vor allem dort, wo es, wie im Städtebaubericht der Bundesregierung, darum geht, »vermeidbare Planungswiderstände zu vermindern, dadurch Planungsprozesse zu verkürzen und schließlich für die Ziele der Planung die Zustimmung der Bevölkerung zu finden«[168]. Eine dergestalt reformierte und funktionalisierte Demokratie ist jedoch für den Staat nur dann als Instrument einsetzbar, wenn sichergestellt ist,

---

[166] Vgl. hierzu Krämer, P. H.: Die bürgerschaftliche Selbstverwaltung unter den Notwendigkeiten des egalitären Sozialstaates. Berlin, 1970, S. 139 f.
[167] Vgl. ausführlicher hierzu Offe, Claus, a.a.O., S. 161. Vgl. auch Herman, C. F., a.a.O., S. 13.
[168] Städtebaubericht, a.a.O., 1. Teil, 1. Abschn.

daß sie sich im Rahmen des für den Staat Nützlichen hält, sich nicht verselbständigt und damit wieder dysfunktional wirkt. Das bedeutet, daß die Demokratisierung kontrolliert und überwacht werden muß. Hierzu muß die bereits erwähnte dritte Rückkopplungsschleife im Gegenstromprinzip der Informations-Verbund-Systeme zuverlässig funktionieren: die der Überwachungs-Information. Auf eilige Realisierung von Polizei-Auskunft-Systemen als Komponenten eines Informations-Verbundes wird nicht allein der Kriminellen oder der Sicherheit auf der Straße wegen gedrängt[169], sondern auch wegen der sogenannten politischen Sicherheit[170], wegen der damit gegebenen Möglichkeit zur Disziplinierung der als funktional erkannten Bürgerinitiativen: »Politische Bewegungen etwa, die sich mit den bestehenden Herrschaftsverhältnissen nicht abfinden und daher strukturstörend wirken, werden also nicht nur wirksam, sondern auch auf wirtschaftliche Weise bekämpft«[171].

Unter diesem Blickwinkel besteht von Seiten der staatlichen Sicherheitsorgane massives Interesse an möglichst weitgehender »Transparenz«: je größer der Einblick in die Privatsphäre jedes einzelnen, desto größer die Sicherheit des Systems. Im Entwurf des Bundesmeldegesetzes soll die Datenübermittlung zwischen Behörden zulässig sein, »soweit die Kenntnis der Daten zur Erfüllung ihrer Aufgaben erforderlich ist«[172], und der Bundesinnenminister (Verfassungsschutz) soll ermächtigt werden, »durch Rechtsverordnung zu bestimmen, welche personenbezogenen Daten zur Verfügung stehen müssen«[173]. Hierzu stellt Dammann fest: »In ihrem Zusammenwirken begünstigen die Regelungen der Datenübermittlung (im Bundesmeldegesetz)... die Tendenz, den Bürger mehr und mehr ›verwaltungsöffentlich‹ zu ma-

---

[169] Polizei-Auskunft-Systeme werden bei allen bisher geplanten Informations-Verbund-Systemen vordringlich betrieben und ab 1974 ist allgemein mit ihrer Fertigstellung zu rechnen.
[170] »Politische Sicherheit« war gerade in der letzten Zeit häufiger Gegenstand der Erörterung in Bundes- und Länderparlamenten. So hat Genscher in einem Bericht des Bundesamtes für Verfassungsschutz am 11. Januar 1972 die Ergebnisse seiner Recherchen vorgelegt und besonders die Situation an den Hochschulen und die »sicherheitsgefährdenden Bestrebungen von Ausländern« behandelt. »Von den jetzt im Bundestag vorliegenden Gesetzesänderungen zur Verbesserung der Ausländerbeobachtung verspricht sich der Bundesinnenminister eine bessere Handhabe gegen radikale ausländische Minderheiten.« (Tagesspiegel, 12. 1. 72, S. 2).
[171] Hirsch/Leibfried, a.a.O., S. 246.
[172] Entwurf des Bundesmeldegesetzes, § 16. In: Bundestagsdrucksache IV, 2654. Gemeint sind »alle Stellen, die Aufgaben der öffentlichen Verwaltung übernehmen«.
[173] Ebd., § 17.

chen«[174]. Die ganze noch offene Problematik des »Datenschutzes« kommt hier zum Ausdruck; wobei es weniger um den Mißbrauch durch unbefugten Einblick Außenstehender, als vielmehr um »Mißbrauch, der sozusagen schon von Gesetzes wegen vorgesehen ist«[175] geht, um den »Schutz einer in seiner Rechtsgrundlage unsicheren Privatsphäre«[176] gegenüber dem Staat und seinen Organen. Denn im gesetzlichen Rahmen des Bundesmeldegesetzes gestatten die in den Dateien des Informations-Verbundes gespeicherten Daten zu jeder einzelnen Person ohne Mühe und ohne Zeitverzug eine laufende Überwachung all jener Personen, die sich zum Beispiel in Bürgerinitiativen, Streiks, Studentenaktionen in irgendeiner Weise hervortun. Jede Beteiligung an politischen Aktionen, jede Mitgliedschaft in Parteien, jede Zugehörigkeit zu einer »Risikobevölkerung«, ja jedes Ausleihen von sogenannter »linker Literatur« in den öffentlichen Bibliotheken – »ein ständiger Zugriff auf alle Ausleihedaten eines Buches ist möglich«[177] – kann durch die Polizei-Auskunft-Systeme mit den Personendaten des Bestandes und eventuellen Auszügen aus Strafregister und anderen Quellen zu Dossiers zusammengestellt werden. Solche Dossiers werden im Informations-Verbund elektronisch geführt und stehen auf Abruf an jedem dafür ausgerüsteten Ort auf Bildschirm oder als Ausdruck zur Verfügung. Bisher konnten solche Dossiers nur mit erheblichem Aufwand an Zeit und Mühe und dann nur in schriftlicher Form geführt werden; alles Gründe, sie auf einen engen Kreis »riskanter Personen« zu beschränken. Technokraten tendieren dazu, über diese Möglichkeit die Achseln zu zucken und sie mit Hinweis auf ihre eigene »weiße Weste« als belanglos abzutun; Politiker tendieren dazu, Polizei-Informations-Systeme zu begrüßen und gleichzeitig die Existenz von Dossiers zu leugnen. Im Verlauf der Diskussion in den USA, die uns in dieser Entwicklung nur um einige wenige Jahre voraus sind, mußten die zuständigen Sicherheitsbehörden in den Hearings des Kongresses nach langem Drängen zugeben, daß solche Dossiers doch geführt werden und daß man vorhatte, im Zuge des nationalen Informations-Systems weitesten Gebrauch davon zu machen[178]. Man sollte auch bei uns

---

[174] Dammann, Ulrich: Zum Datenschutz im Einwohnerwesen. In: ÖVD 2/1972, S. 72.
[175] Ebd., S. 70.
[176] Auernhammer, Herbert: Gedanken zur Datenschutzgesetzgebung. In: ÖVD 1971, S. 24.
[177] BIS, a.a.O., S. 101.
[178] Vgl. etwa Hearings des U. S. Congresses zum Thema »Intrusion on Privacy«, Washington DC, 1966, oder Hoos, Ida S.: Informations-Systems..., a.a.O., S. 33 ff. Vgl. zu den in der BRD gemachten Empfehlungen: Schnur, Roman: Strategie und Taktik der Verwaltungsreform.

davon ausgehen, daß mit den Informations-Verbund-Systemen und den Polizei-Auskunft-Systemen als deren Komponenten elektronische Dossiers in weit größerem Umfang als bisher geführt werden und im Zuge der tolerierten Demokratisierung in folgender Weise Sanktionen des Staates zur Überwachung und Disziplinierung der demokratisierten Basis zulassen:
1. Auf der ersten Stufe der Überwachung werden im Informations-Verbund für alle Mitglieder von bereits etablierten Bürgerinitiativen Dossiers geführt, die laufend durch neue Informationen ergänzt werden können; hier genügen bereits mündliche Berichte, Nennungen in der Lokalpresse usw.
2. Zeigen sich bei einzelnen Mitgliedern Anzeichen von Radikalismus, Indoktrination oder Agitation, wird also vom Pfad der als nützlich zugestandenen Demokratie abgewichen, dann kann neben der Führung der Dossiers in der zweiten Stufe eine unmittelbare Überwachung etwa der Telefongespräche eingeführt werden.
3. Auf der dritten Stufe folgen dann die bisher bekannten Formen persönlicher Überwachung, zusätzlicher Informationsbeschaffung, Haussuchungen usw.
Mit unmittelbaren Sanktionen des Staates, etwa bei der Einstellung in den öffentlichen Dienst, ist erst auf der zweiten Stufe der Überwachung zu rechnen. Ab der zweiten Stufe wird auch die durch die Notstandsgesetzgebung rechtskräftig gewordene Vorbeugehaft wirksam. Stehen irgendwelche größeren politischen Aktionen bevor, dann können die »Rädelsführer« nach Abfrage der elektronisch gespeicherten Dossiers rechtzeitig herausgefunden und in Verwahrsam genommen werden. Eine solche Vorbeugehaft erbringt weitere wichtige Information für das Dossier des jeweils in Verwahrung Genommenen.
Aber die Disziplinierung wirkt nicht nur unmittelbar, sondern nachhaltig, insofern als jeder, der nicht Berufsrevolutionär werden will, sondern sich eine irgendwie geartete bürgerliche Karriere vorstellt, bei jeder politischen Aktion sein Dossier im Auge behalten muß: wer sich als Schüler bereits zu links gab, dürfte Schwierigkeiten bei der Zulassung zur Hochschule haben; wer als Student zu weit links stand, kann kaum Assistent werden und nach den neuesten Maßnahmen der Länder ist ihm auch der Weg in andere Zweige des öffentlichen Dienstes erschwert, wenn nicht gar verschlossen[179]; wer als Lehrer zu

Baden-Baden, 1966, speziell S. 28 ff.: »Angesichts der allgemeinen politischen Entwicklung in der Bundesrepublik erscheint es auch bei Reformvorhaben... nicht ganz abwegig, in den von der Reform bedrohten Gebieten ein besonderes Augenmerk auf die echten Intellektuellen zu haben.«
[179] Siehe Spiegel vom 3. 5. 1972: Interview mit Innensenator Ruhnau,

viel Marx aus der Stadtbibliothek ausleiht[180], kann dies als Argument gegen sich verwendet wissen und wer als Bürger nicht rechtzeitig ruhig ist, kann jederzeit die Rückseite der »freiheitlich-demokratischen Grundordnung« kennenlernen. Bereits die erste Stufe der Überwachung dürfte einen disziplinierenden Effekt auf ängstliche Gemüter haben und der normalen Bürgerinitiative, bei der es um den Standort des neuen Kraftwerkes, die Verlagerung einer Mülhalde oder um eine Schule für ein neues Wohngebiet geht, dürfte in gedämpften, demokratisch einwandfreien Bahnen verlaufen, und schnell »für die Ziele der Planung die Zustimmung der Bevölkerung« finden lassen. Manch braver Bürger, der sich durch seine »weiße Weste« gegen ein Dossier zu seiner Person gefeit wähnt, dürfte in seinem Glauben gründlich durch die folgende, bereits beschränkt praktizierte Anwendung der Statistik erschüttert werden: auf Grund statistischer Analysen politisch aktiver Gruppen wird ermittelt, welchen Gruppen der Bevölkerung sie zuzurechnen sind, welches die für sie charakteristischen Merkmale sind, die in den Dateien des Informationsverbundes gespeichert sind: Alter, Einkommen, Ausbildung, Geburtsland usw. Es lassen sich dann in der Umkehr der statistisch ermittelten Ergebnisse »Risiko-Gruppen« beschreiben, die besonders präjudiziert sind für »aufsässiges Verhalten«[181]; es ist für eine entsprechend mit Computer und Programmen ausgestattete Polizei ein leichtes, im Infor-

Hamburg, als prägnantes Beispiel für die Gesellschaftskonzeption, von der aus die »freiheitlich-demokratische Grundordnung« de facto unterlaufen wird, mit dem Argument, man müsse sie gegen jene schützen, die vorhaben, sie im Sinne eines Verfassungsauftrages zu erfüllen.

[180] In Nordrhein-Westfalen wird mit 2000 linksgerichteten Grundschullehrern gerechnet, die als »Gefahr für die Gedanken einer freiheitlich-demokratischen Ausbildung angesehen werden« (Aachner Neue Zeitung, 24. 4. 1972).

[181] Vgl. hierzu die mit Unterstützung der DFG durchgeführte Untersuchung an »linken« Studenten von Rainer Höttler, TU Berlin, aus der der Tagesspiegel in seiner Ausgabe vom 16. 1. 1972 folgendes zitiert: »Es ist auffallend, daß die ›linken Progressisten‹ sich keineswegs aus der von ihnen so gerne zitierten ›Schicht der Unterprivilegierten‹ rekrutieren; sie zählen nicht zu den Studenten, die aus Arbeiterfamilien stammen. Ausnahmslos verfügen ihre Eltern, zumindest jedoch ein Elternteil, über eine akademische Ausbildung. Und umgekehrt: Wenn die Mutter eine akademische Ausbildung besitzt, kann man häufig beobachten, daß der Sohn bzw. die Tochter zur Gruppe der ›linken Progressisten‹ tendiert.« Von hier ist es nur ein kleiner Sprung, im Zusammenhang mit der zentralen Immatrikulationsstelle in Hamburg jene Studenten, die aus einer solchen risikoschwangeren, bürgerlichen Umwelt stammen, möglichst weit über das Bundesgebiet zu verteilen oder gar nicht zuzulassen zu Fächern, von denen man weiß, daß sie leicht zur Radikalität führen (Soziologie, Architektur).

mations-Verbund-System jede erfaßte Person – und das ist jeder einzelne Bürger des jeweiligen Landes – routinemäßig daraufhin abzufragen, ob sie etwa in ihren Merkmalen einer solchen Risiko-Gruppe angehört. Ist dies der Fall, dann kann vorsichtshalber ein Dossier angelegt werden – auch wenn scheinbar nichts gegen sie vorliegt; sie wird damit auf der ersten Stufe überwacht. Durch die Möglichkeit zur ständigen Verifizierung der statistischen Ergebnisse an Hand der Daten tatsächlich politisch aktiver Bürger können die Analyseergebnisse laufend verbessert werden und die Treffsicherheit in bezug auf »Risiko-Gruppen« kann für praktische Zwecke außerordentlich hochgetrieben werden.

Auf dieser Linie liegen auch die im Bundesforschungsbericht III vorgeschlagenen Schwerpunkte sozialwissenschaftlicher Forschung, die im Zusammenhang mit den Informations-Verbund-Systemen und der erkannten Krisenproblematik ein neues Gewicht erhält, ja geradezu Voraussetzung zu sein scheint für die Erschließung all des in den Informations-Verbund-Systemen gespeicherten Datenmaterials: »Die Politik und die Sozialwissenschaften können mit Hilfe moderner Dokumentationseinrichtungen Querschnittsanalysen der gesellschaftlichen und politischen Verhältnisse vornehmen und Bestrebungen zur Prognose der gesellschaftlichen und politischen Entwicklung bei Veränderung bestimmter politisch beeinflußbarer Variablen leisten«[182]. Konkret werden folgende Themen genannt: »Konfliktmöglichkeiten der Gesellschaft in den siebziger Jahren; Folgekosten der Vermehrung der Freizeit und disponibler Kaufkraft; ...Schwerpunkte antidemokratischer und antiparlamentarischer Einstellungen in der Bevölkerung«[183].

3. Realisierung und Widersprüche

Der zur Verfügung stehende knappe Raum gestattet es nicht, ausführlich auf die Strategie der Implementation der Informations-Verbund-Systeme einzugehen, die zwei Taktiken einzusetzen weiß:
1. auf der einen Seite Verharmlosung der angestrebten Ziele, Aufbau technischer Kulissen, Anpreisung der »Bürgernähe«. So bemüht man sich, dem Bürger nahezubringen, daß die Automatisierung der öffentlichen Verwaltung »notwendig ist im Interesse einer bürger-

---

Ein weiterer kleiner Sprung ist es, die Kinder einer solchen Risikobevölkerung bei der Entscheidung über die Aufnahme in den öffentlichen Dienst besonderer Kontrolle zu unterwerfen.
[182] Bundesforschungsbericht der Bundesregierg., Nr. III. Bonn, 1969, S. 71.
[183] Ebd., S. 72.

schaftsnahen Verwaltung«[184], oder man spricht von »bürgernahem Service«[185]. Genscher führt dann aus, was darunter zu verstehen sei: »Die Automatisierung darf nicht bürgerfremd bleiben. Solange der Bürger Bescheide bekommt, die auch für einen Menschen mit guter Schulbildung nicht zu verstehen sind, solange erhebliche Verzögerungen bei der Gewährung von Leistungen mit dem Einsatz der EDV motiviert werden, muß mit automationsfeindlicher Einstellung gerechnet werden«[186]. »Bürgernähe« besteht, so scheint es, darin, daß der Bürger Information gibt und Bescheide erhält, statt daß er Information erhält und seine Entscheidung gibt.

2. Auf der anderen Seite eine »Montagebauweise«, das heißt die Informations-Verbund-Systeme werden aus kleinen, in sich selbst immer sachlich vertretbaren Bereichen zusammengebaut, bis schließlich das System mit allen seinen Raffinessen vollständig entwickelt ist; dies liegt zum einen in der Natur der Sache, die zu umfangreich ist, sie in einem Anlauf zu realisieren; man neigt aber dazu, eine Vernebelungstaktik daraus zu machen: da wird das Personenkennzeichen, das erst Grundlage für die Zusammenführung aller Daten im Informations-Verbund ist, per Gesetz und unter dem Vorwand der generellen Nützlichkeit eingeführt[187], da werden EDV-Gesetze erlassen, da werden große Forschungsvorhaben zur Dokumentation und Informations-Wissenschaft von der Bundesregierung unterstützt[188], die nur scheinbar ohne unmittelbare Nutzanwendung sind, da werden außeruniversitäre Forschungsinstitute wie das »Wissenschaftszentrum Berlin«[189] gegründet, da wird in Bayern die kommunale Polizei ver-

---

[184] Jähnig, Werner, a.a.O., S. 16.
[185] BIS, a.a.O., S. 1.
[186] Genscher, H. D.: Die öffentliche Verwaltung..., a.a.O., S. 5.
[187] Bundesmeldegesetz: »Wesentliches Anliegen des von der Bundesregierung am 5. 11. 71 im Bundestag eingebrachten Entwurfs eines Gesetzes über das Meldewesen (Bundesmeldegesetz) ist die Einführung eines bundeseinheitlichen Personenkennzeichens (PK). Nach der Konzeption des Bundesministers des Inneren soll jeder Einwohner bis voraussichtlich 1975 zusätzlich zu seinem Namen eine 12stellige Nummer erhalten, die seine zweifelsfreie Identifikation ermöglicht und unter der personenbezogene Daten mit Hilfe der automatisierten Datenverarbeitung für öffentliche Aufgaben ausgewertet werden können.« Aus: Einleitung zum Entwurf der Einführung des Personenkennzeichens (PK) in Nordrhein-Westfalen; Innenministerium des Landes Nordrhein-Westfalen, November 1971.
[188] Etwa im Bereich dessen, was offiziell unter »Friedensforschung« läuft. Vgl. Weingart, Peter: Friedensforschung und Futurologie – Wege zur heimlichen Programmierung der Wissenschaft. In: Futurum 3/1970.
[189] Vgl. ausführlich zum Programm des WZB: Leibfried, Stefan: Befriedungsforschung? Zur Konflikt- und Friedensforschung am WZB. In: Futurum 3/1970.

staatlicht, in Nordrhein-Westfalen wird das Nordrhein-Westfalenprogramm verabschiedet und allenthalben die Gebietsreform als Teil der Gesamtstrategie betrieben. Die Liste ließe sich beliebig verlängern; bei den meisten dieser Elemente kann der Eindruck gewahrt bleiben, es handele sich um eine begrenzte technische Neuerung ohne weiterreichende Wirkung; so etwa ging das Personenkennzeichen im Gegensatz zu den USA ohne breite öffentliche Diskussion in erster Lesung über die parlamentarische Bühne; es wurde nur die Nützlichkeit diskutiert.

Warum die Verharmlosung, die Anpreisung der »Bürgernähe« und die »Montagebauweise«? Weil, wie die Hessen es in ihrem Bericht vorsichtig formulieren, eine ernst zu nehmende Vertrauenskrise bei der Öffentlichkeit mit dem offenen Eingeständnis der Strategie und der eigentlich verfolgten Ziele zu befürchten ist: »... eine Art von neugieriger Beunruhigung gerade gegenüber den die Datenverarbeitung verwendenden staatlichen Stellen verbleibt; so ist dafür das latente Spannungsverhältnis zwischen Bürger und Staat ursächlich, das auch die Demokratie bisher nicht abzubauen vermochte... Nie ausschließbare Fehlleistungen einzelner Personen in der Verwaltung, aber auch nur Mißverständnisse und Mißdeutungen können bei einer derartigen Grundhaltung schnell zu einer allgemeinen Vertrauenskrise führen, die sich nachteilig auf das demokratische Bewußtsein des einzelnen und damit auf die Gesellschaft in ihrer Gesamtheit auswirken muß«[190].

Hier zeigt sich einer der vielen Widersprüche, die mit dem Aufbau der Informations-Verbund-Systeme verbunden sind: der politisch-bürokratische Apparat des Staates muß sie forciert aufbauen, steht er doch unter dem Zwang, effizient zu planen, zu kontrollieren und zu überwachen, um Krisen zu vermeiden und »erfolgreiche Politik« zu betreiben. Mit dem Aufbau der Informations-Verbund-Systeme bereitet er aber auch den Boden für neue Krisen: Loyalitätskrisen, da die Bürger an der Aufrichtigkeit der Bemühungen berechtigte Zweifel haben müssen. Kaum etwas muß der politisch-bürokratische Apparat jedoch mehr fürchten als eine Loyalitätskrise[191], und er muß alles daransetzen, sie zu vermeiden, wozu nicht zuletzt die Überwachung des einzelnen und seine Disziplinierung mit Hilfe eines Informations-Verbund-Systems herhalten soll. Altvaters Schlußfolgerung aus anderen Bereichen staatlicher Intervention gilt auch hier: »Es sind dem Staat nur die Oberflächenbewegungen der bürgerlichen Gesellschaft

---

[190] Hessen 80, a.a.O., S. 21.
[191] Vgl. ausführlich zur Massenloyalität: Offe, Claus: Das politisches Dilemma der Technokratie. In: Koch, C., D. Senghaas (Hrsg.): Texte zur Technokratiediskussion. Frankfurt (EVA), 1970.

zugänglich, nicht aber die ihnen zugrunde liegenden Gesetzmäßigkeiten. Jedes staatliche Handeln zur Behebung oder Verringerung von Konflikten setzt daher neue Konflikte ..., da die Krise nur die unmittelbar sich aufdrängende Erscheinungsform der sich verschärfenden Widersprüche ist.«[192]
Information ist offensichtlich doch nicht alles!

---

[192] Altvater, Elmar, a.a.O., S. 33.

Namensregister

Aaron 104
Ackoff, R. L. 168, 298
Adler, Leta M. 227
Albert, H. 168 f., 174, 179, 189, 201
Altvater, Elmar 65, 105, 113, 116, 264, 267, 270, 289, 312
Anastasi, Anne 234
Anochin 49
Arnstein 110
Arrow, K. J. 203, 207 f., 218
Ashby, William Ross 11, 80, 177, 180, 216
Auernhammer, Herbert 307

Bahnson, Claus 242
Balbus 101
Barnard 25
Barone, Enrico 167
Bauer, Raymond A. 96, 102, 167, 223, 228, 244, 250, 266
Beer, S. 71 f., 76, 197
Bell, D. 71, 104
Bellman, R. 204
Benard, J. 207
Bentham, Jeremy 130
Bergson, Abram 229
Bernstein, E. 167
Bertalanffy, L. 179
Bertaux, P. 32
Besters, H. 169
Biderman, Albert A. 228, 239
Biedenkopf 112
Birchel, R. 179
Blau, Peter M. 256
Blizzard, Samuel 232
Bloch, E. 47

Bönisch, A. 178
Brandt 101
Braybrooke, David 123, 138, 140, 169, 271
Breslow, L. 241
Bresse, J. 285
Bridgeman, J. 224
Bronfenbrenner, M. 192
Broom, Leonard 237
Bruche, Gert 244
Buck, G. 33
Buell, P. 241
Buhr 39
Burisch 112

Cadwallader, M. L. 26 f.
Campbell, Robert W. 229
Carnap, Rudolf 59
Century, Christian 232
Chakravarty, S. 192, 196
Cherniak, Ju. J. 219
Chramoi, A. W. 16
Chruschtschow 229
Churchman, C. West 72, 81, 102, 124, 126, 202 f., 269
Cohen, St. 78, 80, 85, 108, 112, 116
Comte 12
Cook, Peter 104
Coppinger, John M. 138
Cottrell, Leonard S. 237
Couffignal, L. 191
Crecine 78, 95 f.
Crozier, M. 80

Dammann, Ulrich 307
Damus, Renate 9, 33, 44 f., 48, 63
Davis, Beverly 240
Degen, Ulrich 9 f.

Dennis 112
Dentler, R. 115
Deppe 112
Deutsch, Karl W. 20 ff., 77, 104
Dewey, John 130, 163
Dexter 96
Deykin, Eva 227
Diesing, T. 78
Dohle, M. 265
Domar 199
Dreger, R. M. 234
Dror, Y. 172
Duncan, Otis Dudley 240, 256

Easton, D. 21
Edelmann 109
Eijck, C. J. v. 207
Elliot, J. E. 204
Engels, Friedrich 35, 38, 42, 66
Enthoven 77
Erhard, Ludwig 167, 304
Esser, Josef 71, 77 ff., 82, 99
Etzioni, Amitai 20 ff., 24 f., 71, 92, 104, 108, 117, 125, 223, 232, 239, 243, 279
Euchner, W. 167
Eucken, W. 166 f.
Evers, A. 265, 295

Fagen, R. E. 12
Fehl, Gerhard 263, 271
Ferriss, Abbott 255
Fester, Mark 70, 75, 172 ff., 177
Feuerbach 69
Feyerabend 72 f.

Fichter, Joseph H. 231
Flechtner, H. J. 41, 69, 180
Förstner, K. 194
Forrester, F. 73, 76, 84
Forrester, J. W. 20 f.
Fox, K. A. 184, 187, 189, 192, 197
Frank, H. 35, 40 f., 51 f., 69
Freeman, Howard E. 226 f., 244
Friedrich, Jürgen 9 f., 33
Frisch, R. 168, 182 f., 207

Gäfgen, G. 184, 204
Gäng, Peter 125
Galbraith 104, 173
Gardener, John 257
Geisten, C. v. 265
Genscher, H. D. 268 f., 280, 294, 298, 306, 311
Geyer, H. 180, 194
Glaser, Daniel 228, 239
Glasser, Betty 227
Glock, Charles Y. 231
Goldhammer, Herbert 256
Goodman, Leo A. 240
Gore, W. 176
Gorz 116
Granick, David 233
Gross, Bertram M. 223, 225, 228, 244, 251, 266
Großkopf, A. 271
Grossman, G. 219, 291

Habermas, J. 45, 48, 117, 175, 177
Hacker 105
Hadley, G. 206
Häusermann 71
Häussermann 112
Haldane, I. B. S. 194
Hall, A. D. 12
Haseloff, O. W. 32
Hayek, F. A. 167
Hegel 34 f., 63
Henriot, Peter J. 247

Herman, Charles F. 289, 305
Hickel, Rudolf 107
Hirsch 70, 76, 82, 105, 107, 178, 264, 266, 283, 285, 287 ff., 306
Hiss, F. 99
Hobbe 133
Höttler, Rainer 309
Homans, Georg C. 18, 28 f., 31
Hoos, Ida S. 267, 289, 298, 307
Huffschmid 82, 171, 266, 292, 294 f., 304
Hyneman, Charles S. 140, 142 f., 147, 150, 152 f., 157, 159 ff.
Hyman, M. 242
Hurwicz, L. 218
Hujer, Reinhard 119 ff., 124 f., 165 f., 169, 179, 181, 185

Ipsen, Dirk 119 ff., 179, 181, 185

Jackson 95
Jaeggi 285
Jähnig, Werner 266, 271, 274, 310
Jochimsen, R. 78, 96, 169, 172, 202, 205
Johnson, Lyndon B. 246, 258

Kabkči, A. 179
Kade, Gerhard 119 ff., 124 f., 166, 172 ff., 179 ff., 185, 196, 202, 205 f.
Kahn, A. G. 202 f.
Kalabaß, R. 204
Kamlah 292, 294
Kannegießer, K. 35, 49, 54
Kant 127 f.
Karlin, S. 218
Karry 284
Katona, G. 212

Kempski, J. 201
Kendrick, John 228
Kent, A. P. 240
Kern 101, 112
Keyne 179, 183, 185, 187
Kirchheimer 84
Kirschen, E. 207
Kirschenmann, P. 13
Kitow, A. J. 34
Klages, H. 171
Klaus, Georg 9, 33 ff.
Klein, H. 176
Klein, L. R. 183
Klüber, Hans 295, 297, 303
Knoop, Jan 263
Koch, C. 174 f.
Kolman, L. 35, 49
Kornai, J. 217 f.
Krauch, H. 174, 177 f.
Kraft, Sabine 138
Kraft, Victor 168
Krause 110
Kristol, Irving 236
Krämer, P. H. 305
Kuhn 75

Lakatos 75
Lancaster, K. 162
Lang, E. 31
Lange, Oskar 40, 43, 180
Laswell, Harold D. 18, 262
Laux, Eberhard 291
Lazarsfeld, Paul F. 226, 237, 239, 242
Lehman, Edward, W. 223, 242, 279
Lehman-Grube, H. 271
Lehmann, M. 295
Leibfried, Stefan 70, 76, 105, 178, 266, 283, 285, 287 f., 306, 311
Leichter 167
Lenin 35
Lermann, P. 115
Lerner, Daniel 263
Ley, H. 55
Lilienfeld, A. M. 240 f.

Lindblom, Charles E. 78, 123, 138, 140, 169 f., 271
Lipset, R. G. 162
Lipset, Seymour M. 237
Lipták, Th. 217 f.
Ljapunow, A. A. 34
Lompe, K. 173
Lowi, Th. 90, 105
Luck, H. 35
Ludz, P. Ch. 34, 39, 49, 55, 60, 63
Luhmann, Niklas 20 f., 75, 77, 120, 169, 175, 270
Lutterbeck, E. 274

Macaulay 163
Mahalanobis, P. C. 192, 194, 197 ff.
Maier, H. 173
Mandel 116
March, J. G. 25 f., 219
Markovic, M. 63
Marschak, Th. 219
Marshall, A. W. 256
Martin 280
Marx, Karl 35, 37 f., 41 f., 45 f., 48, 50, 56, 62 ff., 67 ff., 107, 309
Meyer-Uhlenried, H. 274
Miksch 167
Miliband 77, 98 f.
Millikan, Max F. 140, 147 ff., 151, 153 f., 158, 160, 263
Miller, K. S. 234
Mises, von 167
Modin, A. 219
Moore, Wilbert E. 223, 255
Morgenstern, Oskar 235, 242
Morrissens, L. 207
Moynihan 81
Müller, W. 66, 99, 105
Mukherjee, M. 192
Myrdal, G. 168, 206
Matz, U. 173
Mayntz, R. 28, 71, 80

McCarrol, J. R. 240
McCloskey, Joseph 138
McDonnell 105
McNamara 298
Meißner, W. 173, 204, 210
Menzel, Herbert 239, 242
Merton, Robert K. 18, 224, 229, 231, 237, 260

Narr, Wolf-Dieter 38 f., 41, 44, 46, 48, 61, 97, 104, 112
Naschold, Frieder 9 f., 20, 41, 47, 62, 69 ff., 77, 80, 84, 90, 95 f., 102, 112, 120, 169, 175, 283
Naumann, Jens 202
Neurath 167
Neusüß, Ch. 66, 99, 105, 113, 116
Neumann, Franz 67
Newell, A. 176
Nisbet, Robert A. 260
Norman 280

Oettle, K. 283
Offe, Claus 71, 82, 97, 102, 104 f., 112 f., 115, 174, 291, 305
Oppelt, G. 180
Oppelt, W. 191, 194 f., 212
Orwell, George 280
Osswald 269
Ostermann, J. 274

Pareto 12
Parsons 12, 18, 75
Peirce, Charles 130
Peschke 304
Polanyi 167
Pool 84, 96
Popper, Karl R. 139 f., 170
Poulantzas 77, 98
Predöhl, A. 186
Pressler, G. 175, 212
Preuß 107, 178

Radbruch, Gustav 162 f.
Raj, K. N. 196
Rakoff 90
Rashevsky, Nicholas 238
Raske, W. 294
Reagan 105
Reichelt 99
Reschke 297
Richardson, Lewis F. 238
Rieger, H. Chr. 204
Riese 99
Riesman 18
Rittel, H. 81, 174
Ritter, K. 173
Robinson, W. S. 240
Röpke, W. 167
Ronge, Volker 70, 90, 110, 124, 166, 178, 266, 287, 296, 299
Rose, Arnold 227
Rosenberg, Morris 226
Rostow, W. W. 140, 147 ff., 151, 153 f., 158, 160
Rotbus, I. 99
Rothschild, K. W. 167
Rothwell, Charles 262
Rudolph, J. 46
Ruhnau 308
Russell 18

Sandee, J. 207
Sauermann, H. 212
Schaefer 90
Schainblatt, A. H. 202 f.
Scharpf, F. W. 71, 78, 80, 96, 100
Schenk, K. H. 119
Scheubel, Josef 279 f., 282, 292, 294
Schicks 80
Schiff 167
Schiller, Karl 171, 178, 263, 290
Schmidt, A. 34, 167
Schmieg, Günter 70, 90, 124, 166, 266, 287
Schnauß, G. 16, 34
Schneitzer, M. D. 240

Schnur, Roman 307
Schultz 112
Schultz, Theodore 228
Schultze, Ch. 78, 100
Schulz 71
Schulze, H. 34, 45
Schumann 101, 112
Selten, R. 212
Senghaas, D. 174 f.
Sengupta, J. K. 184, 187, 189, 192, 197
Sens, Eberhard 9 f., 33
Seuster 70
Shannon, C. E. 16, 53 ff.
Shaw, J. C. 176
Sheldon, Eleanor Bernert 223, 244, 255
Simon, Herbert A. 25 ff., 31, 170, 176, 210 ff., 288
Simmons, Ozzie G. 226 f.
Smith 77
Spencer 12, 75
Springer, M. 244
Stalin, Josef 229
Stamler, J. 240 f.
Stark, Rodney 231
Starr, M. K. 203
Steffani, W. 120
Steinbuch, K. 35, 40, 52, 54
Stelljes, H. H. 299

Stoljarow, V. 35, 49, 54
Stoltenberg, Gerhard 281 f.
Stone, A. 99, 101, 203
Strauß, F. J. 291 f.
Suppes, P. 218
Szankau, Z. 265

Tenbruck 92
Thalwitzer, A. 179
Theil, H. 168, 183, 186, 191, 197, 203 f., 207 ff., 210
Thiel, R. 34, 42 f., 47 f., 50
Thimm, W. 54
Thorbecke, E. 184, 187, 189, 192, 187
Tiburtius Joachim 179
Tinbergen 121, 168, 182 ff., 189, 192, 197
Tjaden, K. H. 12
Topitsch, E. 168, 179
Toulmin 71
Triebenstein, O. 179
Trucco, Ernesto 238
Tsuru, Sh. 198 f.

Umpleby, Stuart 174

Väth, Werner 70, 77
Verba 108

Voigtländer, H. 295 f.

Wagener, F. 283
Wagner, Wolfgang 9 f., 33
Wald 131
Walinsky, L. J. 168
Wardwell, Walter I. 242
Wegener, H. U. 265
Weingart, Peter 311
Weiss, Thala 227
Weizsäcker 99
Werner, Daniel L. 262
Wettmann 71, 80
Weyer, Willi 268, 272 f., 285, 297, 300
Weyl, Heinz 290, 296
Whisler, Thomas L. 298
Whitehead 99
Wickens, A. J. 239
Wiener, N. 9, 11, 16 f. 40
Wiesch, zur 71, 112
Wild, J. 77, 112
Wildavsky 78, 95
Willard, H. N. 240
Wischnewski 49, 54
Wollmann 112 f., 116
Wüstneck 108

Zipfel 70
Zelenjy 72, 99
Zapf, W. 26

Bauwelt Fundamente

1 Ulrich Conrads, Programme und Manifeste zur Architektur des 20. Jahrhunderts · 180 Seiten, 27 Bilder

2 Le Corbusier, Ausblick auf eine Architektur · 216 Seiten

3 Werner Hegemann, Das steinerne Berlin · Geschichte der größten Mietskasernenstadt der Welt · 344 Seiten, 100 Bilder (vergriffen)

4 Jane Jacobs, Tod und Leben großer amerikanischer Städte · 221 Seiten

5 Sherman Paul, Louis H. Sullivan · Ein amerikanischer Architekt und Denker · 164 Seiten

6 L. Hilberseimer, Entfaltung einer Planungsidee · 140 Seiten

7 H. L. C. Jaffé, De Stijl 1917–1931 · Der niederländische Beitrag zur modernen Kunst · 272 Seiten

8 Bruno Taut, Frühlicht – Eine Folge für die Verwirklichung des neuen Baugedankens · 224 Seiten, 240 Bilder

9 Jürgen Pahl, Die Stadt im Aufbruch der perspektivischen Welt · 176 Seiten, 86 Bilder

10 Adolf Behne, Der moderne Zweckbau · 132 Seiten, 95 Bilder

11 Julius Posener, Anfänge des Funktionalismus · Von Arts and Crafts zum Deutschen Werkbund · 232 Seiten, 52 Bilder

12 Le Corbusier, Feststellungen zu Architektur und Städtebau · 248 Seiten, 230 teils farbige Bilder

13 Hermann Mattern, Gras darf nicht mehr wachsen · 12 Kapitel über den Verbrauch der Landschaft · 184 Seiten, 40 Bilder

14 El Lissitzky, Rußland: Architektur für eine Weltrevolution · 208 Seiten, 116 Bilder

15 Christian Norberg-Schulz, Logik der Baukunst · 308 Seiten, 118 Bilder

16 Kevin Lynch, Das Bild der Stadt · 216 Seiten, 140 Bilder

17 Günter Günschel, Große Konstrukteure 1 · Freyssinet – Maillart – Dischinger – Finsterwalder · 276 Seiten, 172 Bilder

19 Anna Teut, Architektur im Dritten Reich 1933–1945 · 392 Seiten, 56 Bilder

20 Erich Schild, Zwischen Glaspalast und Palais des Illusions · Form und Konstruktion im 19. Jahrhundert · 224 Seiten, 157 Bilder

21 Ebenezer Howard, Gartenstädte von morgen · Ein Buch und seine Geschichte · 198 Seiten, 35 Bilder

22 Cornelius Gurlitt, Zur Befreiung der Baukunst · Ziele und Taten deutscher Architekten im 19. Jahrhundert · 166 Seiten, 19 Bilder

23 James M. Fitch, Vier Jahrhunderte Bauen in USA · 330 Seiten, 247 Bilder

24 »Die Form« – Stimme des Deutschen Werkbundes 1925–1934 · 360 Seiten, 34 Bilder

25 Frank Lloyd Wright, Humane Architektur · 274 Seiten, 54 Bilder

26 Herbert J. Gans, Die Levittowner · Soziographie einer »Schlafstadt« · 368 Seiten

27 Über die Umwelt der arbeitenden Klasse · Aus den Schriften von Friedrich Engels · 238 Seiten, 23 Bilder

28 Philippe Boudon, Die Siedlung Pessac – 40 Jahre Wohnen à Le Corbusier · Sozio-architektonische Studie · 180 Seiten, 70 Bilder

29 Leonardo Benevolo, Die sozialen Ursprünge des modernen Städtebaus · Lehren von gestern – Forderungen für morgen · 172 Seiten, 72 Bilder

30 Erving Goffman, Verhalten in sozialen Situationen · Strukturen und Regeln der Interaktion im öffentlichen Raum · 228 Seiten

31 John V. Lindsay, Städte brauchen mehr als Geld · New Yorks Mayor über seinen Kampf für eine bewohnbare Stadt · 180 Seiten

32 Mechthild Schumpp, Stadtbau-Utopien und Gesellschaft · Der Bedeutungswandel utopischer Stadtmodelle unter sozialem Aspekt · 208 Seiten, 55 Bilder

33 Renato De Fusco, Architektur als Massenmedium · Anmerkungen zu einer Semiotik der gebauten Formen · 180 Seiten, 38 Bilder

34 Planung und Information · Materialien zur Planungsforschung, herausgegeben von Gerhard Fehl, Mark Fester, Nikolaus Kuhnert · 320 Seiten, 20 Bilder

37 Gesellschaftsplanung in kapitalistischen und sozialistischen Systemen · 11 Beiträge, herausgegeben von Josef Esser, Frieder Naschold und Werner Väth · 311 Seiten

38 Großstadt-Politik · Texte zur Analyse und Kritik lokaler Demokratie, herausgegeben von Rolf-Richard Grauhan · 276 Seiten

Bertelsmann Fachverlag

Bei Fragen zur Produktsicherheit wenden Sie sich bitte an:
If you have any questions regarding product safety,
please contact:

Birkhäuser Verlag GmbH
Im Westfeld 8
4055 Basel, Schweiz
productsafety@degruyterbrill.com